中小製造業の技術経営

持続的競争力の源泉を確保するには何をなすべきか

鈴木 直志

［著］

同友館

はしがき

　中小製造業は、バブル崩壊以後、企業数や従業員数において激減している。その一方で高い技術水準を核に長期間安定した経営を続けている企業も存在する。なぜ、このような状況が生じているのか、その理由についての答えは明らかにされているのであろうか。これが、本研究の問題意識である。

　本書は、技術や顧客ニーズや競争環境の不確実性の増大する中で、このように持続的競争力を発揮してきた中小製造業の要因が、コア技術を核にした経営、即ち技術経営にあると捉える。アンケート資料やヒアリング資料の分析・考察を行い、そこから導き出された長期的と短期的の技術進化や、コア技術を市場に繋げるための具体的な方策の提示により、中小製造業の経営力の向上に資することを目的に記述したものである。

　実は、この問題意識を有するきっかけとなる出来事があった。すでに10年以上の前のこととなるが、ある機械加工の部品製造をメインとする中小製造業の経営者のお話を聞く機会を得た。それまでの中小企業の経営者のイメージとは少しかけ離れた哲学者風の静かな語り口の中で、脱下請のための長年にわたる熱い想いがよく伝わり私の心を大きく揺り動かした。

　「自社製品開発に取り組んだのは、経営者がどうしても成し遂げたいという憤りに近い情熱や強烈な想いからであった」、「後を継いだ1970年当初から現在まで経営計画に基づいた経営を続けている」、「1980年直前に自社製品開発に着手してから、市場で売れる製品の実用化まで20年近い期間を要し、様々な試行錯誤の連続であった」、「下請の機械加工の技術しか有していなかった当社が、自社製品開発を成し遂げるためには、様々な技術や職種の能力を有した人材が必要となり、そうした人の出会いの中で全員参加経営を進めてきた」。

　この経営者の何れの言葉も、心に強く残った。長期的視点の計画経営の継続、長期間の試行錯誤を支えた自社製品開発に心血を注ぐ経営者の熱い想いと強いリーダーシップ、大企業に比し経営資源のうち特に人的資源が乏しい中小企業における様々な優れた取り組みなど、従来の中小製造業の経営に対

する考え方を大きく見直す必要性を感じた。同時に、この事例のような中小製造業が全国に数多くあるのではないか、その共通点を明らかにすることで、中小製造業の経営に関して示唆を得られるのではないかと考えるに至った。

　そのような時にちょうど、前職の中小企業基盤整備機構で、3年間（2008年度～2010年度）にわたり中小製造業の技術経営に関する調査研究をする機会を得た。私が主となり企画・調査（全国のアンケート調査と先進事例ヒアリング調査）・執筆をすることとなり報告書をとりまとめた。

　こうした中で、中小製造業の技術経営に関してある程度の方向性を提示することができたが、資料の分析も学術的な面からは全く十分なものとは言えず、3年間の調査を串刺しにした俯瞰的な分析・考察も手付かずのまま終わった。それは、単に時間的制約のみならず、私自身の能力不足に起因していた。

　そこで、この3年間の調査から得られた資料の二次分析を学術的に行う能力を得るために、千葉商科大学大学院博士課程政策研究科に入学した。2009年4月、今から10年前のことである。学術的な訓練の未熟な私が働きながら、膨大な先行研究のレビューや調査資料の二次分析とそこからの考察を行わざるを得なかったため、結果的に学位取得に約8年もの時間を要してしまった。

　しかしながら、博士論文においては、膨大な量のアンケート資料やヒアリング資料の二次分析につき、精緻で詳細な分析や考察を期したために膨大な分量に達し、論文単体ではその成果内容を幅広く普及することは困難な状況にある。このため、本書は、博士論文におけるエッセンスをより簡素化した形で再編集を行うことで、より広い読者層への研究成果の普及を意図した。

　ただし、限界もある。それは、本書の分析・考察の対象とした資料が、その実施から10年前後経過してしまっていることである。この間、中小製造業を取り巻く環境は、大きく変化を遂げた。東日本大震災、大手企業の海外展開の加速、モジュール化の進展、少子高齢化社会の加速、新興国の台頭と市場としての存在感の増大、TPP協定・貿易摩擦等に加え、3DプリンタやIoT、AI・ロボット等のモノ作りのあり方の大きな変革に伴う第四次産業革命と呼ばれる新たな産業分水嶺ともなりうる急激な変化の時代が到来している。ただし、この大きな環境変化を踏まえても、本書における分析・考察が、現代における中小製造業の技術経営のあり方に寄与するものと考えている。

本書の基となった博士論文の作成につき、研究開始当初から学位取得までの長年にわたり指導教授として親身かつ的確にご指導をいただいた小倉信次先生（千葉商科大学）にまず心から感謝を申し上げたい。論文作成に関して、大変貴重なご助言をいただいた小栗幸夫先生（千葉商科大学）、中山健先生（横浜市立大学）に心から感謝を申し上げたい。また、博士論文作成の節目で貴重なご指導を賜ったが、誠に残念ながら 2018 年 1 月に逝去された伊藤公一先生（千葉商科大学、元日本中小企業学会会長）に心から感謝を申し上げたい。

　個別の名前は省かせていただくが、千葉商科大学大学院博士課程在学中にご指導をいただいた各先生方、日本中小企業学会での発表および査読でご指導いただいた各先生方、研究の端緒となった立教大学 MBA でご指導をいただいた各先生方にも心から感謝を申し上げたい。

　また、博士論文および本書の研究の基となった調査の機会を在職時に与えていただいた前職の中小企業基盤整備機構にも心から感謝を申し上げたい。なお、この調査でご協力およびご教示いただいた中小製造業の経営者の皆様からの内容が、本研究の基礎を成している。この場を借りて深くお礼を申し上げたい。また、調査への同行や技術面を中心としたご教示や事例原案作成でご協力いただいた中小企業診断士の先生方にも心から感謝を申し上げたい。

　現在の職場である千葉商科大学の教職員の皆様方に、日頃より励ましとご支援をいただいている。なお、本書は、千葉商科大学の学術図書出版助成金規程第 11 条第 2 項の規程により助成金を受け、出版するものである。

　出版にあたっては、快く機会をいただいた同友館代表取締役の脇坂康弘社長に深く感謝する次第である。

　最後に、私事で恐縮であるが、日頃より見守ってくれている私と妻の高齢の母親、亡き私と妻の父親、長年にわたりサポートしてくれている妻と息子に本書をささげたい。

平成 31 年 3 月

鈴木　直志

本文中の用語使用についてのおことわり

　本書の中で、「組織ルーチン」、「組織ルーティーン」、「組織ルーティン」とあるのは、注に記載のとおり、誤植ではなく、本研究および先行研究における用語の使用（訳書は訳語）にしたがっている。

　同様に、「レーザー」と「レーザ」、「モーター」と「モータ」、「セキュリティー」と「セキュリティ」なども、誤植ではない。主に事例企業で用語の使用方法が異なる場合があるが、本書では事例企業の使用にしたがっている。

目　次

はしがき ………………………………………………………………………… i

序章 …………………………………………………………………………… 1
  1. 問題提起 ………………………………………………………………… 1
  2. 中小製造業の競争要因の変化 ………………………………………… 2
  3. 中小製造業の技術に関する先行研究 ………………………………… 3
  4. 分析の枠組み …………………………………………………………… 8
  5. 研究方法 ………………………………………………………………… 15
  6. 主な結論と主張 ………………………………………………………… 16
  7. 本書の構成 ……………………………………………………………… 17

第1章　時系列の環境変化と競争要因としての
　　　　技術の重要性の変遷 ……………………………………………… 23
  第1節　中小製造業を取り巻く環境変化と技術の発展 ………………… 23
  第2節　下請構造の変化と技術の発展
　　　　（『中小企業白書』を中心とした概観） ……………………… 27
  第3節　技術に係る中小企業政策の変遷と背景 ………………………… 34
  第4節　中小製造業の技術進化に係る研究仮説の導出 ………………… 36

第2章　中小製造業の成長における「大きな技術変化」の
　　　　重要性 ……………………………………………………………… 39
  第1節　バブル崩壊以降の「大きな技術変化」と
　　　　企業成長の関連性 …………………………………………………… 40
  第2節　「大きな技術変化」と技術戦略の関連性 ……………………… 49
  第3節　「大きな技術変化」の類型化による変化内容の二次分析 …… 53

第 4 節　「大きな技術変化」に係る中小一般製造業と
　　　　　　 モノ作り 300 社の比較分析 ································· 65
　　第 5 節　時系列の変化から見たヒアリング調査資料の
　　　　　　「大きな技術変化」の二次分析 ·························· 74

第 3 章　長期的な視点に基づく「技術戦略」の重要性とあり方 ····· 121
　　第 1 節　中小製造業における長期的・短期的な技術進化の
　　　　　　 取り組みの重要性 ·· 121
　　第 2 節　「大きな技術変化」を生じさせた技術戦略の 4 要素
　　　　　　（技術・市場・製品・組織能力）···························· 124
　　第 3 節　「技術戦略」の類型化とその特徴 ······················· 137
　　第 4 節　ヒアリング先企業が「大きな技術変化」を生じさせた
　　　　　　「技術戦略」の二次分析 ·· 140
　　第 5 節　中小製造業の「コア技術戦略」························· 160

第 4 章　日常の「技術マネジメント」の重要性とあり方 ················ 203
　　第 1 節　「技術」の構成要素（「人的資源」、「設備・情報システム」、
　　　　　　「組織ルーチン」）··· 204
　　第 2 節　「人的資源」の重要性とあり方（二次分析）········ 225
　　第 3 節　「設備・情報システム」の重要性とあり方（二次分析）··· 236
　　第 4 節　「組織ルーチン（人的資源と設備・情報システムを
　　　　　　 動かす仕組み）」の重要性とあり方（二次分析）········ 245
　　第 5 節　仮説 1、仮説 2、仮説 3 に関する再検証（長期的技術進化と
　　　　　　 短期的技術進化の両立の重要性の実証分析）······· 257

第 5 章　コア技術を核とした市場開拓 ··························· 273
　　第 1 節　コア技術を市場開拓に繋げるための鳥瞰図 ········ 273
　　第 2 節　アンケート資料の二次分析に見るコア技術と市場開拓 ··· 275
　　第 3 節　コア技術を市場開拓に繋げるための処方箋 ········ 281

第6章 モジュラー(組み合わせ)型産業における中小製造業のあり方 ... 291

- 第1節 産業のアーキテクチャ(設計思想)の観点から見た競争要因の変化 ... 291
- 第2節 モジュラー型産業の特徴と覇権者(プラットフォーム・リーダーシップ、キーストーン戦略、エコシステム、ダイナミック・ケイパビリティ) ... 292
- 第3節 顧客発の技術革新の増大 ... 295
- 第4節 モジュラー型産業における中小製造業のあり方(電機産業などの事例の二次分析) ... 296

第7章 インテグラル(擦り合わせ)型産業における中小製造業のあり方 ... 313

- 第1節 インテグラル型産業の特徴と覇権者(藤本理論を中心として) ... 313
- 第2節 日本の産業におけるインテグラル型の適合性と国際競争力 ... 315
- 第3節 藤本理論における中小企業政策論について ... 316
- 第4節 インテグラル型産業における中小製造業のあり方(事例の二次分析) ... 317
- 第5節 産業のアーキテクチャの観点から見た中小製造業のあり方(まとめ) ... 354

おわりに ... 389

1. 本研究から導き出される示唆 ... 389
2. 既存研究との比較から見た本研究の意義・含意 ... 394
3. 今後の研究課題 ... 395

【参考文献】 ... 397
【事項索引】 ... 411
【人名索引】 ... 422

序章

1．問題提起

　中小製造業は、バブル崩壊以後約20年の期間に、企業数や従業者数において激減した[1]。一方で、モノ作り300社選定企業やグローバルニッチトップ企業をはじめ、高い技術水準を核として競争力を発揮し長期間安定して経営を営んでいる中小製造業も多数存在する[2]。

　なぜ、こういう状況が生じたのであろうか。1つには、中小製造業の競争要因の変化がある。中小製造業の競争要因は、時代背景の中で変化を遂げてきた。高度成長期までは、下請・系列化に入るために量産体制をいち早く構築し、規模の経済性を発揮することにより低価格を実現することが、この時期の競争力の源泉であった。バブル崩壊以後、大企業は、下請・系列企業を再編し、生産拠点の海外シフトを急速に進展させ、世界規模の最適調達を志向した。

　また、取引構造のメッシュ化の進展などで、中小企業者間やグローバルレベルでの競争が激化し、品質の独創性など差別化が競争要因になった。現在の競争要因は、市場ニーズの多様化、製品ライフサイクルの短縮化、モジュール化の進展などにより、サポーティングインダストリーの取引先からの評価は、「精度・品質の保証力」、「コア技術力の高さ」、「即応力」が高くなっており、技術を核とした対応力が中小製造業の競争力の源泉となった。

　では、従来の研究では、このような状況の解明が行われてきたのであろうか。高度成長期までの中小製造業の研究は、大企業との二重構造や大企業との関係における従属性や被収奪に関する問題性論、存立論など、経済学的、産業論的な研究アプローチが多く、中小製造業の自律性や成長性を主張する研究はほとんど存在しなかった。一方で高度成長期後も、日本の産業の強みであるサプライヤー・システムの中で論じられたり、過度に脱下請のための自社製品開発やプロダクトイノベーションが論じられたりするなど、中小製造業を自律的で成長する存在として扱う経営学的アプローチが十分には進展

してこなかった。

　本研究の契機は、ある板金加工を営む中小製造業の経営者の話を聞いたことにある。ちょうど高度成長期も終わりに差し掛かった1970年前後に三代目として継ぐことになった現経営者は、5年ないし10年の中長期の計画経営を事業承継時から絶えず繰り返してきていた。この長期的視点の計画経営は、脱下請の自社製品開発を成し遂げるために必要とされたものであった。実際に自社製品が実用化するまでに、20年以上の歳月を要した。

　このような長期的な視点の技術を核とした中小製造業の経営について、その背景や成功要因を分析するためには、①下請制の枠内で論ずることは不十分であり、中小製造業の自律性や成長性の観点を有すること、②長い時間軸を基にした技術の変化を企業成長の観点から分析するとともに、同時に技術の変化に対応して市場がいかに変化したのかを分析すること、③中小製造業の成長を遂げた背景を明らかにするとともに、それを可能ならしめた組織能力を分析することが必要となる。

　しかしながら、現在までの研究においては、このような観点から分析したものはほとんど存在していなかった。そこで、バブル崩壊以後の90年代の荒波を乗り越えた中小製造業の成功要因は、技術を核とする経営、すなわち技術経営に鍵があったのではないか。もしそうだとすれば、その技術経営の内容や背景と可能となった組織能力を明らかにすることには研究上の意義があると考える。これが、本研究の最大の仮説・問題意識である。

　この後は、この問題意識を確認するために、①中小製造業の競争要因の変化、②中小製造業の技術に関する先行研究、③分析の枠組みの順で考察する。

2. 中小製造業の競争要因の変化

　まず、戦後から現在に至るまでの中小製造業の競争要因の変化について概観する。中小製造業の競争要因は、下記のとおり、時代とともに取り巻く外部環境の影響を受けて、変化してきた。そうした中で現在においては、中小製造業の競争要因として技術を核とした経営が重要となってきている。

①高度成長期まで：下請・系列化に入るために量産体制をいち早く構築し、規模の経済性を発揮することにより低価格を実現することが、この時期の競

争力の源泉。大量生産・大量消費時代。

②**安定成長期**：大企業のコストダウン・高品質についての要請が高まり、これらの対応力が中小製造業の競争力の源泉に[3]。多品種少量生産時代へ。ピオリ＆セーブル（Piore, M. and C. Sabel, 1984）の指摘の「第二の産業分水嶺」到来[4]。

③**バブル崩壊以後**：大企業は、下請・系列企業を再編、生産拠点の海外シフトを急速に進展、世界規模の最適調達を志向。また、取引構造のメッシュ化の進展などで、中小企業者間やグローバルレベルでの競争が激化し、品質の独創性など差別化が競争要因に。ラングロア（Langlois, R., 2007）が「消えゆく手」で企業家復権を主張[5]。

④**現在の中小製造業の競争要因**：市場ニーズの多様化、製品ライフサイクルの短縮化などにより、サポーティングインダストリーの取引先からの評価は、「精度・品質の保証力」、「コア技術力の高さ」、「即応力」が高くなっており、技術を核とした対応力が中小製造業の競争力の源泉となった[6]。国も「中小ものづくり高度化法」で機械金属業種中心の基盤技術中小企業の技術開発支援。

⑤**今後（進行中）**：モジュール化やICTやグローバル化の更なる進展、3Dプリンタの普及により、顧客発のイノベーションが多発、製造業とサービス業の境界の曖昧化、エコシステム・サプライチェーンにおける覇権者が目まぐるしく交代、技術が引き続き差別化の要因でありながらも市場に繋げるのが困難な時代（巧みな技術経営が必須な時代）へ。

3. 中小製造業の技術に関する先行研究

次に、本研究に関する問題意識に関連して、先行研究ではどのような主張がなされてきたのかを概観する。本研究における先行研究は、大企業の経営理論も含めると非常に幅広くなる。そこで、本研究に直接関連する中小製造業の技術に関する研究に限定してサーベイを行うものとする。なお、大企業の経営理論を含めて、本研究における様々な考察や用語の定義に関連する研究は、この序章の後段において、分析の枠組みとして述べる。さらに、各章の分析を行うにあたって関連する研究については、各章の冒頭で述べる。

先行研究を考察する視点として、次の5つを提示する。①中小製造業の競争要因を、下請制の内側（下請制を競争力の規定要因）で論じるか、下請制の外側（外部環境要因の1つ）で論じるか、②中小製造業の技術進化を、大手企業や親企業から独立した自律的なものとして捉えるか、大手企業や親企業からの技術指導のように外部から享受される他律的なものとして捉えるか、③中小製造業に成長性を認めるか、二重構造論のように大手企業の強大な交渉力の下に被収奪的な存在として成長性を認めないか、④技術進化の軌道を歴史性や生産技術機能の発展段階から見て線型的（リニア）なものと捉えるか、ノンリニアなものとして捉えるか、⑤製品や産業のアーキテクチャなどの分業の利益を、競争要因の中でいかに考慮に入れているかである。

　中小企業の技術に関する先行研究の概要は、次のとおりである。先行研究をサーベイした結果、高度成長期までの研究と高度成長期後の研究が大きく異なることが明らかになった。高度成長期までの研究は、中小企業の問題性論や存立論などの経済学的、産業論的研究アプローチが中心で中小製造業を自律的に扱う経営学的アプローチが展開しなかった。しかしながら、中小製造業の自律性や成長性に着目した先見的研究も存在した。

　その先見的な研究の中で、戦前に中小工業を被収奪性と技術的停滞の中で捉えながらも、存立形態と発展の方向性の中に、中小工業の成長性と専属工場下請における対等な価値交換も視野に入れた小宮山琢二（1941）は、その先駆とも言うべき論である。また、中小企業の存立理由として最適規模論を論じた田杉競（1941）[7]と末松玄六（1961）の主張は、現在の中小製造業のニッチトップ企業論やイノベーション論に大きな影響を与えている。特に、ペンローズ（Penrose, E.）の企業成長論を発展させた末松玄六が、昭和30年代という時間的制約がありながらも、日独米を比較した実証分析を行い、具体的な中小製造業の成長論を外部経営論・内部経営論という形で展開したことは、現在の研究に多大な影響を与えている。

　また、戦後、政策的立場から垂直的統合より部材産業の育成による社会的分業のほうが社会的に効率的なシステムであることをいち早く看破し、産業育成のために機械工業振興臨時措置法の政策立案を主導した林信太郎（1961、2008）の論は、その後2006年に制定された「中小ものづくり高度化

法」の部材産業育成による機振法の精神を受け継ぐとも言える政策論に大きな影響を与えた。さらに、中村秀一郎（1964）の中堅企業論[8]、清成忠男（1970）のベンチャー企業論[9]は、技術水準の向上を核とした中小企業の飛躍的成長という現在の時代をいち早く見通した先見性は高く評価できるが、下請中小企業が高度成長期後の下請制再編の中でも、経営資源の不足による交渉力の弱さから大きな制約を受けてきている現実から遊離した点もあった。

上記のとおり、高度成長期までの中小企業の技術に関する研究の中でも、現在の研究に影響を与える先進的な研究がいくつか見られながらも、時代的な外部環境や内部環境の制約から本研究の観点〔①競争要因（下請制の内・外）、②技術進化の方法（自律性・他律性）、③成長性（肯定・否定）、④技術軌道（線型性の是非）、⑤分業の利益の認識（社会的分業・アーキテクチャ）〕からすると不十分であることはやむをえないと考える。

高度成長期後の中小製造業の技術に関する研究については、大きく①企業間関係論、②産業クラスター・地域イノベーション論、③技術活用戦略論（技術の一部機能に特化）、④技術経営論の4つに分けてサーベイを行った。

まず、①浅沼萬里（1984、1997）に始まる企業間関係論は、中小製造業の下請制の被収奪性・技術的停滞性に従来の中小企業研究が傾斜しがちであった中で、サプライヤー・システムを自動車産業を中心とした日本の国際競争力の源泉と評価し、製品メーカーとサプライヤーの取引内容を「承認図」、「貸与図」の概念で明確化したことは高く評価される。しかし、浅沼以後のサプライヤー・システムなどの企業間関係論は、自動車産業の国際競争力の源泉としてのシステムの構造や機能の研究か、最終製品メーカーと一次サプライヤーの関係までの研究が中心となり、中小製造業が数多い二次サプライヤーがサプライヤー・システムの中でいかに競争力を発揮すべきかの研究は少ない。

また、②産業クラスター・地域イノベーション論の主な論の児玉俊洋（2006）は、首都圏西部の産業クラスターに多く見られる「製品開発型中小企業」を設計能力があり、かつ、売上の中に自社製品を持っている企業と定義し、産業クラスターにおける製品開発型中小企業の創出の重要性を強調している。クラスターという新たな視点からの中小企業研究は評価されるが、

表序-1　中小企業の技術に関する主な先行研究

		①競争要因（下請制の内・外）	②技術進化方法（自律的・他律的）	③成長性（肯定・否定）	④技術軌道（リニア：線型的）	⑤分業の利益
高度成長期までの主な研究	下請存立形態論（小宮山琢二）	下請制内（商業資本から産業資本支配へ）	他律的（下請制下で自律的への可能性）	肯定（対等な関係の可能性）	リニア（経済発展段階）	将来の社会的分業も視野へ
	社会的分業論（田杉競）	外（欧米的補完関係の継続を期待）	半自律的（下請制の中でもある程度可能）	肯定（最適規模論）	リニア（最適規模に向い）	社会的分業を明確に認識
	企業成長論（末松玄六）	外（外部経営論と内部経営論）	自律的（根本的革新は中小から）	肯定（最適経営規模論）	リニア（最適経営規模に向い）	段階別最適規模に向け成長
	部材産業育成論（林信太郎）	下請制内（生産体系のオープン化を推奨）	他律的⇒自律的（オープン生産体系）	肯定（部品メーカーの優位性）	リニア（単純化⇒標準化⇒専門化）	分業の優位と部材産業育成
	中堅企業論（中村秀一郎）	下請制内・外（専門加工業の脱下請）	自律的（大企業を凌ぐ技術専門化）	肯定（中小企業⇒中堅企業へ）	ノンリニア（専門メーカー・加工）	社会的分業（国際競争力）
	ベンチャー企業論（清成忠男）	下請制内・外（専門企業の脱下請）	自律的（技術面で大企業と対等化）	肯定（ベンチャーと従来中小は断絶）	リニア（部品・加工専門⇒自社製品）	社会的分業（知識・技術依存）
高度成長期後の主な研究	企業間関係論（浅沼萬里）	外（従属関係を前提としない）	自律的（方法論には言及せず）	肯定（脱下請の自社製品開発は除く）	リニア（貸与図⇒承認図）	インテグラル（国際競争力）
	産業クラスター・地域イノベーション論（児玉俊洋）	外（製品開発型中小企業に限定）	自律的（産業クラスター内の製品開発型）	肯定（急成長）	ノンリニア（大企業のスピンオフ）	モジュール（シリコンバレー型）
	技術活用戦略論（清晌一郎、高橋美樹、加藤秀雄、浅井紀子）	下請制内・外（脱下請、技術の専門化）	自律的（生産技術機能の一部に限定）	肯定（自社製品開発又は技能・熟練）	リニア（脱下請、又は技術の専門化）	準垂直統合・インテグラル
	技術経営論（①小川英次、山田基成、②弘中史子、鈴木直志）	①下請制内⇒外（発展段階で脱下請に接近）②外（下請制を外部環境の一要因と見る）	自律的（包括的な分析、ネットワーク活用、鈴木は広域連携も提示）	肯定（鈴木はアンケート資料とヒアリング資料の二次分析で実証）	①リニア（技術の発展段階モデル）②ノンリニア（①モデル否定、鈴木：類型化）	インテグラル中心＋モジュール対応（鈴木は位置取り戦略を提示）

出所：筆者作成

地域性の偏りや大企業からのスピンオフの製品開発型の企業特性に偏りがあるという限界があった。また、高橋美樹（2003）の地域クラスターにおける地域学習やロック・インからの脱出という斬新な研究もあるが、クラスター内の中小製造業の成長のための具体的な方法論の提示はなされていない。

また、③技術活用戦略論（技術の一部機能に限定した研究）は、1990年代後半からの脱下請のための清响一郎（1996）や高橋美樹（1996）などの製品開発論から、現在の高橋美樹（2012）や山田基成（2012）などのプロダクトイノベーション論や、ニッチトップ企業論までの、自社製品開発を是とする研究が多く見られた。自社製品開発は技術戦略として1つの重要な方向性ではあるが、現在、日本の製造業で競争力を発揮している製造企業を見ると部品産業が数多く見られ、必ずしも画期的な技術をベースにしているわけでもない。また、技術の一部機能に限定した研究の中では、加藤秀雄（1992）や浅井紀子（2000）のように中小製造業の熟練やスキルを強みとして高く評価する研究も多い。しかしながら、技術や市場の不確実性が著しく大きくなり、その変化も大変激しい現在においては、上記のような技術の一部機能に特化した研究ではなく、技術をいかに市場に繋げるか、時間軸も長期と短期を含めた包括的な技術を核とした中小製造業の経営論の必要性が増大している。

そこで、最後に、④技術経営論、技術を企業の競争力の源泉として位置づける研究をサーベイした。1980年代の小川英次（1983、1988）、90年代初頭の鵜飼信一（1991）などから始まり、その後、小川（1991）、山田基成（2000、2010）、弘中史子（2007）などが主な論となり展開されてきた。従来不十分であった中小製造業の技術を核とした経営論・企業論に各人が特徴を出しながら論を展開した点は高く評価できる。しかしながら、小川や山田の技術の発展段階モデルでは、モジュール化が進展する中で水平的分業モデルの説明が困難であり、弘中の包括的技術進化モデルにも長期的な技術変化と短期的な技術変化の二面性を両立させることへの言及の不足という限界があった。

本研究では、中小製造業の長期間の「大きな技術変化」に着目し、その変化と成長性との関連、「大きな技術変化」の技術と市場の側面からの類型化という、従来着目されなかった新たな視点からの実証分析を行う。また、「大

きな技術変化」と長期的視点の技術戦略の関連性や、技術戦略の類型ごとに重視すべき要素や、技術戦略のあり方に関する新たな視点からの実証分析を行う。また、日常の技術マネジメントの観点からは、既存研究の技術の構成要素の概念と組織能力の概念を融合した新たな概念を提示し、実証分析により「組織ルーチン」の要素の類型化を行うとともに、技術の構成要素ごとのあり方の分析を行う。さらに、コア技術だけでは市場開拓に繋がらないことも多いことから、コア技術を市場に繋げるために、産業アーキテクチャに着目した中小製造業のあり方を提示するとともに、産業アーキテクチャと情報の粘着性を融合化した概念に基づくあり方も考察する。以上を通じ、中小製造業の競争力の源泉としての技術経営のあり方を考察することが本研究の目的である。

4. 分析の枠組み

最後に、本研究での分析の枠組みを提示する。では、いかなる方法で論を展開するのが適当であろうか。中小製造業が技術を核にいかに成長するか、競争優位を発揮できるかに関し考察を深めるためには、大企業を中心とした豊富な研究の蓄積をサーベイし、間接的ではあっても本研究と深く関係するものとの関連性を最低限示し、分析の枠組みを明確にすることは重要である。

前述のとおり、本研究では、中小製造業の技術進化を長期的視点の技術戦略と短期的視点の日常の技術マネジメントの両立の重要性を考察することに研究上の意義があると考える。また、本研究での中小製造業の技術経営に関する分析の全体の枠組みとして、コア技術を市場開拓にいかに繋げるかについて、産業アーキテクチャに着目した視点を明示する。そこで、以降は、主に長期的視点からの技術進化に関する研究と、短期的視点からの技術進化に関する研究と、技術と市場のマッチングに関する研究に大きく区分し、既存研究との関連性を考察した上で、本研究の分析の枠組みを明確にしていく。

(1) 長期的視点に基づく「技術戦略」の重要性とあり方[10]

本研究では、長期的視点から見た技術変化の重要性に着目する。しかも、中小製造業が意図して戦略的に技術変化を生ぜしめる持続的な試行錯誤の必

要性も重視する。数多くある技術革新論やイノベーション論の中でも、本研究が着目する企業の時系列の技術変化について、正面から取り上げた論は数少ない。着目する技術変化の時間軸が短いか静態的な技術変化に着目するか、技術革新やイノベーションの構造や機能や発生主体に着目したものが多い。

そこで、技術変化に着目した研究として、イノベーション論の中でアバナシー（Abernathy, W.）、進化経済学の中でネルソン＆ウィンター（Nelson, R. and S. Winter）、さらに経済学の視点からラングロアを取り上げる。

① 「イノベーション論」アバナシー（1978）[11]

アバナシーのイノベーション論は、現在でも技術のイノベーションの変遷を説明するのにかなりの部分、妥当する点がある。特に、既存企業が生産性のジレンマに囚われる可能性を提示したことは、中小製造業における技術を核とした成長の可能性を裏付けることになる。さらに、イノベーションの種類を、製品イノベーションとプロセスイノベーションを大別したことや、技術変化という本研究と同様な時系列的な視点を重視したことは、中小製造業の「大きな技術変化」や技術戦略を類型化する上でも、示唆に富む。しかしながら、分析の対象が大企業であること、さらには、後にクリステンセンの主張した破壊的イノベーションに気づいていなかったことには、限界がある。

② 「進化経済学論」ネルソン＆ウィンター（1982）[12]

ネルソン＆ウィンターの研究は、本研究と経済学、経営学というアプローチの本質的な相違はあるものの、大いに示唆に富む内容である。生物学の進化という概念により、経済の動態的な変化を説明しようとし、組織ルーティーン[13]を生物の遺伝子と見立てたことにより、組織の能力の差異による市場の変化に対する組織の技術変化による動態的な変化や成長を説明している。

本研究での日常の「技術マネジメント」は、短期的視点であり組織ルーチンの学習能力による時系列的な進化までを想定している。ネルソン＆ウィンターの進化過程では、「ルールに沿った効果」と「探索効果」までが該当し、「淘汰効果」は資本設備の割合の変化によるものとしているので、本研究では長期的視点の技術戦略に範疇に関係する。しかし、ネルソン＆ウィンターの説明には、経済学として組織間の差異の単純化やモデル化を図るために、

後述のダイナミック・ケイパビリティ論が指摘するとおり、運命論的ないし確率論的色彩の濃い組織ルーティーンの中に、企業の意図的なケイパビリティないし組織能力も含めて考えられている。本研究における用語で言えば、日常の技術マネジメントでの組織ルーチンと長期的な技術戦略での組織能力が、彼らの主張する組織ルーティーンの中に混在化していることになり、全体の概念は大変示唆に富むが、この混在化された部分は明確に区分する必要がある。

③ラングロア（2007）[14]

本研究との関係で言えば、モジュラー型のアーキテクチャが進展する中で有利な制度や組織形態に大きな示唆を与えてくれることがまず挙げられる。市場の厚みと緩衝の緊急度という概念でチャンドラー型企業の優位性が後退し、企業家復権の時代になったということは、ベンチャー企業のみならず中小製造業の自律性や成長性にもプラスの影響を与えることとなる。次に、ラングロアが技術変化という用語を重視していることに着目したい。企業家復権の時代が訪れた要因として、技術変化による最小効率規模の減少とコーディネーション技術の改善の2つを挙げていることである。本研究では、中小製造業における技術変化による企業成長に着目するが、ラングロアが技術変化が企業家復権の時代をもたらした要因の1つとすることは、企業論と歴史分析との差異はあるが、示唆に富む点が多い。ただ、歴史分析という点とともに、インテグラルなアーキテクチャの産業の軽視という面での限界がある。

(2) 日常の「技術マネジメント」の重要性とあり方

本研究の最大の主張は、中小製造業が技術を核に長期間にわたり競争力を発揮するためには、長期的な視点の「技術戦略」の類型ごとの重要な要素に適切に対応することが重要であるとともに、日常の「技術マネジメント」を適切に対応し日々進化させることが重要であり、その両立が必須であることにある。

また、本研究では、モノ作りについて、藤本隆宏（2003）の情報価値説的な解釈[15]と同様の観点から捉える。藤本は、「『もの造り[16]の組織能力』と

は、結局のところ、顧客を引きつけ満足させる製品設計情報を、いかに上手に創造し、それをいかに上手に素材に転写するかに関する、その企業固有の能力のことである」[17]と指摘する。経営資源が大企業に比し著しく劣る中小製造業が、競争力を発揮するためには、①経営者の迅速な意思決定、②経営者と現場の近さ・濃密なコミュニケーション、③開発・設計部門と製造部門の近さ・濃密なコミュニケーション、④顧客や購買先や設備メーカーなど外部と現場の近さ・濃密なコミュニケーション、⑤企業内の情報の共有や理念や方針の徹底の容易さなど、藤本の言葉では、いずれも「良い設計情報」の「良い流れ」を「良い現場」の中にいかに構築できるかが鍵となる[18]。このように、本研究でも、現場での設計情報の効率的な取扱いが生産性の高い競争力のある現場の構築・維持に繋がると考える。また、そのために必要な企業の能力は、藤本の「もの造りの組織能力」であり、本研究の「組織ルーチン」である。

① 「技術」の構成要素の定義（「人的資源」、「設備・情報システム」、「組織ルーチン」）

技術の構成要素について、小川（1991）は、「人」と「情報」と「道具もしくは設備」を構成要素とし[19]、山田基成（2000）も言葉は少し違うがほぼ同様の内容で技術を「スキル」と「情報（知識）」と「機械設備」の3要素から捉えておりこの三者の総和がその企業の技術レベルを示すとする[20]。

本研究では、技術の構成要素を「人的資源」、「設備・情報システム」、「組織ルーチン（人的資源と設備・情報システムを動かす仕組み）」とする。既存の中小企業の技術に関する研究では、小川英次（1988）[21]や山田基成（2000）において、技術の構成要素を「人又はスキル」、「情報」、「機械」としていたので、本研究との相違点および独自性は、「情報」を「組織ルーチン」に置き換え、技術の概念と組織能力の概念の融合を図った点にある。また、「組織ルーチン」をさらに要素に分け、進化の概念の融合を図った点にも独自性がある。

② 「組織ルーチン」に関連する既存研究

1） 藤本・延岡の「組織能力（特にもの造りの組織能力）論」

組織能力（特にもの造りの組織能力）については、延岡健太郎（2006、

2007)は、「企業が固有に持つ有形無形の資産と、それを活用する能力やプロセス」[22]と定義し、さらに延岡（2006）では「具体的には、『技術的資源』（特許、データ、実験機器、製造機器など）や『人的資源』（個人の知識やノウハウなど）、およびそれらの資源を統合して効果的・効率的に活用するための組織プロセス（よい意味での『組織ルーチン』）として、蓄積される」[23]と指摘している。藤本隆宏（2003）は、組織能力を「①ある経済主体が持つ経営資源・知識・組織ルーチンなどの体系であり、②その企業独特のものであり、③他者がそう簡単には真似できない（優位性が長持ちする）ものであり、④結果としてその組織の競争力・生存能力を高めるもの」[24]と定義し、前述のとおり、「『もの造りの組織能力』とは、結局のところ、顧客を引きつけ満足させる製品設計情報を、いかに上手に創造し、それをいかに上手に素材に転写するかに関する、その企業固有の能力のことである」[25]と定義する。さらに藤本は、もの造りの組織能力は、ルーチン的なもの造り能力（静態的）、ルーチン的な改善能力（動態的）、進化能力（能力構築能力、動態的）の3階層と主張する[26]。

　本研究の技術概念は、延岡と藤本のもの造りの組織能力に近い。ただ、両者の概念は、大企業を想定したものであり、中小製造業にすべてが適用できるわけではない。大企業より経営資源の不足する中小製造業において、技術に焦点を絞り込んだのが本研究である。ただ、技術の構成要素の中で、人的資源と設備・情報システムのほかに、組織ルーチンを追加することにより、技術と組織能力の概念の融合を図っている。なお、山田（2010）もスキルの競争力の源泉の議論を藤本の能力構築競争と本質的に同様のものとしている[27]。

　また延岡（2007）は、「模倣されない組織能力として、特に、組織として長年積み重ねられたノウハウや経験知と、それらを積み重ね続けることができる組織能力に焦点をあてる（Dierickx and Cool, 1989）」[28]とする。さらに延岡は、大企業を対象とした実証分析で、模倣困難な「組織能力の積み重ね」と強い相関のあった構成概念として、「技術者の学習（技術者の問題解決能力ほか）」、「製造・実験設備（独自開発の生産・製造設備ほか）」、「擦り合わせ能力（頻繁に新商品開発による学習・組織能力向上など）」を挙げ、「組織

能力の積み重ね」がさらに業績への貢献に繋がるとの実証分析も行っている[29]。本研究では「組織ルーチン」を技術の構成要素とするので、延岡の言う技術に関する組織能力とは概念は異なるが、必要な構成要素として「技術的資源」や「人的資源」を統合して効果的・効率的に活用するための「組織ルーチン」を規定しているのは、本研究の「組織ルーチン」と極めて類似している。大企業であれ中小企業であれ、競合他社が模倣困難な技術の構成要素には、「人的資源」と「設備・情報システム」だけでは不十分で、両者を動かす仕組みとしての「組織ルーチン」が必要であることは、整合性がある。

また、藤本(2003)では、前述のとおり、もの造りの組織能力を製造能力、改善能力と進化能力とする。また、トヨタをはじめとしたもの造りを通じて世界有数の競争力を築き上げた企業が持つ究極の中核能力は、進化能力であると指摘しているが、中小製造業における組織進化力が藤本の言う進化能力と若干相違する点を捨象しても、学習能力が両者のその中心を成しているという点からすると、本研究において提示する仮説検証結果の組織進化力の重要性は、大企業を対象とした理論ともある程度整合性を有していると言える。

2)「進化経済学論」ネルソン&ウィンター(1982)

前述のとおり、ネルソン&ウィンターは、価格条件の変化がもたらす効果を、「ルールに沿った効果」、「探索効果」、「淘汰効果」の3つの効果に分けて分析しているが、「これらの3つの効果が生じる速度に差があるという経験的な想定を置くことにする」[30]としている。これは、本研究における「組織ルーチン」のうち、能力の構築に要する時間が、「経営者力」、「組織対応力」、「組織進化力」で異なると仮定しているのと整合性を有している。

3)「ダイナミック・ケイパビリティ論」ティース(Teece, D., 2007)ほか[31]

ダイナミック・ケイパビリティ論は、ネルソン&ウィンターの進化経済学に関し、戦略論のより高次の視点から組織ルーティンをダイナミック・ケイパビリティと捉え直したという点で示唆に富む。また同時に、企業の意図的なダイナミック・ケイパビリティとともに、反復的で定型的な日常の企業の経営活動に内在化された組織ルーティンも引き続き重視していることも、本研究と一定の整合性を有すると考える。しかし、ダイナミック・ケイパビリ

ティ論は未だ理論が形成過程にあり、企業論としての方法論の提示が不十分である点に課題がある。さらに、米国のモジュラー型産業におけるベンチャー企業や大企業の優位性を分析するのに適した経営論であり、日本のしかも中小製造業に直接的に適用するのには限界があることにも留意すべきである。

③既存研究を踏まえた本研究における「組織ルーチン」の意義

　本研究の「組織ルーチン」は、日常の技術マネジメントにおける技術の構成要素の1要素として捉える。組織能力の要因の中に含まれるが、日々の定型的な行動の繰り返し、組織や組織に属する人員に内在化された行動という意味で、組織ルーチンという用語を使用する。そこで、比較的に反復継続的で定型的な技術進化である日常の技術マネジメントの構成要素の1つとしては、「組織ルーチン」の用語を使用するとともに、中小製造業が長期的視点で意図して技術戦略のもとに技術進化を遂げようとする要因を考察する際には、より高次の概念の「組織能力」の用語を本研究では今後使用するものとする。

　このことから、短期的な技術進化、すなわち、日常の技術マネジメントにおいては、技術の構成要素を「人的資源」、「設備・情報システム」、「組織ルーチン（「人的資源」と「設備・情報システム」を動かす仕組み）」の3要素から構成されるものとして、今後の論を展開していくこととする。また、長期的な技術進化、すなわち、技術戦略においては、技術と市場の側面から類型化を検討するので、構成要素として「技術」に加えて「市場」を、さらに「技術」が「市場」に至るまでの中間形態あるいは設計情報の具現化形態として「製品・加工」を加え、最後に日常の技術マネジメントの「組織ルーチン」を「組織能力」に置き換えた4要素から構成されるものとして今後の論を展開する。

(3) 技術と市場のマッチングに関する既存研究における本研究の意義

　延岡（2006）は、顧客価値（ベネフィットとしてどれだけ評価するか）を機能的価値と意味的価値から成るとし、意味的価値の重要性を説く[32]。B2Bの産業財では機能的価値が主体だが、特に重要なのは企業顧客の潜在

ニーズを掘り出し提案型の商品を開発することとの指摘は、本研究で示唆に富む[33][34]。

中小企業の技術経営や技術マネジメントにおいても、技術と市場のマッチングについていくつか指摘がなされている。技術開発や技術戦略におけるマーケティング視点との両立を主張する論は多い[35]。また、弘中史子（2007）のように顧客との接点における学習効果を指摘する論もある[36]。しかしながら、後述のとおり、技術経営においてコア技術を市場に繋げていくためには、産業アーキテクチャに着目した位置取り戦略が重要であると考える。

このように、本研究では特に、後述の藤本が製品アーキテクチャの位置取り戦略を主張している以外に、従来の中小企業の技術経営論に見られない産業アーキテクチャに着目した位置取り戦略について考察する。なぜならば、中小製造業を取り巻く従来の下請制やサプライヤー・システムの構造が大きく変化して、下請的取引のような安定した取引関係から、コア技術を核に能動的に取引先を開拓していかなければ生き残っていけない時代となってきているからである。産業アーキテクチャはモジュラー型とインテグラル型に大きく区分され、各々に対応の仕方が異なると本研究では考える。最後に、中小製造業がコア技術をいかに市場開拓に繋げるかの考察のフレームワークとして、産業のアーキテクチャとフォン・ヒッペル（Von Hippel, E., 1994, 2005）の主張する情報の粘着性概念を軸に4象限に分類・融合した概念を用いる。その上で、中小製造業がコア技術を市場開拓に適切に繋げるべきあり方を提示する。

5. 研究方法

筆者が企画・実施・執筆・監修を行った下記の調査データを資料として、後述の研究仮説の二次分析を行う。具体的には、アンケート資料では、単純集計、簡易なクロス集計（検定なし）結果に関し、検定を含めたクロス集計・多変量解析などの精緻な統計分析を追加し仮説検証を行う。ヒアリング資料では、アンケート資料の二次分析を補完する目的で、理論研究を基にして調査結果を解釈し直し仮説検証を行う。また、本研究における後段では、コア技術を市場開拓に繋げるための研究仮説を設定し、それに関する仮説検証を

行う。これらの仮説検証結果を中心に考察を行い、先行研究を踏まえた含意・本研究の意義を明らかにする〔使用資料：中小企業基盤整備機構（2009）、（2010）、（2011）〕。

6. 主な結論と主張

　本研究における中小製造業の技術経営全体の鳥瞰図は、次のとおりである。
　中小製造業は、長期的視点の「技術戦略」を策定して「大きな技術変化」を生じさせ技術進化を遂げることが、企業成長にとって不可欠である。また、中小製造業は、短期的技術進化の日常の「技術マネジメント」は、「技術戦略」の土台として企業の成長に必須である。一方で、技術側面の視点に偏りすぎると、市場や顧客ニーズを見失うことになりやすい。そこで、中小製造業が、長期的視点の「技術戦略」、短期的視点の日常の「技術マネジメント」を市場開拓に繋げるための方策が重要となる。このように、コア技術が市場開拓に繋がって、技術経営が完結する。コア技術を市場開拓に繋げるためには、モジュラー型とインテグラル型の「産業アーキテクチャ」に着目したサプライチェーンにおける「位置取り戦略」が異なるので、そのあり方が最も重要となる。
①中小製造業の競争力の源泉は、技術を核とした経営（技術経営）にある。長期的視点の技術進化の「技術戦略」と短期的視点の技術進化の日常「技術マネジメント」の両立と、コア技術を市場開拓に繋げるための産業アーキテクチャ着目した「ポジショニング戦略（位置取り戦略）」が不可欠である。
②中小製造業が競争力を発揮するためには、長期的視点の「技術戦略」に基づき、絶えず繰り返し「大きな技術変化」を生じさせることが必須である。ただし、経営資源が不足する中小製造業がリスクを軽減するためには、コア技術をベースに長期的視点に立脚し一定の方向性の中で頻繁な開発などの技術進化を目指す、「コア技術戦略」が適している。
③技術戦略は、「自社製品開発型」、「技術範囲の拡大型」、「技術の専門化型」、「用途開発型」、「事業構造の再構築型」に類型化が可能であるが、類型別に「コア技術」、「市場」、「製品・加工」、「組織能力」の要素で重視すべき事項が異なるので、自社がどの類型を重視するかを明確にし、重点を置くべき要

素に経営資源を集中的に投入する必要がある。
④短期的視点の日常の「技術マネジメント」は、長期的視点の「技術戦略」による技術進化の土台となるので、その取組みの巧拙が中小製造業の競争力に影響を与える。日常の「技術マネジメントは、「人的資源」、「設備・情報システム」、「組織ルーチン」の3要素から成る。特に「組織ルーチン」を「経営者力」⇒「組織対応力」⇒「組織進化力」と進化させられるかどうかが、中小製造業の技術水準を規定することになる。
⑤中小製造業がコア技術を市場開拓に繋げるためには、産業アーキテクチャに着目した「位置取り戦略」が必須である。「モジュラー型産業」と「インテグラル型」産業で、その産業のサプライチェーンにおける位置取りのあり方が相違し、その巧拙がコア技術の市場開拓に大きな影響を与えるので、それぞれの産業ごとの「位置取り戦略」が重要である。中小製造業のコア技術を市場開拓に繋げるための具体的な方法論として、「産業のアーキテクチャ」と技術や顧客の「情報の粘着性」を融合したマトリックスを考慮した技術進化の方向性の検討が、技術や顧客ニーズや競争環境の不確実性が増大している現在においては、中小製造業の競争力の発揮に不可欠である。

7. 本書の構成

第1章では、『中小企業白書』などの時系列データを基に、中小製造業の環境変化や下請構造の変化と技術の発展に関し確認を行う。次に、技術に係る中小企業政策の変遷について考察を行う。最後に、序章で提起した問題意識、考察を行った中小製造業の競争要因の変化と先行研究から見た本研究の意義と位置づけ、さらに問題意識や先行研究のサーベイなどを裏付ける資料の分析を基に、中小製造業の技術進化に係る次の3つの研究仮説を導出する。
①**仮説1**：バブル崩壊以後20年弱の間に中小製造業は何らかの「大きな技術変化」を経験して、それを飛躍台にして成長を遂げてきている。
②**仮説2**：バブル崩壊以降の「大きな技術変化」は、技術・市場のマトリックスにより類型化が可能で、長期的技術進化の技術戦略と大きな関連性を有している。
③**仮説3**：短期的視点の技術進化の取り組み（日常の技術マネジメント）は、

中小製造業の競争優位を確固たるものにする。

次に第2章から第4章にかけては、上記3つの仮説について、アンケート資料やヒアリング資料の二次分析を行うことにより検証を行う。それを踏まえ、第2章では、中小製造業の成長における「大きな技術変化」の重要性、第3章では、長期的視点に基づく「技術戦略」の重要性とあり方、第4章では、日常の「技術マネジメント」の重要性とあり方についての考察を行う。

第5章では、まず、第2章から第4章までの長期的技術進化と短期的技術進化のうち市場開拓に関連する要因を抽出し、コア技術と市場開拓の関連性を明らかにする。その上で、第4章までの長期的技術進化の技術戦略と短期的技術進化の日常の技術マネジメントだけでは、コア技術を市場開拓に繋げるのに十分ではないことを明らかにし、市場開拓に繋げるために市場側面の中でも、なぜ、産業アーキテクチャにおけるポジショニング戦略に着目するのかを明示する。これが、技術経営における仕上がりとして重要な、コア技術を市場開拓に繋げるための研究仮説となる。この仮説について、第6章と第7章において、ヒアリング資料の二次分析・事例研究を通じて検証を行う。

第6章と第7章では、コア技術を市場開拓に繋げるための方法のうち、産業のアーキテクチャに着目し、モジュラー型産業とインテグラル型産業で、中小製造業がいかなるポジショニング戦略を採ったらよいかを、事例研究により産業別に考察する。また、まとめとして産業アーキテクチャと情報の粘着性を融合化した概念の4象限マトリックスで中小製造業のあり方を提示する。

最後の「おわりに」では、本研究から導き出される示唆と既存研究から見た本研究の意義や含意を考察してまとめとする。

(注)
(1) 中小製造業の全体の事業所・企業数は、事業所ベースで1991年の852,295から2012年の490,081に、企業ベースでも1991年の738,511から2012年の429,468に急激に減少（『2002年版中小企業白書』と『2014年版中小企業白書』の比較）。統計の不連続性有り。
(2) 『2009年版中小企業白書』（53ページ）：2007年の実績の上位12％では、中小企業の売上高経常利益率が大企業を上回っている。また、『2011年版中小企業白書』（62

〜 63 ページ）：中小企業（製造業）の労働生産性は、大企業の平均を上回る中小企業も 11.4％存在。さらに、資本装備率の分布（製造業）でも、大企業の平均を上回る中小企業も 10.3％存在。
(3) 1970 年代は、日本は二度の石油危機を経験し、下請制、サプライヤー・システムをより充実させ、高品質と低コスト・省力化の両立の困難な生産体制の高度化を図っていった。低迷する国内需要をカバーするために、欧米向けの輸出が飛躍的に増大していった。裏返すと、垂直型統合モデルを中心としたアメリカ製造業の競争力は失われ不振に陥っていった。
(4) 1970年代になり、耐久消費財などの生活必需品は概ね消費者に普及し、消費者ニーズも多様化する多品種少量生産時代に突入した。この多品種少量生産時代では、大量生産・大量消費時代とは異なり、規模や範囲の経済追求型のアメリカ型の垂直統合型生産モデルと分業の利益追求型の日本型の下請制、サプライヤー・システムの優劣の差は歴然であった。
(5) ラングロア（2007）は、このような競争状態の変遷を、見えざる手による競争（アダム・スミスの言う完全競争の世界）⇒見える手による競争（その後長い間、覇権を制していたチャンドラー（Chandler, A.）型の多角化事業部制）⇒ 1990 年頃から消えゆく手による競争（企業家の復権を主張）に移行したと主張する。154 〜 155 ページ。
(6) 『2007 年版ものづくり白書』46 ページ参照。
(7) 田杉競（1941）は、戦前において、機械工業における下請制工業を一種の社会的分業と捉え、特に下請制工業の存立理由を産業組織論の考え方から最適規模論の中で捉えた点に先見性が見られる。
(8) その後、中村秀一郎（1981）は、中小企業の脱下請形態として「専門加工企業」による大企業との対等性を指摘した。さらに、技術を核とした社会的分業構造に着目し、下請制が日本企業の国際競争力の源泉である点も指摘したことは、評価に値する。
(9) ベンチャー企業観をベースにした清成忠男（1988）は、ベンチャー企業とは言えない既存の中小製造業についても、中村と同様に、昭和 50 年代からの脱下請の動きを積極的に捉え、部品専門加工メーカーあるいは加工専門企業としての技術の専門化を通じた自律性や成長性を是認した。また中村と同様に部品産業の重層的な社会的分業体制を日本の製造業の強みとして認識した。さらに、いち早くシリコン・バレーのベンチャー企業を中心とした社会的分業体制の国際的な優位性に着眼したことに、先見性を有していた。
(10) 論によって技術に関する用語の使用は様々である。本研究における技術に関連する用語の定義を行う。まず、「技術」の定義については、「『もの』の造り方に関する一連の方法」〔小川英次（1988）、2 ページ〕などがある。本研究においては、中小製造業の現場のオペレーションを重視する立場から、小川と同じ定義とする。本研究においては、後述する「技術の構成要素」を重視しており、「技術」そのものの

厳密な概念の規定については重視していない。また、本研究では、企業の成長に繋がる技術水準の向上の取組みを「技術変化」、その中でもバブル崩壊以降、企業の成長に最も影響を与えた技術変化を「大きな技術変化」と定義する（ただし、ヒアリング資料の二次分析では、創業以来まで拡大した定義を使用）。また、「技術変化」のうち、学習能力などのより動態的な変化の側面を強調する際には、「技術進化」とする。長期的視点の技術進化の方向性の選択を「技術戦略」、短期的視点の技術進化の取組みを日常の「技術マネジメント」と定義する。最後に「技術経営」については、技術系マネージャーレベルの視点ではなく、伊丹敬之（2006）『技術者のためのマネジメント入門』と延岡健太郎（2006）と同様に、トップマネジメントレベルの技術経営の視点に立つ。なぜならば、中小製造業においては、特に経営者が最大の経営資源であるからである。そこで、本研究における技術経営は、「中小製造業における経営者目線から視た技術を核とした経営、即ち、自社の重要な経営資源であるコア技術を核として経営者が有効に適切に経営して競争力を発揮すること」と定義する。「技術革新」という用語は、本研究においては産業レベルの画期的や革新的な技術変化と捉え、大企業を除き中小製造業の個別の企業を論じる時には用いず、産業のアーキテクチャなど産業レベルの分析の際にのみ用いることとする。

(11) イノベーションの遂行で、各種のジレンマが生じる。自動車産業を中心に既存企業の生産性のジレンマを主張したのがアバナシー（1978）である。その後に半導体などを中心に顧客ニーズを重視しすぎる既存企業の破壊的イノベーションへのジレンマを論じたのがクリステンセン（Christensen, C., 1997）である。

(12) ネルソン＆ウィンター（1982）は、経済学に生物学の進化理論のアナロジーを導入し、動学的分析を行った。「企業の規則的で予測可能な行動パターンのすべてを表す」（16 ページ）用語として「ルーティーン」を用い、彼らの進化の理論の中で、「ルーティーンが生物学的進化論で遺伝子が果たす役割を果たす」（16 ページ）とする。彼らは、時系列的に価格条件の変化がもたらす効果を、①意思決定「ルールに沿った効果」が即座に起き、②意思決定ルールの進化、すなわち「探索」による技術革新の効果が起き、③最後に、資本設備の割合を変化させる「淘汰」の効果が続くとし、モデル化する（210 ページ）。

(13) 本研究では、短期的技術進化の日常の「技術マネジメント」の構成要素の1つとして、「組織ルーチン」という用語を用い、ネルソン＆ウィンターが主張する「組織ルーティーン」の内容とも一部で類似する。しかし、ネルソン＆ウィンターの記述では、訳文にしたがい「組織ルーティーン」の用語を用いる。

(14) モジュール化の設計思想の出現、またそれを実現するためのオープンイノベーションの導入がなされたのが1990年頃である。ラングロア（2007）の消えゆく手仮説では、横軸を「市場の厚み」（人口、所得、技術的・政治的な貿易障壁の高さといった外生的要素によって決定）、縦軸を「緩衝の緊急度」（複雑性、遂次性、高スループットという観点からみた生産技術の程度）とし、企業と市場の境界を、チャンド

ラー的革命の出発点の1880年と消えゆく手が始まる1990年とする。154～155ページ。
(15) 藤本隆宏（2003）31ページ。
(16) 本研究では、「モノ作り」の用語を用いるが、藤本と延岡は「もの造り」を用いる。同じ意味であるが、藤本と延岡に関する記述では、「もの造り」を用いる。政策部分では「ものづくり」も用いる。
(17) 藤本隆宏（2003）33ページ。
(18) 藤本隆宏（2012）で「広義のものづくり」として最も強調するのはこの点である。56～57ページ。
(19) 小川英次（1991）156～157ページ。
(20) 山田基成（2000）11ページ。
(21) 小川英次（1988）3ページ。
(22) 延岡健太郎（2006）50ページ。延岡健太郎（2007）4ページ。
(23) 延岡健太郎（2006）50ページ。
(24) 藤本隆宏（2003）28ページ。
(25) 藤本隆宏（2003）33ページ。
(26) 藤本隆宏（2003）54～55ページ。
(27) 山田基成（2010）175～176ページ。
(28) 延岡健太郎（2007）4～5ページ。
(29) 延岡健太郎（2007）8～9ページ。
(30) ネルソン&ウィンター（1982）210ページ。
(31) 渡部直樹（2010）は、進化経済学が「故意、意識的配慮、計画と専門的知識といった行動に関わるケイパビリティと、自動的な低レベルのオペレーション・ルーティンとを区別する（Dosi, Nelson and Winter, 2000, p.983）が必要とされた」（83ページ）、「ケイパビリティを高度のルーティンという位置付け、経営者の行う戦略的決定の意義を明らかにしたといえる」（83ページ）とする。ヘルファット（Helfat, C. E., 2007）（8ページ）も同様の指摘。大月博司（2004）は、組織ルーティン（88ページ）論の中で、構造と遂行の2側面を見出し、遂行の中に動態的側面、特に学習プロセスや製品開発プロセスを意識している。以上は、本研究の「組織ルーチン」の類型化や要因の進化の概念と一定の整合性を有する。
(32) 延岡（2006）245～254ページ。
(33) 延岡（2006）249ページ。
(34) 延岡（2006）261～267ページほか。
(35) 山田基成（2007）38～39ページ。川北眞史（2006）7ページ。黒瀬直宏（1999）22ページ。
(36) 弘中（2007）120～121ページ。

第1章 時系列の環境変化と競争要因としての技術の重要性の変遷

第1節 中小製造業を取り巻く環境変化と技術の発展

(1) 中小製造業の設備の導入状況(ME化の進展から新たなモノ作りの潮流へ移行)

『1985年版 中小企業白書』によると、「製造業技術活動実態調査」の結果として、中小製造業が認識する技術上の課題が、表1-1のとおり、1965年～1974年、1975年～1979年、1980年～1984年ごとにまとめられている。

高度成長期にほぼ該当する1965年～1974年は、①量産体制の確立、②労働者の確保、③品質・機能の向上となっている。ME(マイクロエレクトロニクス)化は未だ緒についたばかりで、第一次石油危機前までは、自動車や電機などの耐久消費財の爆発的需要に対応して、親企業の大量生産体制の下で量産体制を確立して部品や加工を提供できる下請企業の、生産量と価格が競争要因の最たるものであった。

次に1975年～1979年は、大企業はMEを中心に省力化、人件費抑制、QCなどを押し進め、間接的に生産性向上、品質の向上を取引先である下請企業にも要求した。ME化をいち早く進めてその活用法を習得し、生産性や品質の向上・安定に努めることは、1970年代から80年代初めにかけての大きな意思決定となった。これは、1975年～1979年の技術上の課題の、①品質・機能の向上、②省力化対策、③多品種少量生産への対応に顕著に現われている。

1980年代前半は、NC工作機械の中小製造業における普及期であった。80年代後半になるとMCも普及のスピードが加速していった。河崎亜州夫(1991)の指摘[1]のように、日本におけるME機器は中小工作機械メーカー

表1-1 ME機器の導入状況、技術上の課題の変遷と競争要因の変化

年代	ME設備の導入状況（中小製造業）	技術上の課題「製造業技術活動実態調査」1984.12	競争要因
1955～1972 高度成長期	1952年米国のマサチューセッツ工科大学で、世界初のNC装置を開発、NCフライス盤として公開。1956年富士通（現ファナック）がNCタレットパンチプレス完成。1957年に東京工業大学でNC旋盤の試作品が完成。	（1965～1974） （回答率） ①量産体制の確立 (51.6%) ②労働者の確保 (43.2%) ③品質・機能の向上 (36.3%)	価格（大量生産）、人材確保、品質
1973～1979 石油危機 安定成長期	NC工作機械のユーザー規模別販売比率（日本工作機械工業会） 1974年以降、中小企業の比率が大企業を上回る。	（1975～1979） ①品質・機能の向上 (44.7%) ②省力化対策 (34.6%) ③多品種少量生産への対応 (29.0%)	品質、価格、技術
1980～1989 安定成長期 円高不況 バブル到来	NC工作機械22.6%、MC 9.5%、CAD 15.9%「製造業技術活動実態調査」（1986年2月） NC工作機械36.3%、MC 18.1%、ME機器導入比率54.4%「86年日大調査」（1986年2月） NC工作機械57.4%、MC 39.4%、CAD 39.1%「製造業経営実態調査」（1988年12月）	（1980～1984） ①多品種少量生産への対応 (44.0%) ①品質・機能の向上 (44.0%) ③新技術への対応 (37.7%)	技術、品質、価格
1990～2000 バブル崩壊後	NC 68.9%、MC 40.7%、CAD 22.9%、CAM 8.1% 中小企業庁「製造業分業構造実態調査」（1990年12月） CAD/CAMの導入企業割合（製造業）中小企業13.4%、大企業57.7% 通商産業省・中小企業庁「商工業実態基本調査（1998年）」再編加工		ME機器を使いこなす技術が一層の競争要因として重要に
2000年以降	中小素形材産業の3次元CAD普及率（2006年時点） 3次元CAD 66%、CAM 51%、CAE 23%、※金型業界での普及率は92%（一財）素形材センター		高付加価値を創出するために最新鋭の設備の導入が重要に
現在	3Dプリンタの活用状況（試験的活用含む） 中小企業 (7.7%)、大企業 (27.7%) 経済産業省調べ（2014年1月）		技術のデジタル化、ものづくりの革新への対応も重要に

出所：『1980、1985、1986、1989、1991、2000、2002年版中小企業白書』、『2014年版ものづくり白書』、内藤英憲ほか (1989)『中小企業とME革命』、（一財）素形材センター『素形材産業の3次元を中心とするITの現状と課題報告書（要約）』（平成19年3月）、日刊工業新聞社編 (2001)「工作機械技術開発史年表」『工作機械50年［進化と未来］』を参考に筆者作成

とユーザーである中小製造業のコラボレーションの中で、お互いの競争力を強めていった。人が有していた熟練やノウハウの一部が設備や機械に体化することにより、一層の技術進歩が生まれた。工作機械メーカーの加工者・設計者、ユーザーである切削加工メーカーの加工者・設計者がフェース to フェースで真剣なやり取り（ワークの進め方・治工具の角度、治工具の脱着の容易さ、精度の高め方、監視体制の容易さ、プログラミングの順番・効率化など）は、そのような現場を熟知した者同士の効率化にかける熱き思いからしか生まれない工夫であった。ちょうど、1980年代になり、ME化による生産性・品質の向上とともに、成熟化・多様化した消費者ニーズに対する新技術への対応が、中小製造業にとっての重要な技術課題であり、かつ大きな競争要因となった。

1980年代後半以降は、ME機器単独ではなく製造ラインや製品グループや工場単位の統合化された自動化が進んだ。さらに、高速化・高度化したME機器、3次元CAD・CAM等の導入も1990年代後半以降導入が進んできた。

(2) 新しいモノ作りの潮流

日本の製造業は、中小製造業も含めME機器については欧米企業に先行して導入を進め、1980年代には日本製のNC工作機械が世界市場を席巻した[2]。CAD/CAMも2次元から3次元CADの普及期までは、世界のデジタル製造技術の先頭に立って、設備・情報システムを巧みに使いこなすことで製造技術を向上させてきた。モノ作りのデジタル化は、中国や韓国でも2000年代前半までに3次元CADを急速に普及することで製造技術を急速に向上させた[3]。

2000年代以降のデジタル化・エレクトロニクス化の中でも、現在における技術面で最も留意しなければならない動きは、①付加製造技術と言われる3Dプリンタ[4]の登場、②スマホやその他情報通信機器を搭載した製品もネット経由のデジタル化の進展[5]により、③モジュール化の一層の加速と併せて、モノ作りの主体が顧客になることが多くなるとともに、モノ作りがハードの製造・販売から顧客価値やシステムをハードを通じて顧客に提供するように

図 1-1　NC 工作機械の普及率の推移

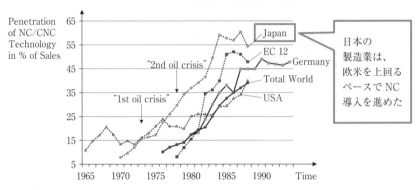

出所:『新ものづくり研究会報告書』(平成 26 年 2 月) 29 ページ

図 1-2　世界の 3D プリンタの累積出荷台数シェア

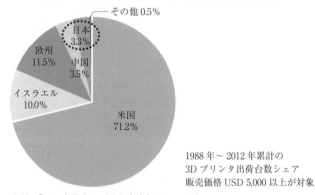

出所:『2014 年版ものづくり白書』111 ページ

図 1-3　3D プリンタの活用状況

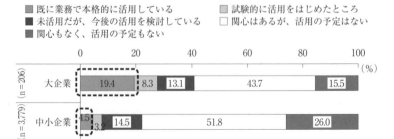

資料：経済産業省調べ (14 年 1 月)
出所:『2014 年版ものづくり白書』109 ページ

劇的な構造変化が生じている。図1-1、1-2のとおり、NC工作機械では中小製造業も含めて世界の中でも先行していた日本が、3Dプリンタの生産では、米国企業などの大きく後塵を拝している。日本のモノ作りが得意としていた熟練技術や擦り合わせによる高品質・短納期の優位が大きく揺らいできている。

　しかし、藤本の指摘するとおり日本の製造業の強みは、擦り合わせによるチームワーク型の強い現場力を中心としたモノ作りにあることは間違いがない。中小製造業は、前述のモノ作りの構造そのものに変革を及ぼす可能性のある3Dプリンタにも、従来の強みを活かしながら対応しなければならない。

第2節　下請構造の変化と技術の発展
（『中小企業白書』を中心とした概観）

(1) 下請企業比率の変化

　下請企業構造は、戦後、傾斜生産方式に代表される基幹産業や耐久消費財

図1-4　下請中小企業比率の推移（製造業全体）〜減少傾向にある下請取引〜

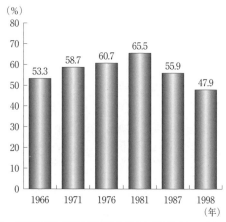

資料：経済産業省「工業実態基本調査」（1966年〜1987年）、
　　　経済産業省・中小企業庁「商工業実態基本調査」（1998年）
（注）ここでいう「下請中小企業」とは、自社よりも資本金または従業員数の多い他の法人または個人から、製品、部品等の製造または加工を受託している中小企業（従業員300人未満の企業）をいう。

出所：『2003年版中小企業白書』28ページ

産業において大企業の生産体制が十分に整わず、急激に成長を目指すために設備や労働力の節約やコストダウン、生産調整目的などで下請企業の選別、下請化・系列化が進行した。下請企業比率は、1980年代前半まで上昇した。

しかしながら、ME化の進展や、取引先である親企業が下請企業に求める要素が価格ではなく、技術や納期(多品種少量生産)になってきたことから、最適調達の方針の総合的な判断の下に客観的に取引先が決められる部分も多くなってきた。そのため、1980年代後半以降は、下請企業比率は低下してきた。もちろん、未だモジュール化やユニット化では対応できないものの、綿密な擦り合わせを必要とするため経験とノウハウを重要視され、高度な技術水準を評価され多様な取引先から単独指名を受けて入札できるということもある。

また、受ける側の中小製造業においても、技術を磨くことにより価格交渉力を増し、取引先を多様化するという戦略も進行しつつある[6]。

(2) 親企業の外注理由、下請企業の受注理由の変化 (表1-2参照)
①高度成長期まで

1955年～1970年は、親企業の一番の外注理由の設備・労働力節約に特徴がある。高度成長期の立ち上がり期は耐久消費財産業の育成時期であり、外国から技術を導入していち早く技術を習得してキャッチアップしていく時代であった。ただ、設備や労働力が不足し、弾力的な対応を図る意味でも企業を選別・技術指導して下請化・系列化が進んだ。一方、大企業と比べて技術格差、賃金格差、付加価値生産性格差があった中小製造業は、安定した受注量の確保、技術指導などを受けるために、進んで下請・系列の傘下に入った。

②安定成長期

1970年代の石油危機以降、1980年代までの状況となると、下請企業比率の増加とは別に、親企業の外注理由に変化が見られてくる。減量経営の名の下により一層の生産の効率化・省力化が求められてきた。大企業では生産効率の合わない多品種で発注ロットの小さいもの、しかもそれに柔軟に迅速な納期で対応できることが、外注理由の大きな要因となっていった。また、そういう生産体制を可能とする技術、高度成長期以上に求められる品質にも対

応できる専門的技術が外注理由のトップになった。一方、下請企業の受注理由は、①販売活動が不要、②受注量が安定、③貸し倒れの心配がない等と相変わらず下請構造に参加するメリットを感じていた。しかし、減量経営の名の下に度重なるコストダウンによる利益の縮小、親企業の動向や景気変動の影響による企業経営へのリスクを中小製造業経営者が感じ出したのも、1970年代後半から1980年代にかけてであった。技術を武器に脱下請を志向するか、下請構造の中で技術範囲の拡大や技術内容の深化により技術水準を向上させるか、競争力の強化の方法は、経営者の意思決定によるものであった。

③バブル崩壊以降

下請企業比率の低下とともに、グローバル化の進展による大企業の最適調達方針への転換に対応し、中小製造業側からも自社の技術を深化させ、取引先を多様化させるとともに、下請企業の中でも脱下請の動きが活発化してきた。

ただし、1995年中小企業庁「我が国下請分業構造実態調査」の脱下請を図る上での問題点は、①資金不足、②人材不足、③販売能力不足、④研究開発能力不足、⑤設計開発能力不足、⑥マーケティング能力不足などであった。

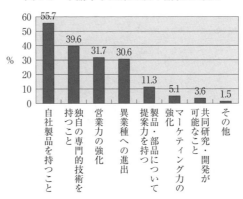

図1-5　下請中小企業の脱下請化の方法

資料：中小企業庁「我が国下請分業構造実態調査（下請企業）」1995年11月。
　　（注）複数回答のため合計は100を超える。（注）一部、小規模企業を割愛したのは筆者。
出所：『1996年版中小企業白書』199ページを参考に筆者作成

表 1-2　下請企業比率の変化、親企業の外注理由、下請企業の受注理由

年代	自社製品の保有状況	下請構造、下請企業比率「工業実態基本調査」	親企業の外注理由	下請企業の受注理由
1945〜1954		「系列化」の進展選別、発注量の集中と安定化、技術指導		
1955〜1970		製造業 53.3%（1966）機械工業 72.3%一般機械 70.7%電気機械 81.4%輸送用機械 67.1%	①設備・労働力節約、②専門的技術、③多年取引、④コスト安中小企業庁「下請企業構造調査」（親企業の外注理由、機械工業）1968年	中小企業白書1969年、下請企業側メリット記述　○安定した受注量、対外信用力確保、○経営・技術指導、資金援助による設備近代化、○営業容易、原材料負担減
1971〜1979		製造業　58.7%（1971）一般機械 75.9%電気機械 79.0%輸送用機械 77.9%製造業 60.7%（1976）一般機械 82.7%電気機械 82.3%輸送用機械 86.2%	①専門的技術、②発注ロット小、③コストダウン、④発注量変動に弾力的対応中小企業庁「下請企業実態調査」（1979.11 下請取引の存立理由：親企業）	デメリット　①利益少ない、②景気変動の影響大、③親企業の動向が存立に影響　中小企業庁「下請企業経営実態調査」1976.12メリット①販売活動の必要なし、②仕事量の安定、③貸倒れの懸念がない、④下請の方が仕事量、収益とも安定中小企業庁「下請企業実態調査」（1979.11 下請取引の存立理由：下請企業）
1980〜1989	24.1%（1989）中小企業庁「製造業分業実態調査」	製造業 65.5%（1981）一般機械 84.2%電気機械 85.3%輸送用機械 87.7%製造業 55.9%（1987）一般機械 74.8%電気機械 80.1%輸送用機械 79.9%	①専門的技術、②生産能力不足、③生産ロット小、④コストダウン中小企業庁「下請企業実態調査」1981.12（下請企業理由）①専門的技術、②自社得意業務集中、③従来取引信頼、④生産弾力的対応　中小企業庁「製造業分業構造調査」（1986.2：親企業）	①仕事量の安定、②自社製品設計開発困難、③受注活動困難、④生産活動に集中中小企業庁「製造業分業構造調査」（1986.2：下請企業）
1990〜2000	31.6%（1990←1995年からみて5年前）33.7%（1995）中小企業庁「我が国下請分業構造実態調査」1995.11	系列・下請企業の再編製造業 51.6%（1995.8）一般機械 70.1%電気機械 78.5%輸送用機械 72.8%「下請取引等実態調査」製造業 47.9%（1998）1998年「商工業実態基本調査」	メリット①専門技術、②設備投資軽減、③需要変動対応、④多品種小ロット中小企業庁「我が国下請分業構造実態調査」（1995.11：親企業）	メリット①仕事量安定、②自社受注困難、③売掛金回収確実、④自社製品開発困難中小企業庁「我が国下請分業構造実態調査」（1995.11：下請企業）
2001〜		2005年度〜2010年度の製造業の下請中小企業比率は、17%〜24%台で増減しながら推移。2010年度は、約18.6%中小企業庁「中小企業実態調査」※1998年までの下請中小企業比率の算定とは断絶有り	①自社にとって欠かせない技術・ノウハウ、②技術力の高さ、③商品開発や技術改善の提案力中小企業庁「発注方式等取引条件改善調査（2012年度）」（下請中小企業の選定理由）①自社の生産体制の不可欠な存在、②補完的な存在、③キーコンテンツ提供で不可欠　※安価な調達先、自社生産体制の調整弁という回答は下位へ中小企業庁委託「産業、生活を支える企業に関するアンケート調査」（2010年11月、(株)三菱総合研究所）（系列組織に属する中小企業の存在「大企業の認識」）	メリットのとらえ方に変化兆し①仕事量が安定（減少）、②営業活動不要（横ばい）、③取引リスク無（増加）、④製品開発・企画不要（増加）、⑤技術指導受けられる（急増）中小企業庁「我が国製造業分業構造実態調査」（1996.11）、「中小企業連携活動実態調査（2002.11）系列組織に属するメリット①過去取引の経験やノウハウ活用、②営業活動不要、③相手先の技術・技能、設備の理解しやすさデメリット①取引条件の変更難、②無理な注文等の押し付け、③新たな顧客獲得難、④自社の位置づけ脱却難中小企業庁委託「産業、生活を支える企業に関するアンケート調査」（2010年11月、(株)三菱総合研究所）

出所：『1969、1977、1980、1981、1986、1987、1990、1993、1995、1997、2003、2007、2011年版中小企業白書』、中小企業庁取引課「下請中小企業の現状と今後の政策展開について」（2013年8月）を参考に筆者が作成

④ 2000 年代以降：メッシュ化の進展

『2007 年版中小企業白書』で、10 年前と比較した仕入先・販売先の企業数の増加、大口取引先への依存度の低下が進み、メッシュ化（多数の取引先との多面的な取引関係）が進んでいる企業の割合が高いことが分かる。取引先を増加させるメリットは、販売先では①売上高の増大、②リスクの分散、③評判の確立など、仕入先では①有利な条件の仕入先を選べる、②必要な仕入れの確保、③リスク分散などが上位である。「業種グループ別に見ても、その取引構造には違いが見られている。素材・部品型上場企業を起点とする取引構造の内部においては、垂直的な取引の割合が低く、加工・組立型上場企業を起点とした取引構造に比して、相対的にメッシュ化している」[7]とある。

取引先多様化は、取引に関するリスクを軽減するとともに、ニーズやシーズに関する情報を数多く入手することができる。大手企業が生産拠点の海外移転を進展させ、調達をグローバル化させている中で、良好な取引先を数多く確保することは企業の営業努力である。成熟化やモジュール化した製品が多い中では、設計への提案能力の向上や、潜在ニーズの探索や、アフターサービスの充実はコミュニケーションコストを要し、中小製造業にとり一見コスト増加要因に思われるが、長期的に見ると売上増加、利益増加要因に繋がる[8]。

今まで見てきたように、二重構造の下に下請・系列構造の傘下に入らざるをえなかった中小製造業が、技術を進化・蓄積させて、脱下請や下請・系列下にあっても従来とは異なり親企業に対する価格交渉力を増強させてきている。

(3) 現代における中小製造業の競争力

2000 年代以降、大企業の製造業の生産拠点が中国をはじめ東アジアなどに大幅なシフトをしているにもかかわらず、『2007 年版ものづくり白書』の時点では、中小製造業の海外展開は未だあまり進んでいなかった[9]。こうした中で、国内に残った中小製造業は、従来の下請構造が再編され取引構造のメッシュ化が進んだ。また、消費者をはじめとした市場のニーズの多様化・複雑化を背景として、家電製品等のライフサイクルの短縮化が急激に進行し

ている。製品ライフサイクルの短縮化が Time to Market 短縮化の重要性を増大させている。サポーティングインダストリーの取引先からの評価は、「精度・品質の保証力」、「コア技術力の高さ」、「即応力（スピード）」が高くなり、コスト競争以外に技術を核とした対応力が中小製造業の競争力の源泉となった（図1-6）。

また、サポーティングインダストリーから見ると、取引先の技術力の低下も43.7%[10]の中堅・中小企業が感じている。これをチャンスと捉えて、大企業の分業化や現場の人材派遣が進んで、現場力の低下に対して様々な生産技術への提案を行うことが、競争力を向上させる。さらに、サポーティングインダストリーは、国内にコア技術を残すと考えているので、知的財産のみならず海外企業に技術上で勝つためのノウハウの囲い込みが必要である。

また、前述の『2007年版中小企業白書』によれば、販売先の増加と情報の緊密化の両立は、売上高の増加に貢献する⇒販売先の増加と情報の緊密化を両立させている企業は、取引先から安定した品質を求められる製品を取り扱っている場合が多い。成長している中小製造業は、取引先の最も重視する「安定した品質」に応えるとともに、「価格競争力」だけではなく「高度な技術」にも適応している[11]。また、「自社製品の独創性やブランド力を高める

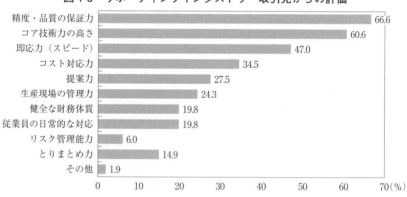

図1-6　サポーティングインダストリー取引先からの評価

備考：中堅・中小企業を対象にしたアンケート調査、有効回答は555社
資料：経済産業省調べ（07年2月）
出所：『2007年版ものづくり白書』46ページ

図 1-7　販売価格の決定方法（製品の差別化度合い別）

～差別化されている製品を製造している中小企業の方が、価格決定権を持っている割合が高い～

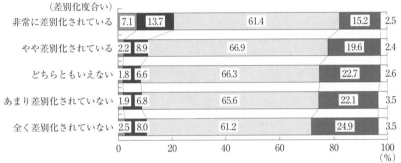

資料：みずほ総合研究所(株)「企業間取引慣行実態調査」（2006年11月）
(注) 1. 主要販売先とは、直近の決算で最も販売額の多い販売先を指す。
　　 2. 差別化度合いとは、自社製品の競合他社との差別化の度合いを指す。
出所：『2007年版中小企業白書』185ページ

図 1-8　競争優位に寄与している技術（複数回答）

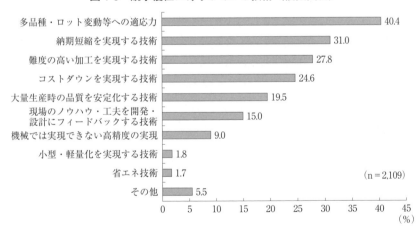

資料：中小企業庁委託「技能・技術承継に関するアンケート調査」（2011年12月、三菱UFJリサーチ＆コンサルティング(株)）
(注) 従業員300人以下の企業を集計している。
出所：『2012年版中小企業白書』143ページ

ことで、他社製品との差別化が実現される」⇒差別化されている製品を有している中小企業の方が、価格決定権を持っている割合が高い」としている[12]。

また、『2012年版中小企業白書』では、「小規模な企業を中心に、多くの企業が廃業するなど、厳しい環境に直面している。他方、以下の事例に見られるように、国内には高い技術力を有する企業が多数存在している」[13]とする。コストダウンへの対応力よりも、柔軟性・スピード・加工技術力の高さが、中小製造業の競争力の源泉となってきている。さらには、「現場のノウハウ・工夫を開発・設計にフィードバックする技術」が15％あり、上記の技術に加え、サプライチェーンの川下企業への開発・設計面における提案力が、一定程度、中小製造業における競争優位に影響を与える要因となってきている。

第3節 技術に係る中小企業政策の変遷と背景

技術に係る中小企業政策の変遷については、いくつかの大きな分岐点がある。

① 「機械工業振興臨時措置法」（1956）

戦後、政策的立場から垂直的統合より部材産業の育成による社会的分業がより社会的に効率的なシステムであることをいち早く看破し、部材産業育成のために「機械工業振興臨時措置法（以下「機振法」と言う）」（1956）の政策立案を主導したのが前述の林信太郎である。林は、分業体制の一貫生産体制に対する優位性の観点から機械産業における部品産業の育成を政策立案してきた過去の経験を振り返り、その当時の政策の妥当性を強調している[14]。

② 「中小企業近代化促進法」（1963）

二重構造論に基づく業種別の底上げ対策的な色彩が強くなった。サプライチェーンや産業全体の国際競争力を強化するというよりも、右肩上がりの高度成長期にのみ適合するような集団化や高度化対策が中心であった。高度成長期が終焉を迎えた途端、さらにバブル崩壊後に法律の趣旨が機能しなくなった[15]。すなわち、ピオリ&セーブルの「第二の産業分水嶺」やラングロアの企業家主権復活の「消えゆく手」の時代には政策的意味が薄れてし

③「中小企業創造活動促進法」(1995)、「新事業創出促進法」(1998)

　1999年の「中小企業基本法」の大改正により、二重構造論に基づく底上げ的支援から、創業支援を含む地域経済の担い手としてのやる気のある中小企業支援に完全に政策転換が図られた。開廃業率の逆転による企業数の減少への対応や、アメリカにおけるシリコンバレーをはじめとする急成長するベンチャー企業の育成が喫緊の課題とされた。創業・ベンチャー企業支援の根拠は、イギリスの学者のストーリー（Storey, D., 1994）がわずか4%の新規企業が半分くらいの雇用を創出するという調査に基づく雇用創出効果を強調したものなどである[16]。創業支援やベンチャー企業への支援への政策の大転換の端緒となったのが、1995年に制定された「中小企業創造活動促進法」である。同法で初めて、ベンチャー・ビジネスないしはベンチャー・ビジネスを志す既存企業への個別の支援がなされた[17][18]。次に、1998年12月、「新事業創出促進法」が制定され、「中小企業技術革新制度（日本版SBIR）」[19]が創設された。

④「中小企業新事業活動促進法」、「新連携支援制度」(2005)

　「新連携支援制度」の特徴は、従来の確固とした組織の組合などによる共同事業や集団化事業（工場団地、商店街組合、卸団地）のような、どちらかというとハード施設に対する支援とは異なり、緩やかな広域の中小企業の企業間連携に対する市場への出口戦略を意識したソフト支援が中心であった[20]。藤本隆宏（2012）も下記⑤の「中小ものづくり高度化法」を固有技術支援に偏りすぎだと批判しているのに対して、「新連携支援制度」は評価している[21]。

⑤「中小ものづくり高度化法」(2006)[22]

　政策の立案者である石黒憲彦がポーター（Porter, M., 1990）を持ち出し、ターゲットとなる従来の産業支援とは異なり、機振法のような、産業よりも広く裾野産業の底上げを図るクラスター・アプローチであると語っている[23]。特に、法律制定時に国際競争力を有していた自動車産業よりも、韓国や中国などの急成長や、モジュール化の進展に伴う電機産業の衰退を意識し、日本が強みを有する裾野産業を一層強化し電子立国復活を目指すのがこ

の法律の趣旨であったという。機振法政策立案者の林信太郎が分業体制重視で、擦り合わせ型だけでなく標準化された分業構造の優位性を強調するのと、好対照を成す。技術水準の高いモノ作り300社のような企業は技術開発に対する補助金で、技術力を高めたのも間違いない。ただ、藤本は従来の技術支援策を批判する[24]。

このように、中小製造業に対する技術支援策は、取り巻く環境の変化とともに変遷を遂げてきている一方で、効果は十分ではない。そこで、中小製造業が技術進化を成し遂げるためには、企業自身の自律的な取り組みが不可欠である。

第4節 中小製造業の技術進化に係る研究仮説の導出

序章では、コア技術を開始とする包括的な技術経営論がほとんど存在しないことを確認した。次に、本章第1節と第2節で、中小製造業の競争要因としての技術の重要性は、取り巻く環境や技術の発展や下請構造の変化とともに増大してきたことを確認した。また、前節では、国の技術支援策も不十分なので、中小製造業自身の自律的な技術進化の取り組みが不可欠なことも確認した。

そこで、中小製造業の競争力の源泉を技術経営の観点から明らかにするためには、長期的な技術進化と短期的な技術進化の両立が中小製造業の成長や競争力の向上のために不可欠であることから、下記の3仮説に関するアンケート資料とヒアリング資料の二次分析での検証が有効である[25]。

以上のことから、中小製造業の競争力の源泉を技術経営の観点から明らかにするために、次章より順次仮説検証を行っていく。

アンケート資料とヒアリング資料に基づく二次分析により検証する3つの仮説
①仮説1：バブル崩壊以後20年弱の間に中小製造業は何らかの「大きな技術変化」を経験して、それを飛躍台にして成長を遂げてきている。
②仮説2：バブル崩壊以降の「大きな技術変化」は、技術・市場のマトリックスにより類型化が可能で、長期的技術進化の技術戦略と大きな関連性を有している。

③**仮説3**：短期的視点の技術進化の取り組み（日常の技術マネジメント）は、中小製造業の競争優位を確固たるものにする。

（注）
(1)　河崎亜州夫（1991）は、1970年代から1980年代にかけて中小製造業と中小工作機械製作所の相互努力により、双方の技術が進化するとともに、企業や業界も成長していった経緯を明らかにした。109～135ページ。
(2)　経済産業省『新ものづくり研究会報告書　3Dプリンタが生み出す付加価値と2つのものづくり』（平成26年2月）29ページ。
(3)　前掲『新ものづくり研究会報告書』36ページ。
(4)　『2014年版ものづくり白書』（「平成25年度ものづくり白書（概要）平成26年6月経済産業省・厚生労働省・文部科学省」資料）15ページ。
(5)　経済産業省商務情報政策局資料「IT融合新産業の創出に向けて」平成24年6月、1ページ。
(6)　残念ながら、1966年～1998年まで明らかにされてきた下請中小企業比率に相当する統計は、その後の中小企業白書をはじめとした国の統計には一切、現われなくなる。しかし、統計の断絶を前提とした上でも、最近時において1990年代後半より下回っているのは間違いない。中小企業庁取引課「下請中小企業の現状と今後の政策展開について」（2013年8月）で、「下請中小企業の常時取引している親企業数の推移」において親企業数が3社以下の割合は、1996年度48.5％→2001年度45.9％→2006年度42.4％→2012年度34.9％と減少。「取引額の最も多い事業者への依存度」が50％超である企業割合は、1993年度50.5％→1996年度50.4％→2001年度48.5％→2006年度41.4％→2012年度39.2％と減少。
(7)　『2007年版中小企業白書』178ページ。
(8)　前掲『2007年版中小企業白書』177～178ページ。
(9)　『2007年版ものづくり白書』45ページ。「中堅・中小の部素材企業のうち、海外に拠点を有する企業は27.4％に過ぎず、大半の企業は国内を拠点。・・海外に拠点を有する場合についても、生産、販売が中心となっており、技術開発、製品開発設計、試作等については国内拠点の機能とする回答が多い。特にコア技術については84.7％が国内拠点で保有」。リーマンショックや東日本大震災以降に大企業のグローバル化は一層進展した。これに対応し国も2012年以降海外展開支援を重視し、現在では販路開拓中心の出口支援にも力を入れている。中小製造業も拠点と共に市場としてアジアを中心に海外展開を加速している。
(10)　前掲『2007年版ものづくり白書』46ページ。
(11)　前掲『2007年版中小企業白書』177ページ。
(12)　前掲『2007年版中小企業白書』185～186ページ。
(13)　『2012年版中小企業白書』142ページ。

(14) 林信太郎・柴田章平（2008）まえがき　ii～iiiページ。284～288ページ。
(15) 清成忠男（2009）も、高度成長期の意義はそれなりの意義を評価するものの、1970年代の大量市場が細分化時代でのスケール・メリットの追求の負の側面を指摘。112ページ。
(16) ストーリー（1994）165ページ。118～120ページ。
(17) 清成（2009）は、「中小企業創造活動促進法」を中小企業政策の大転換と評価。211ページ。
(18) 中小企業庁編集『中小企業政策の新たな展開』（1999）222ページ。
(19) 「国が中小企業向けに、…毎年度、支出目標を設定し、技術開発力のある中小企業に対して重点的に研究開発費を投下する」。前掲『中小企業政策の新たな展開』(1999) 230ページ。
(20) 清成（2009）も、新しい組織化の柔軟なネットワーク化の有効性を評価。288ページ。
(21) 藤本隆宏（2012）は、概念設計は評価したが、事業進捗には批判的。339～340ページ。
(22) 清成忠男（2009）もこの「中小ものづくり高度化法」(2006)に着目。287ページ。
(23) 石黒憲彦「第40回　クラスター・アプローチとニーズ・アプローチ」、「第41回　産業政策に対する評価」。
(24) 藤本隆宏（2012）は、この点にも、「先端技術の離れ小島」を作っただけで固有技術支援に偏り過ぎと、従来から続く国の中小企業への技術支援策を批判する。339ページ。
(25) この段階における研究仮説の設定には、限界がある。中小製造業は、「技術側面」に偏りすぎるとコア技術が市場開拓まで繋がらず、高い付加価値を享受できずに競争力を発揮することはできない。そこで、第5章でコア技術を市場開拓に繋げるのに最も重要な要因として、産業のアーキテクチャに着目したポジショニング戦略の重要性を確認する。この研究仮説について、第6章と第7章においてヒアリング資料の二次分析により仮説検証を行い、最後に産業のアーキテクチャと情報の粘着性の概念を融合し、中小製造業がコア技術を市場開拓に繋げるための処方箋を提示する形で、本研究の考察をとりまとめる。

第2章 中小製造業の成長における「大きな技術変化」の重要性

　本章では、前章の仮説1「バブル崩壊以後20年弱の間に中小製造業は何らかの『大きな技術変化』を経験して、それを飛躍台にして成長を遂げてきている」と仮説2「バブル崩壊以降の『大きな技術変化』は、技術・市場のマトリックスにより類型化が可能で、長期的技術進化の技術戦略と大きな関連性を有している」の検証を、アンケート資料とヒアリング資料の二次分析で行い、中小製造業の成長における「大きな技術変化」の重要性を明らかにする。

(1) アンケート資料[1]
①中小製造業5,000社に対するアンケート調査（平成20年10月17日～31日実施）[2]（社歴20年以上、機械・金属業種中心、小規模企業者は除く）、有効回答数1,297（有効回答率25.9％）
②モノ作り300社選定中小製造業682社に対するアンケート調査（実施時期同様）、（社歴20年以上、素形材企業中心、小規模企業者含む）、有効回答数200（有効回答率29.3％）[3]

(2) ヒアリング資料[4][5]
①先進的事例ヒアリング調査：2006年～2008年モノ作り300社選定企業を中心に、同等程度の技術水準を有する中小機構支援先等の全国23社に対し、経営者を中心とした経営幹部にヒアリング調査を実施（平成20年10月20日～12月18日）（以下「2008年調査」）
②先進的事例ヒアリング調査：平成20年10月17日～31日に実施したアンケート調査への回答先で、かつ、2006年～2008年モノ作り300社選定企業

または同等程度の技術水準を有する中小機構支援先等の全国20社に対し、経営者を中心とした経営幹部にヒアリング調査を実施（平成21年11月2日〜12月22日）（以下「2009年調査」）。

③先進的事例ヒアリング調査：2006年〜2008年モノ作り300社選定企業または同等程度の技術水準を有する中小機構支援先等の8社に対し、経営者を中心とした経営幹部に対するヒアリング調査を実施（平成22年12月7日〜平成23年2月23日）（以下「2010年調査」）。

第1節 バブル崩壊以降の「大きな技術変化」と企業成長の関連性

　技術変化が企業成長に関連することについては、先行研究で述べたとおり、経済学の観点からはイノベーション論として、進化経済学のネルソン＆ウィンター（1982）が生物学の遺伝子のアナロジーを用いて「ルーティーン」概念により述べている。また、経営学の観点のイノベーション論としてはアバナシー（1978）が、技術の流動期から固定期に製品イノベーションからプロセスイノベーションへの移行を、生産性のジレンマとしていち早くそれへの対応の必要性を論じていた。さらに、経済学の観点からラングロア（2007）も、大規模なチャンドラー的企業の時代から企業家復権のアダム・スミス（Smith, A.）的分業の時代に1990年頃に移行したという「消えゆく手仮説」を論じている。中小企業の技術に関する研究においても、小川英次（1983、1988、1991）が、技術を人と設備と情報と規定して技術変化を起こし高度化することが中小企業の発展に繋がるとしている。山田基成（2000）も、小川の主張に近い。

　以上のとおり、技術変化やイノベーションに着目した研究は多かったが、①アバナシーのように長期的な技術変化と企業成長の関係を論ずる中小製造業の技術に関する研究がほとんどなかったこと、②技術進化は長期的視点と短期的視点の両者が考えられるが、山田（2000）[6]らの一部の先行研究を除いては両者を区分して、特に長期的技術進化の過程を体系的に論ずる研究がほとんど見られなかったことから、本研究では、「大きな技術変化」という新たな概念を導入して、中小製造業の長期的な技術進化の重要性について論

ずる。

1. アンケート調査における「大きな技術変化」の定義

　本研究における「大きな技術変化」の概念は、アンケート調査における定義とさらにそれを拡大させたヒアリング調査における定義とは異なる。

　アンケート資料では、「大きな技術変化」とは、バブル崩壊以降、企業成長に寄与した「大きな技術変化」のうち、図2-1問7-2選択肢の中で最も影響を与えた技術変化を言う[7]。アンケートの選択肢の技術変化は、中小製造業では人や設備に多額の投資を必要とするような大きな経営上の判断を伴う。また、投資した成果にはリスクが伴い、投資効果が現われるまでかなりの期間を要する。しかし、バブル崩壊以降、外部環境や内部環境も激変した中で、「大きな技術変化」の有無が中小製造業の成長を左右する要因になったと想定した[8]。また、図2-2の技術の範囲と技術の専門化度合および技術と市場の関連性より4類型を想定した。

　類型化の目的は、技術戦略上、重視すべき経営資源が異なると想定したからである。「大きな技術変化」の類型は、脱下請を含め自社製品開発を技術進化の中心とする「自社製品開発型」、図2-2参考図の生産技術機能や生産工程などの技術の範囲を拡大する「技術範囲の拡大型」、特定の生産技術機能や生産工程の技術の専門化を図る「技術の専門化型」、コア技術をベースに顧客に対応した製品をカスタマイズする「用途開発型」の4類型を想定していた。

　ヒアリング資料では、上記「大きな技術変化」の時系列の概念をさらに拡大した。なぜならば、中小製造業の競争要因は、バブル崩壊前に、高度成長期が終了し大量生産・大量消費時代が終焉し多品種少量生産時代に移行した1970年代後半以降から大きく変化した。このような競争要因の変化に対応して高い技術を核に生き残ってきた中小製造業の、「大きな技術変化」と企業成長の関連性を明らかにすることも重要な意義があると考えたからである。そこで、ヒアリング資料では、バブル崩壊前の創業以来の企業成長に大きく寄与した技術変化もアンケート資料と同様に「大きな技術変化」と定義する[9]。

図2-1 「大きな技術変化」に関するアンケート調査 問7-2の選択肢

自社製品開発型
1. 下請加工を行っていたが、初めて自社製品を開発・事業化
2. 2度目以降の新自社製品の開発・事業化

技術範囲の拡大型
3. 部品の設計能力、工程の設計能力を新たに取得
4. 取引先の開発・設計への改善提案力を取得
5. 鋳造・鍛造等の前工程や加工・組立等の後工程の新工程に進出
6. 電子技術やソフト技術や真空技術などの新技術を取得
7. 部品をユニット化・組み合わせした受注する力を取得
8. 使用している生産機械の自社製作力を取得

技術の専門化型
9. 微細・高精密加工など難度が高い新加工技術を取得
10. 新たな材料・素材に対する新加工技術を取得
11. 加工のリードタイムを大幅に短縮する新技術を取得
12. 試作品・特殊品も取り扱えるよう技術レベルが向上
13. 最新鋭設備を導入し大幅なコストダウン

用途開発型
14. 新たな取引先の開拓に伴う製品・加工技術の改良

出所：中小企業基盤整備機構（2009）

図2-2 「大きな技術変化」における類型化

自社製品開発型	技術の専門化型
自社製品開発が技術進化の中心	右図のように各生産技術機能や生産工程などのコア技術の専門化が中心

技術範囲の拡大型	用途開発型
生産技術機能や生産工程や右図の技術の範囲の拡大が中心	コア技術をベースに顧客に対応した製品・部品・加工のカスタマイズが中心

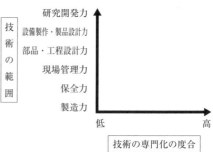

（参考図）

参照：山田基成（2000.4）「技術の蓄積と創造のマネジメント」

出所：中小企業基盤整備機構（2009）

2．アンケート資料に基づく二次分析により検証を行う2つの仮説

　前章で導出した3仮説のうち、本章では次の2仮説をアンケート資料の二次分析で検証する。後述のヒアリング資料の二次分析の検証でさらに補完する。

①**仮説１**：バブル崩壊以後 20 年弱の間に中小製造業は何らかの「大きな技術変化」を経験して、それを飛躍台にして成長を遂げてきている。
②**仮説２**：バブル崩壊以降の「大きな技術変化」は、技術・市場のマトリックスにより類型化が可能で、長期的技術進化の技術戦略と大きな関連性を有している。

3. アンケート資料の二次分析による仮説検証

(1) 仮説１に関する仮説検証
①仮説１－１：「大きな技術変化」の有無と企業の成長性

表2-1のとおり、「大きな技術変化」有りのバブル崩壊以降の売上高増加企業割合が 65.9％、無い企業の同割合が 46.7％となっている。つまり、バブル崩壊以降の「大きな技術変化」の有無が、バブル崩壊時以降現在までの中小一般製造業における企業成長に影響を与えていた[10][11]。中小製造業の企業成長には、「大きな技術変化」の技術側面以外にも市場側面の要因など多くの要因が影響するので、この要因の影響度の分析に限界があることは承知している[12]。

表2-1 問7(大きな技術変化の有無)×問2(2)(バブル崩壊時～現在の売上高増減)

	増加	やや増加	横ばい	やや減少	減少	合計
「大きな技術変化」有り	221 38.3%	159 27.6%	56 9.7%	49 8.5%	92 15.9%	577 100.0%
「大きな技術変化」無し	123 18.1%	194 28.6%	80 11.8%	101 14.9%	180 26.5%	678 100.0%
合 計	344 27.4%	353 28.1%	136 10.8%	150 12.0%	272 21.7%	1,255 100.0%

χ^2 ($df = 4$, $N = 1{,}255$) = 74.4 $p<.01$
※なお、Q7 をダミー変数化、売上高増減は回答番号とは逆に 5 点尺度で得点化し、t 検定も実施。
「大きな技術変化」有無の平均値：有 = 3.64、無 = 2.97、$t = 8.01$ $p<.01$
出所：中小企業基盤整備機構（2009）の資料を基に筆者が二次分析。この図表以下、アンケートの二次分析は、中小一般製造業の調査資料を使用

②仮説1－2：生産技術機能の範囲の変化と企業の成長性

表2-2のとおり、生産技術機能の範囲の変化の類型[13]とバブル崩壊以降の売上高増加企業割合は、バブル崩壊時から現在までに生産技術機能を拡大した企業「技術範囲の拡大型企業」のほうが、現状維持または集中（縮小）した企業よりも割合が大きい。生産技術機能の拡大が、中小一般製造業の成長要因の1つと考える[14][15]。

**表2-2　問6(1)（生産技術機能の範囲の変化：バブル崩壊以後～現在）×
問2(2)（バブル崩壊時～現在の売上高増減）[16]**

	増加	やや増加	横ばい	やや減少	減少	合計
技術範囲の拡大型企業	86 33.6%	77 30.1%	19 7.4%	31 12.1%	43 16.8%	256 100.0%
技術範囲の維持型企業	194 25.4%	211 27.6%	89 11.6%	95 12.4%	176 23.0%	765 100.0%
技術範囲の集中型企業	10 16.9%	11 18.6%	4 6.8%	9 15.3%	25 42.4%	59 100.0%
合　計	290 26.9%	299 27.7%	112 10.4%	135 12.5%	244 22.6%	1,080 100.0%

χ^2 ($df = 8$、$N = 1,080$) $= 27.9$　$p<.01$
出所：中小企業基盤整備機構（2009）の資料を基に筆者が二次分析

図2-3　生産技術機能の範囲の変化の類型例

〔記入例〕「技術範囲の拡大型企業」

保有する生産技術機能	バブル崩壊時 （1990年代初）	現　在
1. 製品の企画・開発機能		
2. 製品の設計・デザイン機能		
3. 部品・工程の設計機能		◎
4. 試作・試験機能		○
5. 使用生産機械、治具・工具の内製機能		○
6. 新技術・加工法の開発機能	◎	○
7. 製造・生産機能	○	○
8. その他（　　　　　　　　）		

（注）図中の◎と○に差異は設けない。
出所：中小企業基盤整備機構（2009）の資料を基に筆者が再編加工

③仮説1−3：生産技術機能の進化と企業の成長性

表2-3のとおり、生産技術機能の進化[17]とバブル崩壊以降の売上高増加企業割合は、バブル崩壊時から現在までに生産技術機能を進化させた企業「技術の進化型企業」のほうが、現状維持または停滞させた企業よりも割合が大きい。生産技術機能の進化が、中小一般製造業の成長要因の1つであったと考える[18][19]。

表2-3 問6(1)(生産技術機能の進化：バブル崩壊以後〜現在)× 問2(2)(バブル崩壊時〜現在の売上高増減)[20]

	増加	やや増加	横ばい	やや減少	減少	合計
技術の進化型企業	67 38.1%	48 27.3%	11 6.3%	19 10.8%	31 17.6%	176 100.0%
技術進化の維持型企業	214 25.2%	237 27.9%	96 11.3%	108 12.7%	193 22.8%	848 100.0%
技術進化の停滞型企業	9 16.1%	14 25.0%	5 8.9%	8 14.3%	20 35.7%	56 100.0%
合計	290 26.9%	299 27.7%	112 10.4%	135 12.5%	244 22.6%	1,080 100.0%

χ^2 ($df = 8$、$N = 1,080$) = 22.2 $p<.01$

出所：中小企業基盤整備機構（2009）の資料を基に筆者が二次分析

図2-4 生産技術機能の進化の類型例

〔記入例〕「技術の進化型企業」

保有する生産技術機能	バブル崩壊時	現　在
1. 製品の企画・開発機能		◎
2. 製品の設計・デザイン機能		○
3. 部品・工程の設計機能	◎	○
4. 試作・試験機能	○	○
5. 使用生産機械、治具・工具の内製機能	○	○
6. 新技術・加工法の開発機能	○	○
7. 製造・生産機能	○	○
8. その他（　　　　　　　　　）		

(注) 図中の◎と○に差異は設けない。

出所：中小企業基盤整備機構（2009）の資料を基に筆者が再編加工

④仮説1－4：生産工程の範囲の変化と企業の成長性

表2-4のとおり、生産工程の範囲の変化の類型[21]とバブル崩壊以降の売上高増加企業割合は、バブル崩壊時から現在までに生産工程を拡大した企業「技術範囲の拡大型企業」のほうが、現状維持または集中（縮小）した企業よりも割合が大きい。生産工程の拡大が、中小一般製造業の成長要因の1つであったと考える[22][23]。

**表2-4　問6(2)（生産工程の範囲の変化：バブル崩壊以後～現在）×
問2(2)（バブル崩壊時～現在の売上高増減）[24]**

	増加	やや増加	横ばい	やや減少	減少	合計
技術範囲の拡大型企業	72 41.1%	41 23.4%	17 9.7%	14 8.0%	31 17.7%	175 100.0%
技術範囲の維持型企業	222 25.5%	255 29.3%	90 10.3%	107 12.3%	197 22.6%	871 100.0%
技術範囲の集中型企業	19 22.1%	20 23.3%	7 8.1%	14 16.3%	26 30.2%	86 100.0%
合　計	313 27.7%	316 27.9%	114 10.1%	135 11.9%	254 22.4%	1,132 100.0%

χ^2 ($df = 8$、$N = 1,132$) $= 24.7$　$p<.01$
出所：中小企業基盤整備機構（2009）の資料を基に筆者が二次分析

図2-5　生産工程の範囲の変化の類型例

〔記入例〕「技術範囲の拡大型企業」

生産工程	バブル崩壊時 (1990年代初)	現在	生産工程	バブル崩壊時	現在
1. 板金			9. 研磨		
2. プレス	○	○	10. 熱処理		○
3. 製缶			11. 表面処理、メッキ、塗装		
4. 溶接			12. 金型製作	◎	○
5. 鋳造			13. 部品組立		◎
6. 鍛造			14. 最終製品組立		
7. 射出成型			15. その他（　　　）		

（注）図中の◎と○に差異は設けない。
出所：中小企業基盤整備機構（2009）の資料を基に筆者が再編加工

⑤仮説1-5：市場ライフサイクルの変化と企業の成長性

表2-5のとおり、市場ライフサイクルの変化の類型[25]とバブル崩壊以降の売上高増加企業割合は、バブル崩壊時から現在までに製品市場ライフサイクルを若返らせた企業のほうが、現状維持または後退させた企業よりも割合が大きい。市場ライフサイクルの若返りが、中小一般製造業の成長要因の1つであったと考える[26][27]。

表2-5 問6(3)(市場ライフサイクル変化：バブル崩壊以後〜現在)×問2(2)(バブル崩壊時〜現在の売上高増減)[28]

	増加	やや増加	横ばい	やや減少	減少	合計
市場ラフサイクル若返り型企業	33 39.8%	23 27.7%	7 8.4%	4 4.8%	16 19.3%	83 100.0%
市場ライフサイクル維持型企業	111 30.0%	119 32.2%	48 13.0%	44 11.9%	48 13.0%	370 100.0%
市場ライフサイクル後退型企業	111 22.7%	122 24.9%	49 10.0%	60 12.2%	148 30.2%	490 100.0%
合計	255 27.0%	264 28.0%	104 11.0%	108 11.5%	212 22.5%	943 100.0%

$\chi^2 (df = 8, N = 943) = 47.7 \quad p<.01$

出所：中小企業基盤整備機構（2009）の資料を基に筆者が二次分析

図2-6 市場ライフサイクルの変化の類型例

〔記入例〕「市場ライフサイクル若返り型企業」

主力製品・部品の市場の状況	バブル崩壊時 (1990年代初)	現　在
1. 新しい市場で、未だ競合相手も少ない（導入期）		○
2. 成長市場であり、新規参入も増えている（成長期）		
3. 市場は成熟しており、安定した経営ができる（成熟期）	○	
4. 市場は衰退期を迎え、需要の減少が予想される（衰退前期）		
5. 既に市場は年々減少し、更なる減少を予想（衰退後期）		
6. その他（　　　　　　　　　　　　　　　）		

出所：中小企業基盤整備機構（2009）の資料を基に筆者が再編加工

(2) 仮説 1 に関する検証の小括

ここまで、バブル崩壊以降、現在までの中小製造業の成長性に関する分析の結果を簡単にまとめると、下記のとおりである。

まず、仮説 1 で想定していた内容を再度示すと、図 2-7 のとおりである。

図 2-7　仮説 1 の概念図

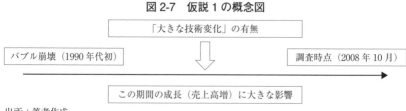

出所：筆者作成

また、各クロス集計および各群・類型の平均値の差異の検定結果をまとめると図 2-8 のとおりである。カイ二乗検定および t 検定・F 検定により、各要因と中小製造業の成長性指標との関連性は認められたが、これだけでは結果（成長性指標であるバブル崩壊時～現在の売上高の増減）とその原因となる要因（説明指標）のうち、何が原因として規定力を強く発揮しているのかが分からない。

図 2-8　中小製造業の成長（バブル崩壊時～現在の売上高増減）と
「大きな技術変化」関係要因との関連性

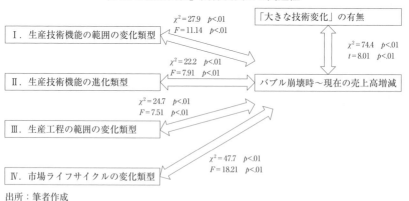

出所：筆者作成

(3) 仮説1に係る回帰分析

　前述のとおり、カイ二乗検定と t 検定・F 検定で、中小一般製造業の成長性指標と5つの説明指標の間に関連性があるのは分かったが、影響度の強さは明らかではない。

　そこで、被説明変数を成長性指標とし、説明変数を上記5つの指標とする回帰分析を行った[29]。回帰式自体は1％水準で有意なものが導出されたが、自由度調整済みの寄与率は、.10 及び.11 と必ずしも高くなかった。5つの説明変数のうちで、影響度の最も大きなものは、「大きな技術変化」の有無であり、次に「市場ライフサイクルの変化類型」である。他の「生産技術機能の範囲の変化類型」、「生産技術機能の進化類型」、「生産工程の範囲の変化類型」は企業成長に影響を与えているのは間違いないが、影響度はそれほど大きくない。回帰分析における寄与率（説明度合）が低いため、中小製造業の企業成長に関する回帰分析は、以降もその結果を参考としての注などでの記述に留める[30]。

　中小一般製造業は、バブル崩壊以降、何らかの「大きな技術変化」を起こすことにより、そうではなかった企業よりも、より多く成長していた。しかしながら、その成長要因は多様であり、従来の研究で示されていた生産技術機能の拡大や、生産技術機能の進化や、生産工程の拡大のような、線型的な技術進化は必ずしも中小製造業の成長にも大きく影響を与えなかった[31]。

　そこで、「大きな技術変化」の内容を明らかにすることが今後の分析の中でも重要であり、その際に留意しなければならないことは仮説2で想定していたような、「大きな技術変化」の多様性とその類型化の必要性である[32]。

第2節　「大きな技術変化」と技術戦略の関連性

　本節では、仮説2[33]の前半部分の検証のため、アンケート資料の二次分析を行う。まず概括的な視点からの分析を行う。「大きな技術変化」の有無と技術戦略の有無の関連性と、技術戦略の有無と企業の成長性との関係を確認する。

(1) 仮説2の前半部分の検証

①バブル崩壊以降の「大きな技術変化」と「技術戦略」の関連性

表2-6のとおり、「大きな技術変化」の有無と、「技術戦略」の有無は大きく関連していた[34][35]。

表2-6 問7(大きな技術変化の有無)×問21(技術戦略の有無)[36]

	技術戦略有り	技術戦略無し	合計
「大きな技術変化」有り	387 68.9%	175 31.1%	562 100.0%
「大きな技術変化」無し	211 31.6%	456 68.4%	667 100.0%
合計	598 48.7%	631 51.3%	1,229 100.0%

χ_y^2 ($df = 1$、$N = 1{,}229$) = 167.7 $p<.01$、$\phi = .371$ $p<.01$

出所：中小企業基盤整備機構（2009）の資料を基に筆者が二次分析

②バブル崩壊以降の「大きな技術変化」とコア技術の将来動向の予測期間との関連性

表2-7のとおり、「技術戦略」関連項目の1つのコア技術の将来動向の予測期間[37]につき、「大きな技術変化」の有無とコア技術の将来動向の予測期間は、関連性を有する。

表2-7 問7(大きな技術変化の有無)×問19(コア技術の将来動向の予測期間)[38]

	5年後、10年後の技術動向まで予測	1年超〜4年先の技術動向まで予測	当座（1年以内）の技術動向のみ把握	技術動向は把握していない	合計
「大きな技術変化」有り	80 14.0%	299 52.3%	108 18.9%	85 14.9%	572 100.0%
「大きな技術変化」無し	43 6.5%	236 35.5%	178 26.8%	208 31.3%	665 100.0%
合計	123 9.9%	535 43.2%	286 23.1%	293 23.7%	1,237 100.0%

χ^2 ($df = 3$、$N = 1{,}237$) = 80.8 $p<.01$

出所：中小企業基盤整備機構（2009）の資料を基に筆者が二次分析

③「技術戦略」の有無、コア技術の将来動向の予測期間と、企業成長との関連性

表 2-8 のとおり、バブル崩壊時から現在までの期間の売上高では、技術戦略を有している中小一般製造業は、有しない企業よりも成長している[39][40]。

表 2-8 問 21(技術戦略の有無)×問 2(2)(バブル崩壊時〜現在の売上高増減)[41]

	増加	やや増加	横ばい	やや減少	減少	合計
技術戦略有り	206 34.0%	170 28.1%	65 10.7%	60 9.9%	105 17.3%	606 100.0%
技術戦略無し	133 20.8%	179 28.0%	70 10.9%	89 13.9%	169 26.4%	640 100.0%
合　計	339 27.2%	349 28.0%	135 10.8%	149 12.0%	274 22.0%	1,246 100.0%

$\chi^2 (df = 4、N = 1,246) = 35.8$　$p<.01$

出所：中小企業基盤整備機構(2009)の資料を基に筆者が二次分析

バブル崩壊以降、中小製造業を取り巻く外部環境が激変し、技術や市場の不確実性が増大する中で長期間の技術動向を予測することは大変困難なことではあるが、表 2-9 のとおり、より長い将来の技術動向を予測しながら経営することは、中小製造業の成長に関連がある[42]。

表 2-9 問 19(コア技術の将来動向の予測期間)×問 2(2)(バブル崩壊時〜現在の売上高増減)[43]

	増加	やや増加	横ばい	やや減少	減少	合計
5年後、10年後の技術動向まで予測	57 45.6%	33 26.4%	15 12.0%	10 8.0%	10 8.0%	125 100.0%
1年超〜4年先の技術動向まで予測	168 31.1%	153 28.3%	63 11.7%	52 9.6%	104 19.3%	540 100.0%
当座(1年以内)の技術動向のみ把握	56 19.0%	97 33.0%	29 9.9%	38 12.9%	74 25.2%	294 100.0%
技術動向は把握していない	60 20.0%	72 24.0%	29 9.7%	49 16.3%	90 30.0%	300 100.0%
合　計	341 27.1%	355 28.2%	136 10.8%	149 11.8%	278 22.1%	1,259 100.0%

$\chi^2 (df = 12、N = 1,259) = 69.3$　$p<.01$　相関係数 $= .203$　$p<.01$

出所：中小企業基盤整備機構(2009)の資料を基に筆者が二次分析

(2) 仮説2の前半部分に関する検証の小括

仮説2前半部分（「大きな技術変化」と技術戦略の関連性）と仮説1（「大きな技術変化」と企業成長との関連性）の統合概念図は、図2-9のとおりである。

図2-9　仮説1と仮説2前半部分の概念図

```
仮説2前半
　　　　「大きな技術変化」を起こすためには「技術戦略」が必要

　　　　「大きな技術変化」の有無 ⇔ 「技術戦略」の有無
仮説1
　バブル崩壊（1990年代初）　　　　　調査時点（2008年10月）
　　　　　　　　この期間の成長（売上高増）に大きな影響
```

出所：筆者作成

図2-10のとおり、カイ二乗検定とt検定・F検定などで、①「大きな技術変化」の有無と「技術戦略」の有無には強い関連性、②「技術戦略」の有無には「コア技術の将来動向の予測期間」も強い関連、「大きな技術変化」の有無と「コア技術の将来動向の予測期間」にも相当程度の強い関連、③「技術戦略」の有無、「コア技術の将来動向の予測期間」ともに、中小一般製造業の成長性指標である（バブル崩壊時～現在の売上高の増減）と関連性が認

図2-10　「技術戦略」要因と、「大きな技術変化」、中小製造業の成長（バブル崩壊時～現在の売上高増減）との関連性

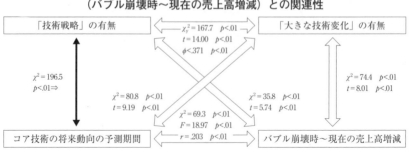

出所：筆者作成

められた。仮説2前半部分は、概ね検証された[44]。

前節の仮説1に関する中小製造業の成長性指標に関する回帰分析の結果を踏まえ、中小製造業における成長性を規定する要因に関し、「大きな技術変化」要因に長期的技術進化の「技術戦略」要因を追加して探索的に分析した[45][46]。

モデルの自由度調整済み寄与率は、前節のモデルより少しだけ増加した。

説明変数のうちで、影響度の大きなものは「市場ライフサイクルの変化類型（後退）」、「『大きな技術変化』の有無」であり、次に「コア技術の将来動向の予測期間」である[47]。中小一般製造業の成長性指標には、「大きな技術変化」要因のみならず、その前提となる技術戦略要因であるコア技術に関する長期的な視点も相当程度、影響度を有していると考える。

本節でのカイ二乗検定およびt検定・F検定等で、「大きな技術変化」と技術戦略要因が関連しており、長期的な視点に基づく技術戦略が中小一般製造業のバブル崩壊以降の成長にも相当程度、影響していたことが明らかになった。

第3節 「大きな技術変化」の類型化による変化内容の二次分析

本節では、仮説2の後半部分の検証に移る。アンケート資料の二次分析を通じて、中小一般製造業のバブル崩壊以降の「大きな技術変化」のコア技術との距離や市場の変化の観点から、類型化について分析する。

(1) 仮説2の「大きな技術変化」の類型化の検証：「大きな技術変化」は「技術戦略」と密接な関連性を有し、「大きな技術変化」はコア技術との距離や市場の変化の観点から、「自社製品開発型」、「技術範囲の拡大型」、「技術の専門化型」、「用途開発型」に類型化が可能。

① 「大きな技術変化」の類型とコア技術との距離・関連性

表2-10のとおり、「大きな技術変化」は、コア技術をベースにしたものが多い。ただし、類型別にコア技術との関連性が異なる。「自社製品開発型」は、コア技術をベースとしたものは23.9％のみであり新技術の融合割合が多く、逆に「用途開発型」はコア技術をベースとしたものが44.3％である[48][49]。

表 2-10 問 7-2(「大きな技術変化」の類型)×問 9(「大きな技術変化」と
コア技術との関連性)

「大きな技術変化」の類型		コア(中心的)技術をベース	コア技術と新技術の融合（コア技術の割合大）	コア技術と新技術の融合（新技術の割合大）	非コア(周辺)技術をベース	非コア技術と新技術の融合	新技術を導入	合計
自社製品開発型	度数	16	19	24	1	2	5	67
	％	23.9%	28.4%	35.8%	1.5%	3.0%	7.5%	100.0%
	調整済み残差	-2.1	-.2	2.7	-.8	1.0	-.1	
技術範囲の拡大型	度数	55	48	30	7	4	8	152
	％	36.2%	31.6%	19.7%	4.6%	2.6%	5.3%	100.0%
	調整済み残差	.3	.7	-1.1	1.2	1.2	-1.4	
技術の専門化型	度数	72	57	48	6	2	23	208
	％	34.6%	27.4%	23.1%	2.9%	1.0%	11.1%	100.0%
	調整済み残差	-.2	-.8	.1	-.3	-.9	2.4	
用途開発型	度数	35	25	14	2	0	3	79
	％	44.3%	31.6%	17.7%	2.5%	0.0%	3.8%	100.0%
	調整済み残差	1.8	.5	-1.2	-.3	-1.2	-1.4	
合計	度数	178	149	116	16	8	39	506
	％	35.2%	29.4%	22.9%	3.2%	1.6%	7.7%	100.0%

χ^2 (df = 15, N = 506) = 22.7 p<.10 (.091)

出所：中小企業基盤整備機構（2009）の資料を基に筆者が二次分析

図 2-11 「大きな技術変化」の類型とコア技術との関連性（コレスポンデンス分析）[50]

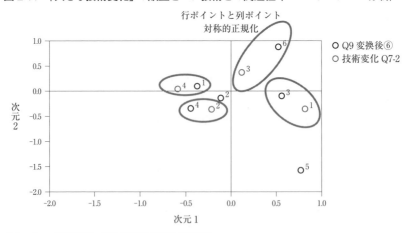

イナーシャの寄与率は、2 次元までで累計が 88.1%
出所：中小企業基盤整備機構（2009）の資料を基に筆者が二次分析

第 2 章　中小製造業の成長における「大きな技術変化」の重要性　55

　次に、図 2-11 のコレスポンデンス分析でも、類型別に下記の特徴が明らかになった。

○1 自社製品開発型　⟷　○3 コア技術と新技術の融合（新技術の割合大）
○2 技術範囲の拡大型　⟷　○4 非コア（周辺）技術をベース
○3 技術の専門化型　⟷　○6 新技術を導入
○4 用途開発型　⟷　○1 コア（中心的）技術をベース

　「大きな技術変化」は、コア技術をベースにしながら類型別の特徴を示す[51]。

② 「大きな技術変化」の類型と市場の変化

　表 2-11 のとおり、「大きな技術変化」に伴う市場の変化では、「自社製品開発型」は市場が国内のみならず、海外も含んだ新市場の割合が 35.7％、「用途開発型」は国内だけの新市場が全体の 6 割と、他類型に比し著しく大きい。また、「技術の専門化型」は 46.9％、「技術範囲の拡大型」も 45.9％と半数近

表 2-11　問 7-2（「大きな技術変化」の類型）×問 10（「大きな技術変化」に伴う市場の変化）

「大きな技術変化」の類型		新市場（国内）に進出	新市場（海外）に進出	新市場（国内および海外）に進出	既存の市場のまま	合計
自社製品開発型	度数	29	4	21	16	70
	％	41.4％	5.7％	30.0％	22.9％	100.0％
	調整済み残差	.5	.0	3.6	-3.2	
技術範囲の拡大型	度数	51	8	26	72	157
	％	32.5％	5.1％	16.6％	45.9％	100.0％
	調整済み残差	-1.9	-.4	.5	1.7	
技術の専門化型	度数	73	14	26	100	213
	％	34.3％	6.6％	12.2％	46.9％	100.0％
	調整済み残差	-1.7	.7	-1.7	2.6	
用途開発型	度数	48	4	7	21	80
	％	60.0％	5.0％	8.8％	26.3％	100.0％
	調整済み残差	4.3	-.3	-1.8	-2.8	
合計	度数	201	30	80	209	520
	％	38.7％	5.8％	15.4％	40.2％	100.0％

χ^2 (df = 9、N = 520) = 38.9　$p<.01$
出所：中小企業基盤整備機構（2009）の資料を基に筆者が二次分析

くが、「大きな技術変化」にもかかわらず市場は既存のままと他の2類型に比し特徴を表している[52]。

図2-12 「大きな技術変化」の類型と市場変化との関連性（コレスポンデンス分析）

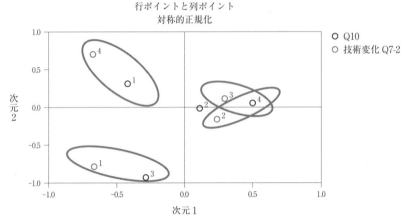

イナーシャの寄与率は、2次元までで累計が99.0%
出所：中小企業基盤整備機構（2009）の資料を基に筆者が二次分析

次に、図2-12のコレスポンデンス分析でも、類型別に下記の特徴が明らかになった。

○1 自社製品開発型 ◀━━▶ ○3 新市場（国内及び海外）に進出
○2 技術範囲の拡大型 ◀━━▶ ○4 既存の市場のまま
○3 技術の専門化型 ◀━━▶ ○4 既存の市場のまま
○4 用途開発型 ◀━━▶ ○1 新市場（国内）に進出

「大きな技術変化」は、市場の変化との関係において、類型別の特徴を示す[53]。

③「大きな技術変化」の技術と市場の関係から類型別にマトリックス化

上記①、②の「大きな技術変化」の類型とコア技術との距離・関連性（新技術の融合度合）、および「大きな技術変化」の類型と市場変化（新市場か既存市場か）により、図2-13のとおり「大きな技術変化」の類型別にマトリックス化が概ね可能であった。ただし、特徴を表わすように各象限に位置づけている。

図 2-13 「大きな技術変化」を技術と市場の関係から類型別にマトリックス化[54]

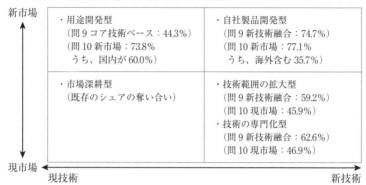

出所:中小企業基盤整備機構 (2009) の資料を基に筆者作成

「自社製品開発型」は新技術融合で新市場（海外を含む）、「技術範囲の拡大型」と「技術の専門化型」は新技術融合で現市場、「用途開発型」はコア技術ベースで新市場（国内中心）との特徴が現われている。ただし、どの類型もコア技術をベースに「大きな技術変化」を生じていることに留意すべきである。

バブル崩壊以降、中小一般製造業の企業成長に最も影響を与えた「大きな技術変化」は、アンケート資料の二次分析により技術と市場の観点からマトリックス化による類型化が可能となった[55]。ただし、類型間の差異が十分には明らかではなく、「大きな技術変化」の他のアンケート資料の分析を深める[56]。

(2)「大きな技術変化」の類型化による「大きな技術変化」の内容の分析

バブル崩壊以降の中小一般製造業の成長に最も影響を与えた「大きな技術変化」の内容について、類型化を軸にアンケート資料の二次分析を行う。

①「大きな技術変化」の類型と「大きな技術変化」に要した年数

表 2-12 のとおり、「大きな技術変化」には、平均 3.4 年[57]もの長い年数を要する。「大きな技術変化」の類型別に、「大きな技術変化」に要した年数も異なる[58][59]。特に、「自社製品開発型」と「技術範囲の拡大型」は、「技術の専門化型」と「用途開発型」と比較し「大きな技術変化」により長期間を

表 2-12　問 7-2(「大きな技術変化」の類型)×問 8(2)(「大きな技術変化」に要した期間)

「大きな技術変化」の類型		「大きな技術変化」に要した期間					合計	平均年(実数)
		7年以上	5～6年	3～4年	1～2年	1年未満		
自社製品開発型	度数	10	18	12	21	4	65	3.9 年
	%	15.4%	27.7%	18.5%	32.3%	6.2%	100.0%	
技術範囲の拡大型	度数	24	28	35	47	20	154	3.7 年
	%	15.6%	18.2%	22.7%	30.5%	13.0%	100.0%	
技術の専門化型	度数	14	29	57	79	28	207	2.9 年
	%	6.8%	14.0%	27.5%	38.2%	13.5%	100.0%	
用途開発型	度数	7	12	15	32	11	77	3.0 年
	%	9.1%	15.6%	19.5%	41.6%	14.3%	100.0%	
合　計	度数	55	87	119	179	63	503	3.3 年
	%	10.9%	17.3%	23.7%	35.6%	12.5%	100.0%	(3.4 年)

χ^2 (df = 12、N = 503) = 20.9　$p<.10$ (.051)
実数値を基にした一元配置分散分析：F (df = 3、499、N = 503) = 2.862　$p<.05$
出所：中小企業基盤整備機構 (2009) の資料を基に筆者が二次分析

表 2-13　問 7-2(「大きな技術変化」の類型)×問 8(1)(「大きな技術変化」があった年)

「大きな技術変化」の類型		「大きな技術変化」があった年 (本格稼働年)				合計	平均年(実数)
		1990～94年	1995～99年	2000～04年	2005～08年		
自社製品開発型	度数	8	21	18	15	62	2000 年
	%	12.9%	33.9%	29.0%	24.2%	100.0%	
技術範囲の拡大型	度数	24	33	61	33	151	2000 年
	%	15.9%	21.9%	40.4%	21.9%	100.0%	
技術の専門化型	度数	17	37	94	57	205	2001 年
	%	8.3%	18.0%	45.9%	27.8%	100.0%	
用途開発型	度数	3	20	27	27	77	2002 年
	%	3.9%	26.0%	35.1%	35.1%	100.0%	
合　計	度数	52	111	200	132	495	2001 年
	%	10.5%	22.4%	40.4%	26.7%	100.0%	

χ^2 (df = 9、N = 495) = 22.1　$p<.01$
実数値を基にした一元配置分散分析：F (df = 3、491、N = 495) = 4.698　$p<.01$
出所：中小企業基盤整備機構 (2009) の資料を基に筆者が二次分析

要していた。10年以上要した企業でも「自社製品開発型」9.2％、「技術範囲の拡大型」10.4％、「技術の専門化型」3.9％、「用途開発型」6.5％と、類型間の差異が現われている。

② 「大きな技術変化」の類型と「大きな技術変化」があった年（本格稼働年）

表 2-13 のとおり、平均像としての「大きな技術変化」は、1997 年～ 1998 年頃に着手され、2001 年に「大きな技術変化」の本格稼働があった。「自社製品開発型」が 1995 年～ 1999 年に他の類型に先行する形で最も大きな割合で「大きな技術変化」が生じ、「技術範囲の拡大型」も全体として他の類型の平均より少し早く先行して、1990 年～ 1994 年の間に 15.9％の企業が「大きな技術変化」を経験していた。このように類型間に差異が見られる[60][61]。少しだけ解釈を加えると、下請企業の再編等に伴う自社製品開発化、ユニット化・アッセンブリ化などの技術進化の動きはすでに 1990 年代から始まり、それに少し遅れる形で加工技術や工程技術等の既存技術を進化させる動きが 2000 年代以降に強まった。

③ その他「大きな技術変化」の類型化に影響を与えた要因（表 2-14）

1)「大きな技術変化」の類型と「大きな技術変化」の背景

バブル崩壊以降に中小一般製造業の企業成長に最も影響を与えた「大きな技術変化」の背景は、取引先の品質・コスト・納期への対応を基本としながらも、類型ごとに異なる。表 2-14 のとおり、一元配置分散分析による類型ごとの特徴を見ると、「自社製品開発型」と「用途開発型」は、取引先ニーズや外部環境の変化などの市場を重視して提案力による差別化に重点を置いている。これに対して、「技術範囲の拡大型」と「技術の専門化型」は、依然として取引先への QCD の要求水準への的確な対応を優先しているが、前者は次第にモジュール化・ユニット発注への対応力も重視し、後者は多品種小ロット対応や技能というきめ細やかな取引先への技術面の対応を重視している[62][63]。

2)「大きな技術変化」の類型と必要とされた新たな技術の吸収・融合

表 2-14 のとおり、バブル以降の「大きな技術変化」のために必要とされた新たな技術の吸収や融合の方法は、類型ごとの特徴が異なる。「自社製品開発型」は①産学連携、②公設試や補助金等の公的支援施策の活用、③新た

表2-14 「大きな技術変化」の内容に関する類型グループに係る統計量（一元配置分散分析）

指標	変　数	A：自社製品開発型 平均値	A 標準偏差	A N	B：技術範囲の拡大型 平均値	B 標準偏差	B N	C：技術の専門化型 平均値	C 標準偏差	C N	D：用途開発型 平均値	D 標準偏差	D N	F値	多重比較
問8	(1)「大きな技術変化」に要した年数	3.91	2.78	65	3.68	3.16	154	2.93	3.21	207	3.00	2.68	77	2.86*	A<C▲ A<D* B<C* B<D*
	(2)「大きな技術変化」があった年（本格稼働年）	1999.76	4.71	62	2000.05	4.77	151	2001.36	4.29	205	2001.74	4.19	77	4.70**	A<C▲ A<D* B<C* B<D*
問10	①コストダウン要請の激化	.33	.47	70	.38	.49	168	.45	.50	223	.20	.40	86	5.93**	B>D* C>D**
	②海外製品との競争激化	.11	.32	70	.11	.32	168	.17	.37	223	.10	.31	86	1.16 NG	
	③ISOなど品質要求水準の高度化	.24	.43	70	.19	.39	168	.23	.42	223	.20	.40	86	.44 NG	
	④取引先からの開発提案力の評価	.44	.50	70	.36	.48	168	.28	.45	223	.43	.50	86	3.23*	A>C▲ C<D▲
	⑤環境・省エネ対応要請の激化	.23	.42	70	.15	.36	168	.09	.28	223	.12	.32	86	3.73*	A>C**
	⑥下請関係再編や取引先海外進出で取引先減少	.07	.26	70	.08	.27	168	.05	.22	223	.15	.36	86	3.07*	C<D*
問11背景	⑦モジュール・ユニット発注の増大	.07	.26	70	.19	.39	168	.04	.21	223	.03	.19	86	10.25**	A<B* B>C** B>D**
	⑧納期の短縮化	.06	.23	70	.33	.47	168	.37	.48	223	.21	.41	86	10.39**	A<B** A<C** C>D*
	⑨多品種小ロット化の進展	.13	.33	70	.29	.45	168	.31	.47	223	.22	.42	86	3.58*	A<B* A<C*
	⑩技能継承・人材の確保が困難	.04	.20	70	.08	.28	168	.12	.32	223	.02	.15	86	2.99*	C>D*
	⑪IT化・エレクトロニクス化・デジタル化進展	.11	.32	70	.20	.40	168	.13	.33	223	.10	.31	86	2.00 NG	
	①社内勉強会における学習	.33	.47	70	.46	.50	168	.41	.49	223	.41	.49	86	1.28 NG	
	②新たな技術人材の採用	.36	.48	70	.34	.48	168	.22	.42	223	.26	.44	86	3.12*	B>C*
	③外部研修機関へ技術者派遣	.07	.26	70	.18	.38	168	.10	.30	223	.14	.35	86	2.60▲	B>C*

第2章　中小製造業の成長における「大きな技術変化」の重要性

		A			B			C			D		F値	多重比較
		平均	SD	N	平均	SD	N	平均	SD	N	平均	SD	N		
問12 新技術の吸収・融合	④取引先からの学習	.14	.35	70	.35	.48	168	.23	.42	223	.22	.42	86	4.49 **	A<B** B>C*
	⑤産学連携	.26	.44	70	.07	.25	168	.05	.22	223	.09	.29	86	10.61 **	A>B** A>C** A>D**
	⑥異業種交流	.10	.30	70	.04	.20	168	.06	.24	223	.09	.29	86	1.33 NG	
	⑦同業種での共同研究・学習	.07	.26	70	.05	.21	168	.06	.24	223	.10	.31	86	1.10 NG	
	⑧以外の中小企業との連携	.07	.26	70	.03	.17	168	.04	.21	223	.06	.24	86	.78 NG	
	⑨大企業との連携	.17	.38	70	.11	.32	168	.13	.34	223	.16	.37	86	.70 NG	
	⑩海外企業との連携	.06	.23	70	.07	.25	168	.02	.15	223	.06	.24	86	1.60 NG	
	⑪公設試や補助金等の公的支援施策の活用	.23	.42	70	.05	.21	168	.07	.26	223	.12	.32	86	7.38 **	A>B** A>C** A>D*
	⑫M&A	.00	.00	70	.00	.00	168	.00	.00	223	.00	.00	86	—	
	⑬外部人材の活用	.16	.37	70	.07	.26	168	.07	.25	223	.12	.32	86	2.28 ▲	A>C ▲
問15 必要な人材	①新技術に対応できる技術者を内部育成	.71	.46	70	.64	.48	168	.66	.47	223	.65	.48	86	.45 NG	
	②新技術に対応できる技術者を外部採用	.39	.49	70	.29	.46	168	.21	.41	223	.20	.40	86	3.78 **	A>C** A>D*
	③複数技術を理解できる技術者を内部育成	.39	.49	70	.33	.47	168	.37	.48	223	.51	.50	86	2.80 *	B>D*
	④複数技術を理解できる技術者を外部採用	.13	.33	70	.10	.29	168	.05	.22	223	.06	.24	86	2.13 ▲	
	⑤複数生産工程に対応できる技術者を内部育成	.29	.46	70	.29	.46	168	.41	.49	223	.33	.47	86	2.44 ▲	B<C ▲
	⑥複数生産工程に対応できる技術者を外部採用	.07	.26	70	.04	.19	168	.08	.27	223	.09	.29	86	1.41 NG	
	⑦社内全プロセスを理解できる管理者を内部育成	.36	.48	70	.29	.45	168	.26	.44	223	.23	.43	86	1.11 NG	
	⑧社内全プロセスを理解できる管理者を外部採用	.07	.26	70	.04	.19	168	.07	.26	223	.07	.26	86	.86 NG	

**$p<.01$　*$p<.05$　▲10%有意水準　多重比較はTukey法による
出所：中小企業基盤整備機構（2009）の資料を基に筆者が二次分析

な技術人材の採用に、「技術範囲の拡大型」は①取引先からの学習、②新たな技術人材の採用に、「技術の専門化型」は取引先からの学習に、「用途開発型」は①公設試や補助金等の公的支援施策の活用、②取引先からの学習に特徴が現われる。

　「自社製品開発型」は、前述のとおり、「大きな技術変化」のためにコア技術をベースにしつつも新技術の融合・導入度合が他類型よりも高かった。市場も海外を含む新市場が志向していた。必要となる新技術の吸収・融合方法も、産学連携、補助金活用、新たな人材の採用のように、外部資源を積極的に活用するものが多い。これに対し他類型は、必要に応じ新たな人材の採用や他機関との連携を行うものの、費用の安い社内勉強会や取引先からの学習などの効果的な方法の活用により、新技術の吸収・融合を図っている[64][65]。

3)「大きな技術変化」の類型と新たに必要となった人材

　前表のとおり、基本的に「大きな技術変化」に伴い「新たな技術に対応できる技術者を内部で育成」することが多いが、その類型により新たに必要となった技術人材は異なる。「自社製品開発型」は外部から新技術対応者や複数の技術理解者を外部から採用することが多く、「技術範囲の拡大型」は「自社製品開発型」に続いて外部から新技術対応者を採用することが多く、「技術の専門化型」は複数の生産工程に対応できる多能工を内部育成するのが多く、「用途開発型」は複数の技術理解者を内部で育成することが多い[66][67]。

④「大きな技術変化」の類型において差異が見られなかった設問

1)「大きな技術変化」の現在の売上への貢献割合

　バブル崩壊以降の「大きな技術変化」の現在の売上への貢献割合は、「大きな技術変化」の類型による有意な差はない。類型にかかわらず3～4割が平均像である。仮に「大きな技術変化」をバブル崩壊以後、現在までの期間に起こさなかったとしたら、現在の売上高は大幅に減少していることになる[68][69]。

2)「大きな技術変化」の類型とドメイン・シーズ・ニーズ・資源の重視度合

　バブル崩壊以降の「大きな技術変化」においてドメイン・シーズ・ニーズ・資源の何れかを最も重視していたかについて、類型間で大きな差異はない。

　選択肢の意味合いの分かりにくさに制約はあるものの、「市場ニーズに

沿っていること」と「市場・ドメインを見極めること」の両選択肢を市場重視、「コア技術をベースとすること」と「経営資源・組織から見た実現可能性の高さ」を資源重視と捉えると、当初想定していた「大きな技術変化」が市場重視と考えていたのよりも、より資源重視、どの類型においても特にコア技術をベースにすることを最も重視していたことは注目に値する。中小一般製造業は、コア技術をまず土台にして長期的な技術変化を検討していると考える[70]。

　この分析の意味するところは大きい。本研究の考察の出発点は、高度成長以降、また特にバブル崩壊以降、中小製造業の競争要因が、技術を核とした対応力になってきたという問題意識にある。そこで、バブル崩壊以降、中小製造業の成長に影響を与えてきた要因には、技術側面のほかにも、市場側面や競合側面や技術以外の自社側面、さらには外部要因もある中で、中小製造業の競争力の源泉として技術側面の重要性が確認できるのが本分析から得られる最も重要な示唆である。また、「大きな技術変化」と技術との関連性では、前述の問9に関する二次分析で明らかになったとおり、新技術の融合も中小製造業の「大きな技術変化」にとっては重要ではあったものの、どの類型においてもコア技術をベースにしていたということも、本分析の内容と整合する。

(3) 仮説2の「大きな技術変化」の類型化の再検証と本節の小括

　本節では、まず上記（1）において、①「大きな技術変化」の類型とコア技術との距離・関連性、②「大きな技術変化」の類型と市場の変化の、技術と市場の観点から、バブル崩壊以降に生じた中小一般製造業の「大きな技術変化」に関するクロス集計におけるカイ二乗検定と調整済残差の分析、およびコレスポンデンス分析により、「大きな技術変化」の類型化について検討した。

　「自社製品開発型」は新技術融合で新市場（海外を含む）、「技術範囲の拡大型」と「技術の専門化型」は新技術融合で現市場、「用途開発型」は、コア技術ベースで新市場（国内中心）との特徴が端的に現われた。その結果、バブル崩壊以降、中小一般製造業の企業成長に最も影響を与えた「大きな技

術変化」は、「大きな技術変化」の類型とコア技術との距離・関連性（新技術の融合度合）、および「大きな技術変化」の類型と市場変化（新市場か既存市場か）により、「大きな技術変化」の類型別にマトリックス化が概ね可能であった。

ただし、この類型化の適合性を確認するために判別分析を行ったが、上記2変数だけでは類型間の差異が十分には明らかではないことから、上記(2)において、「大きな技術変化」の類型化を基にして、「大きな技術変化」に伴い必要となった種々の要因についてアンケート資料の二次分析を行った。

具体的には、①「大きな技術変化」に要した年数、②「大きな技術変化」があった年（本格稼働年）、③1)「大きな技術変化」の背景、2)「大きな技術変化」に必要とされた新たな技術の吸収・融合、3)「大きな技術変化」に伴い新たに必要となった人材には、全体または一部の選択肢に類型間の差異が確認できた。一方で、④1)「大きな技術変化」の現在の売上への貢献割合、2)「大きな技術変化」におけるドメイン・シーズ・ニーズ・資源の重視度合のように類型間に差異が見られないが、今後に「大きな技術変化」の概念を長期的視点の技術戦略の重要性の中で位置づけていく上での示唆が得られた。

では、上記(1)の2変数では判別分析において十分には予測正解率が上がらなかったものが、上記(2)の変数のうち類型別の差異が有意なものを変数に追加したことにより、判別分析でいかに予測正解率が向上したかを提示する。

予測正解率は、「自社製品開発型」60.7％、「技術範囲の拡大型」43.2％、「技術の専門化型」52.3％、「用途開発型」55.3％、モデル全体では51.2％となっている[71]。コア技術と市場による類型化の仮説の実証のためには、本来、予測正解率はもっと高い数値を示すことが要請される面もあるが、この類型化が主成分分析などの統計手法による事後的なものではなく、アンケート実施以前に選択肢に隠された類型化であることから、データの制約が生じている。また、バブル崩壊以降から現在までの「大きな技術変化」を分析するというダイナミックな側面を有しているため、回答者による誤差は通常のアンケート回答よりも大きくなり易い側面も有しているので、類型化の精度が下がることはやむをえない。ただし、類型間に差異があるのは間違いのない事

実であり、モデルが全体の過半数を予測できることは評価してもよいと考える。

この後は、引き続き「大きな技術変化」の類型化の適合性を中小一般製造業のアンケート資料の更なる二次分析とともに、他のサンプル集団であるモノ作り300社のアンケート資料との比較分析を通じても、確認を行っていく。

第4節 「大きな技術変化」に係る中小一般製造業とモノ作り300社の比較分析

前節までの実証結果を更に深く考察するため、中小一般製造業と技術水準が高いと推測されるモノ作り300社選定企業のサンプルとの比較分析を行う。

(1) 中小一般製造業とモノ作り300社のサンプルの平均像の共通点と相違点

①共通点

1) 社歴：社歴が20年以上、設立年月日が1988年12月以前の企業を抽出[72]。
2) 業種[73]：機械金属業種、日本標準産業分類の中分類コードの9業種を対象
3) 企業規模：従業員数21～300人または資本金3億円以下の中小企業を抽出。ただし、資本金3億円以下かつ従業員数20人以下の小規模企業は除外[74]。

②相違点

モノ作り300社選定企業のほうが、中小一般製造業の企業よりも平均像は企業規模が大きい[75]。次に、設立年数は全般的にモノ作り300社のほうが設立年数が古い[76]。この相違点を考慮した上で、以降の二次分析を行っていく。

③その他の平均像

上記の他、中小一般製造業はモノ作り300社に比し「下請企業の比率」が高く、「自社製品割合」が低い1％水準で有意な差があった[77]。競合状況は、中小一般製造業よりモノ作り300社のほうが競合先の少ない差異が見られた[78]。

(2) 中小一般製造業とモノ作り300社の集計結果の比較分析
①成長性指標関係のグループ統計量

両者のコア技術の業界水準の認識では、中小一般製造業の最頻値は国内中位レベル（32.3％）、モノ作り300社は世界トップレベル、国内業界トップレベル、国内業界上位レベルまでで全体の91.0％であり、差が顕著である。そこで、高い技術水準を有するモノ作り300社を、技術を核に競争力を発揮する企業の1つのベンチマークとして、中小一般製造業との比較分析を行う。

成長性指標では、いずれの指標においてもモノ作り300社が中小一般製造業よりも成長した企業の割合が多い[79][80]。次に、「大きな技術変化」もモノ作り300社が中小一般製造業よりも経験した企業の割合が多い。さらに、「技術戦略の有無」や「技術の将来動向予測」などの技術戦略要因でも両者に有意な差がある。一方で、バブル崩壊時と現在の間の生産技術機能増減・進化や生産工程増減や市場ライフサイクル変化の類型で両者に有意な差はない。

表2-15 成長性指標関係のグループ統計量[81]

指標	変数	中小一般製造業			モノ作り300社			有意検定	
		平均値	標準偏差	N	平均値	標準偏差	N	t値	χ²値(df)
成長性	問2(1) バブル崩壊時～現在従業員数増減	2.82	1.46	1,289	2.06	1.38	125	5.92 **	44.39(4)**
	問2(2) バブル崩壊時～現在売上高増減	2.74	1.52	1,289	1.92	1.26	125	6.83 **	39.63(4)**
	問2(3) バブル崩壊時～現在経常利益増減	2.93	1.44	1,289	2.06	1.28	125	7.21 **	54.95(4)**
技術変化	問7 「大きな技術変化」の有無（有1、無2）	1.54	.50	1,262	1.26	.44	125	6.83 **	35.70(1)**
	問6(1) バブル崩壊時～現在生産技術機能増減（3区分）	1.82	.51	1,085	1.77	.50	111	.86 NG	.95(2) NG
	問6(1) バブル崩壊時～現在生産技術機能進化（3区分）	1.89	.45	1,085	1.88	.35	111	.15 NG	5.45(2)▲
	問6(2) バブル崩壊時～現在生産工程増減（3区分）	1.92	.47	1,136	1.90	.53	118	.52 NG	1.97(2) NG
	問6(3) バブル崩壊時～現在市場ライフサイクル変化（3区分）	2.43	.65	946	2.39	.71	102	.57 NG	1.97(2) NG
技術戦略	問21 技術戦略の有無（有1、無2）	1.51	.50	1,252	1.17	.38	125	9.47 **	52.74(1)**
	問19 技術の将来動向予測（4段階）	2.61	.96	1,265	2.04	.80	121	7.31 **	41.35(3)**
	問18 コア技術の業界水準（7区分）	3.74	1.43	1,273	2.21	1.10	121	14.32 **	196.35(6)**
	問20 人材の技術・技能レベル把握（4段階）	2.18	.89	1,276	1.97	.80	120	2.80 **	9.24(3)*

**$p<.01$ *$p<.05$ ▲10％有意水準
出所：中小企業基盤整備機構（2009）の資料を基に筆者が二次分析

生産技術機能の変化類型では有意な差はなかったが、図2-14のとおり、バ

第 2 章　中小製造業の成長における「大きな技術変化」の重要性　67

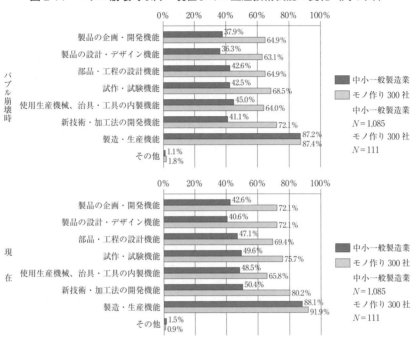

図 2-14　バブル崩壊時以降～現在までの生産技術機能の変化（問 6(1)）

出所：中小企業基盤整備機構（2009）の資料を基に筆者が二次分析

ブル崩壊時も現在も製造・生産機能とその他を除く機能で有意な差がある[82]。

このことは、モノ作り 300 社が中小一般製造業よりも全般的に技術水準が高いことを反映したものであると考える。特に留意しなければならないのは、両者ともバブル崩壊時から現在までの間に各生産技術機能の保有割合を増加させているが、「製品の企画・開発機能」と「製品の設計・デザイン機能」においては、両グループ間の差は縮まらずに逆に差が拡大していることである。

② 「大きな技術変化」の内容に係るグループ統計量

表 2-16 のとおり、「大きな技術変化」に要した年数で、中小一般製造業は平均 3.4 年、モノ作り 300 社は平均 4.2 年と有意な差がある。次に、新技術の吸収・融合方法で、モノ作り 300 社で「産学連携」や「公設試や補助金等の公的支援施策の活用」の、中小一般製造業で「取引先からの学習」の有意に回答割合が高い。

表 2-16 「大きな技術変化」の内容に係るグループ統計量

指標	変数	中小一般製造業			モノ作り 300 社			有意検定	
		平均値	標準偏差	N	平均値	標準偏差	N	t 値	χ^2 値(df)
期間	問 8-2「大きな技術変化」に要した年数	3.36	3.10	533	4.24	3.28	88	-2.43 *	12.31(4)*
	問 8-1「大きな技術変化」があった年(本格稼働年)	2000.78	4.50	524	2000.66	3.98	85	.23 NG	5.34(3) NG
背景	問 11 ①コストダウン要請の激化	.38	.49	580	.33	.47	93	.82 NG	.50(1) NG
	②海外製品との競争激化	.13	.34	580	.14	.35	93	-.28 NG	.01(1) NG
	③ISO など品質要求水準の高度化	.21	.41	580	.16	.37	93	1.21 NG	.98(1) NG
	④取引先からの開発提案力の評価	.33	.47	580	.43	.50	93	-1.73 ▲	2.82(1) ▲
	⑤環境・省エネ対応要請の激化	.13	.34	580	.09	.28	93	1.34 NG	1.02(1) NG
	⑥下請関係再編や取引先海外進出で取引先減少	.07	.26	580	.05	.23	93	.71 NG	.24(1) NG
	⑦モジュール・ユニット発注の増大	.09	.28	580	.10	.30	93	-.28 NG	.01(1) NG
	⑧納期の短縮化	.29	.46	580	.23	.42	93	1.42 NG	1.47(1) NG
	⑨多品種小ロット化の進展	.26	.44	580	.23	.42	93	.74 NG	.38(1) NG
	⑩技能継承・人材の確保が困難	.08	.27	580	.11	.31	93	-.85 NG	.42(1) NG
	⑪IT 化・エレクトロニクス化・デジタル化進展	.14	.35	580	.11	.31	93	.84 NG	.46(1) NG
新技術の吸収・融合	問 12 ①社内勉強会における学習	.42	.49	580	.33	.47	93	1.54 NG	1.92(1) NG
	②新たな技術人材の採用	.28	.45	580	.31	.47	93	-.58 NG	.20(1) NG
	③外部研修機関へ技術者派遣	.12	.33	580	.10	.30	93	.71 NG	.29(1) NG
	④取引先からの学習	.25	.43	580	.12	.33	93	3.36 **	6.76(1) **
	⑤産学連携	.09	.29	580	.31	.47	93	-4.43 **	34.37(1) **
	⑥異業種交流	.07	.25	580	.06	.25	93	.04 NG	.00(1) NG
	⑦同業種での共同研究・学習	.06	.25	580	.03	.18	93	1.50 NG	.92(1) NG
	⑧以外の中小企業との連携	.04	.20	580	.04	.20	93	.00 NG	.00(1) NG
	⑨大企業との連携	.13	.34	580	.14	.35	93	-.19 NG	.00(1) NG
	⑩海外企業との連携	.04	.21	580	.09	.28	93	-1.35 NG	2.04(1) NG
	⑪公設試や補助金等の公的支援施策の活用	.10	.30	580	.27	.45	93	-3.60 **	20.87(1) **
	⑫M＆A	.00	.00	580	.01	.10	93	-1.00 NG	1.10(1) NG
	⑬外部人材の活用	.08	.28	580	.13	.34	93	-1.21 NG	1.43(1) NG
必要な人材	問 15 ①新たな技術に対応できる技術者を内部で育成	.66	.48	580	.70	.46	93	-.80 NG	.46(1) NG
	②新たな技術に対応できる技術者を外部から採用	.26	.44	580	.31	.47	93	-1.03 NG	.91(1) NG
	③複数の技術を理解できる技術者を内部で育成	.38	.49	580	.35	.48	93	.48 NG	.14(1) NG
	④複数の技術を理解できる技術者を外部から採用	.07	.26	580	.10	.30	93	-.76 NG	.30(1) NG
	⑤複数の生産工程に対応できる技術者を内部育成	.34	.47	580	.34	.48	93	-.08 NG	.00(1) NG
	⑥複数の生産工程に対応できる技術者を外部育成	.07	.26	580	.03	.18	93	1.73 ▲	1.24(1) NG
	⑦社内の全プロセスを理解できる管理者内部育成	.28	.45	580	.20	.41	93	1.63 NG	1.93(1) NG
	⑧社内の全プロセスを理解できる管理者外部採用	.06	.25	580	.08	.27	93	-.42 NG	.04(1) NG

**p<.01 *p<.05 ▲ 10%有意水準
出所：中小企業基盤整備機構（2009）の資料を基に筆者が二次分析

第 2 章　中小製造業の成長における「大きな技術変化」の重要性　69

③「大きな技術変化」の内容に係るグループ間のクロス集計
1)「大きな技術変化」の内容に係るクロス集計

　表 2-17 のとおり、「大きな技術変化」の中小一般製造業とモノ作り 300 社の間で差がある。中小一般製造業が多いのは「最新鋭設備を導入し大幅なコストダウン」（＋9.6％）、「新たな取引先の開拓に伴う製品・加工技術の改良」（＋5.3％）、モノ作り 300 社は「2 度目以降の新自社製品の開発・事業化」（－

表 2-17　2 グループ（中小一般製造業・モノ作り 300 社）×
　　　　　問 7-2（「大きな技術変化」の内容）[83]

| グループ | 選択肢 | \multicolumn{15}{c}{2 グループ（中小一般製造業・モノ作り 300 社）×問 7-2（「大きな技術変化」の内容）} | 合計 |

グループ	選択肢	1	2	3	4	5	6	7	8	9	10	11	12	13	14	15	合計
中小一般製造業	度数	28	42	22	56	18	28	31	13	51	47	18	21	86	86	27	574
	%	4.9%	7.3%	3.8%	9.8%	3.1%	4.9%	5.4%	2.3%	8.9%	8.2%	3.1%	3.7%	15.0%	15.0%	4.7%	100.0%
モノ作り300社	度数	3	17	2	8	3	3	3	2	13	13	5	5	5	9	2	93
	%	3.2%	18.3%	2.2%	8.6%	3.2%	3.2%	3.2%	2.2%	14.0%	14.0%	5.4%	5.4%	5.4%	9.7%	2.2%	100.0%
合計	度数	31	59	24	64	21	31	34	15	64	60	23	26	91	95	29	667
	%	4.6%	8.8%	3.6%	9.6%	3.1%	4.6%	5.1%	2.2%	9.6%	9.0%	3.4%	3.9%	13.6%	14.2%	4.3%	100.0%

χ^2 ($df = 14$, $N = 667$) = 28.4　$p < .05$
出所：中小企業基盤整備機構（2009）の資料を基に筆者が二次分析

図 2-15　「大きな技術変化」に関するアンケート調査問 7-2 の選択肢（再掲）

自社製品開発型
- 1.　下請加工を行っていたが、初めて自社製品を開発・事業化
- 2.　2 度目以降の新自社製品の開発・事業化

技術範囲の拡大型
- 3.　部品の設計能力、工程の設計能力を新たに取得
- 4.　取引先の開発・設計への改善提案力を取得
- 5.　鋳造・鍛造等の前工程や加工・組立等の後工程の新工程に進出
- 6.　電子技術やソフト技術や真空技術などの新技術を取得
- 7.　部品をユニット化・組み合わせした受注する力を取得
- 8.　使用している生産機械の自社製作力を取得

技術の専門化型
- 9.　微細・高精密加工など難度が高い新加工技術を取得
- 10.　新たな材料・素材に対する新加工技術を取得
- 11.　加工のリードタイムを大幅に短縮する新技術を取得
- 12.　試作品・特殊品も取り扱えるよう技術レベルが向上
- 13.　最新鋭設備を導入し大幅なコストダウン

用途開発型
- 14.　新たな取引先の開拓に伴う製品・加工技術の改良

- 15.　その他

出所：中小企業基盤整備機構（2009）

11.0%)、「新たな材料・素材に対する新加工技術を取得」(-5.8%)、「微細・高精密加工など難度が高い新加工技術を取得」(-5.1%)が多い。

　以上のとおり、「大きな技術変化」において、中小一般製造業は、最新鋭設備導入や製品・加工技術の改良など技術変化が小規模で日常の経営活動に密着した変化であるのに対し、モノ作り300社の技術変化は、自社製品開発や新加工技術の取得のような長期間を要するダイナミックな変化となっている。

2)「大きな技術変化」の類型に係るクロス集計

　次に、「大きな技術変化」の内容を基に前述のとおり類型化が可能であることを確認したが、表2-18のとおり、この類型についても両者の間には差異がある。「大きな技術変化」の類型で、中小一般製造業の回答割合が多いのが「技術範囲の拡大型」(+7.6%)、「用途開発型」(+5.8%)、モノ作り300社の回答割合が多いのが「自社製品開発型」(-9.2%)である。一方で、両者の「大きな技術変化」の類型の共通点は、「技術の専門化型」が構成割合の中で最も多いことである。

　そこで、中小製造業は技術進化を図るには、先ずはリスクの少ないコア技術を磨き上げるというのが一般的な戦略である。技術水準が高く製品の開発力・設計力の生産技術機能を習得している企業割合が多いモノ作り300社は、自社製品開発に技術変化の特徴を示す。その一方、中小一般製造業は、未だ製品の開発力・設計力の生産技術機能を習得できていないため、生産技術機能や生産工程を拡大し、部品レベルのユニット化、アッセンブリ化対応でまず取引先の評価を向上させるというのが、優先順位の高い戦略となっている。

3)「大きな技術変化」に伴う市場の変化に係るクロス集計

　表2-19のとおり、「大きな技術変化」に伴う市場の変化について、中小一般製造業とモノ作り300社の間には差異がある。中小一般製造業の回答割合が多いのが「既存市場のまま」(+12.7%)、「新市場（国内）に進出」(+10.2%)、モノ作り300社の回答割合が多いのが「新市場（国内及び海外）に進出」(-18.4%)である。

　モノ作り300社は、「大きな技術変化」が自社製品開発や新加工技術取得のようにダイナミックであったので、新市場が多いと考える。海外市場も含んだ新市場が多い。一方で中小一般製造業は、「大きな技術変化」が最新鋭

第 2 章　中小製造業の成長における「大きな技術変化」の重要性

表2-18　2グループ(中小一般製造業・モノ作り300社)×
問7-2(「大きな技術変化」の類型)

グループ	類型	自社製品開発型	技術範囲の拡大型	技術の専門化型	用途開発型	合計
中小一般製造業	度数	70	168	223	86	547
	%	12.8%	30.7%	40.8%	15.7%	100.0%
モノ作り300社	度数	20	21	41	9	91
	%	22.0%	23.1%	45.1%	9.9%	100.0%
合計	度数	90	189	264	95	638
	%	14.1%	29.6%	41.4%	14.9%	100.0%

χ^2 (df = 3、N = 638) = 8.3　p<.05
出所：中小企業基盤整備機構（2009）の資料を基に筆者が二次分析

表2-19　2グループ(中小一般製造業・モノ作り300社)×
問10(「大きな技術変化」に伴う市場の変化)

グループ	市場変化	新市場（国内）に進出	新市場（海外）に進出	新市場（国内及び海外）に進出	既存市場のまま	合計
中小一般製造業	度数	210	31	84	224	549
	%	38.3%	5.6%	15.3%	40.8%	100.0%
モノ作り300社	度数	25	9	30	25	89
	%	28.1%	10.1%	33.7%	28.1%	100.0%
合計	度数	235	40	114	249	638
	%	36.8%	6.3%	17.9%	39.0%	100.0%

χ^2 (df = 3、N = 638) = 22.3　p<.01
出所：中小企業基盤整備機構（2009）の資料を基に筆者が二次分析

設備導入した大幅なコストダウンや新たな取引先開拓に伴う製品・加工技術改良が中心でダイナミックさが不足するので、既存市場のままであったと考える。

4)「大きな技術変化」の内容において差異が見られなかった設問
イ.「大きな技術変化」の現在の売上への貢献割合

　「大きな技術変化」の現在の売上への貢献割合は、中小一般製造業とモノ作り300社の間に差は見られない[84]。現在の売上の3～4割を占めている[85]。

ロ.「大きな技術変化」で技術・市場・資源で重視したもの

　「大きな技術変化」で最も重視していたのは、中小一般製造業とモノ作り300社ともコア技術をベースと半数前後の回答があり[86]、差異は見られない[87]。市場ニーズよりもコア技術をベースを重視していたことは留意すべきである。

　さらに、モノ作り300社のほうが中小一般製造業よりも、「大きな技術変化」で市場側面よりも技術側面を重視していたことは特に留意すべきである。このことは、下記ハ.でも同様である。これは、モノ作り300社のようなダイナミックな「大きな技術変化」による企業成長や技術水準の向上のためには、市場側面よりも技術側面、特にコア技術を重視することの重要性を示唆する。

ハ.「大きな技術変化」とコア技術との距離・関連性

　中小一般製造業もモノ作り300社も、「大きな技術変化」はコア技術をベースにしたものが多い[88]。統計上の有意な差は見られない[89]。中小製造業は、コア技術を核として新技術や周辺技術を取り入れ技術変化に挑戦している。

(3) 比較分析から得られた「大きな技術変化」の内容分析における示唆

①仮説1「大きな技術変化」と企業成長、仮説2「大きな技術変化」と技術戦略の関連性について

　モノ作り300社は中小一般製造業よりもバブル崩壊以降に「大きな技術変化」を多く経験し、バブル崩壊時以降の成長性指標を見ると、いずれの指標でもモノ作り300社が中小一般製造業よりも成長した企業割合が多い。これは、中小一般製造業の中で実証した仮説1[90]の妥当性を、より強固に裏付ける。

　また、モノ作り300社のほうが中小一般製造業より技術戦略を有し、技術将来動向でより長期予測を行う。これは、仮説2[91]前半部分の実証性を高

める。

　一方、前述では、バブル崩壊以降の中小一般製造業の成長要因として、バブル崩壊時と現在の間の生産技術機能増減・進化や生産工程増減や市場ライフサイクル変化の類型も影響を与えていたことを明らかにしたが、比較分析ではこれらの要因に有意な差はない。これは、中小製造業の成長にとり「大きな技術変化」や長期の技術戦略は重要であるが、そのあり様は多様で線型的ではない証左であり、「大きな技術変化」の類型化の妥当性を補完する。

②仮説2「大きな技術変化」の類型化について

　中小一般製造業は、最新鋭設備導入や製品・加工技術の改良など、技術変化が小規模で日常の経営活動に密着した変化であるのに対し、モノ作り300社の技術変化は、自社製品開発や新加工技術の取得のような長期間で新技術取得のために外部との連携も要するよりダイナミックな変化となっている[92]。

　技術水準が高く製品の開発力・設計力の生産技術機能を習得している企業割合が多いモノ作り300社は、自社製品開発に技術変化の特徴を示す。一方、中小一般製造業は未だ製品の開発力・設計力の生産技術機能を習得できていないため、生産技術機能や生産工程を拡大し部品レベルのユニット化・アセンブリ化で取引先評価を向上するのが、優先順位の高い戦略となっている[93]。

　モノ作り300社は、「大きな技術変化」が自社製品開発や新加工技術の取得のようにダイナミックであったので、新市場が多く、しかも海外市場も含んだ新市場だけでも43.8%に達している。一方、中小一般製造業は、「大きな技術変化」が、最新鋭設備導入による大幅なコストダウンや新取引先開拓に伴う製品・加工技術改良が中心でありモノ作り300社に比較してダイナミックさが不足したので、比較すると市場も既存の市場のままという特徴を示す。

　また、「大きな技術変化」の類型でも、モノ作り300社では「自社製品開発型」がより多く、中小一般製造業では「技術範囲の拡大型」、「用途開発型」がより多いという点に特徴があった。しかし、両者とも最も多いのは「技術の専門化型」であり、技術変化のベースとしたものもコア技術であり、コア技術を市場ニーズより重視するという点でも両者は共通していた。しかも、モノ作り300社のほうがコア技術をより重視していたことは特筆すべきであ

る。

　以上のとおり、技術水準の高いモノ作り300社と中小一般製造業の両者にバブル崩壊以降の「大きな技術変化」に差異は見られつつも、そのベースを共通とするものがあることから、中小製造業の「大きな技術変化」は線型的に発展や成長を遂げるのではなく、技術水準が高まり競争力を発揮するようになっても、そのあり様は多様であることを示唆している。このことは、仮説2における「大きな技術変化」の類型化の必要性を補完する。

 時系列の変化から見たヒアリング調査資料の「大きな技術変化」の二次分析

　本節では、まずヒアリング調査資料の事例企業の概要を提示した上で、仮説1と仮説2に関してアンケート資料の二次分析では未だ十分に検証できなかった部分について、ヒアリング資料の二次分析により補完的に検証を行う[94]。

1. ヒアリング調査資料の事例企業の企業概要

　3ヶ年にわたるヒアリング調査資料による事例企業の概要は、表2-20～22のとおりである。ヒアリング先企業の選定基準は、技術を核として成長してきている中小製造業であり、他の中小製造業の技術経営の参考になるような先進事例が選定されている。全49社のうち、モノ作り300社選定企業が20社であり、他の企業も同等の技術水準を有している企業である。

表2-20　2008年ヒアリング調査資料の事例企業21社の企業概要

会社名	資本金(百万円)	従業員(人)	売上高(億円)	設立年(法人)	事業内容	技術戦略の類型
A社	28	136	19	1988年	モールド金型・プレス金型等部品加工、金型設計製作	技術範囲の拡大(技術の専門化)
B社	30	50	8.5	1977年	食品・水産・食肉・農産　各加工用機械企画・開発・製造	自社製品開発
C社	98.8	205	45	1967年	医療分析機器・情報端末等の機器製造 (受注OEM)	事業構造の再構築(技術範囲の拡大)
D社	70	250	45	1955年	精密冷間鍛造成形、高精度二次加工、超砥粒工具製造	技術の専門化(自社製品開発)
E社	94	200	51	1958年	建設・産業・農業用油圧機器部品の製造	技術範囲の拡大
F社	10	100	77	1962年	自動車部品製造、主要部品は乗用車のシートフレーム	技術の専門化(技術範囲の拡大)

第 2 章　中小製造業の成長における「大きな技術変化」の重要性　75

会社名	資本金(百万円)	従業員(人)	売上高(億円)	設立年(法人)	事業内容	技術戦略の類型
G社	23.5	80	10	1953年	精密プレス金型製造・部品製造、フィルム加工、自社製品製造	技術の専門化（自社製品開発）
H社	24	123	23	1950年	精密装飾めっき、高性能・精密めっき、機能バレルめっき他	用途開発（技術範囲の拡大）
I社	40	310	186	1959年	輸送用機器製造業（プレス、溶接、機械加工）	技術範囲の拡大（技術の専門化）
J社	40	58	9	1986年	PVDコーティング受託加工、コーティング装置販売	技術の専門化（自社製品開発）
K社	90	189	100	1937年	建設・産業機械用電装部品製造、バッテリー等卸・電気工事	自社製品開発（技術範囲の拡大）
L社	135	143	14	1971年	箔押加工、食用純金箔粉製造、水溶性可食フィルム製造	技術範囲の拡大（用途開発）
M社	50	118	54	1958年	工作機械、鍛圧機械、電子測定機器、産業機械の製造	自社製品開発
N社	30	110	36	1947年	異型線及び冷間圧造製品製造	用途開発（技術範囲の拡大）
O社	30	65	9.8	1961年	精密板金製品、機械組立、部品加工	技術の専門化
P社	80	400	74	1949年	ホビー用無線操縦模型、産業用ヘリ、プラスチック製品の製造	自社製品開発
Q社	48	130	30	1943年	繊維機械用精密部品の製造、ベアリングのレース加工	技術の専門化
R社	193	70	9	1968年	精密セラミックス製品、ハニカム触媒、特殊プレス部品の製造	事業構造の再構築（技術範囲の拡大）
S社	80	105	40	1972年	交通信号機材製造	自社製品開発（技術範囲の拡大）
T社	20	105	17.7	1962年	非鉄鍛造部品、アルミダイカスト部品の製造、機械加工全般	技術範囲の拡大
U社	100	700	100	1958年	複合製品（CPC・溶接・溶射・鋳かけ）製造、製鉄作業	技術範囲の拡大（用途開発）

(注) 資本金・従業員数・売上高・事業内容は何れも調査時点のもの
出所：中小企業基盤整備機構（2009）の資料を基に筆者が加工

表 2-21　2009 年ヒアリング調査資料の事例企業 20 社の企業概要

会社名	資本金(百万円)	従業員(人)	売上高(億円)	設立年(法人)	事業内容	技術戦略の類型
A社	20	53	6	1968年	精密亜鉛ダイカスト部品の製造販売	用途開発（技術範囲の拡大）
B社	65	108	20	1953年	小型ロックミシン、包装機器の製造・販売	自社製品開発
C社	75.6	142	21	1973年	タッチパネル及び関連機器の製造・販売	技術の専門化
D社	80	110	30	1967年	半導体フォトマスク基板用ガラス研磨、シリコンウェハー裏面研磨加工等	技術の専門化（技術範囲の拡大）
E社	15	35	10	1948年	パネルベンダー、ノッチングマシン、リベッター、自動省力化ライン	自社製品開発
F社	60	310	112	1950年	バスダクト電力幹線機材、OAフロア機材、屋上・壁面緑化機材	自社製品開発
G社	20	130	20	1952年	小型直流モータ、ギアードモータ、モータ部品の設計・製造・販売	用途開発
H社	36.5	42	12	1973年	誘導加熱技術利用の高周波誘導加熱応用装置、超音波応用装置、自動化・省力化機器の製造販売	自社製品開発（技術範囲の拡大）
I社	70	85	20	1973年	産業用高密度プリント配線基板回路設計・製作、応用電子機器設計・開発・製作	自社製品開発（技術範囲の拡大）
J社	21	110	31	1969年	精密切削品、樹脂成形品、駆動機器など精密機器の製造	技術の専門化（用途開発）
K社	25	70	10	1963年	高精度加工、高技術加工、製品開発、各種装置組立（メカ、電気）他	自社製品開発（技術範囲の拡大）

会社名	資本金(百万円)	従業員(人)	売上高(億円)	設立年(法人)	事業内容	技術戦略の類型
L社	186	74	13	1979年	セラミック・超硬質材の超精密研削加工、光通信部品の製造他	自社製品開発（技術の専門化）
M社	90	123	16	1963年	ソレノイドバルブ（電磁弁）およびポンプを中心とする流体制御用機器等の設計・製造・販売	用途開発（技術範囲の拡大）
N社	40	80	10	1959年	専用工作機械の設計・製造、切削工具の加工、工作機械のレトロフィット	自社製品開発（技術範囲の拡大）
O社	99.5	325	42	1948年	航空宇宙機器部品の製造	技術の専門化（技術範囲の拡大）
P社	150	213	69	1975年	自動車部品及び住宅関連部品の金属加工製品の製造	技術の専門化（技術範囲の拡大）
Q社	30	280	53	1987年	多層張り加工技術による液晶部品の保護シート（緩衝材）等の製造	技術範囲の拡大（用途開発）
R社	12	203	49	1957年	自動車部品製造	技術範囲の拡大
S社	100	242	79	1960年	円筒研削盤、汎用研削盤、各種専用研削盤の製造	自社製品開発（用途開発）
T社	45	194	41.4	1962年	各種機械用精密部品の製造、セキュリティ機器の開発・製造	技術範囲の拡大（自社製品開発）

(注) 資本金・従業員数・売上高・事業内容は何れも調査時点のもの
出所：中小企業基盤整備機構（2010）の資料を基に筆者が加工

表2-22　2010年(95)ヒアリング調査資料の事例企業8社の企業概要

会社名	資本金(百万円)	従業員(人)	売上高(億円)	設立年(法人)	事業内容	技術戦略の類型
A社	30	35	7	1949年	金網、住宅関連・エクステリア製造販売	技術範囲の拡大（用途開発）
B社	96	95	25	1959年	IC&FPD実装装置の開発・製造、金属精密加工	自社製品開発
C社	10	43	4.3	1956年	金属熱処理加工、金属表面改質処理、摩擦圧接加工	技術の専門化（技術範囲の拡大）
D社	60	180	33	1961年	自動車関連製品部品、燃料制御部品・電子部品の製造専用機・省力機器の社内開発・設計製作	技術範囲の拡大
E社	85	66	7.6	1977年	電子ビーム加工、レーザ加工、同エンジニアリング、治工具設計・製作	技術の専門化（事業構造の再構築）
F社	12	57	8〜(10)	1968年	へら絞り・板金加工受託、機器組立受託	技術範囲の拡大
G社	30	125	18	1950年	プラスチック・マグネシウム合金用金型の設計・製造およびプラスチック成形加工	技術の専門化（技術範囲の拡大）
H社	96	900	140	1956年	超硬耐摩耗工具製造販売	用途開発（技術範囲の拡大）

(注) 資本金・従業員数・売上高・事業内容は何れも調査時点のもの
出所：中小企業基盤整備機構（2011）の資料を基に筆者が加工

2. 仮説1の拡大：創業以来の「大きな技術変化」について

仮説1：バブル崩壊以後20年弱の間に中小製造業は何らかの「大きな技術変化」を経験して、それを飛躍台にして成長を遂げてきている。

　前述のとおり、仮説1が概ね妥当であることが確認された。しかし、中小製造業の成長に影響を与える「大きな技術変化」がバブル崩壊以降に特有な

事象なのか、それ以前から繰り返されてきたのか、それであればいつ頃から多く生ずることになったのか。ヒアリング資料の二次分析により検証を行う。

仮説 1 拡大：中小製造業は「大きな技術変化」をバブル崩壊以降だけではなく、企業の成長過程で絶えず繰り返し新たな技術へ挑戦している。これは全事例共通に該当する。

(1)「大きな技術変化」は 1 回だけ生ずるのでなく、相当の期間を経て繰り返し生ずる。

「大きな技術変化」がバブル崩壊以降に特有な事象かについて確認する。

鈴木直志（2012）は、表 2-23 の 2008 年ヒアリング資料を基に次の指摘を行う[96]。

ヒアリング資料の二次分析によって、さらに事実を発見した。事例企業 21 社に共通して、バブル崩壊以降、少なくとも 1 回は「大きな技術変化」を経験して企業成長を図っていたのみならず、創業以来、バブル崩壊以前の期間にも、「大きな技術変化」を繰り返し生じさせながら成長していた。事例企業 21 社は、創業以来、2000 年代後半までに複数回（3 回〜 5 回）の「大きな技術変化」を契機として、企業成長を遂げていた。また、時代としては大量生産時代が終焉し多品種少量生産時代に移行した 1970 年代後半頃から「大きな技術変化」が多くなり、その態様も複数の類型を跨がる形で成長してきていた。

交通信号機材の製造販売が事業内容の S 社（自社製品開発型）は、1972 年の設立以来、「大きな技術変化」を 4 回経験した。設立当初は、信号ケーブルの接続ボックスの製作から開始、① 1980 年に信号専用鋼管柱の自社生産を開始、② 1987 年にアルミダイカスト製信号機の OEM 供給を開始、③ 警視庁の西日対策の信号機の需要という事業機会を適切に捉えて、1992 年に西日対策の信号機の開発・製品化に成功、④ 1999 年に海外展示会で LED 方式の信号機が電球方式に取って代わり今後の主力製品になることをいち早く察知し、LED 方式の信号機開発を的確かつ迅速に成功させた。このように、S 社は、1980 年代から「大きな技術変化」を繰り返しながら技術範囲を拡大して技術を蓄積・進化させ、事業機会を的確に捉え大企業の参入しにくい

中小規模市場を適切に選択し脱下請に成功し、信号機のトップメーカーにまで成長してきた。

　高度成長期までは、大手企業の要求の品質・コスト・納期に的確に応えるため日常の「技術マネジメント」を向上させることが中小製造業の競争力の源泉であった。しかし、大量生産時代から多品種少量生産時代に移行し、下請比率も1980年代前半をピークに下請体制の再編も進んだ中では、「大きな技術変化」を起こし親企業以外の新規取引先開拓をしなくてはならなかった。

表2-23　時系列の変化から見たヒアリング先企業の「大きな技術変化」：2008年調査

	自社製品開発	技術範囲の拡大	技術の専門化	用途開発	事業構造の再構築
1960代			D社 ① Q社 ②		Q社 ①
1970前半	P社 ②	P社 ③ U社 ①			K社 ① P社 ①
1970後半		F社 ① H社 ①			
1980前半	M社 ①	N社 ① S社 ① T社 ①	G社 ①		D社 ②
1980後半	M社 ② P社 ④	B社 ① I社 ① N社 ② S社 ②	A社 ① N社 ③ O社 ① Q社 ③		J社 ①
1990前半	B社 ② C社 ① M社 ③ S社 ③	I社 ② K社 ② L社 ① U社 ②	A社 ② D社 ③ E社 ① F社 ② J社 ② T社 ②	H社 ②	R社 ①
1990後半	C社 ② D社 ④ L社 ② O社 ③ S社 ④	B社 ③ E社 ② F社 ③ H社 ④ R社 ②	O社 ②	H社 ③	
2000前半	G社 ② J社 ③ K社 ③ M社 ④	A社 ③ B社 ④ E社 ③ L社 ③ Q社 ④	C社 ③	E社 ④ N社 ④ U社 ③	C社 ④

第 2 章　中小製造業の成長における「大きな技術変化」の重要性　79

| 2000 後半 | P社　⑤ | R社　③
T社　③ | D社　⑤
G社　③
I社　③ | H社　⑤
L社　④ | B社　⑤ |

出所：中小企業基盤整備機構（2009）の資料を基に筆者が加工

　以上の鈴木（2012）の二次分析に加え、本研究では、2009年のヒアリン資料の二次分析を行うことで一般化を図る。

　表2-24の2009年ヒアリング調査企業についても、事例企業20社に共通して、創業以来、2000年後半までの期間に、複数（4回～6回、1社のみ8回）の「大きな技術変化」が生じていた。社歴の長い（概ね20年以上）中小製造業は、創業以来「大きな技術変化」を繰り返しながら成長を遂げてきている。

　もちろん、自社製品の有無、下請構造における位置づけ、業種・業態、有する生産技術機能や生産工程などによっても多様性が存在し、また企業を取り巻く外部環境の変化が、「大きな技術変化」のあり様に大きな影響を与えてきた。

　しかし、事例企業はいずれも、創業以来、意図的に生じさせた、または環境変化によりやむをえず生じさせざるをえなかった「大きな技術変化」が、連続的に生じたわけではなく、相当の期間を経ながら繰り返し生じてきている。

　L社（自社製品開発型）は、設立以来6回の「大きな技術変化」を経験した。1977年に難削材の研削加工で創立。①1981年にセラミック素材の将来性をいち早く予測し精密研削加工に参入、②1992年に日本初オールセラミックス製超高速空気動圧軸受の量産化成功、数年で受注がなくなくなったが、技術者の技術や超精密加工に対する感覚的自信が一気に向上、③光通信の将来性に目を付けファイバーアレイ用V溝基板の製造へ挑戦、1994年に48本の石英ガラスへのV溝加工量産化に世界最初に成功、その後、実際の量産開始まで8年近く要した、④1997年に光ファイバーコードとV溝基板を一体化、スプリッタ等の出入口を構成するファイバーアレイを製造、⑤2004年、ファイバーアレイを器に入れて完全に封止めし分波器製品として初の自社製品販売、⑥2007年に光通信の基地局から外部にケーブルを配線する配電盤

表 2-24　時系列の変化から見たヒアリング先企業の
「大きな技術変化」：2009 年調査

	自社製品開発	技術範囲の拡大	技術の専門化	用途開発	事業構造の再構築
1960 代	B 社 ① E 社 ① F 社 ①	N 社 ②		G 社 ①	N 社 ① S 社 ① D 社 ①
1970 前半	F 社 ②	K 社 ①		G 社 ② J 社 ①	
1970 後半	B 社 ② S 社 ②	A 社 ① P 社 ①	D 社 ② O 社 ①	G 社 ③ J 社 ② M 社 ①	
1980 前半	F 社 ③ H 社 ① S 社 ③	I 社 ①	E 社 ② L 社 ① P 社 ②	J 社 ③	
1980 後半	F 社 ④ O 社 ②	A 社 ② I 社 ② H 社 ② O 社 ③ P 社 ③ R 社 ①② T 社 ①②	C 社 ① D 社 ③④ E 社 ③	H 社 ③ J 社 ④	
1990 前半	B 社 ③ S 社 ④ T 社 ③	K 社 ② L 社 ③	C 社 ② D 社 ⑤ L 社 ②	G 社 ④ M 社 ②③	
1990 後半	E 社 ④ F 社 ⑤ H 社 ④ K 社 ③	D 社 ⑥⑦ L 社 ④ Q 社 ① P 社 ④ R 社 ③④ T 社 ④		A 社 ③ I 社 ③	
2000 前半	B 社 ④ E 社 ⑤ I 社 ④ L 社 ⑤ N 社 ④	N 社 ③ Q 社 ②	C 社 ③ J 社 ⑤ O 社 ④ P 社 ⑤	A 社 ④ G 社 ⑤ M 社 ④ P 社 ⑥	
2000 後半	B 社 ⑤ H 社 ⑤ L 社 ⑥ N 社 ⑤ Q 社 ④	K 社 ⑤ M 社 ⑤ Q 社 ③ R 社 ⑤⑥ S 社 ⑤ T 社 ⑤	C 社 ⑤ D 社 ⑧ F 社 ⑥ K 社 ④ O 社 ⑤⑥	A 社 ⑤ C 社 ⑦	

出所：中小企業基盤整備機構（2010）の資料を基に筆者が加工

を開発。

　セラミックス等難削材の精密研削加工技術をコア技術とする当社が、技術の専門化や技術範囲の拡大をとともに自社製品開発の複数の類型の「大きな技術変化」を繰り返して、自社製品開発（調査時点、売上の約4割）に成功した。

　以上のとおり、2009年調査においても創業以来「大きな技術変化」を繰り返して成長を遂げてきていた。これは、2010年調査についても同様である[97]。

　H社（用途開発型）は、線引ダイスの再研磨などから出発し、6回の「大きな技術変化」を繰り返した。①1954年に超硬合金焼結開始、耐摩耗工具用合金のブランドが誕生、②1975年頃に高い精度のビール缶製造用工具参入で製造技術が飛躍的に向上。1975年の導入当時、日本で2台目の最新鋭機であるHIP（熱間静水圧プレス）の導入が必要となり、月商の1.5ヶ月分相当の大型設備投資、③差別化の源泉が材料にあると捉え素材開発を重視し、1982年にバインダ（結合剤）を含まない超硬合金の焼結体を作り出し、この技術は現在も活用、④1988年に超精密事業部を開設し、サブミクロンの加工精度への挑戦開始、⑤2005年にはサブナノメートルの分解能の測定装置を導入し、サブナノメートルという一層超精密な加工への挑戦を継続、⑥材料を中心とした絶え間ない研究開発により、新技術・新製品を次々と開発。2007年には、ナノ微粒超硬合金の開発、08年にレンズ成形用周辺材の開発、09年に環境にやさしい超硬用CuW電極の開発、塑性加工に適した摺動特性の優れるF-DLCコーティング工具の開発、さらには新素材・超精密加工などの研究開発を、公的支援施策も活用し実施。成長分野を視野に入れた新しい工具領域用超高硬度・高強度のナノ微粒超硬合金を用いた工具開発挑戦。

　以上のとおり、仮説1拡大に関しては、高い技術水準を基に競争力を発揮する中小製造業は、バブル崩壊以降のみならず創業以来、「大きな技術変化」を絶えず繰り返しながら成長を遂げてきていたことが明らかになった。

　それでは、「大きな技術変化」は、いつ頃から多く生ずるようになったのであろうか。社歴の長い中小製造業をヒアリングの対象にした中で、中小製

造業の競争要因の変化とともにどこかに分岐点があったのではないだろうか。

(2) バブル崩壊以後だけでなく、「大きな技術変化」は1970年代後半～1980年代前半から生じている。

　前述のとおり、1970年代後半から1980年代前半にかけては、中小製造業の競争要因が大きく変化した。この時代には世界的にも、ピオリ＆セーブル(1984)の指摘した「第二の産業分水嶺」が生じ、大量生産・大量消費時代から多品種少量生産時代に移行した。また、日本においても同時期に大量生産・大量消費の高度成長期が終了し、中小製造業の競争要因も、下請・系列化に入るために量産体制をいち早く構築し、規模の経済性を発揮することにより低価格を実現することから、多品種少量生産時代の中で大企業のコストダウン・高品質への二律背反的な要求への対応力へ変化が生じていた。技術による差別化が中小製造業の主な競争要因のとなったのがこの時期であった。

　このような1970年代後半から1980年代前半かけての中小製造業の競争要因の変化への対応として、「大きな技術変化」がこの時期から活発化した。

① 〔事例企業：2008年調査〕実質的に創立以来の初めての「大きな技術変化」
　1970年代後半：F社、H社
　1980年代前半：M社、N社、T社、S社、G社、D社
　この時期は、技術範囲を拡大して加工外注から部品外注へ、複数の生産工程に範囲を拡大し一貫加工を可能とする「大きな技術変化」が多かった。

② 〔事例企業：2009年調査〕実質的に創立以来の初めての「大きな技術変化」
　1970年代後半：A社、D社、M社、O社、P社、S社
　1980年代前半：H社、I社、L社

③ 〔事例企業：2010年調査〕実質的に創立以来の初めての「大きな技術変化」
　1970年代後半：A社、B社、D社、H社
　1980年代前半：E社、F社
　前述のH社（用途開発型）は超硬対摩耗工具で競争力を発揮している。創業後、飛躍台となった「大きな技術変化」は、1975年に高い精度のビール缶製造用工具に参入したことで、製造技術が飛躍的に向上したことにある。焼結技術の中でも、HIP（熱間静水圧プレス）の導入であり、月商の1.5

か月分にも相当する大型設備投資であった。顧客から要求された一段上の精度に見事に応えられたことにより、製造技術は飛躍的に進歩を遂げた。

　1970年代後半から1980年代前半にかけての「大きな技術変化」については、従来の賃加工中心であった下請企業が、親企業からの高品質や多品種少量生産の要請の拡大というコスト高要因に対して、ME化の進展による生産性向上、生産技術機能・生産工程の拡大や新技術開発による付加価値の向上などによる対応を開始していた。この時期の中小製造業の「大きな技術変化」も、その当時、日本の製造業の中でも国際競争力を有していた産業に関わるものであったり、将来的な成長産業と見越して果敢に参入した産業に関わるものであったりした。すでに国際競争力を有していた分野は、自動車関連であり、成長分野は航空機産業、半導体産業、分析装置産業などであり、有望な新素材・新加工法としてはセラミックス、アルミ（軽量化）などであった。これらの有望なサプライチェーンを選択したのは、経営者の卓見であった。

　なお、2009年ヒアリング資料の二次分析においては、アンケート資料の二次分析で明らかになった事実の裏付け以外にも、新たな事実も発見された。

　次の2点の事実が明らかである。まず、①「技術範囲の拡大型」では、1980年代後半頃から設備の内製化、生産工程の拡大などによる一貫生産ラインの構築などの「大きな技術変化」が開始されていた。②脱下請型の「自社製品開発型」は、1990年代後半頃から多く生じ、その準備はすでに1990年代前半頃から取り組まれていたものもある。上記②については、2010年ヒアリング資料の二次分析でも同様の事実が確認された。

　いずれの事実もアンケート資料の二次分析結果と整合性を有するものである。それでは、まず第1点目について、アンケートの分析結果と解釈を統合する。

(2)-1　1980年代後半に「技術範囲の拡大型」の「大きな技術変化」を遂げた企業が多い。

〔事例企業：2009年調査〕
　A社　金型内製化し金型から二次加工の一貫生産ライン構築
　I社　プリント配線基板設計に加え川上の電子回路設計開始（後にEMS

事業迄）

H社　機械設計の他に制御回路設計技術を習得、高周波焼入用CPU制御盤開発

O社　設備導入し加工から表面処理、塗装の工程結合を行う体制構築

P社　材料・工法・ソフト・製品開発の研究開発部門設立

R社　・大手自動車○○社圏で初のウォーターポンプ専用実験設備の内製化に成功

　　　・ドイツ製プーリー製造装置購入、冷間鍛造の一体成型技術取得

T社　・開発指針を設定、コア技術「成形技術」に資源集中

　　　・開発工場建設、プラスチック成形設備導入。冷間鍛造・樹脂金型内製化

　1980年代後半は、中小企業の下請比率が低下しはじめた時期である。そうした中で、下請企業は1社依存体制を脱却するために、金型の内製化、金型からの一貫加工、冷間鍛造からの一貫加工、加工・表面処理・塗装の工程結合など、生産技術機能や生産工程の拡大を一層進展させる「大きな技術変化」を起こしていた。そこで、事例企業の中で1980年代後半に一番多かった「大きな技術変化」の類型は、上記のような「技術範囲の拡大型」となっていた。

　この事実は、前述のアンケート資料二次分析において、「技術範囲の拡大型」が全体として他の類型の平均より少し早く先行して1990年代前半から「大きな技術変化」を経験していた事実と符合する。アンケート資料分析では、バブル崩壊以降の「大きな技術変化」を確認したが、事例の技術水準の高い先進的中小製造業においては、1980年代後半からすでに「技術範囲の拡大型」による「大きな技術変化」を生じさせ成長を遂げてきていた。これは、1980年代後半のME化の進展や円高進行に伴う大手企業の生産拠点の海外設置による、下請制の再編や親企業からの取引先の多様化要請の端緒に対し、下請企業が「技術範囲の拡大型」という「大きな技術変化」を先行させたと考える。

(2)-2　脱下請型の「自社製品開発型」は、1990年代後半頃から多く生じ、その準備は既に1990年代前半頃から取り組まれていたものもある。

　次に、アンケート資料二次分析で明らかになった「自社製品開発型」の「大きな技術変化」の本格稼働時期がバブル崩壊以降では、他の類型に先行して最頻値が1990年代後半であった。また、「大きな技術変化」に要した年数も、平均3.4年に対して「自社製品開発型」は平均3.9年と類型の中で最も長い期間を要していた。これらについて、ヒアリング資料の分析結果と比較する。

　ヒアリング資料の分析結果は、アンケート資料の二次分析結果とほぼ整合しており、脱下請型の「自社製品開発型」の「大きな技術変化」は、1990年代後半頃から多く生じ、その準備はすでに1990年代前半頃に取り組まれていたものも見受けられる。この背景には、1980年代後半から下請比率が低下し始め、バブル崩壊以降の1990年代には一層下請比率が低下して、下請企業体制の再編が一層進展したことがある。下請企業は、脱下請のために自社製品を開発することも、「大きな技術変化」として重要な選択肢の1つであった。

〔事例企業：2009年調査〕

　K社（自社製品開発型）は、1970年頃から大手光学機器メーカーの部品加工を開始した。その取引の中で、多品種少量品加工の品質および納期の対応力を向上させ、受注量を拡大させた。バブル崩壊後、主要顧客がモノ作りの多くを中国やベトナムなど海外に移転することになり受注が減少したため、自社製品開発に活路を求めた。開発部隊は、専務と社長の弟と新入社員の3名で商品開発については素人同然であるとともに、通常業務と兼務でミーティングは土・日であった。従来の取引先や自社技術に拘ることなく、紡織業界やブドウ畑など多方面のニーズ探しを行い実際に商品化も行ったが、1991年から93年頃までの約2年間は実用化に成功しなかった。1994年頃に『高温観察』にニーズがあることを知り、装置開発に注力した。試作品を製作し1999年1月に展示会に参考出品したところ、大手電気機器製造会社より引き合いを受けた。試作品は、販売できるようなレベルのものではなかった。そこで、外部から商品開発の経験豊富な電気専門の人材を招聘することにより開発体制を強化し、機構設計人材も同人のつてで採用し、ソフト

ウェアは外注を活用し、同年9月に第一号機を客先に納入した。市場で好評を博し調査時点では国内シェア80%を誇り、アジア、ヨーロッパなど海外へも販売した。

　他の事例企業でも、「大きな技術変化」に10年近くの期間を要した企業も多い。着手してから試行錯誤が続き事業化から、さらには実用化まで至り「大きな技術変化」が本格稼働するまでにはアンケート分析に見られたのと同様に、ヒアリング先企業においても膨大な期間を要していた。特に「自社製品開発型」は、技術は製品の機能や構造による相違はあるとはいえ①構造または機構設計、②電子・電気設計、③ソフト設計のように複雑で高度な設計技術に精通することが必要となり、技術の取得は中小製造業にとっては困難である。それに加えて、下請型の部品・部材と自社製品の相違は、顧客ニーズに基づくのではなくて顧客ニーズを探索したり開拓したりすることから始まり、下請時には必要ではなかった営業力も必要となるなど、「大きな技術変化」の着手から結果の享受までの期間・困難さが他の類型に比して極めて大きくなる。

〔事例企業：2010年調査〕

　B社（自社製品開発型）は、1959年に法人化し板金加工から開始した。現経営者が社長になって間もなく経営計画を策定した。それを受け、既に1979年には自社製品開発に着手した。自社製品開発の目標を一層に明確化するために、1991年には「2001年ビジョン」（10年計画）を策定した。しかし、製品戦略が定まらなかったために、産学連携の成果などを受け様々な製品開発（生ごみ処理機、アーケードゲーム機、アイデア製品の開発など）をしながら試行錯誤を繰り返し、実用化まで至らなかった。その後、1994年頃に、大企業と装置を共同開発した。この開発を通じて、市場を意識したモノ作りや、固有技術だけではなくプロセス技術の深化が、自社製品を事業化に繋げるために不可欠であることを学んだ。この結果、それ以前に様々な分野のOEM製品の開発・生産を行い、分散しがちであった経営資源を、市場性や将来性の観点から有望な熱圧着技術開発に集中投下することを決断した。1980年代の源流機である熱圧着装置の改善・改良のための製品開発である。1999年に日経新聞「年度優秀賞」を受賞した卓上型COG実装装置開

発に成功する。受賞によって知名度が広がり、この装置は国内のみならず台湾、香港、中国などアジアの携帯電話などの生産工場へ一気に導入された。

上記では、現経営者が先見性の基に、1979年から脱下請のための中長期の経営計画経営を実践してきた。自社製品開発にかける経営者の執念ともいうべき熱い想いが、全社一丸となった20年がかりの「大きな技術変化」の取り組みを支えた。このように、「自社製品開発型」の技術と市場のリンケージの困難さという本研究後段における論点が、中小製造業の参入を困難ならしめる。

次に、2008年調査にはあまり見られなかった、2008年9月に生じたリーマンショック後の2009年、2010年調査に特有に現われていた事象について述べる。

(3) 2000年代後半に入って、景気動向にかかわらず「大きな技術変化」に取り組んでいる企業が多い。世界同時不況後も「人と技術への投資」を継続する企業が多い。

2009年調査の事例の中で特徴的であったことは、2008年9月のリーマンショックに端を発する世界同時不況後の中小製造業を取り巻く大変厳しい経済状況下にあっても、引き続き「人と技術への投資」の必要性を重視している企業の経営者が大半であったことである。

2009年調査の事例企業の中には、09年以降、新分野の太陽光関連事業に進出、屋上緑化の新製品販売、世界初手縫い風刺し子ミシン発売、新技術のタングスコーティング加工開始など、開発活動を引き続き強化し、新事業に参入したり新製品を開発したりする「大きな技術変化」を継続している企業も多く見られた。この傾向は、2010年調査の事例企業でも全く同様であった[98]。

〔事例企業：2009年調査〕

Q社（技術範囲の拡大型）は、1985年に創業、音響機器のパッキン材の部品加工から始め、徐々に加工対象を拡大した。①社長の姿勢は、お客様の多様なニーズに対して何をもって他社と差別化するかというものであり、最初に着眼したのが「型」であった。これは緊急部品をタイムリーに納入する

ことで差別化が図れ、そのためには型を自製する必要があるという考えによるものであり、1999年「トムソン型」の自社生産に成功した。②その後、生産設備を設備メーカーから購入していたのでは、同業他社と同じモノしか作ることができないという考えから、生産設備の内製化が進められた。2000年に「ロータリーダイカット装置」、2003年に「フィルムトラバース巻（ボビン巻）機」の開発に成功した。③上記に示すとおり、生産技術面、いわばHow to make の視点から独自性を生み出してきたが、What to make の視点からも独自性を生み出している。同業他社と差別化を図るためには「素材」を取り込む必要があると考え、異業種交流会「ニーズとシーズの会」の参加をきっかけに、接点バネの代替が可能なオリジナル素材を2004年から開発し2006年に成功（商標登録）した。創業当初はラジカセや電子手帳、FAXなどの部品を手がけ、その後、携帯電話に進出し、調査時点では今後はカーナビなどに使用されているタッチパネルをターゲットにするとしていた。④調査時点では、これまでの当社の取扱製品とは異なる「採光ブラインド」の開発も手がけ、「和紙あかりシステム」として商品化に成功していた。これは従来のB to BからB to Cの分野に進出する新しい方向性を示すものであった。

　「ニーズあるところにシーズがある」という考えのもと、顧客ニーズや困りごとに積極的に幅広くかつ柔軟かつスピーディに対応し、新技術を開発しながら先端分野や成長分野の新たな受注を獲得してきた。リーマンショック後の調査時点においても、人と技術への投資意欲に変化は見られなかった。

　以上が、仮説1拡大に関する3ヶ年のヒアリング資料の二次分析による検証結果である。仮説1拡大の妥当性が概ね確認されるともに、①「大きな技術変化」は1回だけ生ずるのでなく相当の期間を経て繰り返し生ずる、②バブル崩壊以後だけでなく「大きな技術変化」は1970年代後半〜1980年代前半から生じている、③2000年代後半に入って景気動向にかかわらず「大きな技術変化」に取り組んでいる企業が多く、世界同時不況後も「人と技術への投資」を継続する企業が多い、の3点が確認できた。概要は、表2-25のとおりである。

表 2-25 仮説 1 拡大に関するヒアリング資料の二次分析結果の概要

仮説 1 拡大：中小製造業は「大きな技術変化」をバブル崩壊以降だけではなく、企業の成長過程で絶えず繰り返し新たな技術へ挑戦している。これは全事例共通に該当する。

仮説検証結果
①「大きな技術変化」は 1 回だけ生ずるのでなく、相当の期間を経て繰り返し生ずる。 　2008 年、2009 年、2010 調査の 49 事例すべてに該当し、事例企業は、創業以来、絶えず「大きな技術変化」を繰り返しながら成長してきていた。また、仮説 2 後半部分に関しては、「大きな技術変化」は技術と市場に基づき類型化がされうるが、事例企業は主たる類型に依拠するものの、複数の類型に跨って「大きな技術変化」を繰り返しながら成長してきていた。 ②バブル崩壊以後だけでなく、「大きな技術変化」は 1970 年代後半〜 1980 年代前半から生じている。 　「大きな技術変化」は、大量生産・大量消費時代が終焉し多品種少量生産時代に移行した 1970 年代後半〜 80 年代前半から数多く生じていた。また、アンケート資料の二次分析結果に符合し、または拡大的な解釈ができるような類型間の特徴が明らかになった。まず、下請制の再編が開始された 1980 年代後半には「技術範囲の拡大型」が多く見られた。また、「自社製品開発型」は着手から成果結実までに他類型よりも長期間を要し、脱下請の一方策として 1990 年代後半に実用化したものが多く見られたが、着手は 1990 年代前半か、またはそれ以前であり、経営者の先見性に大きく依拠している事例が多かった。 ③ 2000 年代後半に入って、景気動向にかかわらず「大きな技術変化」に取り組んでいる企業が多い。世界同時不況後も「人と技術への投資」を継続する企業が多い。 　事例企業は、いずれもバブル崩壊後を高い技術水準を核に生き残ってきた強者たちである。2008 年 9 月のリーマンショックは、事例企業にも受注額が 7 割減になるなどの多大なダメージを与えていた。しかし、リーマンショックの影響が顕在化していた 2009 年と 10 年調査で経営者から異口同音に発せられた言葉は、経済環境が大変困難な時期にあっても「人と技術への投資」は継続するというものであった。「大きな技術変化」への持続的な取り組みが中小製造業の競争力の源泉となる。

出所：筆者作成

3. 仮説 2 前半部分：「大きな技術変化」に長期的な視点の技術戦略は、必須

　次に、アンケート資料の二次分析の仮説 2 の検証に移る。
仮説 2：バブル崩壊以降の「大きな技術変化」は、技術・市場のマトリックスにより類型化が可能で、長期的技術進化の技術戦略と大きな関連性を有している。
　アンケート資料の二次分析では、仮説 2 の前段と後段を逆転させて、次のように仮説 2 前半部分、仮説 2 後半部分として仮説検証を行ってきた。

仮説2前半部分：バブル崩壊以降の「大きな技術変化」は、長期的技術進化の技術戦略と大きな関連性を有している。
仮説2後半部分：バブル崩壊以降の「大きな技術変化」は、技術・市場のマトリックスにより類型化が可能。

(1)「大きな技術変化」の背景には、経営者が将来の技術動向への確かな視点に基づき策定した技術戦略が必要

　前述のとおり、中小一般製造業に対するアンケート資料の二次分析によれば、仮説2前半部分が概ね妥当であることが確認できた。
　鈴木直志（2012）では、2008年調査を基に一部二次分析を行っている[99]。
　鈴木（2011）のアンケート資料の二次分析では、「『大きな技術変化』は『技術戦略』と密接な関連性を有し」と指摘する。21社のヒアリング資料の二次分析でも、概ね同様の結果が明らかになった。中小製造業にとっては、「大きな技術変化」には、不足する経営資源故に大きな意思決定が必要となる。リスクも生じる多大な経営資源の投入は、中小製造業の経営の将来を左右しかねない。そこで、長期的視点に基づいた技術戦略が必要となる。
　特に、「大きな技術変化」に着手してから本格稼働するまでに、相当な期間を要する。アンケート調査資料でも、「大きな技術変化」に平均3.4年、「自社製品開発型」では平均3.9年もの期間を要していた。ヒアリング調査資料でも、「大きな技術変化」に5年以上要することも多く、その前提として、経営者の長期的視点の技術戦略の明確化が必須であり、それに基づき試行錯誤の全社一丸となった製品開発や新技術開発に成功している。事例でも、超音波加工機の実用化に10年近くの期間を、水産加工用機械の実用化に12年を要していた。中小製造業では、経営者が率先し顧客をはじめとした外部との人脈の中から、技術や市場に関する新たな情報を入手し、長期的な技術戦略に反映させ、新製品開発や新技術開発等の「大きな技術変化」を起こしている。

①〔事例企業：2008年調査〕
　L社（技術範囲の拡大型）は、印刷業の下請である箔押業から開始した。ゼロからスタートであったが、経営者自ら箔押加工を極めるまでになった。

バブル崩壊前からバブルが長続きしないことを早くに予測し、技術範囲の拡大、ひいては自社製品開発を技術戦略の中心に置き、経営者が率先して開発のネタを探し続けた。異業種交流の刺激で10年前の記事にヒントを見出した。水溶性可食フィルムの上に純金箔を箔押しして、フィルムだけが溶けて水の上に金箔文字ができるアイデアが浮かんだ。1994年に純金箔が5年もかかって完成した。2002年に水溶性可食フィルムの製造に成功した。用途を化粧品、食品、医薬品・部外品などに展開し、2007年4月フィルム製剤の医薬品製造業に参入した。L社が、技術の範囲を拡大しながら、自社製品開発により印刷業からの脱下請に成功し、さらに新技術を用途開発し医薬品産業まで参入する高付加価値企業に成長が可能であったのは、経営者の脱下請のための絶え間ない情報収集と事業機会の的確な把握と試行錯誤の製品開発の持続への執念による。この「大きな技術変化」を繰り返し生ぜしめながら成長している土台には、経営者の的確な長期的視点の技術戦略がある。

「大きな技術変化」の必要性は、外部の急激な環境悪化により急に高まることが多い。しかし、長期間の製品開発や技術開発による試行錯誤の結果、平均3.4年も要して豊富な技術蓄積がようやく市場や顧客に繋がるものなので、長期的視点の技術戦略は不可欠である。しかも、バブル崩壊以降、デフレの継続、リーマンショック、東日本大震災、超円高、欧州金融危機など、経済環境の変化が著しい中においては、不確実性が多くとも技術や市場の将来を予測し経営をすることが、中小製造業の生き残りには必須となっている。

以上が、仮説2前半部分に係る2008年調査のヒアリング資料を基にした鈴木直志（2012）の二次分析である。本研究では、二次分析の対象を2009年調査と2010年調査のヒアリング資料に拡大して、更なる一般化を試みる。事例を通じて、仮説2前半部分の検証を行う。

② 〔事例企業：2009年調査〕

D社（技術の専門化型）は、1967年にシリコン整流素子の製造会社として創業した。前身の絹織物業から大胆な業種転換を行った。第1次石油危機時の売上減少を教訓に、様々な半導体関連事業に進出し取引先拡大を狙った。1977年にフォトマスク[100]用ガラスの研磨加工を開始した。その後、「研磨技術」を軸に、1985年頃からシリコンウェハー裏面研磨加工、1986年化

合物半導体用GaPウェハー研磨加工、1991年GaAsウェハーの研磨加工を開始した[101]。さらに2008年には、省エネ・省資源という点から注目を浴びているSiC・サファイアウェハーの研磨加工を開始した。約3億円と非常に高価なため購入に時間が掛かったが2005年に検査装置を購入し、ハイグレード品フォトマスク用ガラスの研磨加工技術が完成した。近年ではリサイクル研磨加工[102]の売上がフォトマスク用研磨の売上の多くを占めている。1996年にエピタキシャル成長[103]加工を開始した。事業開始には高度な技術を必要としたが、調査時点で同事業は売上の25％を占めるまで成長していた。

当社は、半導体本体は国際的に競争力が弱体化した中で、依然として日本が世界の中で飛びぬけた競争力を維持しているシリコンウェハーのプロセスに位置し、研磨と洗浄のコア技術を武器に大企業とも競合し成長を続けている。高度な技術に設備投資が欠かせず、川上、川下の企業や産学官との連携により技術を磨き、リスクの少ない多角化で新事業を次々に模索している。技術革新のスピードが極めて速い業界にいるので、事業の多角化をはじめ、常に新たなことに挑戦することが生き残りに不可欠である。土台には、毎年、3年先までの経営計画を立案する、長期的視点に基づく確かな技術戦略がある。

③〔事例企業：2010年調査〕

E社（技術の専門化型）は、創業時に3年間の目標を立てて実行し、その後は10年ごとの中期経営計画に基づき着実に技術進化に挑戦をし続けてきた。長期的視点の技術戦略に基づき、固有技術である高エネルギービームを用いた加工分野で国内トップクラスの技術水準を維持するとともに、多様化・高度化する顧客ニーズに柔軟に対応するために、経営資源の集中による事業構造・ビジネスモデルの革新を連続して行ってきた。前者では、コア技術を電子ビームとレーザ加工の受託加工に絞り込み、高額な設備の1号機導入で装置の改善提案を装置メーカーに行うことにより高い加工技術を維持している。後者では、賃加工型⇒提案型ジョブショップモデルへ大転換⇒「企業間ネットワーク・コーディネート事業」形態の確立・進化⇒公的支援策活用の産学連携・企業間連携による自社製品開発（脱下請）へと、事業構造・ビジネスモデルの革新を続けている。

上記のとおり、中小製造業の「大きな技術変化」には、製品開発・技術開発費の投入、最新鋭の設備の導入、新たな技術人材の採用など、その経営資源から見て大変大きな意思決定が必要となる。このため、当然リスクも生じ、多大な経営資源の投入は、中小製造業の経営の将来を左右しかねない。

そこで、経営者は、後述するように日常のルーチンの中での（短期的な）技術進化の取り組みとは切り離して、長期的視点に基づいた技術進化の取り組み、すなわち技術戦略を策定することが必要となる。中小製造業では残念ながら人的資源も限定されていることから、経営者が中心となり外部の専門家や公的機関から情報提供を受けつつも、技術動向の将来を予測しつつ適切な技術戦略を策定し、「大きな技術変化」に対する意思決定を先見性の基に、柔軟にかつ迅速に進めていくことが必要となる。

(2)「大きな技術変化」においては、経営幹部の先見性とともに、長期間、製品開発・技術開発に取り組む心血を注いだ努力が必要

前述のアンケート資料二次分析で、「大きな技術変化」の有無と技術の将来動向予測期間や「大きな技術変化」に要した年数との関連について分析した。

まず、「大きな技術変化」の有無とコア技術の将来動向の予測期間については、バブル崩壊以降の「大きな技術変化」の有無とコア技術の将来動向の予測期間は関連性を有していると言えた[104]。また、技術水準の高いモノ作り300社は中小一般製造業に比し、より長期間の技術将来動向予測を行っていた[105]。さらに、企業の成長性指標との関連では、「大きな技術変化」の有無とともに、コア技術の将来動向の予測期間の長さは、成長に大きく寄与していた[106]。

次に、「大きな技術変化」を長期間の技術動向などを見据えた技術戦略に基づき生ぜしめるのにおいても、着手してから本格稼働するまでには相当な期間を要していた。特に、自社製品開発や多額な設備投資を伴うダイナミックな技術変化には試行錯誤を伴うことも多く、他よりも長期間を要していた[107]。

上記のアンケート資料の二次分析で明らかになって事象については、ヒア

リング資料の二次分析ではどのようなことが確認できるのであろうか。

「大きな技術変化」を達成するのには、コア技術に新たな技術を吸収・融合をすることが必要なために、新たな人材の採用や内部人材の育成、新たな設備投資、新たな組織ルーチンの形成なども必要である。また、自社製品や新技術を事業化に繋げるためには、経営者が先頭に立ち先見性の下に、膨大な期間、製品・技術開発に心血を注ぐ努力と並外れた情熱の強さが必要である。

2009年調査事例では、従来、セラミックスなどの精密研削技術に強みを有し、新たに光通信のガラス基板のⅤ溝加工の量産化に成功した企業は、量産化が本格稼働するまでに8年近くの期間を要した。また、光学系の高精度部品加工を主にしていた企業が、バブル崩壊後、新たな高温観察装置のニーズを試行錯誤で探り当てて事業化に成功するまでに、延べ7～8年を要した。

① 〔事例企業：2009年調査〕

R社（技術範囲の拡大型）は、1938年に創設、1949年大手自動車会社より自動車部品の受注を開始した。当初は、支給された材料・図面どおりに切削加工を施す仕事が中心であったが、後にウォーターポンプの加工・組立も受託した。1988年にドイツ製プーリー製造装置を購入し、エンジン補機類駆動用プーリーの冷間鍛造による一体成型技術を取得した。塑性加工技術も使って付加価値のあるものを提案していくという方向性にしたがって取り組んだのが、ドライブプレートの一体成形化であった。一体型プーリーの生産で培った冷間鍛造のノウハウとドイツ製加工機械の存在が一体型ドライブプレートの開発着手を決断させた要因だったが、1990年に装置を購入して開発に着手してから、日の目を見るまでには約10年の期間を要した。材料面では大学の材料工学科の教授から助言を受け、それに基づいて鋼材生産を担当する鉄鋼メーカーとも共同開発体制をとる必要があった。この開発は顧客ニーズに応えて行ったものではなく、技術を起点として実現したものであった。そのため、技術が確立された後もすぐには量産採用されず、根気強い提案営業活動を要することとなったが、結果的には性能・コスト両面でのメリットが評価され採用されるに至った。その後も、金型製作の技術を習得し、

その技術を活かして開発された冷間鍛造による一体成形中空サンギアや、冷間鍛造加工法の研究を進め、新工法として特許出願した、当社開発の5軸CNC油圧プレスを使用した「中空シャフト成形技術」を次々と開発した

　特定企業への依存度が高かった状態に危機感を感じ、事業領域とコア技術の拡大によってリスク分散を図った。結果、切削加工という枠を大きく越え、他社にはまねのできない特殊な金属加工ノウハウを取得した。金属加工技術をコアにした部品事業の展開が主で、一社依存度は50％未満に低下していた。

② 〔事例企業：2010年調査〕

　A社（技術範囲の拡大型）は、1922年に日常用金網製造から開始、1959年に押出機用スクリーンへ進出し、1978年にスリッター、自動シャーリング導入（改造、業界初もあり）して、自動車、弱電用の金網に進出した。

　バブル崩壊後の「大きな技術変化」として挙げられるのは、パーフォアートパネル[108]製作に必要なプレス技術の開発である。技術開発では風洞実験などを行って確認する必要があったため設備を保有する大手企業との共同研究という形をとった。研究開発期間は約3年で、1990年に販売を開始し、事業部として本格的に稼働したのは1992年である。パーフォアートパネルについては社運を賭けるようにして技術開発、設備投資、新分野進出を行ったが、結果としてパーフォアートパネルをはじめとする建築関係の製品は調査時点では、当社の売上の30％を占めるまでの当社基幹事業の1つに成長していた。

　以上のとおり、技術や市場の不確実性が増大する中で、「大きな技術変化」を絶えず繰り返すことは企業成長にとって不可欠な一方で、ヒト・モノ・カネ・情報のいずれの経営資源も不足する中小製造業がリスクを軽減しながら「大きな技術変化」に長期間注力することは大変困難である。この困難を乗り越えて成果を上げるためには、中小製造業は経営者の先見性に基づく長期的視点の確かな技術戦略とともに、それに全社一丸となって取り組むための経営者のリーダーシップ、情熱やさらにそれ以上の執念の持続が不可欠である。

以上が、仮説2前半部分に関する3ヶ年のヒアリング資料の二次分析による検証結果である。「大きな技術変化」に長期的な視点の技術戦略は、必須であり、仮説2前半部分の妥当性は概ね検証できた。また同時に、①「大きな技術変化」の背景には、経営者が将来の技術動向への確かな視点に基づき策定した技術戦略が必要、②「大きな技術変化」においては、経営幹部の先見性とともに、長期間、製品開発・技術開発に取り組む心血を注いだ努力が必要の2点が確認できた。仮説の内容とともにその検証結果を表2-26にとりまとめる。

表2-26　仮説2前半部分に関するヒアリング資料の二次分析結果の概要

仮説2前半部分：バブル崩壊以降の「大きな技術変化」は、長期的技術進化の技術戦略と大きな関連性を有している。

仮説検証結果：「大きな技術変化」に長期的な視点の技術戦略は、必須
①「大きな技術変化」の背景には、経営者が将来の技術動向への確かな視点に基づき策定した技術戦略が必要 　バブル崩壊以降、下請制の再編・崩壊が進展し、グローバル化も加速する中で、中小製造業は、自社製品の有無や下請の有無にかかわらず、長期的視点の技術戦略を基に「大きな技術変化」を繰り返しながら成長してきていた。技術や市場の不確実性が増大する現在、特に技術戦略を中長期間で策定するとともに、柔軟かつ迅速に環境変化に適応することも重要である。 　中小製造業では、経営者が率先し顧客をはじめとした外部との人脈の中から、技術や市場に関する新たな情報を入手し、それを長期的な技術戦略に反映させながら、新製品開発や新技術開発等の「大きな技術変化」を起こしている。 ②「大きな技術変化」においては、経営幹部の先見性とともに、長期間、製品開発・技術開発に取り組む心血を注いだ努力が必要 　「大きな技術変化」には、着手から本格稼働まで平均3.4年、事例企業には10年近く要して実用化にようやくこぎつけた事例も少なからずあった。こうした長期間の「大きな技術変化」は経営資源の不足する中小製造業にとっては、多大なリスクを伴う大きな意思決定も必要となる。技術や市場の不確実性が増大する現在、長期間に及ぶ試行錯誤も必要となる。 　こうした中で、中小製造業が相当な期間を要する「大きな技術変化」を絶えず生ぜしめるためには、経営者をはじめとした経営幹部の技術や市場の将来動向に対する先見性とともに、長期間の取り組みを実用化までこぎつけるために全社一丸となって取り組むための経営者のリーダーシップ、情熱や執念の持続が必要となっていた。

出所：筆者作成

4. 仮説2後半部分:「大きな技術変化」のあり方が、自社製品の有無、下請構造の状況等により異なる。

仮説2後半部分の検証に移る。仮説2の後半部分は、次のとおりである。
仮説2後半部分:バブル崩壊以降の「大きな技術変化」は、技術・市場のマトリックスにより類型化が可能。

アンケート資料の二次分析により、バブル崩壊以降、中小一般製造業の企業成長に最も影響を与えた「大きな技術変化」は、アンケート資料の二次分析により技術と市場の観点からマトリックス化による類型化が可能であることが判った。類型は、自社製品開発が技術進化の中心である「自社製品開発型」、生産技術機能や生産工程など技術の範囲の拡大が技術進化の中心である「技術範囲の拡大型」、生産技術機能や生産工程などのコア技術の専門化が技術進化の中心である「技術の専門化型」、コア技術をベースに顧客に対応した製品・部品・加工の改良やカスタマイズが中心の「用途開発型」である。

ヒアリング調査においても「大きな技術変化」の類型を、アンケート調査のバブル崩壊以降と時点は異なるが、創業以来その企業の成長に最も影響を与えた「大きな技術変化」の類型と捉える。事例では、複数の類型の「大きな技術変化」が登場することもあるが、企業間の比較を論ずる際には創業以来、企業の成長過程を最も特徴づける「大きな技術変化」の類型を提示する。

初めに、ヒアリング資料の二次分析を通じた最も大きな事実の発見を示す。

(1)「大きな技術変化」には、当初想定していた「自社製品開発」、「技術範囲の拡大」、「技術の専門化」、「用途開発」だけではなく、「事業構造の再構築」型が存在する。

鈴木直志(2012)は、次のように指摘している[109]。

ヒアリング資料の二次分析で、新たに「事業構造の再構築型」の「大きな技術変化」の類型が明らかになった。これは、「誰に(市場)、何を、どのようにして(技術)売るのか」という事業構造そのものを一新し、場合によっては組織構造も変更する一番ダイナミックな変化を伴うとともに、リスクも

大きな技術戦略となる。中小製造業が自ら成長分野などの事業機会をいち早く捉えて参入する場合もあるが、多くが外部環境の激変に伴うものである。

〔事例企業：2008年調査〕

P社（事業構造の再構築型）は、当初、紡績会社として事業を展開していたが、紡績業は、新興国における安い人件費や技術的なキャッチアップにより、斜陽産業となりかけていた。経営者は紡績業が装置型産業で装置さえ導入すると差別化が維持できなく窮地に追い込まれたので、それとは逆で、かつ大企業との競合がない市場開拓の余地がある製品開発を模索した。そこで、①最終商品で、②設計などの技術を要し複雑で、③未だ消費者が気づいていない分野のラジコンヘリ模型への参入を決めた。既存のラジコンヘリ模型が、①高くて、②複雑で、③マニア以外の消費者に売れる確信も有していたからである。P社は、雇用と工場を守るために大手電機メーカーの下請となり、キャッシュフローを維持するためにプラスチック成形の下請にもなり、そこで獲得したキャッシュを自社製品のラジコンヘリ事業に投入した。経営者を中心とする組織能力の高さが、「事業構造の再構築型」の技術面や市場面における中小製造業にとっての高いハードルを越えることを可能とした。

技術も市場も一新する「事業構造の再構築型」は、多大な資金を要し多大なリスクも負担する、中小製造業にとって大変困難な「大きな技術変化」である。しかし、モジュール化・グローバル化・エレクトロニクス化・製品ライフサイクルの短縮化の急速な進展など中小製造業を取り巻く産業構造が激変する中において、「事業構造の再構築型」の「大きな技術変化」の必要性が増大してきている。そこで、中小製造業の「大きな技術変化」には、前述の4つの類型に加えて、「事業構造の再構築型」を追加することが必要である。

以上が、鈴木直志（2012）の指摘である。本研究では、上記に事例を追加し、「大きな技術変化」における「事業構造の再構築型」の類型の確認を行う。

2009年調査においても、1950年代後半から60年代にかけて、繊維関係の事業において、「大きな技術変化」を起こし、「事業構造の再構築」を遂げた企業が存在していた。2008年調査では、「事業構造の再構築型」として、繊

維事業からの事業転換や商社からメーカーへの転換など、業種・業態の転換という大規模な事業構造の再構築とともに、①扱う製品・部品を全く転換する、②自社製品開発から OEM に特化する、③機械の単品売りからラインシステム売りを開始するなど、中小規模な事業構造の再構築も見受けられた。

②〔事例企業：2009 年調査〕

（1950 年代後半から 60 年代にかけて、繊維事業から工作機械や整流器関係へ事業転換）

　N 社　1958 年紡績機製造から汎用の平面研削盤市販開始へ。
　S 社　1958 年織機事業を廃止し工作機械専業へ、59 年円筒研削盤 1 号機完成。
　D 社　1967 年絹織物業から業種転換、シリコン整流素子製造。

現在のような厳しく変化の激しい経営環境の下で生き残っていくとともに、「モノが売れない」という消費者の動向・ニーズの大きな変化にも柔軟かつ適切に対応していくためには、従来の事業構造を見直す必要が出てきている。

(2)「大きな技術変化」は、下請構造にある企業は顕著には見えにくいが、取引先のニーズの具現化や脱下請のための取引先の多様化という形で「大きな技術変化」は進んできた。

　自社製品を有する、または非下請と同様に、下請構造の中で 1 社または数社への売上の依存度合の大きい中小製造業においても「大きな技術変化」がない訳ではなく、その要因が主要取引先のニーズへの対応や一歩進んで将来のニーズを先読みをした提案に起因しているために、「自社製品開発型」と比較して受動的に見えるので、技術変化のあり様が観察しにくくなっているだけである。

　1980 年代後半以降は、賃加工に近い形態で下請構造にあり 1 社依存体制の強かった中小製造業も、金型や生産設備や検査設備の内製化、鍛造など塑性加工から機械加工までの一貫加工、上流の設計能力の取得など、「大きな技術変化」を図ってきていた。また、バブル崩壊以降、親企業が下請企業の

協力会を解散したり、親企業自身が顧客の多様化による技術力向上を奨励したり、大企業の生産拠点の移転が進展したりしたことで、下請企業再編が進展し下請比率も低下を続けた。これに対して、下請型企業も生産技術機能や生産工程を拡大しVA・VEなどの取引先への開発提案能力を強化する「大きな技術変化」を起こすことにより、取引先の多様化を図り、従来の親企業への売上高比率もバブル崩壊前の90％超から50％未満となった企業も多く見られた。

このように、下請企業に近い中小製造業も、「技術範囲の拡大型」や「技術の専門化型」等の「大きな技術変化」を通じて、バブル崩壊以降、高い技術水準を核に取引先を多様化し、下請比率を低下させながら成長を遂げていた。

① 〔事例企業：2008年調査〕

E社（技術範囲の拡大型）は、研磨の単加工を請け負っていた。最初の「大きな技術変化」は、スプールに関する一貫生産技術の完成度向上である。1993年にスプール専用工場が完成し、油圧機器メーカーに提案営業を行うことができるよう技術力が高まり、ブランド力も高めることに成功した。バブル崩壊以後における「大きな技術変化」は、Assy'（組み立て品）の進出である。1996年にバルブAssy'製品の納入を開始し、2005年には本格稼働に5年の期間を要しながらもより重要度も高く部品集積度も高いポンプAssy'を確立した。単加工から複数の工程へ、複数の工程から部品の一貫生産へ、部品の一貫生産からAssy'品へと技術の範囲を広げた。さらに、スプール製品の納入先を多様化し、2000年前半には大手の油圧機器メーカー全部へ納入することが可能となり、国内シェアの6割を占めるに至った。

② 〔事例企業：2009年調査〕

A社（用途開発型）は、1973年に工場を設置して、中古のダイカストマシンを購入し、亜鉛ダイカストを開始した。バブルが崩壊して、1993年頃に主要取引先の大手電子部品メーカーの協力会が解散になって、傘下の下請企業は一斉に営業に走らなければいけなくなった。1996年に新たに就任した現社長は早速この大手企業以外の販路開拓に取り組んだ。亜鉛ダイカストの用途と地方圏内に生産拠点を構える企業を詳細に分析し、事業セグメント

をコネクタ、精密機器、通信機器アンテナ、光学部品に定め、今まで取引のなかった業界の企業に対し社長自ら積極的な営業活動を行った。40 社ほどの多様な業種の企業から受注を獲得でき、かつ営業活動を通じて亜鉛ダイカストは顧客から高く評価された。一方、新規取引先開拓によって新規亜鉛ダイカスト部品の生産ノウハウも数多く取得し、従来難しいとされていた亜鉛ダイカストでの高精度鋳造を実現した。調査時点では、月産 1,000 万個以上を安定的に供給し、光ピックアップ部品で世界シェアの約 30% を占めていた。海外企業からも精密亜鉛ダイカスト部品の引き合いが相次いでいた。

③〔事例企業：2010 年調査〕

　F 社（技術範囲の拡大型）は、1945 年に創業し、アルミ鍋・釜・洗面器などのへら絞り加工を開始した。当初から、営業をすることなく技術への信頼で取引先を拡大していった。その後、1981 年には技術の範囲を絞りから板金加工まで拡大することに着手した。1985 年には板金工場を完成させ、また同時に多数の板金機械を一時に導入し、本格的に板金加工の内製化を図った。この後も、150t 油圧プレス、三次元レーザ加工機、CNC 自動鋲機、80t パワープレスを立て続けに導入し、1980 年代後半以降には、一貫受注体制を構築することが可能になった。この「大きな技術変化」に伴い、板金加工技術の対外 PR を強化して受注拡大を目指す活動も始めた。へら絞りの近代化と他の加工技術との複合化を進め、現経営者自身が営業活動を行い順調に新規顧客を増やしていった。複合板金加工に取り組みはじめる前には 100 社未満だった取引先が、調査時点では 400 社を超えるまでに増加していた。

(3)「自社製品開発型」の技術変化が中小製造業にとっての進化形というわけではない。

　下請構造が再編され、下請比率も 1980 年代後半から低下してきている。下請構造の変化への対応として、中小製造業の中では、脱下請の自社製品開発を志向する動きが 1990 年代後半以降注目されてきたが、自社製品を有する為には市場を確保・獲得しなくてはならない。つまり、販売・営業活動が必要となり、下請構造の中の販売・営業活動とは全く異質な能力が必要となる。

自社製品が下請製品に比較して利益の確保では有益な面はもちろんあるが、中小製造業は、自社製品を有する一方で下請的取引も継続して経営の安定を図っている企業も多い。前述の2008年調査のP社は、紡績業からラジコンヘリの自社製品開発へ事業構造の再構築を図った一方で、下請事業も並行して行うことで経営を安定させるとともに、下請を技術進化に積極的に活用し自社製品開発事業との相乗効果も発揮していた。これは、自転車部品メーカーの世界的トップ企業であるシマノが、敢えて自動車部品事業も継続し下請で鍛えられた技術を本業の事業に活用しているのと類似している。

〔事例企業：2008年調査〕

　C社（事業構造の再構築型）は、ラジオ用バリコンの部品調達から組立や、半導体製造装置・省力化機器の受注生産を行っていた。バブル崩壊以降、主力取引先の工場移転に伴い自社製品開発を志向せざるをえなくなった。1995年に、たばこ自動販売機を自社開発した。カッティングマシンの開発やテレホンカード販売機・携帯電話用FAX開発・ゲーム機の開発も行った。しかし、自社製品は販売チャネルや広告などの面で大手企業と競争するのには資源が不足していた。そこで、2000年前半から各種自社製品開発を止め、開発・設計・加工から組立まで一貫で受注できるOEMに特化した。その中で、コア技術であるメカトロ技術や設計技術を進化させ、技術範囲を拡大し基盤技術を強化させていた。また、顧客とともに開発する戦略を基本とし、設計開発のみではなく生産技術部門も充実させ製品品質・原価削減に取り組んでいた。OEMであっても経営の安定を図るために自社の得意分野を見極め、取引先も医療機器や半導体装置などの成長分野を事業領域としていた。

　以上のとおり、ヒアリング資料の二次分析により、「大きな技術変化」のあり方が自社製品の有無、下請構造の状況等により異なることから、仮説2後半部分の妥当性が概ね検証できた。また同時に、①「大きな技術変化」には、当初想定していた「自社製品開発」、「技術範囲の拡大」、「技術の専門化」、「用途開発」だけではなく、「事業構造の再構築」型が存在する、②「大きな技術変化」は、下請構造にある企業は顕著には見えにくいが、取引先のニーズの具現化や脱下請のための取引先の多様化という形で「大きな技術変化」

は進んできた、③「自社製品開発型」の技術変化が、中小製造業にとっての進化形というわけではない、の3点が確認できた。仮説の検証結果を表2-27にとりまとめる。

表2-27　仮説2後半部分に関するヒアリング資料の二次分析結果の概要

仮説2後半部分：バブル崩壊以降の「大きな技術変化」は、技術・市場のマトリックスにより類型化が可能。

仮説検証結果：「大きな技術変化」のあり方が、自社製品の有無、下請構造の状況等により異なる。
①「大きな技術変化」には、当初想定していた「自社製品開発」、「技術範囲の拡大」、「技術の専門化」、「用途開発」だけではなく、「事業構造の再構築」型が存在する。 　ヒアリング資料の二次分析において、新たに「事業構造の再構築型」の「大きな技術変化」の類型が明らかになった。「事業構造の再構築型」は、「誰に（市場）、何を（製品・加工）、どのようにして（技術）売るのか」という事業構造そのものを一新し、場合によっては組織構造も変更する一番ダイナミックな変化を伴うものであり、同時にリスクも大きな技術戦略を要する。自ら成長分野などの事業機会をいち早く捉えて参入する場合もあるが、多くが外部環境の激変に伴うものである。 ②「大きな技術変化」は、下請構造にある企業は顕著には見えにくいが、取引先のニーズの具現化や脱下請のための取引先の多様化という形で「大きな技術変化」は進んできた。 　下請構造の中で1社または数社への売上の依存度合の大きい中小製造業においても、「大きな技術変化」がないわけではなく、その変化の要因が主要な取引先・顧客のニーズへの対応や一歩進んで将来のニーズを先読みをした提案に起因しているために、「自社製品開発型」と比較すると受動的に見えるので、その技術変化のあり様が観察・分析しにくくなっているだけである。下請企業に比較的近い中小製造業も、「技術範囲の拡大型」や「技術の専門化型」などの類型の「大きな技術変化」を通じて、バブル崩壊以降、高い技術水準を武器に取引先を多様化し、下請比率を低下させながら成長を遂げていた。 ③「自社製品開発型」の技術変化が、中小製造業にとっての進化形というわけではない。 　脱下請として自社製品開発を志向する動きが1990年代後半以降注目されてきたが、自社製品を有することは市場を確保・獲得しなくてはならない。経営の安定という面では逆に、下請構造の中で安定した受注を確保することが有効であることも確かであった。そこで、中小製造業は、自社製品を有する一方で下請的取引も継続して経営の安定を図っている企業も多い。

出所：筆者作成

5. 仮説1、仮説2以外にヒアリング資料の二次分析を通じて明らかになった事実

(1)「大きな技術変化」は、優秀な技術人材の獲得により加速される。

アンケート資料の二次分析においては、「大きな技術変化」に伴い必要と

なった新技術の吸収・融合で、「新たな技術人材の採用」の類型間の差異が生じていたものの、すべての類型で回答の上位3位にこの項目が入っていた。「大きな技術変化」を生じさせるためには、新たな技術人材の採用により新技術の吸収・融合を図ることが、中小製造業にとって重要な要因であることが分かった[110]。

　事例においても、光学系部品加工企業は、脱下請のための高温観察装置開発において試作品までは従前の人材で対応したが、それ以降は、外部から製品開発の経験が豊富な電気専門人材を招聘し開発体制を強化し、機構設計人材もこの人材のつてで採用できたことにより、製品としての出荷が可能となった。また、冷間鍛造技術を主としていた企業は、倒産した冷間鍛造部品会社の優秀な技術者と機械をそのまま承継し、金型製作を内製化し塑性加工の技術基盤を確立し、これらの獲得した人材を活用して新技術開発に次々に成功した。

　このように、「大きな技術変化」は、内部技術者の育成のみならず優秀な技術人材の獲得により加速されるので、中小製造業の経営者は、自社の企業成長や技術戦略の中で必要とされる技術人材像を頭に入れて、常に人材獲得のためのアンテナを人脈の中で張り巡らせることも必要である。

① 〔事例企業：2009年調査〕

　Ｅ社（自社製品開発型）は、汎用プレス機の製造を開始した。しかし、1965年以降頃になると、大手のプレスメーカーなどの参入もあり厳しい状況となっていった。そのため、汎用プレス機のロット生産から、次第に専用機の受注生産、OEM生産、プレス機の修理・改造へと事業を変化させた。1987年頃から10年間ぐらいエンジニアリング会社との取引で、板金関係の大きなラインの製造管理の仕事を受注し繁忙を極めたが、ライン設計・製作は手離れが悪いうえ利益を読みにくく資金繰りが不安定になりがちであった。

　そこで、手離れの良い事業の商品開発に取り組むこととした。廃業した機械メーカーなどの従業員を引き取っていたため、これら人材の持つ設計能力を活用して1998年頃から商品開発に取り組み、1999年からサーボベンダーを機械単体もしくは2001年から板金ラインとして設計・製作を始めた。市場に受け入れられ1つの柱に育っていった。また、2004年に開発したノッ

チングプレスも、従来の機械式のものと比較して歯車の交換が不要になり段取り時間が大幅に短縮され加工に柔軟性があることから、モータのローターやステーターなどの製造用に伸びた。このプレス機および技術に関しては進化を続けた。大企業と競合せずに自社の技術を活かすことのできる市場を探し、中小企業の特徴とも言えるきめ細かい対応でニッチな市場で確かな地位を築いてきた。リベッターでは調査時点で国内の7～8割のシェアを占めていた。

② 〔事例企業：2010年調査〕

　C社（技術の専門化型）は、1956年の創業以来、技能の塊であり1品生産で生産性の低いソルトバス（塩浴炉）による熱処理加工をコア技術とし、現代の名工などの技能集団を武器に技術への信頼で営業をすることなく取引先を拡大してきた。このような中でも、新たな技術者の確保がより一層の顧客開拓に繋がった。1996年頃に大手鉄鋼メーカーOBで53歳の技術者を採用したのをはじめとして、2006年頃には大手自動車部品メーカーや大手鉄鋼メーカーOBで同世代の技術者を採用した。これらの技術者を確保できたことが、研究開発機関向けのソルトバスによる熱処理の需要確保に繋がった。また、これらの者を通じて学会との人脈も強化され新たな顧客も開拓できた。

(2) 1980年代後半以降のグローバル化の進展も、「大きな技術変化」を助長していた。

　アンケート資料の二次分析で、バブル崩壊以降の国際化対応についての回答においては、中小一般製造業のみならずモノ作り300社でも、国際化対応をしていない企業が半数を超えていた。しかし、国際化対応をした企業では、技術水準の高いモノ作り300社の海外進出目的は、単なるコストダウンから自社製品や部品の競争力を武器に現地の市場を開拓するとともに、海外拠点を国内拠点の技術進化の手段としても活用することに移行してきていた[111]。

　事例では、半導体関係やハードディスクや光ピックアップ部品などの超大量ロット（月何百万台）の生産を、中国を始め海外で行い現地の日系企業や欧米のグローバル企業などに納品していた。このように、海外において国内

では経験することのできない超大ロット生産を行うことにより、超大量生産を高品質・短納期で行うための管理技術・生産技術を習得していた。別の事例では、国内では外注していた後工程を内製化することにより技術の範囲を拡大し、国内の工程における品質を後工程の視点から評価できるようになるとともに、国内では取引ができない系列外の大手企業との取引が可能となっていた。さらに別の事例では、板金加工をしていた企業が脱下請のための自社製品開発に成功し基板への実装装置を世界有数のチャンピオン・ユーザーに輸出ができたために、世界標準の品質要求に対応できるようになっていた。

このように、1980年代以降のグローバル化の急速な進展に対する中小製造業の適切な対応も、海外生産拠点との国際分業を通じた相乗効果により国内の技術水準を向上させ「大きな技術変化」を起こしていた。また、国際化におけるグローバル企業との取引が、中小製造業の技術水準の向上に寄与する。2010年調査によれば、大手企業の2000年代以降のグローバル化の加速に対応して、アジアを中心にした拠点展開、国際分業体制の確立、海外市場開拓が、程度の差こそあれ、ほとんどの中小製造業の喫緊の経営課題となっていた。

① 〔事例企業：2009年調査〕

J社（技術の専門化型）は、創業（1969年）のきっかけは、小型ギアードモータの製造委託である。1975～76年頃には、コンパクトカメラのオートフォーカス、オートワインダーの機構を製造するようになった。光学機器メーカーに1978～79年頃に減速機を供給する体制が整った。1987年に、顧客のカメラメーカーがコンパクトカメラを台湾で生産することになり、基幹部品を製造している当社に部品供給依頼があった。これが海外工場を持つきっかけである。その後も、92年マレーシア、97年香港（広東省工場）、2002年中国、07年タイと、日系企業の海外生産に呼応して海外展開を図ってきた。海外工場設立のきっかけになった日系企業が撤退しても、他の日系企業から注文を受けることができ、工場は存続することができた。また、ハードディスク用の流体軸受や関係部品、半導体検査工程部品など大量生産でなおかつ高い加工精度を要求される精密加工部品を、日系企業だけでなく欧米のグローバル企業からも注文を受けるようになった。グローバル企業からの

注文は数量が非常に多く、高精度部品の大量生産に強みを持つようになった。大量生産における機械の温度管理、切削技術やその関連技術の一層の吟味や洗浄技術、さらには、海外での大量生産における管理技術などが差別化に必要となった。特長である精密部品の高精度大量生産技術を極めて、最新の顧客ニーズに応えながら、海外工場を有効活用して時代を乗り切ってきていた。

② 〔事例企業：2010年調査〕

　G社（技術の専門化型）は、1950年に電子部品のプラスチック用精密金型製造を開始した。1968年頃からカメラ関係の部品用金型の受注を開始し、1990年代半ば頃から主要顧客である光学系メーカーの海外展開に対応し、当初は香港のメンテナンス拠点から海外対応を開始した。2000年代に入るとコンパクトデジカメをはじめとするデジタルカメラの普及が本格化し、また、携帯電話が当社にとって新たな収益の柱となった。取引先のグローバル化に合わせて海外展開はさらに進み、00年には中国広東省の深圳工場が生産を開始した。深圳工場は、従来金型の生産のみ行っていた当社にとって初の成形専門工場である。金型ではなく成形工場を設立したのは、現地では部品の供給ニーズが高かったことによる。さらに、06年には、現地の供給ニーズに対応して深圳工場に自動塗装ラインを新設した。当社の国際分業体制によるビジネスモデルとしては、たとえばコンパクトデジカメは、当社が窓口となってカバー類はパートナー企業（香港系企業）が、ヘリコイド（ズーム）は当社がそれぞれ金型を製作し、できあがった金型により深圳工場で成形し部品を生産する形態である。中国で成形を行うことは、量産加工技術を新たに取得し新たな事業領域拡大に繋がった。さらに国内で製造した金型に対する中国工場からの厳しい評価が、金型の品質向上にも結びついた。特に携帯電話ではUV塗装が難しいので、品質面の技術向上に貢献した。なお、新しい市場を求めて、06年には中国江蘇省無錫市無錫工場が生産を開始していた。

6. 本節に係る小括

　本節においては、前節までの仮説1と仮説2に関するアンケート資料の二次分析により概ね検証できた部分と、未だ十分には検証できなかった部分に

ついて、ヒアリング資料の二次分析により補完的な検証を行ったものである。

仮説1と仮説2に関するヒアリング資料の二次分析の結果、表2-28のとおり、アンケート資料の二次分析で概ね確認できていた内容は、ヒアリング資料の二次分析により補完的に検証がなされた。また、同時に、いくつかの

表2-28 仮説1と仮説2に関するヒアリング資料の二次分析結果の概要

アンケート資料の二次分析により検証を行った仮説1、仮説2
(1) 仮説1：バブル崩壊以後20年弱の間に中小製造業は何らかの「大きな技術変化」を経験して、それを飛躍台にして成長を遂げてきている。
(2) 仮説2前半部分：バブル崩壊以降の「大きな技術変化」は、長期的技術進化の技術戦略と大きな関連性を有している。
(3) 仮説2後半部分：バブル崩壊以降の「大きな技術変化」は、技術・市場のマトリックスにより類型化が可能。

ヒアリング資料の二次分析により明らかになった仮説検証結果
(1) 仮説1拡大：中小製造業は「大きな技術変化」をバブル崩壊以降だけではなく、企業の成長過程で絶えず繰り返し新たな技術へ挑戦している。これは全事例共通に該当する。
　①「大きな技術変化」は、1回だけ生ずるのでなく、相当の期間を経て繰り返し生ずる。
　②バブル崩壊以後だけでなく、「大きな技術変化」は1970年代後半～1980年代前半から生じている。
　③2000年代後半に入って、景気動向にかかわらず「大きな技術変化」に取り組んでいる企業が多い。世界同時不況後も「人と技術への投資」を継続する企業が多い。
(2) 仮説2前半部分：「大きな技術変化」に長期的な視点の技術戦略は、必須
　①「大きな技術変化」の背景には、経営者が将来の技術動向への確かな視点に基づき策定した技術戦略が必要。
　②「大きな技術変化」においては、経営幹部の先見性とともに、長期間、製品開発・技術開発に取り組む心血を注いだ努力が必要。
(3) 仮説2後半部分：「大きな技術変化」のあり方が、自社製品の有無、下請構造の状況等により異なる。
　①「大きな技術変化」には、当初想定していた「自社製品開発」、「技術範囲の拡大」、「技術の専門化」、「用途開発」だけではなく、「事業構造の再構築」型が存在する。
　②「大きな技術変化」は、下請構造にある企業は顕著には見えにくいが、取引先のニーズの具現化や脱下請のための取引先の多様化という形で「大きな技術変化」は進んできた。
　③「自社製品開発型」の技術変化が、中小製造業にとっての進化形というわけではない。
(4) 仮説1、仮説2以外にヒアリング資料の二次分析を通じて明らかになった事実
　①「大きな技術変化」は、優秀な技術人材の獲得により加速される。
　②1980年代後半以降のグローバル化の進展も、「大きな技術変化」を助長していた。

出所：筆者作成

第2章　中小製造業の成長における「大きな技術変化」の重要性　109

　新たな事実の発見もあった。特に、仮説1に関して、中小製造業の企業成長に関する「大きな技術変化」がアンケート資料の仮説におけるバブル崩壊以降のみならず、絶えず繰り返しながら企業成長を遂げてきていたことは注目すべき事実である。また、仮説2に関しては、アンケート資料の二次分析における技術と市場の観点から類型化が可能であった「大きな技術変化」の4つの類型に加えて、技術や市場を一新する「事業構造の再構築型」という新たな類型を発見できたことも大いに着目すべき点である。さらに、仮説検証以外に発見した事実で、「大きな技術変化」を加速する要因として優秀な技術人材に獲得とグローバル化の進展にも留意する必要がある。

(注)
(1) アンケート資料は中小企業基盤整備機構（2009）による。本研究に関係する調査内容はすべて筆者自身が企画して分析したもの。(1)アンケート資料の①と②の記述内容は、中小企業基盤整備機構（2009）2～3ページに基づく。
(2) 〔アンケート調査の方法〕中小企業基盤整備機構（2009）13～14ページから主な事項を抜粋。アンケート調査は、中小一般製造業5,000社とモノ作り300社選定企業682社を対象として、同一の調査票により調査を実施。
　(1) 中小一般製造業：①抽出企業数：5,000社。②社歴：社歴が20年以上、設立年月日が1988年12月以前の企業を抽出。③業種：機械金属業種。日本標準産業分類の中分類コードの9業種を対象（鉄鋼業、非鉄金属製造業、金属製品製造業、一般機械器具製造業、電気機械器具製造業、情報通信機械器具製造業、電子部品・デバイス製造業、輸送用機械器具製造業、精密機械器具製造業）。④企業規模：従業員数21～300人（小規模企業20人以下を除く）又は資本金3億円以下の中小企業を抽出。但し、資本金3億円以下の従業員数20人以下の小規模企業は除外。⑤地域性：「平成18年工業統計表　産業編」の地域別の企業の分布実態から一定の回答数を確保。
　(2) モノ作り300社選定企業：『明日の日本を支える元気なモノ作り中小企業300社』選定企業（2006～2008年度経済産業省中小企業庁編）900社から抽出。①抽出企業数：682社。②社歴：20年以上、設立年月日が1988年12月以前の企業を抽出。③業種：機械金属業種が中心であることから、業種における抽出はせず。よって、上記(1)の機械金属9業種以外の業種も調査対象に一部含む。④企業規模：従業員数が20人以下の小規模企業も少ないことから、中小企業要件（製造業では、従業員数300人以下又は資本金3億円以下）のみで抽出。よって、従業員数20人以下の小規模企業も調査対象に一部含む。⑤地域性：各地域から満遍なく選定されていることから、地域ごとの抽出も行わず。

(3) 第4節「中小一般製造業とモノ作り300社の比較分析」では、2群の比較分析の妥当性を高めるために、最大の相違点の業種構成を中小一般製造業の機械金属9業種に揃え分析を実施。このため、比較分析に使用可能なモノ作り300社のアンケート資料は有効回答数200社のうち125社。本研究の分析で使用したモノ作り300社の対象は、同様に125社。
(4) 中小企業基盤整備機構(2009)、(2010)、(2011)による。本研究に関係する調査内容はすべて筆者自身が企画して分析したもの。ヒアリング資料①は中小企業基盤整備機構(2009)3ページ、②は同(2010)2ページ、③は同(2011)4ページに基づく。分析の基となるヒアリング資料の記述は、筆者自身によるものと、同行者が原案を作成し筆者が監修・再編・加工し、事例企業の経営者自身が修正したものとがある。ただし、事例の分析は、記述・図表を含めて筆者自身による。
(5) 〔ヒアリング先企業の選定方法〕中小企業基盤整備機構(2009)101ページ、同(2010)15ページ、同(2011)15ページから主要な部分を抜粋。ヒアリング先企業は、主に下記の要件を基にして選定。①技術を核として積極的に経営を行っている中小製造業であること。②地域の偏りがないこと。③自社製品の有無、下請企業・非下請企業の有無で偏りが出ないこと。業種はできるだけ機械金属関係業種であること。④社歴が20年以上であること。⑤小規模企業でないこと。なお、2008年調査企業23社のうち、機械金属業種以外が1社、小規模企業が1社含まれていたので、分析対象から除外。ただし、2010年（一部は2011年）調査企業では、産業分野に着目した調査であったために、上記②の地域性と上記③の自社製品の有無、下請企業・非下請企業の有無の要件では、ヒアリング企業選定の際に考慮せず。そこで、本研究の分析で使用するのは2008年調査21社、2009年調査20社、2010年（一部は2011年）調査8社の計49社。
(6) 山田(2000)は、事例研究で漸進的変革と飛躍的変革の同時模索が技術の蓄積・創造に必要と指摘。
(7) この「大きな技術変化」の定義に関して、後述の「大きな技術変化」の有無と企業成長との関連性の分析で、トートロジー（同語反復）に陥っているとの指摘は該当しない。何故ならば、企業成長に寄与した「大きな技術変化」の有無が、バブル崩壊以降、調査時点までの企業成長に直接関連するわけではないからである。また、中小製造業は、極端に言うと日々、技術変化を遂げているので、バブル崩壊以降、調査時点までの20年弱の長期間における「大きな技術変化」を、調査対象者に本研究における調査目標の技術変化に限定してもらうためには、問7-2の枝問の選択肢で「大きな技術変化」を例示するとともに、企業成長に寄与したという条件を付す必要があったからである。さらに、この問だけではなく、「大きな技術変化」の有無と問21「技術戦略の有無」の関連性、問19「コア技術の将来動向予測」などの長期的視点の技術戦略関連の問の回答結果との整合性を検証しても、本定義の妥当性は担保されている。また、中小一般製造業と技術水準が高いと想定されたモノ作り300社の2つのサンプル集団の比較分析も行ったが、ここにおいても整合性が

第 2 章　中小製造業の成長における「大きな技術変化」の重要性　111

担保されていたので、本定義に特段の問題はないと考える。
(8)　鈴木直志（2011）上記アンケート資料の「大きな技術変化」の定義の記述は、146〜147 ページを引用、再編加工。以下、次ページ類型の想定の記述まで同様。
(9)　鈴木直志（2012）上記ヒアリング資料の記述は、66 ページを引用、再編加工。
(10)　従業員数増減と経常利益増減も、程度は異なるがカイ二乗検定で1％水準で有意であり同様の傾向であるので（以降の企業成長に関する分析結果も同様）、本研究では売上高増減を企業成長の指標とする。
(11)　鈴木直志（2011）148 ページで、同様の指摘。中小企業基盤整備機構（2009）57 ページでも、検定無しのクロス集計のグラフ表示で同様の指摘。
(12)　バブル崩壊以降に、中小製造業の競争要因は、品質の独創性などの差別化が競争要因となり、さらに、技術を核とした対応力が現在の中小製造業の競争要因となった。そこで、アンケート資料の二次分析で、「大きな技術変化」や技術戦略や日常の技術マネジメントと企業成長との関連性の有無を分析することに研究上の意義がある。その一方で、中小製造業の企業成長に影響を与える他の要因もあることから、定量的な分析の限界もある。また、本研究における中小製造業の企業成長の分析期間がバブル崩壊時〜調査時点の約 20 年弱という長期間にわたることも、企業成長に影響を与える要因を多様化することから、定量分析には限界がある。ただし、この限界を踏まえても、有意性が発見されることに研究上意義がある。
(13)　生産技術機能の範囲の変化の類型については、次のとおり定義する。下図記入例参照。
「技術範囲の拡大型企業」　バブル崩壊時から現在までに生産技術機能の数が増加
「技術範囲の維持型企業」　バブル崩壊時から現在まで生産技術機能の数が変化無
「技術範囲の集中型企業」　バブル崩壊時から現在までに生産技術機能の数が減少
(14)　従業員数増減も経常利益増減も、程度は異なるが同様の傾向を示している。
(15)　中小企業基盤整備機構（2009）59 ページでも、検定無しのクロス集計のグラフ表示で同様の指摘。
(16)　Q2-2 は回答と逆に得点化、Q6-1（生産技術機能の範囲の変化）の一元配置分散分析。平均値：「拡大型」= 3.52、「維持型」= 3.20、「集中型」= 2.53。$F(df = 2, 1,077, N = 1,080) = 11.14$　$p<.01$。
(17)　生産技術機能の進化の類型については、次のとおり定義する。下図記入例参照。
「技術の進化型企業」　バブル崩壊時から現在までに生産技術機能が右上の小さい番号に変化
「技術進化の維持型企業」　バブル崩壊時から現在まで生産技術機能の一番小さい番号に変化無し
「技術進化の停滞型企業」　バブル崩壊時から現在までに生産技術機能が右下の大きい番号に変化
なお、小川英次や山田基成の技術の発展段階説の問題と同様に、上記の機能間に進化関係が認められるかどうかは種々の問題を含んでいることは認識している。特に、項目 4 〜 6 の進化関係の順位には問題があることは認識している。

(18) 従業員数増減も経常利益増減も、程度は異なるが同様の傾向を示している。
(19) 中小企業基盤整備機構(2009)61ページでも、検定無しのクロス集計のグラフ表示で同様の指摘。
(20) Q2-2は回答と逆に得点化、Q6-1(生産技術機能の進化)の一元配置分散分析も実施。平均値:「進化型」= 3.57、「維持型」= 3.20、「停滞型」= 2.71。$F(df = 2、1,077、N = 1,080) = 7.91$　$p<.01$。
(21) 生産工程の範囲の変化の類型については、次のとおり定義する。下図記入例参照。
「技術範囲の拡大型企業」　バブル崩壊時から現在までに生産工程の数が増加
「技術範囲の維持型企業」　バブル崩壊時から現在まで生産工程の数が変化無
「技術範囲の集中型企業」　バブル崩壊時から現在までに生産工程の数が減少
(22) 従業員数増減も経常利益増減も、程度は異なるが同様の傾向を示している。
(23) 中小企業基盤整備機構(2009)63ページでも、検定無しのクロス集計のグラフ表示で同様の指摘。
(24) Q2-2は回答とは逆に得点化、Q6-2(生産工程の範囲の変化)の一元配置分散分析も実施。平均値:「拡大型」= 3.62、「維持型」= 3.23、「集中型」= 2.91。$F(df = 2、1,129、N = 1,132) = 7.51$　$p<.01$。
(25) 市場ライフサイクルの変化の類型については、次のとおり定義する。下図の記入例参照。
「市場ライフサイクル若返り型企業」　バブル崩壊時より現在の市場のほうが小さい番号
「市場ライフサイクル維持型企業」　バブル崩壊時と現在の市場が同じ番号
「市場ライフサイクル後退型企業」　バブル崩壊時より現在の市場が大きい番号
(26) 従業員数増減も経常利益増減も、程度は異なるが同様の傾向を示している。
(27) 中小企業基盤整備機構(2009)65ページでも、検定無しのクロス集計のグラフ表示で同様の指摘。
(28) Q2-2は回答とは逆に得点化、Q6-3(市場ライフサイクルの変化)の一元配置分散分析。平均値:「若返り型」= 3.64、「維持型」= 3.54、「後退型」= 2.98。$F(df = 2、940、N = 943) = 18.21$　$p<.01$。
(29) ①中小企業の成長性指標と5つの説明変数間の重回帰分析(4つの類型をダミー変数化しない場合)と、②中小企業の成長性指標と5つの説明変数間の回帰分析(全説明変数をダミー変数化した場合)の重回帰分析を実施したが、いずれも自由度調整済みの寄与率が.10、.11と低かった。回帰式自体は両者とも1%水準で有意であった。ここでは、上記①の4つの類型をダミー変数とせずに3点尺度の順位付けされた量的変数とみなすことは統計的にも無理があるので、ダミー変数化して質的変数としての説明変数であっても回帰分析に統計的な意味を有する上記②の分析結果のみ記述するのが適当である。ただし、記述内容が複雑となるので、本書では結果のみを記述するのに留める。以下の分析でも同様である。
(30) 中小製造業の企業成長に関する回帰分析における寄与率の低さは、企業成長には技

術側面以外にも多く要因が影響を与えていることを示唆していると考える。特に、市場側面の影響の大きさに留意する。
(31) 「市場ライフサイクルの若返り型」は、「大きな技術変化」の有無との関連は薄いが成長に影響した。
(32) 小川（1983、1988、1991、1996）や山田（2000）の「工程技術の上位に製品技術を位置づけ」る線型的な捉え方を弘中（2007）は「技術の発展段階モデル」と指摘している（13～15、20ページ）。本研究も工程技術と製品技術を同列視し、「大きな技術変化」や技術戦略の類型化と類型別のあり方の重要性を指摘する。
(33) 仮説2は、「バブル崩壊以降の『大きな技術変化』は、技術・市場のマトリックスにより類型化が可能で、長期的技術進化の技術戦略と大きな関連性を有している」。検証では、後段の「『大きな技術変化』は、…長期的技術進化の技術戦略と大きな関連性を有している」を仮説2前半部分、前段の「バブル崩壊以降の『大きな技術変化』は、技術・市場のマトリックスにより類型化が可能」を仮説2後半部分。
(34) 「大きな技術変化」がバブル崩壊時から現在（調査時点）までの期間の変化であるのに対し、「技術戦略」の有無は調査時点の状況なので、関連性の比較には限界がある。技術の将来動向の予測も同様。
(35) 鈴木直志（2011）149ページでも、同様の指摘。また、中小企業基盤整備機構（2009）82ページでも、検定無しのクロス集計のグラフ表示で同様の指摘。
(36) Q7、Q21をダミー変数化、t検定を実施。「大きな技術変化」有無平均値：有＝0.69、無＝0.32、$t = 14.00$　$p<.01$。
(37) 長期的視点の技術戦略は、コア技術の長期間の将来動向予測に基づくのが仮説。問21（技術戦略の有無）×問19（コア技術の将来動向の予測期間）は、χ^2 ($df = 3$, $N = 1,229$) $= 196.5$　$p<.01$と強く関連。
(38) Q7をダミー変数化、Q19は回答番号と逆に4点尺度で得点化し、t検定を実施。「大きな技術変化」有無の平均値：有＝2.65、無＝2.17、$t = 9.19$　$p<.01$。なお、Q19は等間隔の間隔尺度とは言えないが順位関係は明らかなので、4点尺度の量的変数と捉えて分析を実施。以降の二次分析でも、同様。
(39) 従業員数増減も経常利益増減も、程度は異なるが同様の傾向を示している。
(40) 中小企業基盤整備機構（2009）66ページでも、検定無しのクロス集計のグラフ表示で同様の指摘。
(41) Q21をダミー変数化、Q2-2（バブル崩壊時～現在の売上高増減）は回答番号とは逆に5点尺度で得点化し、t検定も行った。技術戦略の有無の平均値：有＝3.51、無＝3.03、$t = 5.74$　$p<.01$。
(42) 従業員数増減も経常利益増減も、程度は異なるが同様の傾向を示している。
(43) Q2-2は回答とは逆に得点化し、一元配置分散分析を実施。平均値：5～10年後予測＝3.94、1年超～4年後予測＝3.42、1年以内予測＝3.08、把握なし＝2.88、F ($df = 3$, $1,255$, $N = 1,259$) $= 18.97$　$p<.01$。
(44) 仮説検証は、他の部分も同様であるが、後段におけるアンケート資料の二次分析を

深める中で補完されていくとともに、ヒアリング資料の二次分析を通じても深化していく。

(45) 中小製造業の企業成長に関する回帰分析における寄与率の低さは、企業成長には技術側面以外にも多くの要因が影響を与えていることを示唆している。特に、市場側面の影響が大きいことには留意する。

(46) 前節と同様に、Q6の4つの説明変数の類型について、3点尺度をダミー変数化することにより、被説明変数のバブル崩壊時～現在までの売上高の増減を量的変数と捉え、説明変数が質的変数のダミー変数により回帰分析をする数量化理論Ⅰ類による回帰分析を行った。ここでは、説明変数に「長期的技術進化の技術戦略要因」を代表するQ19のコア技術の将来動向の予測期間を追加した。その結果、自由度調整済みの寄与率が依然として低いものの.11から.12と僅かながら増加した。回帰式自体は1％水準で有意であった。標準回帰係数も1つが5％水準であるが、ほかはすべて1％水準で有意。Q2-2は売上高の増減で増加割合の多いものから5段階に逆転し得点化、Q7はダミー変数化、Q6の4類型もダミー変数化、Q19は予測期間の長いものから4段階に逆転し得点化。説明変数は、全変数をステップワイズ法により重回帰分析、係数が5％水準で有意の寄与率 Adj. R^2 が最大のモデルを選択。

(47) 前節のモデルと「『大きな技術変化』の有無」と「市場ライフサイクルの変化類型」の影響度（標準偏回帰係数 β）が逆転しているが、差はわずかであるので回帰分析はこのまま継続する。

(48) カイ二乗検定によっても5％水準で有意ではないが、類型化の可能性を探索するため、有意確率を10％水準に緩めて分析を継続する。期待度数が5未満のセルが20％を超えている問題も生じていて、期待度数の少ない非コア技術関連の2つの選択肢の統合も考えられるが、調整済残差が2を超えるか2に近いセルもあり類型間に特徴も見られるので、分析を継続。その他の回答は度数(4)が低いため除外。

(49) 鈴木直志 (2011) 149～150 ページでも同様の指摘（コレスポンデンス分析及び調整済残差分析も同様）。中小企業基盤整備機構 (2009) 87 ページでも検定無のクロス集計のグラフ表示で同様の指摘。

(50) 図中のQ9変換後⑥は、問9コア技術との関連性の回答からその他の回答の選択肢を除いた変数。

(51) 前掲調整済残差も、コレスポンデンス分析の対応関係と同じ傾向（残差の正の数値の最大が2以上か2に近い）。「技術範囲の拡大型」のみが1.2で有意とは言えないが、類型間の特徴を弱い程度で表示。

(52) 鈴木直志 (2011) 150 ページでも、同様の指摘（コレスポンデンス分析および調整済残差の分析も同様）。中小企業基盤整備機構 (2009) 88 ページでも、検定無しクロス集計のグラフ表示で同様の指摘。

(53) 調整済残差もコレスポンデンス分析の関係と同じ傾向（残差の正の数値の最大が2以上か2に近い）。

(54) 問9の新技術融合割合では、「『大きな技術変化』とコア技術との関連性」の選択肢

第 2 章　中小製造業の成長における「大きな技術変化」の重要性　115

のうち、新技術の融合のない「1.コア（中心的）技術をベース」と「4.非コア（周辺）技術をベース」を除いた。
(55)　鈴木直志（2011）150〜151ページでも同様の指摘。中小企業基盤整備機構（2009）149ページでも検定無しのクロス集計のみから同様の指摘。
(56)　「大きな技術変化」の類型化の精度や適合性を確認するためには、判別分析やロジスティック回帰分析などの手法で成しうる。被説明変数が質的変数（「大きな技術変化」の類型化）、説明変数を問9「コア技術との関連性」（6つの選択肢⇒5つのダミー変数）と問10「市場の変化」の選択肢（4つの選択肢⇒3つのダミー変数）をダミー変数化し数量化理論Ⅱ類による判別分析を実施。結果、正しく類型に分類されたのは36.4％。予測正解率は類型ごとに「自社製品開発型」47.8％、「技術範囲の拡大型」20.1％、「技術の専門化型」40.5％、「用途開発型」46.8％。全体の予測正解率もあまり高くないが、類型の中でも「技術範囲の拡大型」の正解率がかなり低いので、今後、類型化の適合度をさらに検証する必要がある。
(57)　クロス集計上の合計の平均年数は3.30年であり表上は3.3年と記載したが、単純集計の有効値の平均年数はN＝533で3.36年であるので、本論文中では単純集計の年数平均3.4年と記載していく。
(58)　クロス集計のカイ二乗検定は5％水準でも有意ではないが、実数値を基にした一元配置分散分析により5％水準で有意（ノンパラメトリック検定も同様の結果）なことから、10％水準に緩めて検定を行った。しかしながら、こちらもその後の検定の多重比較を行っていくと、モデル全体は5％水準で有意であるにもかかわらず2つの類型間の平均値の差異に5％水準で有意なものが見られない。この点に関しては、カテゴリー間のケース数に差異があることが影響していると考えられる点に留意が必要である。
(59)　中小企業基盤整備機構（2009）85ページでも、検定無しのクロス集計のグラフ表示で同様の指摘（クロス集計のレンジも相違。カイ2乗検定も一元配置分散分析も次の注の判別分析も無し）。
(60)　「『大きな技術変化』が生じた年（本格稼働年）」では、カイ二乗検定で1％水準で有意。また、実数値を基にした一元配置分散分析でも、1％水準で有意。その後の検定の多重比較を行っていくと、Tukey HSDの検定で、2つの類型間の平均値の差異は5％で、「自社製品開発型」⇔「用途開発型」、「技術範囲の拡大型」⇔「技術の専門化型」、「技術範囲の拡大型」⇔「用途開発型」が有意。前述の「大きな技術変化」の類型化の精度や適合性を確認するために、被説明変数が質的変数（「大きな技術変化」の類型化）、説明変数を問9「コア技術との関連性」（6つの選択肢⇒5つのダミー変数）と問10「市場の変化」の選択肢（4つの選択肢⇒3つのダミー変数）をダミー変数化したものに新たな2変数を追加して、数量化理論Ⅱ類による判別分析を実施。追加した変数は、前述の問8(2)「『大きな技術変化』に要した期間」（5区分）と表2-13の問8(1)「『大きな技術変化』があった年」（4区分）。結果、正しく類型に分類されたのは38.6％と僅かながら予測正解率が上昇。予測正解率は

「自社製品開発型」45.9％、「技術範囲の拡大型」25.9％、「技術の専門化型」42.1％、「用途開発型」47.4％。「自社製品開発型」のみ予測正解率が下がったが、全体と「技術範囲の拡大型」の正解率が上昇したため、このまま検証を継続。

(61) 中小企業基盤整備機構（2009）86ページでも、検定無しのクロス集計のグラフ表示で同様の指摘を行っている（単なるグラフ表示のみ。カイ2乗検定も一元配置分散分析も上記の判別分析も無し）。

(62) クロス集計によるカイ二乗検定でも同様の結果が確認された。

(63) 中小企業基盤整備機構（2009）91ページでも、検定無しのクロス集計で同様の指摘。

(64) クロス集計によるカイ二乗検定でも同様の結果が確認された。

(65) 中小企業基盤整備機構（2009）90ページでも、検定無しのクロス集計で同様の指摘。

(66) クロス集計によるカイ二乗検定でも同様の結果が確認された。

(67) 中小企業基盤整備機構（2009）89ページでも、単なる棒グラフ表示で同様の指摘。

(68) χ^2 ($df = 18$, $N = 524$) = 14.3 NG 出所：中小企業基盤整備機構（2009）の資料を基に筆者が二次分析

(69) 中小企業基盤整備機構（2009）81ページでも、検定無しのクロス集計で同様の指摘。

(70) 中小企業基盤整備機構（2009）87ページでも、検定無しのクロス集計でグラフ表示。

(71) Wilksのλの検定量は、関数の1から3まではλ.605、χ^2 ($df = 72$, $N = 471$) = 229.0 $p<.01$、関数の2から3まではλ.757、χ^2 ($df = 46$, $N = 471$) = 126.9 $p<.01$、関数3はλ.896、χ^2 ($df = 22$, $N = 471$) = 49.9 $p<.01$。Wilksのλが0よりかなり大きくなっているので、予測回答率の低さを示す。

(72) 二次分析の段階で、モノ作り300社125社の中に社歴20年未満の企業が6社（13年1社、17年2社、19年3社）含まれていることが判明したが、全体の有意性に影響のない範囲であると判断し、含めたまま以降の分析を行っている。

(73) 中小企業基盤整備機構（2009）のモノ作り300社の有効回答200社の中には、3割以上機械金属業種以外の業種が含まれ、中小一般製造業との比較分析に大きな影響を与えると考え、機械金属業種に限定し125社を分析対象とした。

(74) 二次分析の段階で、モノ作り300社125社の中に従業員数20人の企業1社が含まれていることが判明したが、全体の有意性に影響のない範囲であると判断し、含めたまま以降の分析を行っている。

(75) 従業員数：中小一般製造業の平均65人、モノ作り300社の平均125人。
資本金：中小一般製造業の平均42,537千円、モノ作り300社の平均111,880千円

(76) 設立年数：中小一般製造業の平均41年、モノ作り300社の平均44年。

(77) 下請企業割合（メイン取引先売上高50％以上＆下請系列の生産）：中小一般製造業28.0％、モノ作り300社8.9％。χ^2 ($df = 2$, $N = 1,415$) = 21.7 $p<.01$。自社製品割合：中小一般製造業 ($N = 1,259$) 32.0％、モノ作り300社 ($N = 120$) 56.0％。t ($df = 140$) = -5.965 $p<.01$

(78) ライバル企業数3～4社以下の割合：中小一般製造業34.2％、モノ作り300社46.3％。χ^2 ($df = 5$, $N = 1,414$) = 10.7 $p<.10$ (.58)。10％水準の有意水準で差異。

第 2 章　中小製造業の成長における「大きな技術変化」の重要性　117

　　　　選択肢「わからない」まで含めたクロス結果であるが除いても傾向は同様。
(79)　成長性指標は 5 点尺度で、数値が低いほど増加を示す。技術変化と技術戦略の指標は間隔尺度とも言えず、t 検定に馴染まないが、数値が低いほど成長性及び技術水準の高さに寄与すると想定したので実施。クロス集計によるカイ二乗検定も実施。検定結果は、t 検定と概ね同様。2 × 2 表のクロス集計のカイ二乗値は、イェーツの連続修正後の値。
(80)　バブル崩壊時〜売上高増加企業：中小一般製造業 55.1%、モノ作り 300 社 78.4%。従業員数と経常利益も同様傾向。
(81)　「大きな技術変化」の有無：中小一般製造業 46.0%、モノ作り 300 社 74.4%。技術戦略の有無：中小一般製造業 48.7%、モノ作り 300 社 83.2%。技術の将来動向予測（5 年後、10 年後の技術動向まで予測）：中小一般製造業 10.0%、モノ作り 300 社 .22.3%。人材の技術・技能レベル把握（全員の）：中小一般製造業 59.0%、モノ作り 300 社 71.7%。
(82)　t 検定・カイ二乗検定による中小一般製造業とモノ作り 300 社の間の差は、バブル崩壊時と現在とも①製品の企画・開発機能、②製品の設計・デザイン機能、③部品・工程の設計機能、④試作・試験機能、⑤使用生産機械、治具・工具の内製機能、⑥新技術・加工法の開発機能、⑦製造・生産機能、⑧その他のうち、①から⑥までは 1% 水準で有意。
(83)　選択肢 15 のその他を除くことも考えられるが、傾向に影響を与えないので、そのまま分析を行った。カイ二乗検定で期待度数が 5 未満のセルが 30.0% と多く問題があるが、選択肢の統合はできないので、そのまま分析を行った。
(84)　χ^2 (df = 6、N = 645) = 4.5　NG　期待度数が 5 未満のセルの割合が 21.6% と若干高い。
(85)　「大きな技術変化」の現在の売上への貢献割合「3 割〜4 割」の回答　中小一般製造業：37.8%、モノ作り 300 社：38.2%
(86)　「大きな技術変化」で「コア技術をベースとすること」の回答　中小一般製造業：45.4%、モノ作り 300 社：52.8%
(87)　χ^2 (df = 4、N = 644) = 3.1　NG
(88)　「大きな技術変化」とコア技術との関連性で「コア（中心的）技術をベース」、「コア技術と新技術の融合（コア技術の割合大）」の回答を合計した割合　中小一般製造業：64.6%、モノ作り 300 社：70.4%
(89)　χ^2 (df = 5、N = 623) = 7.1　NG　その他回答は回答数が少ない（モノ作り 300 社 0）ため除外。
(90)　仮説 1：バブル崩壊以後 20 年弱の間に中小製造業は何らかの「大きな技術変化」を経験して、それを飛躍台にして成長を遂げてきている。
(91)　仮説 2：バブル崩壊以降の「大きな技術変化」は、技術・市場のマトリックスにより類型化が可能で、長期的技術進化の技術戦略と大きな関連性を有している。⇒検証過程では前後を逆転させて、前半部分を①「大きな技術変化」は「技術戦略」と

密接な関連性を有するとし、②後半部分を「大きな技術変化」はコア技術との距離や市場の変化の観点から、「自社製品開発型」、「技術範囲の拡大型」、「技術の専門化型」、「用途開発型」に類型化が可能できるとしている。

(92) 「大きな技術変化」に要した平均年数：中小一般製造業3.4年、モノ作り300社4.2年。新技術吸収・融合方法：モノ作り300社「産学連携」や「公設試や補助金等の公的支援施策の活用」、中小一般製造業「取引先からの学習」に特徴。

(93) 「大きな技術変化」の類型で、中小一般製造業の回答割合がモノ作り300社より多いのが「技術範囲の拡大型」（＋7.6％）、「用途開発型」（＋5.8％）、モノ作り300社の回答割合が多いのが「自社製品開発型」（－9.2％）。一方、中小一般製造業とモノ作り300社の両者の「大きな技術変化」類型の共通点は、「技術の専門化型」が構成割合の中では最も多いことである。

(94) 以降、ヒアリング資料の二次分析においては、中小企業基盤整備機構（2009）102～116ページ、中小企業基盤整備機構（2010）16～36ページ、中小企業基盤整備機構（2011）15～27ページを参照し、分析・再編加工している。

(95) 前述のとおり、一部の企業のヒアリング実施時期は2011年である、以降「2010年ヒアリング調査」と記述する。

(96) 以下、鈴木直志（2012）68～70ページから引用し、再編加工。

(97) 2010年調査の8社の時系列の変化から見たヒアリング先企業の「大きな技術変化」の特徴については、後段で事例として図解で技術と市場の時系列の変化を提示または事例研究の中で記述するので、全体でまとめた表は提示しない。

(98) 2010年調査のどの事例企業も、他企業と連携した航空機分野など成長分野への参入や、公的支援策を活用した技術開発や自社製品開発などの、人や技術への投資を継続していた。

(99) 以下、鈴木直志（2012）70～71ページから引用し、再編加工。

(100) フォトマスクとは、写真のフィルムのようなもので IC・LSI の回路パターンをシリコンウェハーに転写する際の原版である。

(101) IC・LSI などの半導体は、シリコンをはじめとするウェハー上に回路が作られる。ウェハー裏面研磨とは、半導体パッケージにウェハーが収納できるようにウェハーを薄く加工する工程である。

(102) リサイクル研磨加工とは、一度使用したフォトマスクの回路パターンを薬品で消去し、再度研磨を行うことでフォトマスク用ガラスを再利用するものである。

(103) エピタキシャル成長とはシリコンウェハー上に結晶方位が揃った単結晶の薄膜を成長させるものであり、当社のコア技術である「研磨技術」との関連は希薄である。

(104) 「大きな技術変化」経験企業は66.3％が1年超の技術動向を予測し、未経験企業は42.0％のみ1年超の技術動向を予測していた。

(105) 中小一般製造業とモノ作り300社との比較分析においては、技術の将来動向予測（5年後、10年後の技術動向まで予測）で中小一般製造業10.0％、モノ作り300社.22.3％となっていた。前述のとおり、上記に掲げたすべての2群のクロス集計の差異に関

するカイ二乗検定は、何れも1％水準で有意。また同様に、2群間の平均値の差異のt検定も、いずれも1％水準で有意。

(106) 前述のとおり、「技術戦略の有無」や「コア技術の将来動向の予測期間」が成長性指標に大きく影響。

(107) 「大きな技術変化」に要した年数については、平均3.4年もの長い年数を要していた。「大きな技術変化」の類型により、「大きな技術変化」に要した年数も異なっていた。特に、「自社製品開発型」と「技術範囲の拡大型」は、「技術の専門化型」と「用途開発型」と比して「大きな技術変化」により長期間を要していた。さらに、中小一般製造業とモノ作り300社との比較分析では、「大きな技術変化」に要した平均年数で、中小一般製造業は平均3.4年、モノ作り300社は平均4.2年と有意な差があった。

(108) パーフォアートパネルとは大小2種類のパンチをコンピュータで制御することにより図や模様を孔で描き意匠性やデザイン性を高めたパンチングメタルである。この技術も、顧客から持ち込まれたパンチングメタルやフェンスの意匠性向上や風による笛吹音対策というニーズを基に開発された。

(109) 以下、鈴木直志（2012）71ページから引用し、再編加工。

(110) 「大きな技術変化」において必要とされた新技術の吸収・融合（問12）においては、一元配置分散分析で「新たな技術人材の採用」項目は、5％水準で類型間の平均値の差異は有意。「自社製品開発型」の回答の平均値は0.36で、次に「技術範囲の拡大型」の平均値が0.34。

(111) アンケート資料の二次分析によれば、バブル崩壊以降の国際化対応（生産拠点の海外移転、委託生産、輸出、技術供与・技術提携等）が自社の技術水準について与えた影響の回答の平均値上位3つは、中小一般製造業では、①特に影響を与えていない0.27、②海外拠点で量産品、国内で特殊品を生産0.24、③海外進出による相乗効果により、国内の技術水準の向上0.12である。これに対して、モノ作り300社では、①海外進出による相乗効果により、国内の技術水準の向上0.36、②海外拠点で量産品、国内で特殊品を生産0.26、③海外メーカーとの取引で国際標準の品質や技術を獲得が0.19である。これは問16でバブル崩壊以降「国際化の対応をした」と回答した企業の問17の回答結果である。問16のバブル崩壊以降の国際化対応では、中小一般製造業とモノ作り300社のクロス集計の差異のカイ二乗検定は、1％水準で有意である。中小一般製造業の上位3つの回答は、①特にない76.4％、②委託生産（市場は主に日本）6.3％、③輸出を開始4.8％であり、モノ作り300社の上位3つの回答は、①特にない55.5％、②輸出を開始13.4％、③生産拠点の海外移転（市場は主に海外）11.8％である。問17の回答割合の平均値の差異が有意なのは、「海外進出による相乗効果により、国内の技術水準の向上」が1％水準、「特に影響を与えていない」（モノ作り300社の回答平均値は0.13）が5％水準である。

第3章
長期的な視点に基づく「技術戦略」の重要性とあり方

第1節 中小製造業における長期的・短期的な技術進化の取り組みの重要性

　前章では、仮説検証の結果、①「大きな技術変化」が中小製造業の成長に大きく影響を与えていることと、②その「大きな技術変化」が長期的技術進化の技術戦略と大きく関連していて必須なものであること、③また、「大きな技術変化」は技術と市場の観点から類型化が可能であることを明らかにした。

　本章においては、前述の仮説検証に関する内容のうち、中小製造業が企業成長のために必要な「大きな技術変化」を生ぜしめるために必須となる長期的な視点に基づく技術戦略の重要性とあり方について、アンケート資料とヒアリング資料の関連する項目や事例の二次分析を通じて考察を行っていく。

　中小製造業は、日常の「技術マネジメント」を強化することには熱心である一方で、取り巻く外部環境の厳しさや経営資源の不足から、長期的視点の「技術戦略」はなおざりにしがちである。しかし、「大きな技術変化」を起こすためには前述のとおり相当な期間（平均3.4年）を要する。経済環境の悪化や主要取引先の海外移転に伴う需要の急減などに対応して、急に新製品開発・新技術開発・用途開発を行おうとしても間に合わない。現在は、製品のモジュール化や市場や競争のグローバル化の進展、IoTや3Dプリンタなどインターネットやデジタル技術を活用した新しいモノ作りの進展、環境規制・対応の事業機会・リスクの到来など、産業構造の変革期にある。今ほど、「技術戦略」と日常の「技術マネジメント」の両立が求められる時代はない大企業や中小企業を問わず、モノ作りで世界的に競争力を発揮している企業にはアメリカ型のICTを活用したモジュラー型企業を除くと、ドイツやス

イスの工作機械や産業機械メーカーや北欧の家電産業など、長期的な視点でコア技術を進化させて長期間競争力を発揮している企業が多い。日本の製造業でも、国内最強の製造業であるトヨタや、スマホの部品や部材を供給して国際競争力を発揮している村田製作所、TDK、日本電産、ロボットや工作機械のファナックやアマダなども長期的視点に基づいた経営を行っている。

　長期的視点の重要性については、延岡（2006）は、技術経営（MOT）の困難性として不確実性の高さを挙げ、「MOT の不確実性の高さは、基本的には技術が持つ2つの特性に起因している。それらは、①経営を考える時間軸が長いことと、②付加価値創造のインプットとアウトプットの関係を決める関係が複雑であること、である」、「優れたMOTを実施するためには、少なくとも数年から10数年といった長期的な視点が不可欠である」と指摘する[1]。アバナシー（1978）も自動車産業に関するイノベーションの研究ではあるが、プロダクトイノベーションからプロセスイノベーションに至る長期的な技術変化に関する観点から分析を行っている。さらに、進化経済学の観点からは、ネルソン＆ウィンター（1982）がルーティーンを企業の進化の遺伝子と捉え、ルーティーンの変更や置き換えを超えた資本設備の割合を変更させる「淘汰」の効果を指摘し[2]、長期的な視点の動態的・能動的な技術変化に基づく経済理論を提唱した。また、ハーマン・サイモン（Simon, Hermann, 2009）も市場の側から、グローバルな「隠れたチャンピオン」企業が、世代させ超えるような長期的な目標を保持している特徴を指摘する[3]。ティース（2007）も、強みを有する内部資源を基に外部環境に働きかけるという考え方は、進化経済学的考え方も導入されていることから長期的な動態的な戦略の視点を有している。

　中小企業の技術に関する研究では、前述の小川や山田の技術発展段階モデルは長期的な技術進化の視点である。弘中も同様に技術力向上の技術マネジメントは、長期的な視点であることを強調している。一方で、本研究のように長期視点の技術戦略と日常の技術マネジメントの視点の両立を明確に主張する論者は少ない。延岡の技術経営論は、もの造りの組織能力論に基づきコア技術戦略も主張するので、本研究の立場に近いが大企業の理論に限定されている。中小企業分野で長期的技術進化と短期的技術進化の必要性を指摘

第3章　長期的な視点に基づく「技術戦略」の重要性とあり方　123

しているのは、少数の事例研究に基づいた山田の指摘があるだけである[4]。また、本研究とは立場は異なるが、中小製造業のイノベーションについてプロセスイノベーションよりもプロダクトイノベーションが、グローバルニッチトップ企業論などにおいて望ましい方向で強調されることが多い。両方のイノベーションの対等的両立の必要性も、あまり論じられていない。

　リーマンショックや東日本大震災の影響が薄らぎつつあるが、中小製造業を取り巻く経営環境はなお厳しい状況にある。このような中でも、中小製造業は長期的視点を維持し、特に前章で明らかになった「事業構造の再構築型」の「大きな技術変化」に、産業構造の大激変期には留意する必要がある。

　一方で、日常のルーチンの中で技術進化の取り組みも大変重要である。後述のアンケート資料の二次分析において、日常の技術水準の向上の取り組みが強いと認識している中小製造業は、競争優位を構築している。また、後述のヒアリング資料の二次分析においても、中小製造業の強みである①経営者の迅速な意思決定、②経営者と現場の近さ・濃密なコミュニケーション、③開発・設計・製造・営業間の濃密なコミュニケーション、④顧客や購買先や設備メーカーなど外部と現場の近さ、⑤企業内の情報共有や理念や方針の徹底の容易さなどをフルに活用して、経営者がリーダーシップを発揮し技術戦略の方向性を明確にし、技術者を含む全従業員一丸となって短期的な技術進化に取り組んでいる。このように、中小製造業は、日常のルーチンの中での短期的な技術進化の取り組み（日常の「技術マネジメント」）は、長期的視点の「技術戦略」の土台として企業の成長や競争力の源泉として必須である。

　そこで、中小製造業は、技術戦略をベースにした長期的な技術進化の取り組みとともに、日常のルーチンの中での短期的な技術進化の取り組みが必要である。特に、環境激変期に中小製造業が生き残りを図っていくためには、日常レベルと同時に長期的な技術進化の中で、経営者が先頭に立って社員の知恵の総結集と外部資源の有効活用により積極的に対応しなければならない。

　本章においては長期の時間軸を踏まえた技術戦略の重要性とあり方について述べ、次章においては日常の技術マネジメントの重要性とあり方を述べる。

「大きな技術変化」を生じさせた技術戦略の4要素（技術・市場・製品・組織能力）

　本節では、「大きな技術変化」を生じさせた技術戦略の策定や実行のプロセスにおいて重要な要因を明らかにするために、技術戦略要因[5]の分析を行う。

1．中小一般製造業の技術水準高低2グループ間の差異分析

　問18「コア技術の業界水準」高低で2群に区分[6]し差異分析を行う。表3-1のとおり、「技術戦略の有無」、「技術の将来動向予測」、「人材の技術・技能レベル把握」の技術戦略策定要因に有意な差異がある。「経営者の強力なリーダーシップ」、「技術戦略に適合した資金計画の作成」、「成功体験の積み

表3-1　技術水準の高低2グループに係る統計量[7]

指標	変数	技術水準国内上位レベル以上			技術水準国内中位レベル以下			有意検定	
		平均値	標準偏差	N	平均値	標準偏差	N	t値	χ^2値(df)
技術戦略	問21　技術戦略の有無（有1、無2）	1.35	.48	588	1.66	.47	649	-11.68**	121.74(1)**
	問19　技術の将来動向予測（4段階）	2.23	.87	594	2.95	.90	666	-14.50**	193.28(3)**
	問18　コア技術の業界水準（7区分）	2.56	.66	600	4.79	1.05	673	-45.84**	1,273.00(6)**
	問20　人材の技術・技能レベル把握（4段階）	1.99	.82	598	2.36	.93	670	-7.63**	70.83(3)**
問22 技術戦略の実行プロセス	①技術戦略の方向性の共有化	.51	.50	384	.44	.50	219	1.71 ▲	2.62(1)NG
	②経営者の強力なリーダーシップ	.54	.50	384	.42	.49	219	2.88 **	7.69(1)**
	③若い技術者への権限委譲と責任付与	.55	.50	384	.59	.49	219	-1.12 NG	1.06(1)NG
	④部門横断的チームによる技術戦略の実行	.28	.45	384	.25	.44	219	.66 NG	.32(1)NG
	⑤社内の全てのプロセスを理解した管理者の育成・採用	.36	.48	384	.42	.50	219	-1.64 NG	2.44(1)NG
	⑥技術戦略の実効性を確保するために、最新鋭の設備の導入	.29	.46	384	.27	.44	219	.58 NG	.24(1)NG
	⑦技術戦略に適合した資金計画の作成	.15	.36	384	.09	.29	219	2.23 *	3.90(1)*
	⑧補助金・助成金など国等の施策の活用	.21	.41	384	.18	.38	219	.82 NG	.51(1)NG
	⑨計画→実行→点検→見直しのサイクルの実行	.40	.49	384	.40	.49	219	.03 NG	.00(1)NG
	⑩成功体験の積み重ねによる技術者の意識の向上	.29	.45	384	.18	.38	219	3.12 **	8.23(1)**
	⑪大学や他企業との連携による不足する技術資源の補完	.26	.44	384	.15	.35	219	3.34 **	9.18(1)**

**$p<.01$　*$p<.05$　▲10%有意水準　問18～問21の項目は若い番号が、水準が高い、予測期間が長い、把握度合が大、有りの高い方向。問22の項目は有り＝1、無し＝0に複数回答をダミー変数化。問21と問22各項目のカイ二乗値による検定はイェーツの連続性修正値
出所：中小企業基盤整備機構（2009）の資料を基に筆者が二次分析

第 3 章 長期的な視点に基づく「技術戦略」の重要性とあり方 125

重ねによる技術者の意識の向上」、「大学や他企業との連携による不足する技術資源の補完」の、技術戦略の実行プロセスの項目に有意な差異がある。

2. 中小一般製造業とモノ作り 300 社の集計結果の比較分析

前章と同様に本章でも、技術戦略の策定と実行プロセスに係る要因に関して、技術水準の高いモノ作り 300 社と中小一般製造業との比較分析を行う[8]。

すでに述べたとおり、「技術戦略の有無」や「技術の将来動向予測」などの技術戦略策定要因について、有意な差異がある。さらに、本章で新たに明らかになったのは、表 3-2 のとおり「経営者の強力なリーダーシップ」、「部門横断的チームによる技術戦略の実行」、「補助金・助成金など国等の施策の活用」、「計画→実行→点検→見直しのサイクルの実行」などの技術戦略の実行プロセスのいくつかの項目について、両者に有意な差異が生じている[9]。

表 3-2 技術戦略関係のグループ統計量[10]

指標	変数	中小一般製造業			モノ作り 300 社			有意検定	
		平均値	標準偏差	N	平均値	標準偏差	N	t 値	χ^2 値 (df)
技術戦略	問 21 技術戦略の有無（有 1、無 2）〔再掲〕	1.51	.50	1,252	1.17	.38	125	9.47**	52.74(1)**
	問 19 技術の将来動向予測（4 段階）〔再掲〕	2.61	.96	1,265	2.04	.80	121	7.31**	41.35(3)**
	問 18 コア技術の業界水準（7 区分）〔再掲〕	3.74	1.43	1,273	2.21	1.10	121	14.32**	196.35(6)**
	問 20 人材の技術・技能レベル把握（4 段階）〔再掲〕	2.18	.89	1,276	1.97	.80	120	2.80**	9.24(3)*
問22 技術戦略の実行プロセス	①技術戦略の方向性の共有化	.49	.50	610	.50	.50	104	-.28 NG	.03(1)NG
	②経営者の強力なリーダーシップ	.49	.50	610	.65	.48	104	-3.21 **	8.89(1)**
	③若い技術者への権限委譲と責任付与	.56	.48	610	.52	.50	104	.82 NG	.50(1)NG
	④部門横断的チームによる技術戦略の実行	.27	.44	610	.40	.49	104	-2.65 **	7.45(1)**
	⑤社内の全てのプロセスを理解した管理者の育成・採用	.38	.49	610	.34	.48	104	.85 NG	.55(1)NG
	⑥技術戦略の実効性を確保するために、最新鋭の設備の導入	.29	.45	610	.30	.46	104	-.27 NG	.02(1)NG
	⑦技術戦略に適した資金計画の作成	.13	.34	610	.17	.38	104	-1.10 NG	1.09(1)NG
	⑧補助金・助成金など国等の施策の活用	.20	.40	610	.37	.48	104	-3.40 **	14.05(1)**
	⑨計画→実行→点検→見直しのサイクルの実行	.40	.49	610	.29	.46	104	2.25 *	4.09(1)*
	⑩成功体験の積み重ねによる技術者の意識の向上	.25	.43	610	.19	.40	104	1.26 NG	1.13(1)NG
	⑪大学や他企業との連携による不足する技術資源の補完	.21	.41	610	.30	.46	104	-1.73 ▲	3.06(1)▲

**$p<.01$ *$p<.05$ ▲ 10%有意水準 問 18～問 21 の項目は若い番号が、水準が高い、予測期間が長い、把握度合が大、有りの高い方向。問 22 の項目は有り＝1、無し＝0 に複数回答をダミー変数化。問 21 と問 22 各項目のカイ二乗値による検定はイェーツの連続性修正値
出所：中小企業基盤整備機構（2009）の資料を基に筆者が二次分析

3. 企業の技術水準の高低の規定因に関する分析

(1) 問18 技術水準5段階と技術戦略関連の説明変数間の重回帰分析

技術水準の高低と技術戦略要因との関連性を明らかにするために、被説明変数である「中小製造業の技術水準の業界の地位の認識(技術水準5段階)」と3つの説明変数〔「技術戦略の有無(ダミー変数化)」、「コア技術の将来動向の予測期間」、「技術人材の技術・技能レベルの把握」〕の間の重回帰分析、技術戦略の実行プロセス要因の11変数(ダミー変数)も加えた重回帰分析を行う。

表3-3 問18(技術水準の業界の地位の認識:技術水準5段階)を被説明変数とする重回帰分析[11]

説明変数	モデル1 β	モデル2 β	モデル3 β	r
Q22-2 経営者の強力なリーダーシップ		.09 *	.09 *	.14 **
Q22-10 成功体験の積み重ねによる技術者の意識の向上		.10 *	.10 *	.13 **
Q22-11 大学や他企業との連携による不足する技術資源の補完		.13 **	.13 **	.16 **
Q19 コア技術の将来動向の予測期間	.33 **	.27 **	.28 **	.44 ** (.30 **)
Q21 技術戦略の有無(ダミー)	.20 **			.35 **
Q20 人材の技術・技能レベル把握	.07 *	.04 NG(.34)		.24 ** (.08 *)
R^2	.23 **	.13 **	.13 **	
$Adj.R^2$	.23 **	.12 **	.12 **	
N	1,225	596	596	

注) β:標準偏回帰係数 r:相関係数 **p<.01 *p<.05 相関係数の( )内はモデル2と3の場合
出所:中小企業基盤整備機構(2009)の資料を基に筆者が二次分析

モデル1では、表3-3の標準偏回帰係数の絶対値を見ると、「コア技術の将来動向の予測期間」のほうが「技術戦略の有無」よりも影響度が大きく出ている[12]。

モデル2とモデル3は、「技術戦略の有無」に代えて「技術戦略」を有する場合の「技術戦略の実行プロセス」11項目を説明変数で重回帰分析を行った。モデル3と異なりモデル2には、説明変数が有意水準を満たさない「人

材の技術・技能レベル把握」も強制投入した。標準偏回帰係数を見ると、「コア技術の将来動向の予測期間」、「大学や他企業との連携による不足する技術資源の補完」、「成功体験の積み重ねによる技術者の意識の向上」、「経営者の強力なリーダーシップ」、「人材の技術・技能レベル把握」の順に影響度が大きい[13]。

(2) 問18 技術水準高低2グループ間の判別分析

前述で分析に活用した中小一般製造業の技術水準の高低2群（高：「技術水準国内上位レベル以上」、低：「技術水準国内中位レベル以下」）に区分して、技術水準を規定する技術戦略要因をまず、判別分析により探索する。

表3-4 問18（技術水準の業界の地位の認識：高低2グループダミー）に関する判別分析1

Wilks の λ

Wilks の λ	χ^2	df	P	判別正解率
.82	240.02	3	.000	66.8

標準化された正準判別関数係数[14]

変数	係数
Q19 コア技術の将来動向の予測期間	.68
Q21 技術戦略の有無（ダミー）	.46
Q20 人材の技術・技能レベル把握	.17

N = 1,225　Q18のグループ変数は技術水準高が1、低が0とダミー変数化。Q19は将来動向の予測期間の長いものから4段階に逆転させ得点化。Q21は技術戦略有 = 1、無 = 0にダミー変数化。Q20は把握度合いの高いものから4段階に逆転させ得点化。
出所：中小企業基盤整備機構（2009）の資料を基に筆者が二次分析

表3-4のとおり、判別正解率は66.8％で有意である。標準化された正準判別関数係数の絶対値を見ると判別に寄与しているのは、「コア技術の将来動向の予測期間」、「技術戦略の有無」、「人材の技術・技能レベル把握」の順である[15]。

表3-5では、判別正解率は64.6％で有意。標準化された正準判別関数係数の判別寄与度は、「コア技術の将来動向の予測期間」、「大学や他企業との連携による不足する技術資源の補完」、「成功体験の積み重ねによる技術者の意

表 3-5　問 18（技術水準の業界の地位の認識：高低 2 グループダミー）に関する判別分析 2

Wilks の λ

Wilks の λ	χ^2	df	P	判別正解率
.90	64.63	5	.000	64.6

標準化された正準判別関数係数[16]

変数	係数
Q19　コア技術の将来動向の予測期間	.75
Q22-10　成功体験の積み重ねによる技術者の意識の向上	.31
Q22-11　大学や他企業との連携による不足する技術資源の補完	.32
Q22-2　経営者の強力なリーダーシップ	.23
Q20　人材の技術・技能レベル把握	.21

N = 596　Q18 のグループ変数は技術水準高が 1、低が 0 とダミー変数化。Q19 は将来動向の予測期間の長いものから 4 段階に逆転させ得点化。Q20 は把握度合いの高いものから 4 段階に逆転させ得点化。Q22 は複数回答なので有 = 1、無 = 0 のダミー変数。
出所：中小企業基盤整備機構（2009）の資料を基に筆者が二次分析

識の向上」、「経営者の強力なリーダーシップ」、「人材の技術・技能レベル把握」の順である[17]。

(3) 問 18 技術水準高低 2 グループと技術戦略関連の説明変数間のロジスティック回帰分析

　今度は、中小一般製造業の技術水準の高低 2 群を被説明変数とし、技術戦略関連の指標を説明変数とする二項ロジスティック回帰分析を行う。

　表 3-6 のとおり、モデル 1 の予測正解率は 67.3％で有意である。回帰式への影響度は、Wald の値を見ると「コア技術の将来動向の予測期間」、「技術戦略の有無」、「人材の技術・技能レベル把握」の順である。モデル 2 でも、回帰式への変数の影響度は前述（1）の重回帰分析と同様の変数の順となっている。

表3-6 問18（技術水準の業界の地位の認識：高低2グループダミー）を被説明変数とするロジスティック回帰分析[18]

説明変数・定数項	モデル1B	モデル2B	Exp(B)
定数（切片）	-2.68 **	-2.16 **	
Q22-10　成功体験の積み重ねによる技術者の意識の向上		.55 *	1.73 *
Q22-11　大学や他企業との連携による不足する技術資源の補完		.60 *	1.81 *
Q22-2　経営者の強力なリーダーシップ		.32 ▲	1.38 *
Q19　コア技術の将来動向の予測期間	.68 **	.64 **	1.97 *(1.90 *)
Q21　技術戦略の有無（ダミー）	.82 **		2.28 *
Q20　人材の技術・技能レベル把握	.19 *	.19 ▲	1.20 *(1.21 *)
Nagelkerke R^2	.23 **	.14 **	
予測正解率（%）	.67(.673) **	.68 **	
N	1,225	596	

注）B：回帰係数　Exp(B)：オッズ比（95%信頼区間のみ検定、全て5%有意水準）
　　**p<.01　*p<.05　▲10%水準で有意
出所：中小企業基盤整備機構（2009）の資料を基に筆者が二次分析

4. 技術戦略の有無2グループ間の差異分析

　本章において前述のとおり、技術水準の高低を規定する要因として、技術戦略の有無およびその実行プロセスのいくつかの要因が、技術の将来動向予測などとともに、大きな影響度を有していたことを確認した。ここでは、長期的視点の技術戦略の重要性をさらに確認するために、技術戦略の有無で2グループ化し、中小一般製造業のアンケート資料の更なる二次分析を行う。技術戦略の有無が、①他の技術戦略要因といかなる関連性を有しているのかと[19]、②バブル崩壊以降〜現在までの「大きな技術変化」内容にいかなる差異を生ぜしめていたかについて、前章の分析に追加して差異分析を行う。

(1) 技術戦略要因に係るグループ統計量

　表3-7のとおり、技術戦略の有無2群間で、他の技術戦略要因の「コア技術の業界水準」、「技術の将来動向予測」、「人材の技術・技能レベル把握」で差異がある。

表 3-7　問 21（技術戦略の有無 2 グループ）の技術戦略要因と
技術変化要因に係る統計量[20]

指標	変数	技術戦略有り			技術戦略無し			有意検定	
		平均値	標準偏差	N	平均値	標準偏差	N	t値	χ^2値(df)
技術戦略	問19　技術の将来動向予測（4段階）	2.22	.82	598	2.98	.92	631	-15.29 **	196.51(3)**
	問18　コア技術の業界水準（7区分）	3.21	1.22	603	4.22	1.43	634	-13.39 **	162.75(6)**
	問20　人材の技術・技能レベル把握（4段階）	1.91	.81	607	2.44	.90	635	-10.83 **	114.12(3)**
技術変化	問7　「大きな技術変化」の有無（有1、無2）	1.35	.48	598	1.72	.45	631	-13.97 **	167.71(1)**
	問6-1　バブル崩壊時～現在生産技術機能増減（3区分）	1.75	.52	525	1.89	.49	534	-4.54 **	20.44(2)**
	問6-1　バブル崩壊時～現在生産技術機能進化（3区分）	1.85	.45	525	1.93	.45	534	-2.73 **	7.86(2)*
	問6-2　バブル崩壊時～現在生産工程増減（3区分）	1.90	.49	546	1.95	.46	563	-1.85 ▲	4.25(2)NG
	問6-3　バブル崩壊時～現在市場ライフサイクル変化（3区分）	2.40	.69	445	2.46	.62	481	-1.33 NG	6.90(2)*

**$p<.01$　*$p<.05$　▲ 10％水準で有意
出所：中小企業基盤整備機構（2009）の資料を基に筆者が二次分析

　平均像としては、技術戦略が有るグループは「コア技術の技術水準」が国内上位レベル程度であり、一方で技術戦略が無いグループは国内中位レベル以下である。「技術の将来動向予測」も、技術戦略が有るグループが無いグループより期間が長く、同様に「人材の技術・技能レベル把握」も広範囲である[21][22]。

(2)「大きな技術変化」に係るグループ統計量

　「大きな技術変化」の内容は、技術戦略の有無で異なる。技術戦略の有無の相違により「大きな技術変化」にいかなる相違があるのかを確認する。
　表 3-7 のうち「大きな技術変化」に関する内容については未だ述べていないので、そこから始める。中小一般製造業の技術戦略有無の 2 群間で、「大きな技術変化」の有無については有意な差異がある[23]。
　前章でも、「大きな技術変化」と技術戦略については、大きな関連性を有することについて仮説検証を行ったところであるが、この技術戦略有無の 2 群間の差異分析においても、技術戦略を有していないとバブル崩壊以降に「大きな技術変化」を生ぜしめることが困難であったことを示唆している。
　また、表 3-8 のとおり、中小一般製造業の技術戦略有無の 2 群間で、「大

表3-8 問21（技術戦略の有無2グループ）の「大きな技術変化」に係る統計量

指標	変数	技術戦略有り			技術戦略無し			有意検定	
		平均値	標準偏差	N	平均値	標準偏差	N	t値	χ^2値(df)
期間	問8-2「大きな技術変化」に要した年数	3.61	3.22	366	2.77	2.69	155	2.83**	11.29(4)*
	問8-1「大きな技術変化」があった年（本格稼働年）	2001.15	4.40	358	2000.18	4.50	154	2.28*	7.94(3)*
問11 背景	①コストダウン要請の激化	.40	.49	387	.35	.48	175	1.18 NG	1.16(1)NG
	②海外製品との競争激化	.15	.36	387	.10	.30	175	1.74 ▲	2.23(1)NG
	③ISOなど品質要求水準の高度化	.24	.43	387	.16	.37	175	2.35*	4.34(1)*
	④取引先からの開発提案力の評価	.39	.49	387	.21	.41	175	4.44**	16.06(1)**
	⑤環境・省エネ対応要請の激化	.15	.36	387	.09	.28	175	2.30*	3.84(1)*
	⑥下請関係再編や取引先海外進出で取引先減少	.09	.28	387	.05	.21	175	1.97*	2.52(1)NG
	⑦モジュール・ユニット発注の増大	.08	.27	387	.11	.31	175	-1.04 NG	.88(1)NG
	⑧納期の短縮化	.30	.46	387	.28	.45	175	.54 NG	.19(1)NG
	⑨多品種小ロット化の進展	.25	.43	387	.31	.46	175	-1.46 NG	1.96(1)NG
	⑩技能継承・人材の確保が困難	.09	.28	387	.07	.26	175	.54 NG	.14(1)NG
	⑪IT化・エレクトロニクス化・デジタル化進展	.14	.35	387	.14	.35	175	.24 NG	.11(1)NG
問12 新技術の吸収・融合	①社内勉強会における学習	.45	.50	387	.35	.48	175	2.29*	4.65(1)*
	②新たな技術人材の採用	.31	.46	387	.24	.43	175	1.69 ▲	2.37(1)NG
	③外部研修機関へ技術者派遣	.15	.36	387	.07	.26	175	2.72**	5.24(1)*
	④取引先からの学習	.25	.44	387	.25	.43	175	.19 NG	.01(1)NG
	⑤産学連携	.12	.32	387	.03	.18	175	3.84**	8.85(1)**
	⑥異業種交流	.08	.27	387	.04	.20	175	1.98*	2.47(1)NG
	⑦同業種での共同研究・学習	.08	.27	387	.04	.20	175	1.86 ▲	2.18(1)NG
	⑧以外の中小企業との連携	.04	.21	387	.03	.18	175	.53 NG	.09(1)NG
	⑨大企業との連携	.17	.38	387	.06	.23	175	4.45**	12.75(1)**
	⑩海外企業との連携	.06	.23	387	.02	.15	175	2.08*	2.43(1)NG
	⑪公設試や補助金等の公的支援施策の活用	.13	.33	387	.03	.18	175	4.23**	10.61(1)**
	⑫M&A	.00	.00	387	.00	.00	175	—	—
	⑬外部人材の活用	.08	.28	387	.09	.29	175	-.34 NG	.03(1)NG
問15 必要な人材	①新たな技術に対応できる技術者を内部で育成	.70	.46	387	.58	.50	175	2.79**	7.62(1)**
	②新たな技術に対応できる技術者を外部から採用	.28	.45	387	.23	.43	175	1.07 NG	.90(1)NG
	③複数の技術を理解できる技術者を内部で育成	.44	.50	387	.26	.44	175	4.43**	16.61(1)**
	④複数の技術を理解できる技術者を外部から採用	.09	.28	387	.05	.22	175	1.54 NG	1.54(1)NG
	⑤複数の生産工程に対応できる技術者を内部育成	.37	.48	387	.30	.46	175	1.76 ▲	2.66(1)NG
	⑥複数の生産工程に対応できる技術者を外部採用	.09	.28	387	.03	.17	175	2.98**	5.28(1)*
	⑦社内の全プロセスを理解できる管理者内部育成	.33	.47	387	.19	.40	175	3.49**	9.92(1)**
	⑧社内の全プロセスを理解できる管理者外部採用	.08	.27	387	.04	.20	175	1.86 ▲	2.18(1)NG

**p<.01 *p<.05 ▲10%有意水準

出所：中小企業基盤整備機構（2009）の資料を基に筆者が二次分析

きな技術変化」の内容に関して主な差異が生じていたのは、「大きな技術変化」に要した年数である。技術戦略有が平均3.61年、無が平均2.77年であり、差異は1％水準で有意である。技術戦略が有るグループのほうが、無いグループよりもよりダイナミックな技術変化を遂げてきていたと考える。

「大きな技術変化」の背景において、技術戦略有無の2群間の平均値の差異において、最も顕著に差異が現われているのは、「取引先からの開発提案力の評価」である。前章における中小一般製造業とモノ作り300社との間の比較分析においても、モノ作り300社は「取引先からの開発提案力の評価」をバブル崩壊以降の「大きな技術変化」の最も回答割合の高い理由としていた。長期的視点の技術戦略を有しているか、または技術水準の高い中小製造業は、そうではない中小製造業とのバブル以降の「大きな技術変化」への対応理由の差異として、一般的に回答割合の高い「コストダウン要請の激化」、「納期の短縮化」、「多品種小ロット化の進展」以外に、「取引先からの開発提案力の評価」への対応力が、技術水準の高低や競争優位の源泉に影響を与えた。

新技術の吸収・融合においては、技術戦略の有無の2群間の平均値で特に顕著な差異が生じているのは、「産学連携」、「大企業との連携」、「公設試や補助金等の公的支援施策の活用」の3項目であり、技術戦略を有する企業の「大きな技術変化」は、有さない企業に比し新技術の吸収・融合をより外部との連携の中からダイナミックに行っていることが分かる。このように、外部機関と連携しながら製品開発や技術開発を行うことにより新技術を吸収・融合するためには、長期的視点の技術戦略を有することは不可欠である。

「大きな技術変化」に伴い必要となった人材については、技術戦略の有無の2群間の平均値で5％水準以上の有意な差異が生じているのは、「新たな技術に対応できる技術者を内部で育成」、「複数の技術を理解できる技術者を内部で育成」、「複数の生産工程に対応できる技術者を外部採用」、「社内の全プロセスを理解できる管理者内部育成」の4項目である。また、すべての項目について技術戦略が有るグループの方が、無いグループよりも平均値が高いのも特徴である。技術戦略が有るグループのバブル崩壊以降の「大きな技術変化」は、無いグループのそれよりも、内部人材の活用を中心としながら

第 3 章　長期的な視点に基づく「技術戦略」の重要性とあり方　133

新技術の吸収・融合を進めたり、複数の技術や生産工程の多能工化を進めたりして、よりダイナミックな「大きな技術変化」に挑戦しようとしていた。

(3)「大きな技術変化」の内容に係るグループ間のクロス集計
①「大きな技術変化」の内容に係るクロス集計

表 3-9 のとおり、「大きな技術変化」の内容において、技術戦略の有無の 2 群間で、差異がある。技術戦略有群の回答割合が多いのが「電子技術やソフト技術や真空技術などの新技術を取得」、「2 度目以降の新自社製品の開発・事業化」、「取引先の開発・設計への改善提案力を取得」、技術戦略無群の回答割合が多いのが「最新鋭設備を導入し大幅なコストダウン」、「微細・高精密加工など難度が高い新加工技術を取得」、「鋳造・鍛造等の前工程や加工・組立等の後工程の新工程に進出」である。

技術戦略有群は、自社製品開発や新技術や改善提案力の取得など、長期的な視点が必要と考えられる技術変化の割合が相対的に多いのに対し、技術戦略無群は、最新鋭設備導入や後工程に進出などの技術戦略に基づかなくても技術変化が可能な、小規模で日常の経営活動に密着した変化である。ただし、難度が高い新加工技術の取得は、モノ作り 300 社にも多く見られた技術変化で解釈が難しいが、新技術の中でもコア技術の延長線と考えると、現場での試行錯誤を中心とした技術戦略の必要性が相対的に低い技術変化と考えうる。

表 3-9　2 グループ（問 21：技術戦略の有無）×問 7 － 2
（「大きな技術変化」の内容）[24]

グループ	選択肢	問 7 － 2（「大きな技術変化」の内容）															合計
		1	2	3	4	5	6	7	8	9	10	11	12	13	14	15	
技術戦略有り	度数	20	32	16	43	8	23	20	6	30	35	12	13	47	57	22	384
	%	5.2%	8.3%	4.2%	11.2%	2.1%	6.0%	5.2%	1.6%	7.8%	9.1%	3.1%	3.4%	12.2%	14.8%	5.7%	100.0%
技術戦略無し	度数	6	8	5	13	9	4	10	6	19	12	6	8	34	27	5	172
	%	3.5%	4.7%	2.9%	7.6%	5.2%	2.3%	5.8%	3.5%	11.0%	7.0%	3.5%	4.7%	19.8%	15.7%	2.9%	100.0%
合計	度数	26	40	21	56	17	27	30	12	49	47	18	21	81	84	27	556
	%	4.7%	7.2%	3.8%	10.1%	3.1%	4.9%	5.4%	2.2%	8.8%	8.5%	3.2%	3.8%	14.6%	15.1%	4.9%	100.0%

χ^2 ($df = 14$, $N = 556$) = 23.54　$p<.10$ (0.52)
出所：中小企業基盤整備機構（2009）の資料を基に筆者が二次分析

図3-1 「大きな技術変化」に関するアンケート調査問7-2の選択肢（再掲）

自社製品開発型 {
1．下請加工を行っていたが、初めて自社製品を開発・事業化
2．2度目以降の新自社製品の開発・事業化
}

技術範囲の拡大型 {
3．部品の設計能力、工程の設計能力を新たに取得
4．取引先の開発・設計への改善提案力を取得
5．鋳造・鍛造等の前工程や加工・組立等の後工程の新工程に進出
6．電子技術やソフト技術や真空技術などの新技術を取得
7．部品をユニット化・組み合わせした受注する力を取得
8．使用している生産機械の自社製作力を取得
}

技術の専門化型 {
9．微細・高精密加工など難度が高い新加工技術を取得
10．新たな材料・素材に対する新加工技術を取得
11．加工のリードタイムを大幅に短縮する新技術を取得
12．試作品・特殊品も取り扱えるよう技術レベルが向上
13．最新鋭設備を導入し大幅なコストダウン
}

用途開発型 {
14．新たな取引先の開拓に伴う製品・加工技術の改良
15．その他
}

出所：中小企業基盤整備機構（2009）

② 「大きな技術変化」の類型に係るクロス集計

「大きな技術変化」の内容を基に前章のとおり類型化が可能であることを確認してきたが、この類型についても両者の間には表3-10のとおりに差がある。

特に、技術戦略有群の回答割合が多いのが「自社製品開発型」（14.4％－8.4％＝＋6.0％）[25]、以下、技術戦略有－技術戦略無の差のみ記載）であり、逆に技術戦略無群の回答割合が多いのが「技術の専門化型」（－9.5％）である。一方で、技術戦略の有無の2群間の「大きな技術変化」の類型の共通点は、「技術の専門化型」が構成割合の中では最も多いことである。

前述のとおり中小製造業は技術進化を図るためには、まずは身近でリスクの少ないコア技術を磨き上げるというのが一般的な戦略であろう。製品の開発力・設計力の生産技術機能が必要となる自社製品開発の技術変化を起こすためには、技術戦略が相対的に必要となり、次に、生産技術機能や生産工程を徐々に拡大し、部品レベルのユニット化、アッセンブリ化対応で取引先の評価を向上させる場合にも、技術戦略の必要性が増大してくると考える。

表 3-10　2 グループ（問 21：技術戦略の有無）×問 7 － 2
（「大きな技術変化」の類型）

グループ	類型	問 7 － 2（「大きな技術変化」の類型）				合計
		自社製品開発型	技術範囲の拡大型	技術の専門化型	用途開発型	
技術戦略有り	度数	52	116	137	57	362
	%	14.4%	32.0%	37.8%	15.7%	100.0%
技術戦略無し	度数	14	47	79	27	167
	%	8.4%	28.1%	47.3%	16.2%	100.0%
合計	度数	66	163	216	84	529
	%	12.5%	30.8%	40.8%	15.9%	100.0%

$\chi^2 (df = 3、N = 529) = 6.36 \quad p<.10 \ (0.95)$

出所：中小企業基盤整備機構（2009）の資料を基に筆者が二次分析

③「大きな技術変化」とコア技術との距離・関連性に係るクロス集計

　表 3-11 のとおり、中小一般製造業の技術戦略の有無の 2 群間で、「大きな技術変化」とコア技術との距離・関連性の間に有意な差異がある。技術戦略有群は、「大きな技術変化」を起こすにあたってコア技術を核としながら新技術を融合させている企業の割合が多い。これに対して、技術戦略無群はコア技術をベースにして「大きな技術変化」を起こした企業の割合が多い。これは、中小一般製造業が「大きな技術変化」でコア技術を核として新技術や周辺技術を取り入れ技術変化に挑戦するためには、技術戦略が重要であることを示唆している。

表 3-11　2 グループ（問 21：技術戦略の有無）×問 9（「大きな技術変化」と
コア技術との関連性）

グループ	類型	問 9（「大きな技術変化」とコア技術との関連性）						合計
		コア（中心的）技術をベース	コア技術と新技術の融合（コア技術の割合大）	コア技術と新技術の融合（新技術の割合大）	非コア（周辺）技術をベース	非コア技術と新技術の融合	新技術を導入	
技術戦略有り	度数	121	108	100	5	8	22	364
	%	33.2%	29.7%	27.5%	1.4%	2.2%	6.0%	100.0%
技術戦略無し	度数	66	44	17	11	1	17	156
	%	42.3%	28.2%	10.9%	7.1%	.6%	10.9%	100.0%
合計	度数	187	152	117	16	9	39	520
	%	36.0%	29.2%	22.5%	3.1%	1.7%	7.5%	100.0%

$\chi^2 (df = 5、N = 520) = 32.31 \quad p<.01$

出所：中小企業基盤整備機構（2009）の資料を基に筆者が二次分析

④「大きな技術変化」に伴う市場の変化に係るクロス集計

表3-12のとおり、「大きな技術変化」に伴う市場の変化で、技術戦略の有無の2群間には有意な差異がある。技術戦略有群の回答割合が多いのが「新市場（国内および海外）に進出」、逆に技術戦略無群の回答割合が多いのが「既存市場のまま」である。

技術戦略有群は、「大きな技術変化」が自社製品開発や新技術の取得のようにダイナミックな内容であったので、市場も新市場が多いと考える。海外市場も含んだ新市場だけでも25.1%に達している。一方、技術戦略無群は、「大きな技術変化」の内容が、最新鋭設備導入し大幅なコストダウンや後工程に進出や新加工技術の取得などが中心で技術戦略有群に比し小規模な技術変化であったので、市場も既存市場のままということに繋がったと考える。

表3-12 2グループ（問21：技術戦略の有無）×問10（「大きな技術変化」に伴う市場の変化）

グループ	類型	問10（「大きな技術変化」に伴う市場の変化）				合計
		新市場（国内）に進出	新市場（海外）に進出	新市場（国内及び海外）に進出	既存市場のまま	
技術戦略有り	度数	155	23	70	123	371
	%	41.8%	6.2%	18.9%	33.2%	100.0%
技術戦略無し	度数	50	7	13	94	164
	%	30.5%	4.3%	7.9%	57.3%	100.0%
合計	度数	205	30	83	217	535
	%	38.3%	5.6%	15.5%	40.6%	100.0%

χ^2 ($df = 3$, $N = 535$) = 29.69 $p<.01$
出所：中小企業基盤整備機構（2009）の資料を基に筆者が二次分析

⑤「大きな技術変化」で技術・市場・資源で重視したものに係るクロス集計

表3-13のとおり、「大きな技術変化」においてコア技術、市場、経営資源・組織で最も重視していたのは、中小一般製造業の技術戦略有無の2群ともコア技術をベースとすること（半数近くの回答）であるが、両者に有意な差がある。

技術戦略有群の回答割合が多いのが「技術、市場ニーズ、経営資源・組織のバランス」、無群の回答割合が多いのが「市場ニーズに沿っていること」である。

技術戦略無群のほうが「大きな技術変化」に関して市場ニーズを重視していて、日常の取引の延長線上に「大きな技術変化」が位置付けられていると考えられるのに対して、技術戦略有群の「大きな技術変化」が市場ニーズだけではなく、技術や経営資源や組織とのバランスをより重視する必要があったと考えられる。これは、「大きな技術変化」を起こすのに、多方面に目配りをするような長期的な視点を必要とすることを示唆している。

表3-13　2グループ（問21：技術戦略の有無）×問14（ドメイン・シーズ・ニーズ・資源の重視度合）

グループ	類別	問14（ドメイン・シーズ・ニーズ・資源の重視度合）					合計
		市場・ドメインを見極めること	コア技術をベースとすること	市場ニーズに沿っていること	経営資源・組織からみた実現可能性の高さ	技術、市場ニーズ、経営資源・組織のバランス	
技術戦略有り	度数	34	167	113	6	56	376
	%	9.0%	44.4%	30.1%	1.6%	14.9%	100.0%
技術戦略無し	度数	12	79	59	8	7	165
	%	7.3%	47.9%	35.8%	4.8%	4.2%	100.0%
合計	度数	46	246	172	14	63	541
	%	8.5%	45.5%	31.8%	2.6%	11.6%	100.0%

$\chi^2 (df = 4, N = 524) = 17.76 \quad p<.01$
出所：中小企業基盤整備機構（2009）の資料を基に筆者が二次分析

⑥「大きな技術変化」の内容において差異が見られなかった設問
○「大きな技術変化」の現在の売上への貢献割合
　技術戦略有無の2群間で有意な差は見られない[26]。

第3節　「技術戦略」の類型化とその特徴

本節においては、この「大きな技術変化」の4つの類型を基に、技術戦略の策定要因とその実行プロセス要因に関する一元配置分散分析による平均値の差異の分析を行い、「大きな技術変化」の類型間で技術戦略要因について、いかなる差異があるかを明らかにする。

1. 「大きな技術変化」の類型と技術戦略要因に関する類型間の差異分析

(1) 技術戦略の策定要因

表3-14のとおり、「技術戦略の有無」について類型間で弱いが有意な差異がある。特に技術戦略有りの回答割合が高いのは「自社製品開発型」で、多重比較を行ってみると「自社製品開発型」と「技術の専門化型」の間に弱い

表3-14　技術戦略要因に関する「大きな技術変化」の類型グループに係る統計量（一元配置分散分析）

指標	変数	A：自社製品開発型			B：技術範囲の拡大型			C：技術の専門化型			D：用途開発型			有意検定	
		平均値	標準偏差	N	平均値	標準偏差	N	平均値	標準偏差	N	平均値	標準偏差	N	F値	多重比較
技術戦略	技術戦略の有無（有1、無2）	1.21	.41	66	1.29	.45	163	1.37	.48	216	1.32	.47	84	2.13 ▲	A<C ▲
	技術の将来動向予測（4段階）	2.17	.87	70	2.36	.87	166	2.38	.90	219	2.37	.90	84	1.03 NG	
	コア技術の業界水準（7区分）	2.90	1.36	70	3.34	1.18	167	3.42	1.33	219	3.60	1.35	84	4.03**	A<B ▲ A<C * A<D **
	人材の技術・技能レベル把握（4段階）	1.90	.89	69	1.94	.85	168	2.17	.86	218	2.00	.87	85	3.20*	A<C * B<C *
技術戦略の実行プロセス	①技術戦略の方向性の共有化	.60	.50	52	.52	.50	116	.46	.50	137	.46	.50	57	1.12 NG	
	②経営者の強力なリーダーシップ	.62	.49	52	.57	.50	116	.48	.50	137	.47	.50	57	1.41 NG	
	③若い技術者への権限委譲と責任付与	.44	.50	52	.63	.49	116	.52	.50	137	.70	.46	57	3.62 *	A<D * C<D ▲
	④部門横断的チームによる技術戦略の実行	.31	.47	52	.31	.47	116	.26	.44	137	.19	.40	57	1.01 NG	
	⑤社内の全てのプロセスを理解した管理者の育成・採用	.33	.47	52	.32	.47	116	.38	.49	137	.40	.50	57	.59 NG	
	⑥技術戦略の実効性を確保するために、最新鋭の設備の導入	.13	.35	52	.26	.44	116	.38	.49	137	.28	.45	57	4.10**	A<C **
	⑦技術戦略に適した資金計画の作成	.17	.38	52	.11	.32	116	.17	.38	137	.14	.35	57	.63 NG	
	⑧補助金・助成金など国等の施策の活用	.46	.50	52	.16	.36	116	.18	.39	137	.14	.35	57	8.64**	A>B ** A>C ** A>D **
	⑨計画→実行→点検→見直しのサイクルの実行	.37	.49	52	.34	.48	116	.36	.48	137	.51	.50	57	1.66 NG	
	⑩成功体験の積み重ねによる技術者の意識の向上	.29	.46	52	.29	.46	116	.29	.46	137	.30	.46	57	.15 NG	
	⑪大学や他企業との連携による不足する技術資源の補完	.38	.49	52	.24	.43	116	.21	.41	137	.12	.33	57	3.74 *	A>C ▲ A>D *

**p<.01　*p<.05　▲10%有意水準　多重比較はTukey法による
出所：中小企業基盤整備機構（2009）の資料を基に筆者が二次分析

が有意な差異がある。「技術の将来動向予測」では有意な差異はない。「コア技術の業界水準」では、「自社製品開発型」の平均値が他類型に比べて数値が若く、すなわち、技術水準が高くなっている。多重比較では有意水準の相違はあるものの、「自社製品開発型」と他類型間の差異が有意である。人材の技術・技能レベルの把握では、「自社製品開発型」と「技術範囲の拡大型」が他類型に比較して、技術人材の把握度合が高くなっている。多重比較では「技術範囲の拡大型」と「技術の専門化型」の差異が有意であり、「自社製品開発型」と「技術の専門化型」の差異は弱い水準で有意である。

(2) 技術戦略の実行プロセス

表3-14のとおり、技術戦略の実行プロセスについて類型間で最も差異があるのは、「補助金・助成金など国等の施策の活用」である。「自社製品開発型」が最も回答割合が大きい。多重比較では、「自社製品開発型」と他類型間の差異が有意である。次に類型間の差異があるのは、「技術戦略の実効性を確保するために、最新鋭の設備の導入」である。回答割合の最大は「技術の専門化型」で、最小は「自社製品開発型」で、多重比較でも両者の差異は有意である。次に差異があるのは、「大学や他企業との連携による不足する技術資源の補完」である。「自社製品開発型」の回答割合が最大で、多重比較でも「自社製品開発型」と「用途開発型」の差異が有意、「自社製品開発型」と「技術の専門化型」の差異が弱い水準で有意である。最後に有意な差異があるのは、「若い技術者への権限委譲と責任付与」である。「用途開発型」の回答割合が最大で、多重比較でも「自社製品開発型」と「用途開発型」の差異が有意、「技術の専門化型」と「用途開発型」の差異が弱い水準で有意である。

2.「大きな技術変化」の類型と「大きな技術変化」の内容に関する類型間の差異分析

前章の類型間の分析内容を、後述のコア技術戦略で活用する。

ヒアリング先企業が「大きな技術変化」を生じさせた「技術戦略」の二次分析

前節までのアンケート資料の二次分析では、技術戦略に関連する設問に制約があり、策定要因や実行プロセスを明らかにするのに関してもかなり制約がある。また、技術戦略と密接に関連する「大きな技術変化」の内容を分析することが、技術戦略に直接関連する設問の補完ともなっているが、それでもなお技術戦略の重要性とあり方を提示するのには十分とは言えない。そこで、前章「大きな技術変化」に関する分析と同様に、技術戦略に関してもアンケート資料の二次分析を補完する目的でヒアリング資料の二次分析を行う。

本節では、まず技術戦略の類型の定義を行い、3年間にわたるヒアリング資料の二次分析を通じ、中小製造業の技術戦略の重要性とあり方を考察する。

「大きな技術変化」を基にした技術戦略の類型は、次のとおりである[27]。

1. ヒアリング先企業が「大きな技術変化」を生じさせた 「技術戦略」の特徴

中小製造業が「大きな技術変化」を長期的視点から見て生じさせるためには、「技術戦略」が必要となる。「誰（市場・顧客）」に「何（製品・部品・加工）」を「どういう方法（供給システム）」で「いかなる組織（組織体制）」で供給するかということが事業システムである。この事業システムに対して自社の経営資源（ヒト・モノ・カネ・情報など）をいかに配分していくかが経営戦略の1つの考え方になる。特に、顧客から見えやすい製品・商品による差別化（機能・価値基準・商品分野・価格・ブランド・販売チャネルなど）とは異なり、中小製造業が得意とするのは組織能力での差別化（生産財では取引先からの要求水準である品質・コスト・納期・提案力）である[28]。

技術の構成要素を人的資源、設備・情報システム、組織ルーチン（両者を動かす仕組み）として、この技術を核として中長期的な戦略、すなわち「技術戦略」を策定していくことは、経営戦略の中でも重要な位置づけを占める。

本研究における技術戦略の類型は、表3-15のとおり5つを想定する。

表 3-15　技術戦略の類型と特徴

技術戦略の類型	特徴
自社製品開発型	自社で製品の開発・設計能力を有し、自社製品開発を技術進化の中心とする戦略
技術範囲の拡大型	生産技術機能や生産工程を拡大するなどの技術範囲の拡大により、部品・加工の付加価値増大を目指す戦略
技術の専門化型	生産技術機能や生産工程はあまり変化させないが、自社が得意とする機能や工程の中で、微細加工や新素材の加工など高難度の加工技術に挑戦する等の技術の専門化により、付加価値増大を目指す戦略
用途開発型	コア技術をベースにして、顧客のニーズを的確に捉え柔軟に対応し、改良やカスタマイズすることにより、顧客の多様化・市場の拡大を目指す戦略
事業構造の再構築型	従来の市場も技術も一新し、事業構造の再構築を図る戦略

出所：中小企業基盤整備機構（2009）の資料を基に筆者が加工

2. 技術戦略の類型別の事例研究

　アンケート資料およびヒアリング資料の二次分析結果から、「大きな技術変化」を生じせしめるためには、長期的視点に基づく「技術戦略」が必須であることも分かった。事例の「大きな技術変化」では複数の類型に跨りながら成長している企業も多い中で、企業の成長のために最も貢献してきた「大きな技術変化」の類型を「技術戦略」の類型と置き換えて、ここからの論を進める。

　ヒアリング資料の二次分析結果も考慮すると、「大きな技術変化」と同様に「技術戦略」も5つの類型に区分される。また、「技術戦略」には、「コア技術」、「市場」、「製品・加工」、「組織能力」の4要素が大きく影響を与える。何故ならば、「コア技術」が変化すると、「製品・加工」も変化し、「市場」も変化する。このように、3つの要素は連動し相互作用がある。さらに、これらの変化を可能とするのは、「組織能力」そのものであるからである[29]。

　技術戦略の類型ごとに3年間の調査を通じて事例間で共通に見られた技術戦略の特徴と、各年の調査で特徴を有した留意すべき内容について述べる。

(1) 技術戦略類型別の事例研究[30]
①「自社製品開発型」

　アンケート資料の二次分析で明らかになったとおり、「自社製品開発型」の特徴は、他の類型に比して新技術・新市場で戦う割合が高いことである。しかも、その市場は海外までも視野に入れなければならないことが相対的に高い。また、長期的視点の技術戦略に基づく「大きな技術変化」も、バブル以降においては、中小一般製造業の他の類型に比し平均で3.9年（全体の平均は3.4年）と長期の期間を要し、ヒアリング調査でも5年から10年の長期間を要することしばしば見受けられた。また、「大きな技術変化」に必要な新技術の取得方法にも他の類型と顕著な相違は、産学連携や公的支援機関の活用などであり、「大きな技術変化」に要した期間と併せて考えると、長期的視点の技術戦略に基づく計画経営が最も重要な類型である。

1) 〔事例企業：2008年調査〕

表3-16 「大きな技術変化」を生じさせた「技術戦略」の特徴

社名	技術戦略の類型・特徴	コア技術、技術変化（＋は新技術）	市場の変化（⇒は拡大方向、×は既に無）	製品・加工の変化（⇒は拡大方向、×は既に無）	技術変化に貢献した組織能力
M社	「自社製品開発型」高度成長期の大量生産時代、その後の模索の数年間を経て、人の出会いの中で自社の強みを非接触静圧の研削機に求めることにより成長	コア技術：非接触の油圧運動機構活用の研削機技術変化：平面研削盤等の各種工作機械（切削＋研磨＋部品組立＋最終製品組立）（×）＋非接触の油圧運動機構（全軸静圧）	機械商社経由で各種工作機械を工場現場に（×）⇒フィッシュミールプラント・回転寿司販売機（自社製品販売）（×）⇒電機、光学機器、自動車部品、産業機械メーカーなど	堅型帯鋸盤（×）⇒全自動油圧横形鋸盤、堅型フライス盤（×）⇒各種自社製品機械（×）⇒全軸静圧各種超精密研削盤⇒全軸静圧コラムタイプ超精密研削盤⇒超^{2}精密研削盤、超^{2}精密形状創成加工機、大型門型研削盤	ブレークスルーは、メジャー志向からお客様の満足こそ進むべき道への意識の転換と大手企業の研究員からの助言で機械・電気工学から物理・化学の分野の必要性を早く認識していたことがある。

出所：中小企業基盤整備機構（2009）の資料を基に筆者が加工

　M社は、1980年以降の大転換期に経営理念や経営方針、経営戦略、技術戦略で変えてよいものと変えてはいけないものを明確にしてきた。変えなかったものは、「創業者のものづくり」への思いであり、「社員は家族と一緒」という社員への配慮を含む経営理念である。理念は変えなかったが、時代の

変化に応じて、方法、道具、ルールなどの技術や手法は大胆に変えた。この考え方を経営理念として2001年にまとめた。

　技術で生きる当社の技術戦略は、経営戦略も意味する。「従来の既成概念に捉われない真に有益な価値をご提案する企業です」を経営理念とし、これを達成するため、①フィロソフィー、②サイエンス、③テクノロジー、④プロセス、⑤スキルの5つのキーワードでコア技術を表現し、超精密加工に影響を及ぼす要素として10の要素を取り上げ、これらを明確にし、きっちり管理する。コア技術と超精密加工の10大要素を全従業員が正しく理解するとともに、顧客の把握した技術とこれをコントロールすることを明確に表示している。これが超精密、超超精密工作機械で世界最先端を走る原動力になっている。

　現在までの成長にとって、2つの大きな分岐点があった。まず、意識面のそれは、外部の大学や大手メーカーの優秀な人材と出会い交流し、内部でも社内の先輩・後輩と経営理念を共有するにつれ、地域中小企業にありがちな知名度の高いメジャー志向から脱却した。お客様の満足こそがわれわれの進むべき唯一の道と確信するに至り、方向性が固まった。また、技術面の分岐点は、扱っている研削機械が単に機械や電気工学だけでなく、物理学や化学の知識が将来的に関わってくることを、大手技術メーカーの研究員の方が25年も前から技術動向を的確に示唆してくれたことが今日の技術にも繋がっている。

　この事例の「自社製品開発型」である工作機械のように、戦う市場が大手企業も交えた市場であると、技術戦略の明確化と全社的な理念や方針の共有とともに、差別化のために技術分野や市場の選択と集中も必須である。さらには有用な技術の吸収・融合が長期間を経て成果が現われてくることもあるので、技術動向を長期的なスパンで先読みすることも競争力の持続には不可欠となる。

2)〔事例企業：2009年調査〕：ファブレス型

　H社は、開発、設計を主とするファブレス企業である。技術分野は高周波誘導加熱焼入中心に、生産技術機能はファブレスで、顧客は自動車業界中心に、製品は個別ニーズ対応の最適システム提案とアフターフォローにより、

表 3-17 「大きな技術変化」を生じさせた「技術戦略」の特徴

社名	技術戦略の類型・特徴	コア技術、技術変化（＋は新技術）	市場の変化（⇒は拡大方向、×は既に無）	製品・加工の変化（⇒は拡大方向、×は既に無）	技術変化に貢献した組織能力
H社	「自社製品開発型」（「技術範囲の拡大型」）技術分野は高周波誘導加熱焼入中心、生産技術機能はファブレス、顧客は自動車業界中心、製品は個別ニーズ対応の最適システム提案とアフターフォローで差別化	コア技術：提案型高周波誘導加熱装置をファブレスで技術変化：開発＋設計（当初からファブレス）＋メカ設計の他に制御回路設計＋50KW、100KWのトランジスタ・インバータの自社開発＋金属溶射応用装置（開発中）	鋳物工場（×）、石油掘削機メーカー（×）⇒自動車産業（1985年以後中心顧客）⇒大手ロボットメーカー（電気炉から高周波加熱装置のインラインに変更）⇒海外14カ国に装置を納入※超音波加工業（△）	高周波溶解装置⇒大口径シームレスパイプ自動焼入・焼戻装置⇒各種高周波加熱焼入装置⇒高周波焼入用CPU制御盤⇒50、100KWトランジスタ・インバータ⇒各種高周波加熱応用装置⇒金属溶射応用装置開発中 ※超音波カッター（△）	対象部品の焼入仕様及び生産量に合致する最適なシステム提案が可能。部品製造は各社に依頼するが、ユニットや総合の調整、最終検査を行い、顧客仕様に適した装置か試運転で確認。品質と信頼性を確保

出所：中小企業基盤整備機構（2010）の資料を基に筆者が加工

大手企業も競合する分野で資源を集中しながら成長を遂げてきた。

　下請けにはなりたくないという方針を貫き、OEM での製品供給の依頼もあったが断り、自社ブランドを守ってきた。受注先の加熱（焼入れ）仕様および生産量に基づき、材料、形状、表面硬度、焼入れのパターン等にマッチする設計を行う。豊富な経験から高周波誘導加熱のコア技術とノウハウを熟知している。焼入れの対象物、生産量が提示されれば、焼入れ装置のメカ本体の設計、電源関係、制御のレベル、ロボットを入れた自動化への対応など蓄積した技術で最適な装置を設計できる。発注先の要望は厳しくなるが、研究開発でレベルアップには自信がある。自社で設計し部品の製造は各社に依頼するが、ユニットの調整、総合調整、最終検査を行い顧客の仕様に適した装置かを試運転で確認する。こうして誘導加熱装置の品質と信頼性を確保してきた。

　上記事例の特徴は、「自社製品開発型」の技術戦略を採っているのにもかかわらず、自前主義ではない点である。前述の工作機械と同様の大手企業が参入意欲を有さないような小規模市場以外の市場では、技術・製品や市場の差別化とともに、経営資源の選択・集中が中小製造業にとって不可欠である。

そのために、上記事例のように生産技術機能を自社が強みを有する分野に絞り込み、コア技術を進化させて競争力を発揮してきている。ただし、サプライチェーンの中での主導権を維持するために、核となる技術ノウハウの秘匿や囲い込みや、アフターフォローなどのサービスでの差別化に努めてきている。

　アンケート資料の二次分析によれば、技術水準が最も高いのが「自社製品開発型」である。また、先行研究でも脱下請形態として、1990年代後半以降、中小製造業が採用すべき方策として主張されてきているのが自社製品開発である。最近でもプロダクトイノベーションやグローバルニッチトップ企業論の中で、最もよく取り上げられるのも自社製品開発形態である。しかし、アンケート資料の二次分析で明らかになったように、バブル崩壊以降の「大きな技術変化」の類型の中で最も成長していなかったのも、「自社製品開発型」である。上記事例にも見られるとおり、下請形態と異なり自社製品を有することは、市場との関係が従来と全く異なる。部品を供給する中小製造業に比して、自ら市場を開拓し営業を行い在庫リスクも自ら大きく抱え込むのが「自社製品開発型」の特徴である。大きな市場を掘り当てれば大きな付加価値を獲得できる一方で、中小製造業にとり最もリスクが高い技術戦略がこの類型であるので、リスクを如何に軽減できるかという視点も経営者に必須となる。

3）〔事例企業：2010年調査〕[31]

　B社は1959年に板金加工業で法人化した。試行錯誤の末、コア技術として独自性の高い熱圧着技術に経営資源を集中することに行き着いた。これを可能としたのは、現経営者が1970年から継続してきた全員参加の経営計画の実践である。自社製品開発に関して現状に対する憤りや情熱が強烈に存在し、人を組織し人材や環境など自社製品開発に必要な方針を経営計画で明確にし社員全員に徹底・共有化することが、組織としてパワーとなった。

　技術戦略構築プロセスでは、①絶対不可欠な要素技術は何かを見出す、②不可欠と判断した要素技術を徹底して磨き極める、③極めた技術に資源を集中して独自製品を製造することが重要である。独自性のある要素技術を組み込めれば、産み出される製品も独自性を発揮できる。環境が劇的に変化する

現在、5年、10年先を睨みながら独自性を追求する必要がある。一方、製品ライフサイクルが急速に短期化している中では、柔軟な見直しも必須である。

この「自社製品開発型」事例から学ぶべき点は多い。全社的な計画経営を長年にわたって、自社製品を何としても生み出すという信念や執念にも近い形で持続してきたことである。そのセオリーにも参考にすべき点が多い。長い視点の技術戦略の中で自社に不可欠な要素技術を見出し、資源を集中しそれを極めて、環境や顧客ニーズの変化に合わせて柔軟に組み合わせて迅速に対応することである。長期的な計画経営をしながらも、劇的な環境変化の中で、変化に迅速かつ柔軟に対応するという経営姿勢は参考にすべきである。

② 「技術範囲の拡大型」

「技術範囲の拡大型」とは、中小製造業が生産技術機能や生産工程を拡大させながら技術進化を遂げていく技術戦略をいう。アンケート資料の二次分析で最も特徴が典型的に現われるのが、バブル崩壊以降の「大きな技術変化」の背景である。他の類型と間ですべて回答割合の差異が有意となったのが、「モジュール化・ユニット発注の増大」である。中小一般製造業で「技術の専門化型」と並んで一般的な技術戦略と言える。「技術の専門化型」とこの類型は、サプライヤー・システムの中で下請的取引をすることが多いと考えられる。技術と市場の観点から4つの類型に区分した際も、新技術により既存市場で「大きな技術変化」が起こすのが両者の特徴で、この2つの観点からは両者の差異は分かりにくかった。しかし、技術戦略要因や「大きな技術変化」の内容の項目で差異が見られた。「大きな技術変化」の背景のほかに、「大きな技術変化」に伴う新技術の吸収・融合でも、「取引先からの学習」や「新たな技術人材の採用」に両類型間に有意な差異が見られた。両者とも「技術範囲の拡大型」の回答割合が多い。これに対し弱い有意な差異であるが、「大きな技術変化」に伴う多能工の内部育成では、「技術の専門化型」の回答割合が多かった。

以上から、「技術範囲の拡大型」は、既存市場の中でも取引先からのモジュール・ユニット発注に積極的に対応しながら、取引先との関係の中からの学習を通じて、「大きな技術変化」を起こしながら技術進化を図っている。アンケート資料の二次分析から見えてきた事実を頭に置き、事例を見てみた

い。

1)〔事例企業：2008 年調査〕

表 3-18 「大きな技術変化」を生じさせた「技術戦略」の特徴

社名	技術戦略の類型・特徴	コア技術、技術変化（＋は新技術）	市場の変化（⇒は拡大方向、×は既に無）	製品・加工の変化（⇒は拡大方向、×は既に無）	技術変化に貢献した組織能力
I 社	「技術範囲の拡大型」（「技術の専門化型」）主力取引先である自動二輪車メーカーへの要求条件に的確に応えることにより技術を進化させ、設計段階への提案を強化することで評価を確立	コア技術：オートバイ用リア部品設計・製造技術 技術変化：板金プレス＋アルミ成型＋溶接＋構造解析による試作レス設計技術＋コンカレントエンジニアリングへの適応	二輪自動車関連メーカー⇒四輪関連メーカー⇒自社開発製品（鉄道会社）	二輪リアフレーム等部品⇒ATV用リアフレーム等部品・エンジン周辺部品⇒四輪足回り関連受注部品⇒新幹線等のシート関連部品⇒自社製品（軽量アルミレールスクータ、軽量アルミトロッコ）	基本的には顧客企業に対する対応力を高める形で技術進化を遂げてきている。モノ作りの現場力を重視する経営者の姿勢が、常に顧客の要望の一歩先を提案する形で高い評価を受けている。

出所：中小企業基盤整備機構（2009）の資料を基に筆者が加工

　I 社は、顧客企業の成長とともに成長し、中堅企業としてのポジションを固めている。その背景には、絶えずコア技術を磨き続けること、顧客が抱える主要な課題の動向などを的確にキャッチし、先行投資や先行的技術習得などで課題達成に貢献できる実力を維持してきたことがある。この点では、同一地域に存立する主要顧客との間に永年にわたって信頼を築き上げ、常にトップ同士で問題意識を共有できる関係にあったことが大きいと言える。

　リヤアームに関しては、製品設計（構造解析を含め）・工程設計とも任されて、顧客の開発負担を大きく肩代わりしている。その両面のノウハウの蓄積がコア技術となり、リヤアームユニットとしての提供に繋がっている。また、コア技術の深耕に注力しつつ、自動車関係の得意先とのパイプを太くしたことで、技術の範囲を拡大してきている。さらに、その広がった技術を足がかりに新顧客の獲得も実現し、成長を持続させてきたと見ることができる。今後、コア技術に磨きをかけ、環境変化や市場ニーズを汲み取りながら、絶えず挑戦を続けていくことで新たな事業展開が広がって行くと思われた。

　この事例のように、中小製造業が技術の範囲を拡大させ、機能部品につい

て設計から製造そして構造解析までの生産技術機能を高めると、もはや大手取引先企業の最終製品メーカーよりも当該部品に関する技術水準は上回ることになり、取引の安定とともに競合他社に対する競争力も万全のものとなる。「技術範囲の拡大型」の技術戦略の典型例でもあり、後は、国内の市場規模がどのくらい残り、コア技術を進化させながら国内需要と海外需要を考慮に入れて、取引先の拡大も検討することになる。

2)〔事例企業：2009 年調査〕

表 3-19 「大きな技術変化」を生じさせた「技術戦略」の特徴

社名	技術戦略の類型・特徴	コア技術、技術変化（＋は新技術）	市場の変化（⇒は拡大方向、×は既に無）	製品・加工の変化（⇒は拡大方向、×は既に無）	技術変化に貢献した組織能力
T社	「技術範囲の拡大型」(「自社製品開発型」) 5年ごとの中期計画で目標を明確にし、賃加工から提案型部品加工へ、さらに企画型見込形態事業を併せ持つ会社へ、精密成形技術の複合化で成長	コア技術：成形技術ベースの複合化技術での提案力 技術変化：切削＋鍛造＋研磨＋熱処理＋射出成型＋金型製作＋部品設計＋開発・設計＋最終製品組立＋電子・電波＋樹脂精密金型製作＋レーザー	自動車メーカー(1990年前1社依存 ⇒ 売上比率50％未満へ)、他に農機具メーカー(1990年前数％)⇒ 各自動車部品メーカー⇒セキュリティ商品販売先：一般店舗（書店、CDショップ等）、事務所・工場等	鋳物（×）・ギアブランク（×）、成形加工に資源集中⇒冷間鍛造や射出成型を中心とした成形技術による部品⇒ワイパーシャフト他、各種成形技術複合化による機能性製品⇒セキュリティ商品⇒レーザー傷検査装置	技術の棚卸や業績面での現状分析をし、社会や市場の状況から導き出した「あるべき姿」を描き、両者からギャップ分析を行い、ギャップを埋めるために行わなければならないことを着々と実施

出所：中小企業基盤整備機構（2010）の資料を基に筆者が加工

　T 社は、1989 年に現社長が受身型企業から自立型企業へ第二創業を始めた。5 年の中期計画で目標を明確にし、賃加工から提案型部品加工へ、企画型見込形態事業を持つ会社へ、精密成形技術の複合化で成長してきた。

　成形技術を用いて、限りなく完成品形状で仕上げてしまうことを目指す。今までに技術範囲を拡大させ蓄積してきた様々な技術の中で、冷間鍛造技術、射出成形が成形技術の中核となり、金属粉末成形、温・熱間鍛造、ファインブランキングなどを組み合わせ、コストと性能で最適な物を顧客に提案する。技術マップも活用している。機械装置の設計・製作技術にレーザー技術を組み合わせたものが「レーザー傷検査装置」である。多様な技術を組み

合わせ、全体をシステム設計と制御技術で繋ぐことで、システム製品の事業化も可能となる。セキュリティ事業の万引き防止ゲート等も、同様の発想で開発した。

技術進化の方向性は、あるべき姿と現状のギャップ分析で決定される。その進め方は、全社員参画のイントラネットを用い、個別案件からルーチン業務までのすべてを網羅した業務管理システムを使いこなす。それは徹底的にディスクローズされ、社員がいつでも進捗状況を確認できる。企業理念の「全員参加の企業コミュニティ」が形成され、高効率な企業運営が実現している。

この事例のように、ダイナミックな「大きな技術変化」を成し遂げるためには、中長期の経営計画に立脚した技術戦略の共有が必要である。下請型企業においても、生産技術機能や生産工程を拡大させることにより、一貫加工やユニット対応や開発改善提案能力をより強化することが、大手企業や一次サプライヤーが最適調達の名目で技術力・対応力の評価をベースに調達企業の絞り込みを強化している現在において、生き残りのために必須である。

生産技術機能や生産工程の技術範囲を拡大させながら中小製造業が成長を遂げるためには、日常の取引の中で顧客ニーズに場当たり的に対応するだけでは十分ではない。日常の技術マネジメントより視点を高く上げ、技術の将来動向、顧客や業界の将来動向、将来の成長市場などの外部環境の将来的な変化を十分に見据えて、また、それに対応するために必要と予想される人的資源や設備・情報システムなどの内部資源の投資の分析が必要となる。特に、受注型企業から企画型企業、すなわち、脱下請などの自社製品開発まで技術範囲を拡大するためには、中長期的視点の経営計画・技術戦略は、不可欠となる。

③「技術の専門化型」

アンケート資料の二次分析において、中小一般製造業のバブル崩壊以降の「大きな技術変化」で最も多く見られた類型が「技術の専門化型」である。また、技術水準の高いモノ作り300社でも、さらに中小一般製造業の技術戦略が有る企業においても、最も多い「大きな技術変化」はこの類型であった。

技術戦略に置き換えても、中小製造業で最も一般的類型である。「技術範囲の拡大型」のように生産技術機能や生産工程の拡大を目指すのではなく、

特定の生産技術機能や生産工程の技術を進化させる技術戦略である。「技術範囲の拡大型」と同様、新技術・既存市場で「大きな技術変化」を目指すのに特徴がある。技術戦略の有無や技術水準の平均像は、「用途開発型」と並んで低い。バブル崩壊以降の「大きな技術変化」に要した年数も「用途開発型」と並んで平均期間が短い。技術戦略の実行プロセスの中で他類型に比し顕著な項目は、「技術戦略の実効性を確保するために、最新鋭の設備の導入」である。

言わば、中小製造業が日常的に最も取り組みやすい技術戦略であり、その一方で下請的取引が多いのも「技術範囲の拡大型」と並んでこの類型である。モノ作り300社のように高い技術水準の企業が、この類型で競争力を発揮するためには、単に現場の技術を日常レベルで磨き上げるだけではなく、産学連携や公的支援機関など外部機関との連携の下に新加工技術を取得していくようなよりダイナミックな「大きな技術変化」を起こすことが求められている。

1)〔事例企業：2009年調査〕：部品における世界標準の獲得

表 3-20 「大きな技術変化」を生じさせた「技術戦略」の特徴

社名	技術戦略の類型・特徴	コア技術、技術変化（＋は新技術）	市場の変化（⇒は拡大方向、×は既に無）	製品・加工の変化（⇒は拡大方向、×は既に無）	技術変化に貢献した組織能力
P社	「技術の専門化型」（「技術範囲の拡大型」）アルミパイプの精密加工技術とカーエアコン口金具とパイプの接合技術で、大手自動車部品メーカーにも勝る技術を確立・革新し、世界市場凌駕	コア技術：アルミパイプ精密加工と口金具とパイプ接合 技術変化：切削＋プレス＋金型・治工具等内製＋他社に先駆け口金具の鉄からアルミ化成功＋ロー付自動機内製＋内製の横式転造機の塑性加工で一体加工	自動車ホースメーカー⇒自動車各種部品メーカー⇒大手給湯器メーカー	鉄製カーエアコン用ホース口金具⇒アルミ製カーエアコン用ホース口金具（業界シェア約40％）・パイプ、他自動車・オートバイ用各ホース口金具⇒エアバッグその他自動車部品⇒給湯器用部品（銅パイプのアルミ化）	口金具構造の設計、加工精度の向上、締め付け強度のバランスを研究しできるだけパイプの厚みを小さくし、ガス漏れのない接合ノウハウを確立・進化。国際経営ノウハウを20年蓄積し市場開拓

出所：中小企業基盤整備機構（2010）の資料を基に筆者が加工

P社は、自動車用各種ホース金具加工を中核として、30年を超えるノウ

ハウの下、カーエアコン用ホース口金具のシェアは40％近くを占める。

　冷媒にガスを使用している自動車のエアコンは、常に振動にさらされるためにある程度漏れても仕方がないというのが常識であった。口金具構造の設計、加工精度の向上、オーリングの採用、締め付け強度のバランスを研究し、パイプの厚みを薄くしガスの漏れない接合ノウハウを確立した。極薄への改善研究も怠らない。パイプの厚みの差はアルミの使用重量差となり、価格に反映する。このノウハウは、電気自動車の時代になれば、モータの負荷軽減のためにより大きな貢献をする。また、代替フロンで一時CO_2の使用が検討され、アルミ製パイプの使用が難しいと予想されたため、強みとしてきたアルミ加工技術の応用が可能な、エアバッグその他の自動車部品や給湯器用部品に製品や顧客の範囲を拡大した。自動車業界の厳しい要求水準に100％応える中で培われた製造技術・生産技術の蓄積が、製品や顧客の多様化を可能とした。

　自動車のエアコンには、冷媒ガスを漏らさない配管部品が必ず付いている。エンジンの振動と走行中に地上からの振動が原因で生ずる配管部品の金属疲労を上手に吸収する技術とノウハウがある。さらに、いち早く海外展開を図り現在4ヶ国に生産拠点を有し、中小企業では珍しい海外拠点と本社の国際経営のマネジメントのノウハウを20年間にわたって蓄積してきた強みがある。

　上記事例にように、「技術の専門化型」の類型は、生産技術機能や生産工程を拡大しアッセンブリやユニット化の方向を目指すよりも、特定分野の技術を深掘りして自社技術を高めブランド化することで競争力を発揮していた。また、技術を最先端化させるための最新鋭設備導入も競争力の構築には不可欠であり、その最先端設備に関する熟練やノウハウを蓄積することにより、部品・加工における差別化が可能となる。部品であっても世界標準となるような「大きな技術変化」の創出で、業界における競争優位の確立を可能となる。

2)〔事例企業：2010年調査〕：技能集団による技術力で大手企業に対抗

　C社は、創業当初から信用を獲得し早期にブランドを確立しでき、同業他社が次々とソルトバスによる熱処理から撤退する中で勝ち残ることができ、

企業や大学の研究者からの信頼を勝ちえたのもすべて、熱処理の条件や管理の理論の裏付けとそれを品質として実現できるだけの技能のためである。この技術戦略が創業以来、社長の代替わりがあっても変わることなく引き継がれていることが更なる信用を招いている。ただし、このソルトバスによる熱処理技術そのものは理論に基づく技術や技能であっても、人に蓄積され人が腕を通じて実現し人から人へと伝えられるものであるため、技術戦略の実行や実現には技術マネジメントが重要な意味を持つ。また、学会などを通じた研究者とのネットワークの構築・維持、知識や情報の入手、人的な交流、時には人材採用により、航空機など成長分野への参入のための戦略強化を図っていた。

「技術の専門化型」の技術戦略を有する中小製造業の中には、上記事例のように製造技術に特化した受託加工型企業も多い。このような企業が付加価値を増大させるために、大手企業のモジュール・ユニット化発注に対して、中小製造業のグループで一括受注する対応が2000年代以降、急増してきた。2010年調査の他事例E社でも、2000年過ぎに広域の企業間連携・産学官連携のコーディネート力や連携体構築力を武器に各種公的支援施策を有効に活用し、新技術開発や新製品開発の「大きな技術変化」の創出を図っていた。先進中小製造業の中には、リーマンショック後に航空機・医療・環境などの成長分野へ参入するために、最新鋭設備の導入やソフト・検査技術の強化や国際認証の取得などの新たな「大きな技術変化」に挑戦している企業もあった。

④「用途開発型」

「用途開発型」は、技術と市場の観点からは、既存技術で新市場（国内中心）に「大きな技術変化」を起こすところに特徴があった。技術進化も、コア技術をベースに改良型の「大きな技術変化」であるので、「技術の専門化型」と同様に中小一般製造業においては「大きな技術変化」に要した年数も短く、技術水準も技術戦略の類型の中で相対的に低い。ただし、「用途開発型」と「技術の専門化型」の差異は、「大きな技術変化」の背景の設問に現われる。前者は、コア技術よりも市場との関係を重視すると思われるので、「コストダウン要請の激化」、「納期の短縮化」、「技能承継・人材の確保が困難」の項

目で、「用途開発型」の回答割合が「技術の専門化型」より有意な水準で低い。これは、「大きな技術変化」で下請的取引の要請や現場の技能重視という要因が相対的に薄いことを示す。逆に両者の間で「用途開発型」の回答割合が多い項目で有意な差異が見られるのが、「取引先からの開発提案力の評価」、「下請関係再編や取引先海外進出で取引先減少」である。以上から、取引先との関係で現場レベルのコストや納期重視よりも市場としての関係の重視が見て取れる。

1）〔事例企業：2008 年調査〕

表 3-21　「大きな技術変化」を生じさせた「技術戦略」の特徴

社名	技術戦略の類型・特徴	コア技術、技術変化（＋は新技術）	市場の変化（⇒は拡大方向、×は既に無）	製品・加工の変化（⇒は拡大方向、×は既に無）	技術変化に貢献した組織能力
H社	「用途開発型」（「技術範囲の拡大型」）外部環境の市場ニーズの変化に適切に対応しながら、研究開発力を核に従来の装飾めっきから精密めっきや機能性バレルめっきに展開	コア技術：精密微細めっき　技術変化：装飾めっき＋塗装＋バレルめっき＋電鋳金型製造＋新複合装飾めっき＋精密めっき＋ROHS対応めっき	洋食器メーカー⇒室内装飾品メーカー⇒デジタル家電メーカー・電気・電子部品メーカー、自動車部品メーカー、通信機器・精密部品メーカー	一般装飾めっき（袋物、ボタン、ファスナー、キーホルダー、化粧品容器、文房具）（×）⇒建築金物資材（ドアノブ、室内家具金物）（×）⇒精密装飾めっき、高機能・精密めっき、機能性バレルめっき⇒3価クロムめっき	自動化が進む一方で装飾めっきを中心として成長してきた当社は、機械化されていない熟練部分もかなり残る。業界が縮小し、海外との競争が激化する中でめっき技術の熟練が差別化の核である。

出所：中小企業基盤整備機構（2009）の資料を基に筆者が加工

　H 社は、下請色の強いめっき業界で、研究開発部門を昭和 53 年という早い時期に立ち上げ、創業者が付加価値の高さを目指す経営方針を明確にするとともに、研究開発重視の組織風土を浸透させたことが強みとなった。

　創業 76 年の歴史を持つが、世の中がめっきに求めるニーズは目まぐるしく変わっており、常にビジネスのコアとなるテーマの探索活動を続けてきた。精密めっきや機能めっきの受注拡大や技術部の委託研究テーマの結実を目指していた。国内でめっき業として存続・発展する為に必要な技術と経営資源の蓄積活動は不可欠で、展示会を通じてのPRや顧客開拓にとどまらず新しい連携先の開拓も継続的に行っていた。一方、装飾めっきは機能めっき

とは異なり、マニュアル化や標準化のほかに人の感覚や職人的な技や卓越した人の技術を有する部分がかなりのウェイトを占める。「技術者は育っても技能者は育たない」装飾めっきの労働集約的な熟練部分を残したことがめっき業界で生き残れた一因となった。めっき技術、加工プロセス、テクニカルなところを「ブランド的な位置づけに持っていきたい」と最終的到達地点を考えていた。

　この事例のコア技術はめっきという点では創業以来変化していない。ただし、コア技術をベースに研究開発による付加価値を付けながら、時代の変化に応じた市場を開拓し続けてきた。めっきは装置型であるとともに、装飾めっきは技能に依存するので、国内市場を中心に競争力を維持してきている。

2）〔事例企業：2009 年調査〕：製品を特化し成長分野の分析機器メーカーで顧客開拓

表 3-22 「大きな技術変化」を生じさせた「技術戦略」の特徴

社名	技術戦略の類型・特徴	コア技術、技術変化（＋は新技術）	市場の変化（⇒は拡大方向、×既に無）	製品・加工の変化（⇒は拡大方向、×は既に無）	技術変化に貢献した組織能力
M社	「用途開発型」（「技術範囲の拡大型」）流体制御のコンシェルジェとして、顧客の難易度の高い要望に応えるとともに、小型化・ユニット化の新製品開発による提案で、付加価値の高いもの作りを志向	コア技術：顧客要求対応の分析用電磁弁製造技術　技術変化：切削＋研磨＋熱処理＋組立＋射出成型（当初は外注、途中から内製化）＋ユニット化・小型化	ファスナー生産メーカー（×）、ラッセル車メーカー（×）⇒医用分析装置メーカー、環境関連測定装置メーカー、理化学分析機器メーカー等⇒約20 か国海外メーカー、中国診断装置メーカー	大型電磁石（×）⇒分析用の電磁弁⇒その他の電磁弁（×、分析用に特化）⇒ユニット化対応で新型の「マニフォールド」を他社と共同開発など。小型化対応で、超小型ソレノイド駆動ダイアフラムバルブなど開発	①分析精度を高める、②小型化、③機能の複合化という当面の方向性を明確化し、そのために①技術開発へ投資、②人材（エンジニアと海外人材）へ投資、③金型へ投資など資源の重点分野を明確化

出所：中小企業基盤整備機構（2010）の資料を基に筆者が加工

　M 社は、電磁弁に特化し、特定企業と長期の取引関係の中で、顧客要求に合わせた製品開発を行うことで他社には真似のできない電磁弁を製品化し技術を蓄積してきた。また、バイオテクノロジーなど成長が見込める業界に対しては、超小型電磁弁の商品化などにも迅速に取り組むことで新販路開拓

を行っていた。さらに将来的には電磁弁やポンプを搭載したユニット化の流れへの対応準備など、用途が明確でない分野への取り組みも怠たらない。長期的視点の技術戦略は、コア技術を電磁弁と定め、顧客毎に必要とされる技術開発に常にチャレンジし「電磁弁技術の深化」を図っていくことにある。

企業のスタイルとしては、流体制御のコンシェルジェ、カスタム設計、サービスや提案という、製造業とサービス業が融合した領域に位置取りし、価格競争を回避した少し高い技術で個別顧客の難易度の高い要望にも応える付加価値の高いもの作りを目指す。分析業界の電磁弁で、取引先が成長分野なのが有望である。また、海外に販路拡大しマーケットを大きく捉えていることも将来性を感じる。ただ、成熟製品でローテクでもあるので、小型化、ユニット化、さらには複合機能化、用途開発などの開発力強化を進めるとともに、設計力を取引先のアプリケーション開発段階から参加し強化する必要がある。技術と人への投資という確かな方向性により、今後も両面に投資をしていくことが不可欠となる。その場合に、以前同様に外部資源の活用も重要である。

この事例では、コア技術が明確であるとともに比較的成熟した技術である。それがために、コア技術の市場分野を分析機器を中心とした成長分野向けの電磁弁に定め、小型化やユニット化により付加価値を高めることにより市場開拓に努めていた。「用途開発型」では、コア技術を核にいかに市場を開拓できるかが「自社製品開発型」と並んで重要となる。ただし、「用途開発型」は改良レベルの「大きな技術変化」を基本とするので、「自社製品開発型」のようなダイナミックな技術変化を採らず、コア技術により依存した形態を採る。

⑤「事業構造の再構築型」

経営資源の不足しがちな中小製造業にとって、現在のように環境激変期には、その変化に対応して技術や市場を一新する「事業構造の再構築型」の技術戦略は、必要に迫られてやむをえず選択せざるをえない、かつ、既存の技術や市場のノウハウがほとんど活用できない面で大変リスクの高い類型である。

事例でも古くは繊維事業から全く別分野への参入が見られたのとともに、

他にも小規模な程度ながらも上記①〜④の類型には含めることのできない事例も見られた。具体的な事例の説明は前章で言及しているので、簡潔に述べる。

〔事例企業：2008年〜2010年調査〕
・1950年代後半から60年代にかけて、繊維事業から工作機械や整流器関係へ事業転換。
・他業種（建設業）から製造業に参入。
・金型の外販からセラミック部品の外販に転じた。
・自社製品開発から医療機器分野などの成長分野のOEMに特化。
・専用機やミシン用のダーナーの製造を中止し、事業を精密冷間鍛造に特化し自社ブランドでホイールを販売。
・加工機の単品売りから調達したピッキングロボットに自社開発のソフトや周辺機器を組み込んでラインシステム売りを開始。同様に他の事例では、商社的なエンジニアリング業を2008年から開始したり、リーマンショック後にソリューションビジネスを開始したりするなどの、差別化や付加価値創出のための「製造業のサービス業化」の動きも見られた。

(2) 3年間のヒアリング調査を通じて得られた技術戦略の内容についてのまとめ

上記(1)の2008年〜2010年3ヶ年の技術戦略に関するヒアリング資料の二次分析結果をまとめる。3ヶ年に共通に見られた事項は、次のとおりである。

> 1）事例における「技術戦略」の類型は、概ね上記の5つの類型に区分が可能である。
> 　「技術戦略」は、長い社歴（20年以上）の中で、自社製品の有無・下請事業の有無・技術と市場の関係・業界／業種・外部環境の変化等で特徴が異なる。
> 2）「大きな技術変化」は企業の長い歴史の中で複数回生じるので、「技術戦略」の類型も複数に跨る。
> 3）事例企業は、「コア技術」をベースに基本的に技術変化を遂げてき

ているが、どの「技術戦略」の類型も、必ず何らかの技術変化を遂げている。

　技術変化は、自社製品開発に成功したり、生産技術機能や生産工程などの技術範囲を拡大したり、従来のコア技術を精密化・微細化・高度化したり、顧客ニーズに対応して用途を開発したりすることである。外部環境（顧客ニーズ・競争環境など）の大幅な変化によっては、「コア技術」そのものを変更する場合もある。

4）「コア技術」、「市場」、「製品・加工」の3要素の中には、1つを変化させると他の要素も影響を受ける場合があり、競合他社への差別化に成功して競争力を発揮するためには、この3要素と「組織能力」を加えた4要素を長期的な技術戦略の方向性の中でマネジメントする必要がある。「技術戦略」の類型ごとに、4要素のうち重点を置くべき事項が異なる。

5）「大きな技術変化」を成し遂げるためには、経営者のリーダーシップを中心とした人的資源や組織ルーチンなど「組織能力」の強さや独自性が必要である。これが模倣困難な差別化や競争優位に繋がる。

　上記4）を除いた項目については、上記(1)事例研究や前章「大きな技術変化」の重要性の分析の中で概ね明らかになっていた事実である。しかし、上記4）については、上記(1)やアンケート資料の「大きな技術変化」の類型別の二次分析の中で概ね特徴が現われてきていたが、なお説明を要する。次節の「中小製造業のコア技術戦略」の中で、技術戦略の類型ごとに詳細に述べる。

　次に、リーマンショック後の中小製造業を取り巻く経営環境を反映して、2009年、2010年調査の事例の中で特徴的に見られた事項を挙げてみる。

1）「人と技術への投資」を重視する経営者の事業方針・意識徹底が、「大きな技術変化」を促進する。

　よりダイナミックな「大きな技術変化」を成し遂げるためには、中長期の経営計画に立脚した技術戦略の共有が必要である。

> 2）グローバル化の進展とともに、海外の生産拠点と国内拠点との国際分業が、「大きな技術変化」に大きく影響を与えている。

　リーマンショック後に事例企業の多くは、売上の激減、ひどい場合は7割減という企業も複数見られた。もちろん、その後に回復基調にはあったが、リーマンショック前に戻るのは調査時点ではなかなか厳しい状況の企業もあった。そうした厳しい経営環境の中にあっても各事例企業の経営者が異口同音に強調していたのは、「人と技術への投資」は継続するという強い意思表明であった。「大きな技術変化」が着手から本格稼働するまでには、アンケート資料の二次分析によれば平均3.4年、ダイナミックな技術変化を志向するモノ作り300社においては平均4.2年要していた。中小製造業の今後の競争力の差異を規定するのは、厳しい経営環境にある現在の技術戦略であると考える。

　ほかに1点強調しておきたいのは、2000年以降加速していた大手企業の海外への生産拠点の設置が、リーマンショック後にさらに加速していたことである。その影響を受けて、中小製造業においても、従来はグローバル化の影響を比較的受けにくかった素材に近い加工分野の企業や、リスクが大きいので海外展開に慎重になっていた装置型企業においても、生産拠点を海外に設置することが、生き残りのための大きな意思決定事項となってきていた。このように、グローバル化の影響が中小製造業にとって増大するのにつれて、生産拠点の国際分業も「大きな技術変化」に影響を与えてきている。すなわち、技術戦略の大きな要因にグローバル化の比重も増大してきているということである。グローバル化が中小製造業の技術戦略に如何なる影響を与えてきているかは、後段の産業アーキテクチャ別の中小製造業のあり方の論点で、再度言及する。

　最後に、2009年や2010年の調査のいずれかで、時代背景や業種や業態やサプライチェーンの中での位置取りによるのか定かではないが、中小製造業の技術戦略上でいくつか留意すべき事項が次のとおり見られた。

> 1）バブル崩壊以降、複数の中小製造業の連携による一括受注や共同開

発が進展。特に 2000 年以降は、広域連携による技術開発の「大きな技術変化」を起こす企業も出現。企業間連携のコーディネート力や連携体構築能力も競争優位の源泉になってきた。

一方、サプライチェーンの中で連携体とまで関係性を強く持たない場合でも、経営資源を強みがある機能や製品に集中することで、「大きな技術変化」を外部環境や顧客ニーズに適切に対応し、競合他社への差別化を可能としていた。
2) 2000 年過ぎに、従来は、顧客ニーズへの完全対応を重視していた受託加工や部品加工中心の「技術の専門化型」、「技術範囲の拡大型」の下請的中小製造業においても、技術開発を重視し、新加工技術の開発や自社製品開発の「大きな技術変化」による差別化を図ってきている。特に、リーマンショック以降は、エンジニアリング業やソリューションサービスの開始、メンテナンス拠点の充実、技術や開発の提案力の充実などの、製造業のサービス業化などの「大きな技術変化」による差別化が進展している。

また、航空機・医療・環境などの成長分野への進出も進展している。
3) 部品であっても、世界標準となるような「大きな技術変化」の創出で、業界における競争優位の確立が可能。

第1点目については、2005 年に制定された中小企業新事業活動促進法における新連携支援制度において、従来の協同組合による共同事業や異業種交流のような企業間の連携支援を見直し、異分野の中小企業の新事業分野の開拓支援が制度化されたことに見られるように、企業間の緩やかな連携や広域連携がこの頃から中小製造業の新事業創出のための手法として重視されはじめた。

事例では、この支援制度が創設される以前から、企業間連携による一括受注や共同開発に着手しており、連携体におけるコア企業として主導権が握れるかどうか、すなわち、連携体構築能力や連携企業間のコーディネート能力が競争優位の源泉になりはじめたのもこの頃である。現在では、ネットを活用したモノ作り企業の連携などさらに柔軟で広範囲な連携に中小製造業は取

り組んで、こうした連携の中で技術戦略の基に「大きな技術変化」を起こしている。

第2点目については、バブル崩壊以降の「大きな技術変化」の中で、「自社製品開発型」や取引先のモジュール・ユニット化対応に積極的な「技術範囲の拡大型」の技術戦略の類型の中小製造業に比較して、受託加工や設計能力の弱い部品加工中心の「技術の専門化型」や「技術範囲の拡大型」の中小製造業においても、2000年過ぎになるとグローバル化の進展や下請制度の再編・崩壊の進展とともに、差別化や新規取引先の開拓のために技術開発を重視し、技術戦略に基づく「大きな技術変化」を生じはじめている。さらに事例では、製造業のサービス業化という形で、新たな付加価値の創出も図っていた。

最後の点については、現在のグローバルニッチトップ企業論に通ずる。中小製造業は自社製品を必ずしも有しなくても競争力を発揮することは可能である。この構図は、モジュール化の進むサプライチェーンの中では、最終組立企業よりも模倣困難なキーテクノロジーを基にサプライチェーンの中のプラットフォーム企業となることが、大企業における競争優位の源泉であることにも似る。擦り合わせ型の産業にあっても、サプライチェーンの中で模倣困難な部品を提供できる世界標準の技術を有すれば、部品であろうと万全の競争力を発揮できる。前述のとおり、中小製造業の「技術戦略」においては、自社製品を有することが必ずしも競争優位の獲得に繋がるわけではない。

第5節　中小製造業の「コア技術戦略」

1．本節の概要

中小製造業の長期的視点から見た技術進化の取り組みとして「中小製造業のコア技術戦略」を、今までの分析を踏まえて再編加工する形で論じていく[32]。

前節までに明らかになったとおり、中小製造業は、バブル崩壊以後または創業以降、相当の期間を経て繰り返し「大きな技術変化」を生じさせること

が、企業成長に繋がったり、高い技術水準獲得に大きく貢献してきたりしていた。また、「大きな技術変化」を生じさせるためには技術戦略が必須で、技術戦略を有する中小製造業は、有しない企業に比し成長していた。同時に、技術戦略の有無は中小一般製造業の技術水準の規定因として大きな影響を有した。技術戦略の類型には、アンケート資料の二次分析での「大きな技術変化」における技術と市場の観点からの分析とヒアリング資料の二次分析を通じて、5つの類型の存在が明らかになった。類型は、コア技術、市場、製品・加工、組織能力の構成要素の特徴を異にする「自社製品開発型」、「技術範囲の拡大型」、「技術の専門化型」、「用途開発型」、「事業構造の再構築型」である。中小製造業の技術戦略はコア技術をベースにしつつ、この類型の特徴ごとに、「コア技術」、「市場」、「製品・加工」の3要素の関連を意識して現有の「組織能力」を最大限活用していかに戦略を実行していくかが大変重要である。

　本節では、コア技術をベースにした技術戦略の策定・実行プロセスで、延岡の主張するコア技術戦略[33]に沿って、前述の類型ごとに長期的視点から見た技術進化の取り組みとして「中小製造業のコア技術戦略」のあり方を述べる。

　下記2. において、コア技術戦略のステップについて、アンケート資料やヒアリング資料の二次分析を基に、ステップごとに進め方を説明する[34]。

2. 中小製造業のコア技術戦略（図3-2参照）

　すでに明らかになったとおり、中小製造業の技術戦略の有無はバブル崩壊以降の企業成長に影響を与えたが、より成長していたモノ作り300社は83.2%が技術戦略を有していたのに対し、中小一般製造業は48.7%にすぎなかった。

(1) 第1ステップ：「要素技術の洗い出し」

　第1ステップの要素技術の洗い出しとは、延岡の言う要素技術[35]の自己点検である。コア技術を選定する前に自社の要素技術を洗い出す必要がある。

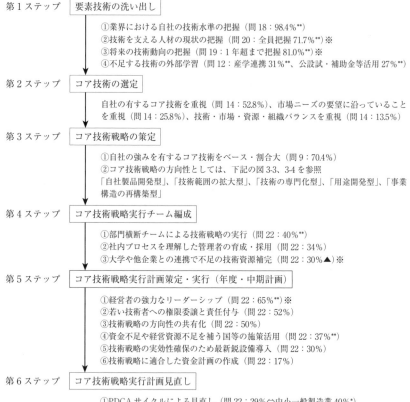

図3-2 コア技術戦略構築のためのステップ

(注) **p<.01 *p<.05 ▲10%水準で有意は、中小一般製造業とモノ作り300社の平均値の差異又はχ²の検定
※は、本章の中小一般製造業における技術水準の高低の規定因の回帰分析・判別分析で有意となった変数
出所：中小基盤整備機構（2009）の資料を基に筆者が二次分析し、加工

①業界における自社の技術水準の把握

　モノ作り300社と中小一般製造業では、技術水準の平均像が国内トップレベル以上に近いモノ作り300社のほうが、技術水準の低い中小一般製造業よりもバブル崩壊以降成長してきていた。モノ作り300社においては、98.4％の企業が自社の技術水準を把握しているのに対して、中小一般製造業におい

ては、17.7％もの企業が業界の中における自社のコア技術そのものや、そのレベルを把握していない。このように、技術戦略の策定においては、まず自社技術の業界の中における水準を認識することが肝要である[36]。

②技術を支える人材の現状の把握

技術人材の技術・技能レベルをほとんど把握していない企業は、技術水準が低くなっている。モノ作り300社においては、全員の技術・技能レベルを把握している企業が71.7％に達しており、ほとんど把握していない企業は皆無と言っていいほど見られないが、中小一般製造業では5％近くに達している。事例でも全員の技術・技能レベルをデータベース化し共有している企業もあった。技術戦略の策定段階では、技術人材の技術レベルの現状把握は不可欠である。

③将来の技術動向の把握

前章の分析でも明らかになったとおり、「コア技術の将来動向の予測期間」の長さは、「大きな技術変化」の有無や「市場ライフサイクルの変化類型」と並んで、企業成長に大きな影響を与えていた。また、本章の技術水準の規定因でも、モノ作り300社で1年超の技術動向を予測する企業は81.0％に達しているが、中小一般製造業では53.0％にすぎない。事例でも、自社製品開発や技術開発において技術戦略に基づく計画経営を進め、技術の将来動向を5年、10年と長いスパンで予測しつつ計画を絶えず見直し、人と技術への投資を継続し試行錯誤で「大きな技術変化」を起こし成長を遂げてきていた。

④不足する技術の外部学習

中小製造業は要素技術の洗い出しにより、自社の技術で不足するものを明らかにし、不足している技術は外部から吸収・融合する必要がある。モノ作り300社では、「産学連携」31％、「公設試や補助金等の公的支援策の活用」27％を多く活用し、バブル崩壊以降の「大きな技術変化」を起こしていた。中小一般製造業では、「社内勉強会における学習」や「取引先からの学習」など身近なところから新技術を吸収・融合していた[37]。事例でも、2000年代の取引先大手企業のグローバル化の進展やそれに伴う一層の下請制の再編や崩壊を受け、従来は取引先のニーズや要求水準の満足を重視していた受託加工や製造能力のみを有する部品・部材企業も、「新連携支援制度」や「も

のづくり補助金」を活用し自社製品開発や技術開発に取り組む企業が多くなった。

　以上のとおり、第1ステップは、コア技術を見極めるために自社の要素技術を洗い出すことである。そのためには、自社の業界内の技術水準と自社内の技術人材の技術・技能レベルの現状把握が必要となる。次に、技術戦略の大前提となる技術動向予測では、経営者が中心となり様々な内部・外部の情報源から最新技術動向・成長分野の技術・技術ロードマップの情報収集を行い、ある程度長期の技術動向を予測する必要がある[38]。さらに、自社で不足する技術は、産学連携や企業間連携や公的支援策の活用で、外部から補完する必要がある。第1ステップは、技術戦略の類型にほぼ共通して重要な段階である。

(2) 第2ステップ：「コア技術の選定」

　第2ステップは、前述の洗い出しの過程を経て、要素技術の中でも自社のコアとなる技術を選定する。コア技術の選定の段階では、図3-4のとおり市場、技術、製品・加工、既存の組織能力との関連性を考える必要性があり、マーケティングの3Cの概念により自社の経営資源、競合他社との関係も考慮しなければならない[39]。さらに、中小製造業は大企業との競合も意識し、コア技術の独自性や差別化が大企業に対して、特許などの法的権利で守られているか、目に見えないノウハウ・熟練の蓄積により短期間では模倣することが困難なレベルとなっているかを見極めてコア技術を選定する必要がある。

　バブル崩壊以降の「大きな技術変化」について、当初中小一般製造業では「市場ニーズに沿っていること」を重視していると想定していたが回答は31.7％にすぎず、「コア技術をベースとすること」が45.4％と最も多く、コア技術をまず土台にして長期的な技術変化を検討していることが分かった。さらに、モノ作り300社においては、より「コア技術をベースとすること」52.8％を「市場ニーズに沿っていること」25.8％よりも重視していたことは意外でもあった。このため、中小製造業が高い技術水準を獲得し競争力を発揮するのにはコア技術をベースにすることが欠かせない、さらには戦略において市場からのアプローチよりもまずコア技術からの検討を優先すべきこと

が示され、ここで論じるコア技術戦略の妥当性の論拠の1つとなりうると考える。

さらに、モノ作り300社と中小一般製造業：技術戦略有は、「コア技術、市場ニーズ、経営資源・組織間のバランス」13.5％、同14.9％と、中小一般製造業：技術戦略無4.2％よりも、有意な差異でバランスを重視する企業も多かった。このことは、技術水準が高いか、技術戦略を有する中小製造業は、このバランスにも留意し「大きな技術変化」を起こす必要性も示唆する[40]。

また、技術戦略の類型のいかんにかかわらず、バブル崩壊以降の「大きな技術変化」は基本的にはコア技術をベースにしていた[41]。コア技術の選定では、顧客ニーズや将来技術動向を予測し、要素技術のうち絶対不可欠なものをコア技術とする必要がある。また、コアの要素技術間の関連性や、要素技術が身の丈にあった技術で比較的斬新ではない「枯れた技術・寄せ集め技術」の有効利用が、中小製造業の経営資源に適合した応用技術の開発を可能とする。事例の経営者は、枯れた技術について「枯れた技術とは試され済みで、より安定して実現でき安心できる。技術を進化させなくても、使い方によって有効な商品ができる」と語った。他事例でも、生産技術機能や製品・加工分野の特化による、サプライチェーンでの主導権の確保や、差別化や技術進化速度の加速化で競争力を発揮していた。サプライチェーンの中で強みを有するコア技術をいかに選択するかが、中小製造業のコア技術戦略の要諦でもある。

以上のとおり、第2ステップは、要素技術のうち顧客ニーズや技術動向、業界、大企業との競合状況や自社の経営資源の応用可能性・専有可能性・差別化を考慮し、自社に絶対不可欠で蓄積されたノウハウや熟練などにより、競合他社や取引先に差別化が可能な要素技術をコア技術として選定する必要がある[42]。もちろん、現在のような環境が急激に変化する状況にあっては、常に競合よりも一歩先を見通しつつ柔軟に見直し、必要に応じて外部資源の活用などにより新技術を吸収・融合しなければならない。コア技術戦略の要諦は、コア技術をベースにしながら積極的に製品開発・技術開発を行い、顧客価値を高め競合他社との差別化を図ることにある。しかし、コア技術の獲得で、あまり最先端技術を追求すると資金負担やリスクが過大となる。そこ

で、全くの最先端技術ではなく「枯れた技術」、すでに開発された技術を修正・改善し上手に組み合わせて、競合他社に差別化が可能な技術に高める必要がある。

(3) 第3ステップ：「コア技術戦略の策定」
①コア技術戦略とは何か

第3ステップは、選定したコア技術に関する戦略の策定である。シャープの液晶技術[43]、味の素のアミノ酸のようにブレが少ない中で方向性を明確にし、製品化を進める必要がある[44]。しかし、中小製造業の製品は生産財や部品や加工が多く、消費財のようなコア技術を基にした製品量産は困難である。

一方、中小製造業を取り巻く環境は年々厳しさを増している。下請構造の再編・崩壊の進展に伴う安定的な需要の減少、リーマンショック以降の取引先大手企業の生産拠点の海外移転リスクの加速度的な増大、モジュール化やネット社会の進展によるIoTなどモノ作りのあり方自体の変化、技術や市場の不確実性の増大に対応したサプライチェーンの中の覇権者の頻繁な交替等、枚挙にいとまがない。

このようなリスクや機会に対峙して、中小製造業は日常の技術進化とは別に、コア技術をベースとした自社製品開発、技術範囲の拡大、技術の専門化、用途開発等の「大きな技術変化」に長期的な視点で取り組む必要がある。

②技術・市場のマトリックス・5つの「技術戦略」の類型

技術戦略の類型で、脱下請や継続的な自社製品開発を目指す「自社製品開発型」、生産技術機能や生産工程などの技術範囲の拡大を目指す「技術範囲の拡大型」、高難度加工や新素材加工などの従来の加工技術の高度化など特定技術の深化を目指す「技術の専門化型」、コア技術をベースに新規顧客を開拓して製品・加工技術の改善・改良を目指す「用途開発型」の4類型を、バブル崩壊以降の「大きな技術変化」の内容を基に分類する仮説を想定していた。

前述のとおり、技術と市場の観点から技術戦略の類型をマトリックスに整理すると、概ね仮説どおりの4類型間の特徴が現われ、図3-3のとおりその

第 3 章 長期的な視点に基づく「技術戦略」の重要性とあり方 167

図 3-3 技術・市場のマトリックス（再掲）

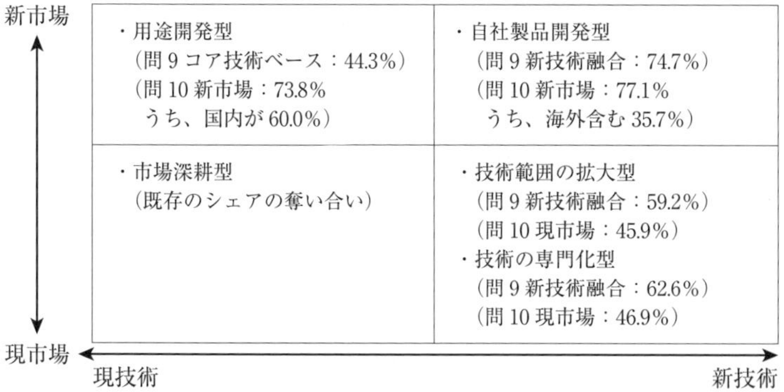

	現技術	新技術
新市場	・用途開発型 （問 9 コア技術ベース：44.3%） （問 10 新市場：73.8% うち、国内が 60.0%）	・自社製品開発型 （問 9 新技術融合：74.7%） （問 10 新市場：77.1% うち、海外含む 35.7%）
現市場	・市場深耕型 （既存のシェアの奪い合い）	・技術範囲の拡大型 （問 9 新技術融合：59.2%） （問 10 現市場：45.9%） ・技術の専門化型 （問 9 新技術融合：62.6%） （問 10 現市場：46.9%）

出所：中小企業基盤整備機構（2009）の資料を基に筆者作成

傾向をプロットできることが明らかになった。「自社製品開発型」は、コア技術をベースにしながらも新技術を積極的に融合して海外も含めた新市場を開拓している。「技術範囲の拡大型」と「技術の専門化型」は、コア技術をベースにしながらも新技術を融合して現市場を中心に取引をしている。「用途開発型」は、コア技術（現技術）をベースに国内を中心に新市場を開拓している。

また、前章のヒアリング資料の二次分析によれば、「技術戦略」の類型は、上記の 4 類型に加え、従来の技術や市場を一新して事業構造を再構築するような「事業構造の再構築型」が存在することが明らかになった。

③技術戦略の類型別の「コア技術」「市場」「製品・加工」「組織能力」のマネジメント

「コア技術戦略」は、コア技術をベースにして長期的視点に基づきブレなく頻繁な製品開発・技術開発を行っていくことが、競合他社や取引先へ競争力を発揮できることに繋がる。中小製造業においては、「コア技術戦略」の策定のためには、自社が上記の 5 つの技術戦略の類型のどの類型を中心に位置づけるかを意識する必要である。なぜならば、図 3-4 にあるとおり、自社の強みとなる「コア技術」が何で、中小企業に向いた「市場（顧客）」を中心にして、競合他社への差別化が可能な「製品・加工」を、他社が模倣困難な長年蓄積・進化させてきた「組織能力」で、いかに提供するかにおいて、

5つの「技術戦略」の類型で重点を置くべき事項が異なるからである。さらに、この4つの要素を「技術戦略」の策定や実行にあたっていかにマネジメントするかが、中小製造業の競争力に大きな影響を与えるからである。

図3-4　コア技術・市場・製品・組織能力の関係

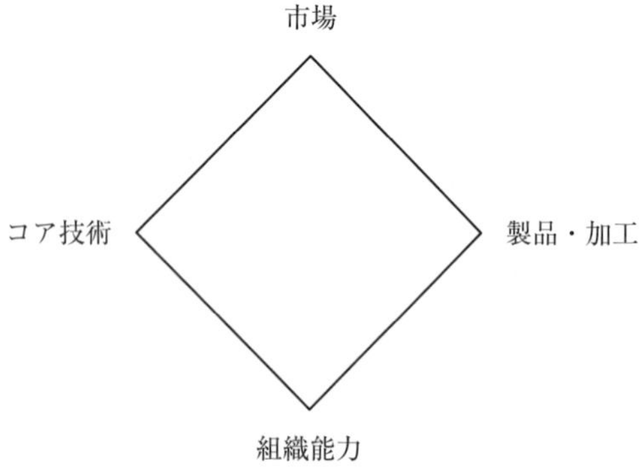

```
            市場
             ◇
     コア技術   製品・加工
             ◇
           組織能力
```

出所：中小企業基盤整備機構（2009）

　以下では、5つの類型ごとに「コア技術」、「市場」、「製品・加工」、「組織能力」の4要素において、重点を置くべき点や留意すべき点を提示する。

ⅰ．「自社製品開発型」

　「自社製品開発型」のコア技術戦略の策定では、海外も含めた新市場を開拓することが多く、大企業との差別化を図るために中小企業向きの製品を如何に選択して、既存のコア技術といかにマッチングさせるかが重要である。そこで、「コア技術」、「市場」、「製品・加工」、「組織能力」の4要素の重点度合をイメージすると、図3-5のとおり5つの技術戦略の類型の中では最も均等度合いの菱形に近く、特に「市場」、「製品・加工」の2要素が重要となる。

「自社製品開発型」

「市場」

　「大きな技術変化」に伴い、他の類型に比し海外を含めた新市場を開拓することが必要（アンケート調査では77.1％、うち35.7％が海外を含む）である。この場合に留意すべき点は、中小製造業が中小企業に特有な強みを十分

図 3-5 コア技術・市場・製品・組織能力の関係

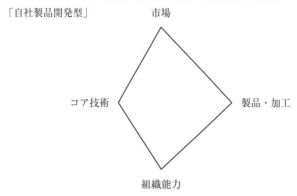

出所：中小企業基盤整備機構（2009）

に活用しているかという点である。新市場選択の基準の例としては、①市場規模が大企業には魅力がない[45]、②成長性がある市場（現在ならばロボット・航空宇宙・医療介護・環境エネルギー等）の探索、③潜在ニーズ・非消費者やローエンドニーズの発見[46]、④先行者利得が存在し技術や設備などのノウハウ蓄積の学習効果が可能[47]、⑤海外市場の開拓が可能である、などである[48]。事例でも、大企業と競合しない市場を明確に意識して製品開発を行ったり、高くて使いにくいために製品に手を出せない非消費者がいることを発見したりしていた[49]。また、「大きな技術変化」の背景として他類型に比し有意な差が生じていたのが、「取引先からの開発提案力の評価」と「環境・省エネ対応要請の激化」であったので、他の類型で回答割合の多い納期の短縮化などの下請取引からの要請から少し独立した市場ニーズに対応していることが窺える。

また、参入すべき市場の選択に当たって最も重要なことは、経営者がリーダーシップを発揮して自ら市場ニーズの情報収集をし、参入すべき市場を的確に判断する経営者の先見性・迅速な意思決定である[50][51]。この点が最も中小製造業が大企業に対して強みを発揮できる組織能力である。さらに、潜在ニーズや非消費者などを探り当てるためには、全社一丸となって試行錯誤で執念深く市場を掘り当てることが重要である。「大きな技術変化」に要し

た期間は他の3つの技術戦略の類型に比較し平均3.9年と最も長くなっていた。

さらに、自社製品開発型では、市場を自ら開拓するのでリスクが高いため、他の類型に比し長期的視点の技術戦略に基づく計画経営は必須となる。

「製品・加工」

中小企業向きの製品を的確に選択することが重要である。たとえば、①開発・設計に手間がかかる、②設備投資型中間製品ではなく高度な技術・技能が必要な最終製品、③多品種小ロットであるような製品[52]が、中小企業がニッチな市場でコア技術を中心に絶えず技術進化を遂げながら競合他社に対して競争優位に立てる。事例でも、部品の加工技術から始まり技術範囲を拡大させながら製品の開発・設計能力を取得し、コア技術に関するノウハウを蓄積・進化させ、大企業とは競合しない製品で脱下請を実現できた企業もあった。また、事例では、中小製造業の自社製品は消費財よりも生産財、汎用品よりも専用品や受注品であることも多く、顧客が安定している代わりに自社製品の割には利幅が薄く、開発力強化による付加価値の増大が課題となっていた。

また、市場ニーズの変化が大変速い現在では、市場ニーズを製品に迅速で的確に翻訳することが重要となる[53]。そのためには、市場への投入スピードを重視した開発で産学連携・企業間連携・公的支援機関など外部資源活用が重要であるとともに、自社開発者への顧客意識の植え付け、開発・製造・営業の製販合同会議の定例化など、市場ニーズを製品化する仕組みが必要である[54]。

さらに、現下のような大変厳しい経営環境にあっては、モノを作っても売れないという中小製造業にとって大変厳しい状況が続いている。こういう外部環境下においては、顧客価値（機能的価値＋感性価値・意味的価値・可視化困難な価値）で差別化することが大変重要である[55]。そして、顧客の求めている真のあるいは隠れたニーズに遡って、製品が提供する機能的価値だけではなく、デザインやブランドなどで感性に訴求して感性価値・意味的価値・可視化困難な価値を顧客や隠れた顧客に提供することが必要である。事例では、①製品の単品販売をラインシステムとして販売する。中間製品で

あっても自社ブランド化して提供する、②外観が美しいデザインや環境に優しい製品で人の感性に訴求し共感を得る、③製造業者がサービス業者と連携してモノ売りからサービス業に転化させる、④バリューチェーンの中でも開発・設計などの得意な分野に特化して、ほかはアウトソーシングする、⑤製品のアフターサービスの質の良さで顧客の評価を高めることなどにより、顧客に提供する顧客価値を高め競合他社との差別化が可能としていた。この顧客価値で差別化を図る場合も、中小製造業は自社の有する経営資源を総動員するとともに、不足する資源は積極的に外部機関との連携で補完することが必要である[56]。

「コア技術」

　他の4つ技術戦略の類型と大きく異なり、製品の開発・設計能力の取得が必要となる。また、他の類型に比して「大きな技術変化」においても、コア技術を明確化した上で、それをベースに新技術を吸収・融合している。特に中小製造業においては、経営資源が大企業に比べて大きく劣るので、ハイテクではなく実証されている既存の技術を活用し組み合わせながら資金負担やリスクを軽減することが有効である。事例でも、基本となるコア技術は何十年も不変で、そこに電子技術や真空技術などの新技術を吸収・融合していた。別の事例によれば、自社製品に必要な設計技術として一般的には、機構設計＋電気のハードウェア設計＋ソフトウェア設計の3つの分野の能力が必要となるので、従来部品の工程設計や構造設計までしか有していない場合には、自社製品開発のために必要となる設計能力の範囲はより広範囲となる。

　このように、広範にわたる新技術の吸収・融合のためには、内部資源だけでは十分ではないことも多いので、不足する資源を外部資源で補完している。人材で、内部技術者の育成だけでは製品開発に対応が困難な場合には、外部から新技術や複数の技術に対応可能な大企業OB人材等を採用するなど、新たな技術人材の育成や採用が必要である。さらに、中小製造業は、①企業間連携、産学連携など外部機関との連携、②公設試・補助金等の公的支援施策活用、③外部人材の活用などにより、不足する資源を外部から補完している[57]。

「組織能力」

　中小製造業特有の強みを最大限に活用した自社製品開発が重要である。第一に重要なことは、経営者の自社製品開発への情熱を従業員へ浸透し・共有化することである。たとえば、①自ら最新の技術や市場動向を把握するなどの経営者の製品開発に対する強力なリーダーシップを発揮すること[58]、②技術戦略の方向性を全従業員で共有化および技術者の意識の向上を通じて製品開発を活性化すること、③経営者が製品開発に関する意思決定を迅速に行うとともに外部環境に応じて柔軟に対応することなども有効である。事例においても、事業化まで最低でも3～5年、長いと10年以上もの間、経営者の熱き情熱と強力なリーダーシップの下で、心血を注いだ努力を重ね試行錯誤の末、脱下請のための初の自社製品開発に成功している企業もあった。

　次に、中小製造業の自社製品開発の組織能力において重要なことは、中小企業の強みを活かした開発力である。たとえば、①開発と現場や取引先との濃密なコミュニケーション、②小回りを利かせた頻繁な開発[59]、③企業間連携・産学連携等活用の迅速な製品開発などである。事例でも、大手企業の研究者からの助言が技術のブレークスルーを生み出し、人の出会いを開発の原動力と経営者が考えていた。コア技術戦略は、自社の得意な分野に絞り込み、頻繁な製品開発や技術開発による学習能力を重視する戦略でもあるので、中小製造業が小回りの良さと全社一丸となる容易さの強みを十分に活かして、学習速度を上げて確率は低くても成果を生み出す速度は速めなければならない。

　「自社製品開発型」企業は、中小製造業の中でも高い技術水準を有する一方で、現在のような変化の激しい市場ニーズに製品をマッチさせることは大変難しく、また競合関係の変化も激しいので、特に小さい市場規模の中で自社製品だけで成長を遂げることは困難を伴う。そこで、自社製品開発に下請事業の活用をすることも大変重要となる。下請事業を活用する、または並行して事業を行うメリットは、①下請事業の稼ぐキャッシュで経営安定、②親企業の技術指導で技術力向上、③下請事業の技術を自社製品事業へ活用することの相乗効果などがある。事例でも、下請事業の中でもできるだけ大手企業を選びその大手企業のニーズを要求以上に満足させる努力をすることによ

り技術進化を遂げ、その技術を自社製品開発に活用することによりコストダウンに繋げたり、自社製品の開発速度を高めたりしていた。他の事例でも、表面処理技術をキーテクノジーとして、航空機の成長分野では国際分業の中の下請的取引、他の産業分野の先進的表面処理の下請的取引、表面処理技術を活かした産業機器の自社製品と、3社の分社経営で相乗効果を発揮していた。

ⅱ.「技術範囲の拡大型」

　「技術範囲の拡大型」のコア技術戦略の策定では、中小製造業は、既存の市場の中で下請事業を行っている場合が多く、コア技術をベースにして生産技術機能や生産工程、特に設計能力などの技術範囲を拡大し一貫加工・ユニット化・アッセンブリ化対応を可能とし、取引先の自社のQCD＋提案力における評価を高め顧客を多様化し競合他社に対し差別化することが最も重要となる。そこで、「コア技術」、「市場」、「製品・加工」、「組織能力」の4要素の重点度合をイメージすると、図3-6のとおり5つの技術戦略の類型の中では、「自社製品開発型」の次に均等度合いの菱形に近いが、「コア技術」が最も重要となる。その次に「製品・加工」、「組織能力」の2要素が重要となる。

図3-6　コア技術・市場・製品・組織能力の関係

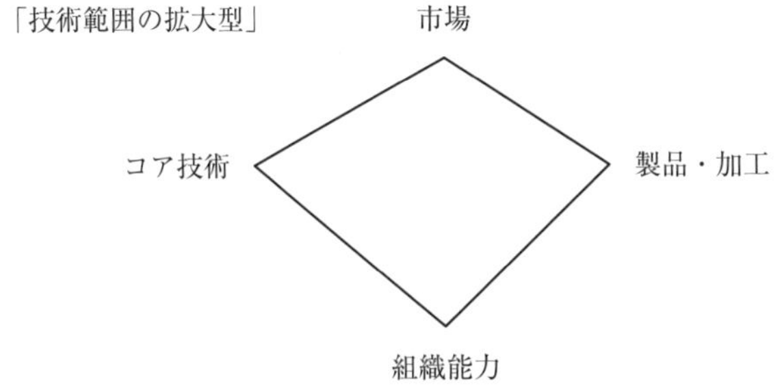

「技術範囲の拡大型」　　　市場

コア技術　　　　　　　　　　　製品・加工

　　　　　　組織能力

出所：中小企業基盤整備機構（2009）

「技術範囲の拡大型」
「コア技術」
　自社に強みのある「コア技術」をベースにした技術範囲の拡大が重要視さ

れる[60]。バブル崩壊以降、下請構造の大幅な再編、グローバル化の進展、世界最適調達の大手企業の購買方針の変更、取引先のユニット化・アッセンブリ化対応能力や開発段階での改善設計提案能力の評価の高まり、リーマンショックや東日本大震災後のグローバル化やモジュール化やIoTの急速な進展など、環境や取引先の要求水準・内容の大きな変化により、これにいかに対応できるかが下請事業を行う中小製造業の競争力を規定するようになった。

　そこで、この類型の技術戦略を採用する中小製造業は、下請事業を有しながらも、親企業の高度なニーズに対応した技術進化が可能な企業が多い。コア技術をベースに技術範囲の拡大とは、たとえば、①生産技術機能の拡大、②生産工程（川上・川下）への拡大、③取引先への開発改善提案能力の向上（生産技術機能の進化）などである。事例でも、板金プレス＋アルミ成型・溶接＋構造解析で試作レス設計技術＋コンカレントエンジニアリングと生産工程および生産技術機能等を拡大し、ユニット化・アッセンブリ化対応や取引先への開発改善提案能力を取得して、取引先の評価を大幅に高めて競争力を発揮していた。次に、自社の有する設計能力を、構造設計や工程設計から、部品の機能設計さらには、製品の機能設計・開発設計まで、技術の範囲を拡大することが可能となれば、自社製品開発をすることが可能となる[61]。下請型ということでは、「技術の専門化型」と現市場で新技術をという「大きな技術変化」の特徴は共通するが、「大きな技術変化」がよりダイナミックなので、上記のコア技術の範囲の拡大に技術戦略に伴う計画経営が必須になるとともに、「新たな技術人材の採用」などによる新技術の吸収・融合も必要となる[62]。

「製品・加工」

　コア技術の技術範囲の拡大・技術進化をいかに部品・加工に結びつけるかが大変重要となる。この類型の企業は下請型企業が多いので、バブル崩壊以降外部環境が急激に変化する中で取引先ニーズの一歩先を競合に先んじて読み取って、取引先に部品・加工という形で提案できるかが競争優位に繋がる。現下の厳しい環境の中でも、重視すべき事項は変わらない。しかし、さらに一歩先を見る長期の視点、グローバルな幅広い視点がより必要となっている。

取引先のユニット化・アッセンブリ化発注への対応が重要となってきている中で、典型的な部品・加工外注の発展パターンは、単品加工⇒複数工程の加工⇒一貫加工⇒ユニット化・アッセンブリ納品⇒OEM供給への進化が一例である。事例でも、研磨⇒機械加工＋熱処理（外注）＋研磨の一貫受注⇒スプール一貫生産⇒バルブとポンプのアッセンブリ納品（アッセンブリ化対応）と技術範囲の拡大により、顧客の多様化を可能とし特定分野の市場シェアを著しく高めていた。他事例でも、徹底した自動化・機械化・無人化によるスピード対応のために、各種金型部品加工⇒金型設計・製作に技術範囲を拡大し、製品ライフサイクルの大幅な短縮化や Time to Market の期間短縮の重視による取引先の試作や量産化のスピード重視へのニーズに的確に応えていた。

　このように技術範囲を拡大することにより、取引先の評価向上や多様化が可能となり、下請型企業である中小製造業の競争力も向上する。リーマンショックや東日本大震災後のモジュール化やグローバル化や IoT などの急速な進展は、「技術範囲の拡大型」でも自前主義ではなくてバリューチェーンの中で自社でどこまで機能を有し、サプライチェーンの中でいかに競争力を発揮するかという企業間連携も踏まえた一層高度な技術戦略構築が求められる。

　コア技術の技術範囲の拡大を取引先が高く評価する部品・加工に巧みに結びつけるためには、取引先ニーズを早い段階で把握し部品・加工へ反映することが必要である。たとえば、①ゲストエンジニアによる開発段階から設計への参加が、設計力強化やいち早い生産工程の立ち上げに繋がり競争力強化が可能となり、②取引先の隠れたニーズを発見した新技術開発が可能となる。「大きな技術変化」に伴う新技術の吸収・融合の項目で他の類型との間で有意な差異が生じていた項目は「取引先からの学習」であり、「自社製品開発型」の有意な項目の「産学連携」とは対照的に、取引先との密な関係の中で事例に見るよう開発段階の早期から参加することにより、取引先へ開発改善提案を行うとともに、その過程の中から学習し技術力を向上させることが可能となる。

「組織能力」

　技術範囲の拡大をしていくために、既存の組織能力をいかに進化させていくかが重要になる。技術の中でも、製造技術・管理技術のほかに、設計力強化が特に必要である。たとえば、取引先の開発段階へ参加による技術指導で鍛えられ、社内の設計人材の育成やノウハウの蓄積や取引安定化に繋げることによって、部品の構造設計・工程設計のみならず機能設計まで習得が可能である。

　また、下請型企業が技術範囲の拡大を図り、取引先ニーズへのスピード対応＋提案力で競合と差別化するためには、部門間を跨いだ濃密なコミュニケーションを活発化する部門横断チームによる技術戦略の実行が必要である[63]。事例でも、長期経営計画ベースでの財務体質強化と TPM による現場強化により、経営理念と長期経営計画を社員に浸透させ、技術範囲を加工から素材まで拡げ、塑性加工一貫メーカーとして経営安定や付加価値増加に繋げていた。

「市場」

　既存の市場を深耕することが多いので[64]、①取引先の要求（QCD＋提案力）への対応の進化が必要であり、特にスピード対応と提案力が顧客ニーズの変化の激しい中では重要、②取引先評価は、開発段階の機能設計への提案による開発期間の短縮化や、ユニット化・アッセンブリ化への対応による生産リードタイム短縮化になっているので、これらへの対応が特に重要である。

　技術範囲を拡大することにより、一貫加工やユニット化対応や開発改善提案の能力を活用し、顧客を多様化することが重要である。事例でも、技術範囲を拡大し、一貫加工やユニット化対応を実現したことにより、従来の取引先の競合企業だけではなく、全く別の業種の取引先獲得に成功した事例もある。他事例では、バブル崩壊以降に下請制再編が急速に進んだり、協力会が解散したりするのに対応して、VA や VE などの開発提案能力を向上させることで、バブル崩壊時の 90％超の 1 社依存関係から取引先を拡大させ、取引比率を調査時点では 50％未満まで縮小させることに成功した例がいくつか見られた。

第3章　長期的な視点に基づく「技術戦略」の重要性とあり方　177

iii．「技術の専門化型」

　「技術の専門化型」のコア技術戦略の策定では、中小製造業は5つの類型の中でも最も下請企業比率が高い[65]ので、既存市場をベースにQCDなどの取引先の要求への対応力の高さを武器にすることがまず必要である。次に必要なのが、コア技術をベースにし特定分野の技術を長年にわたって蓄積・進化させ、部品や工具や金型や加工のブランド化・外販が可能となるほどの高い技術水準の獲得により、競合や取引先の内製化に対し差別化することである。そこで、「コア技術」、「市場」、「製品・加工」、「組織能力」の重点度合をイメージすると、図3-7のとおり「コア技術」、「製品・加工」の要素が重要となる。

図3-7　コア技術・市場・製品・組織能力の関係

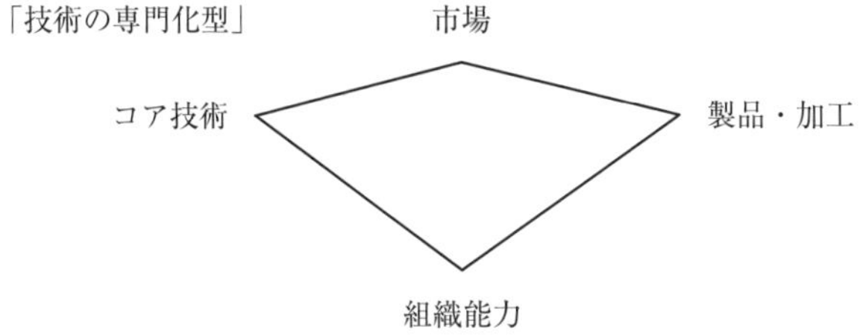

「技術の専門化型」　　　　　　市場

コア技術　　　　　　　　　　　　　　製品・加工

　　　　　　　　　　組織能力

出所：中小企業基盤整備機構（2009）

「技術の専門化型」
「コア技術」

　下請構造の中にあり取引先が限られていることが多いので、「市場」よりも「コア技術」が重要となる。ただ、下請構造にあるため、取引先ニーズに沿ったコア技術ということになる。ある特定分野の技術を長年蓄積・進化させて、熟練やノウハウを強みとすることが最も特徴的である。たとえば、①特定分野の熟練やノウハウの蓄積、②産学連携などの活用でコア技術を進化させ、微細加工など超精密加工分野や新素材加工分野への参入、③製造装置・工具の外販などにより、特定分野のコア技術で競合他社に差別化が可能となる。そのためには、絶え間ない技術進化が必要である。事例でも、コーティングの受託加工から始めて、製造装置の開発に成功しコーティング技術

を高度化させていた。技術進化の1つの手段としては、技術を最先端化させるための最新鋭の設備の導入が必要である[66]。事例でも、取引先への対応力を重視し、溶接ロボットの最新鋭の設備を積極的に導入して技術の高度化を図っていた。

一方で、最新鋭の設備をいくら導入しても、有効に活用できなければ、高い技術水準を獲得できない。設備・情報システムの活用で自社の強みとして最も重視されていたのは、設備を使いこなす人材育成・熟練の継承であった[67]。さらに、「大きな技術変化」に必要な技術人材で他の類型に比し有意な差異があったのは、多能工の育成の回答割合が高かったことである[68]。このように、最新鋭の設備を導入して「大きな技術変化」を起こす際に、内部人材を育成しその熟練やスキルを十分に活用することがこの技術戦略の要諦である。

事例では、①航空宇宙や半導体材料の成長分野への多額な先行設備投資で技術の高度化や多角化を図っていた、②部品レベルでも世界標準となる技術を獲得し競争力を発揮していた、③2000年以降に新たな動きとして大手企業のモジュール・ユニット化発注に対しグループで広域の技術強者連合を結成し一括受注する動きも出ていた、④1980年代後半以降のグローバル化の進展にいち早く対応し、海外生産拠点との国際分業を通じた相乗効果により国内の技術水準を向上させていた。このように、技術水準が平均的には類型間では低いが、技術水準の高いモノ作り300社でも最も多いのもこの類型である。このことから、現在のように技術や市場の不確実性がますます増大している今日、類型内の技術水準や成長度合の差異が拡大しているのもこの類型と考える。

「製品・加工」

下請構造で取引先へのQCDの対応力を武器にすることが必要である。次に、部品や工具や金型のブランド化・外販も一方策である。「技術範囲の拡大型」とは異なり、生産技術機能や生産工程を拡大しアッセブリ化・ユニット化を目指すよりも、特定分野の技術を深掘りするのがこの類型の特徴である。自社技術を高めブランド化することにより、競争力を発揮できる。そのためには、取引先ニーズの一歩先の高難度新技術への挑戦などで、最先端技

術や蓄積した技術ノウハウを活用し部品・加工で差別化することが必要である。事例でも、技術の高度化・精密化による超粒子工具や金型の外販の成功や、ナノレベルの微細加工技術やその他精密加工技術の自社ブランド化があった。

「組織能力」

最新の設備を使いこなすノウハウのデータ化・蓄積が必要である。特定の技術分野で、ダントツの技術力を発揮するためには、単なる最新鋭の設備を導入するだけでは不十分であり、設備を使いこなす人の熟練と、熟練やノウハウをデータや設備に体化していく仕組み作りが組織能力で不可欠である。また、人手部分は必ず残るので、現場の問題解決能力、変化対応能力、高精度・高速度の再現能力を発揮するノウハウ・熟練の蓄積・継承は重要である。

単に最新鋭設備を導入しただけでは技術水準は高まらないので、開発や設備導入に対する技術戦略の共有化が必要である。事例でも、地道に限られた部品市場にターゲットを絞り、コア技術を横展開し多角化を図り明治元年創業でコア技術を進化継続させていたり、経営者が技術戦略を率先して実行する中でも、経営者が市場ニーズを積極的に吸収し従業員のボトムアップの技術と融合させることがコア技術の源泉となったりしていた。経営者が技術や市場の動向を先読みして、いち早く成長分野へ投資をすることも重要である。

他事例でも、受託加工型中小製造業も競争力を発揮することが可能である。2005年に「新連携支援制度」が創設された前後から、大手企業のモジュール・ユニット化の発注にグループによる一括受注で対応するために、連携体構築力や企業間のコーディネート力がこの類型の組織能力で重要となっていた[69]。

「市場」

既存市場を深耕することが多いので[70]、次の点が重要である。たとえば、①下請構造にあって取引先への対応力（QCD）を武器にする、②技術進化で、工具や砥石や精密微細加工などのブランド力で取引先多様化が可能である。

ただし、新技術開発に伴う顧客開拓も重要である。この類型の中で競争力を発揮する中小製造業は、ニッチ分野で人手による熟練・ノウハウの蓄積・共有化や最新鋭設備にもその熟練・ノウハウの一部を体化し、大手企業を含

め競合に高い模倣困難性を構築している。この差別化により、新規顧客を開拓している。事例でも、この類型は、他類型と比して最も下請比率が高いので、大手取引先との取引の中で技術指導を受け技術水準が一定の水準に達すると、部品・工具の自社ブランド化や他社が手掛けないような超微細加工や超精密加工に挑戦することにより、特定分野におけるダントツに高い技術水準を獲得している。他事例では、世界標準となる技術まで達すると、取引先の開拓は容易になり、競争優位の頑健さを増すことになる。また、リーマンショック、東日本大震災後のグローバル化の加速度的な進展とともに、大企業の取引先が生産拠点を海外に移転することがますます多くなったため、国内需要の大きさとの兼ね合いはあるものの、この類型においても生産拠点を海外に設置して取引先を海外まで視野に入れなければ生き残れない時代となっている。

iv.「用途開発型」

「用途開発型」のコア技術戦略の策定では、中小製造業はコア技術をベースに国内を中心とした新市場開拓を行っている。新た顧客を開拓するために市場ニーズと製品・加工を如何にマッチングできるかの能力が、競合に差別化するために重要となる。そこで、「コア技術」、「市場」、「製品・加工」、「組織能力」の4要素の重点度合をイメージすると、図3-8のとおり、「自社製品開発型」と同様に「市場」の重要性が最も高い。次に「製品・加工」が重要となる。

図3-8 コア技術・市場・製品・組織能力の関係

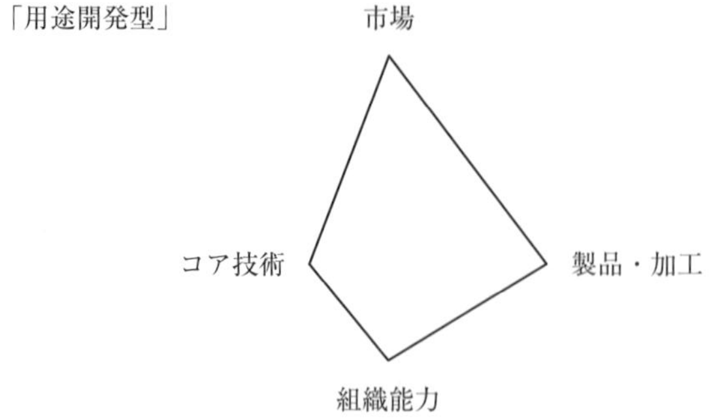

「用途開発型」

出所：中小企業基盤整備機構（2009）

第3章　長期的な視点に基づく「技術戦略」の重要性とあり方　181

「用途開発型」
「市場」
　コア技術をベースにして新取引先を開拓しながら製品・部品・加工を改良する技術戦略の類型なので、「市場」をいかに開拓するかが最も重要である。「自社製品開発型」も新市場開拓が重要であったが、海外市場開拓も視野に入れた新市場を志向する企業もかなり多いのに対し、この類型では、概ね国内を中心とする企業が多い[71]。そこで、この類型では、国内を中心とした新市場の開拓が重要であるが、そのためにはより大きな市場を開拓することが必要であり、中小製造業では経営者の役割が重要となる。経営者が自社の強みとするコア技術とマッチするような市場ニーズの情報を、取引先・異業種交流・産学連携・公的支援機関・経営者の人脈などから積極的に収集することが、戦略的な意思決定を迅速にできる中小製造業の強みを活かすことになる。事例でも、経営者の強力なリーダーシップの下で、コア技術をベースとして、食品メーカー、化粧品メーカー、医薬部外品・医薬品メーカーと、立て続けにより大きな市場・成長分野に用途開発を開拓していた。
　新市場開拓では、市場ニーズの変化が激しい現在、既成概念に囚われず情報には豊かな想像力で敏感に対応することが重要となる[72]。ニーズの偶然の発見からヒット商品が生じたケースも多い。営業マンも技術者も感性を磨き、業界情報だけでなく幅広い視野で開発や市場開拓をすることが必要である。

「製品・加工」
　コア技術をベースに新規顧客を開拓するので、市場ニーズを製品化する仕組みや技術提案営業が必要となる[73]。また、新市場開拓では、用途開発によって、顧客市場の変化に伴いより付加価値の高い分野に進出することが成長に繋がる。事例でも、溶接・溶射のコア技術を活用して、ダイオキシン対策の環境分野や光触媒の溶射を医療分野への活用など、成長分野に進出していた。他事例でも、モータや電磁弁の成熟製品・部品で、ユニット化や取引先への用途開発提案による付加価値増大の工夫があった。
　市場ニーズとコア技術をベースにした製品・加工をマッチングさせ、効率的に付加価値の高い分野の新市場を探し出すためには、外部機関との連携等

による潜在ニーズの発掘が必要である。そのためには、コア技術がバリューチェーンやサプライチェーンの中で強みを持てるか、コアコンピタンスは何か、参入障壁は高いかを確認して成長分野に進出することが必要である。また、中小製造業は経営資源の不足を企業間連携・産学連携等により資源を補完し、潜在ニーズを発掘するためのコア技術をベースにした技術開発も必要である。

「組織能力」

市場ニーズとコア技術をベースとした製品・加工をマッチングするために、潜在ニーズ・非顧客・ローエンドニーズ（現状より機能が低くても使用する）・顧客の真の声を聴取することが重要である。たとえば、①素材に近い分野では、ニーズに合わせてカスタマイズし顧客開拓する必要があるが、真の顧客ニーズが何かを見極めた潜在ニーズや未だ見ぬ顧客の開拓、②顧客ニーズと自社シーズとのマッチングには、経営者力と同時に営業の感性の育成が必要である。

「用途開発型」は、他の類型の製品開発・技術開発に比し小規模な開発・改良である場合も多いが、成長分野の大きな市場の獲得のためには、開発部門の充実、技術人材の活性化も重要である。たとえば、取引先からの高難度技術要求に対する挑戦が技術を進化させ技術人材も活性化させるので、これに全社体制で挑戦することも大きな技術進化の飛躍台となる。事例でも、中小企業では難度の高い国際プロジェクトへの挑戦により、技術が飛躍的に向上していた。

この類型の特徴は、技術戦略の実行プロセスで「若い技術者への権限移譲と責任付与」が他類型に比し、有意な差異で高い割合の回答があったことである[74]。同じ新市場開拓を目指す技術戦略類型でも、技術水準が「自社製品開発型」に比し有意な水準で低い「用途開発型」では[75]、上記のように求められる新市場開拓のための手段はいろいろ考えられるが、他の類型以上に経営者を中心とした全社一丸となった市場開拓の取り組み姿勢が強く求められる。

「コア技術」

「用途開発型」はコア技術をベースにした小規模な製品・技術開発・改良

が中心であるが、技術進化が不要なわけではない。コア技術そのものをより強固なものにするには製品開発・技術開発を向上させる必要がある。また、強力なコア技術をベースにした顧客開拓が必要である。そのためには、たとえば、①コア技術をベースに頻繁に開発活動を行い、ヒット商品を探し当てること、②長期の視点で製品開発・技術開発を試みること、③取引先からの高難度技術要求に挑戦することなどが、技術進化のために必要である。事例でも、コア技術をベースにしながらも、製品開発・技術開発に重点を置き、付加価値の高い新用途、新市場、新製品・加工を積極的に探索しながら成長していた。

また、人材では、他の類型に比較し、市場開拓のために開発・製造から営業まで社内全プロセスを理解した管理者が必要である[76]。このような人材が確保できて初めて市場ニーズとコア技術、製品・加工のマッチングが可能となる。

ｖ．「事業構造の再構築型」

「事業構造の再構築型」では、外部環境の激しい変化に対して、従来のコア技術、市場、製品・部品・加工のすべてを変更して、新事業を構築したり、新分野に進出したりするので、それを成功させるための経営者力を中心とした組織能力が大変重要となる。そこで、「コア技術」、「市場」、「製品・加工」、

図3-9　コア技術・市場・製品・組織能力の関係

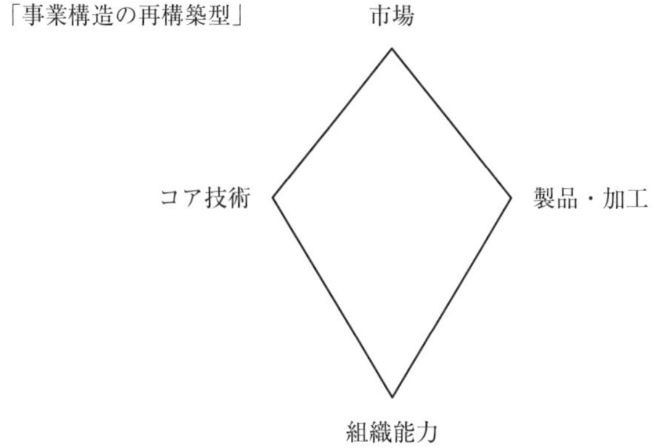

「事業構造の再構築型」

　　　　　　　　　　市場

コア技術　　　　　　　　　　製品・加工

　　　　　　　　　組織能力

出所：中小企業基盤整備機構（2009）

「組織能力」の4要素の重点度合をイメージすると、図3-9のとおり、技術戦略の類型の中では、「組織能力」の重要性が最も高い。他の「コア技術」、「市場」、「製品・加工」も大幅な変更を迫られることから重要度合はかなり高い。

「事業構造の再構築型」
「組織能力」

　環境変化が急激に生じて、大変厳しい経営状況に置かれて必要に迫られて技術戦略として選択せざるをえない場合も多く、成功させ企業成長に繋げることは困難である。一方で、環境変化を先取りして読み取り、付加価値の高い新たな事業システムを市場にスピード重視で投入し、競合との差別化を強固にする前向きな事業構造の再構築もある。いずれにしても、市場と技術と製品・加工を同時に新たな方向に転換するのは大難関である。そこで、最も必要となるのは、事業構造の再構築を可能とするような「組織能力」である。

　前述のとおり、事業構造の再構築を図る時、企業経営上は大変厳しい局面の場合もあるが、その中で顧客も新たに開拓しなくてはならず、技術や製品・加工も新たに能力を蓄積する必要がある。そこで、少しでも資金負担やリスクを軽減するためには、公的支援策の活用などの軽減策の検討が必要である。必要に迫られてであれ、前向きな対応であれ、技術と市場を大幅に転換することは経営資源の乏しい中小製造業には困難を伴う。また、技術と市場の一新には、未だ見ぬ世界への想像力を発揮させる柔軟性が必要である。

　そこで、企業間連携や産学連携等の外部との連携は、不足する経営資源の補完や内部の人材に対する刺激・活性化として有効である。このように、全社体制で事業構造の再構築は知恵を搾り出すことが必要であるとともに、外部との連携による経営資源の補完が重要である。事例でも、繊維事業から構造転換を成し遂げた企業があったが、ゼロからの市場で蓄積のない新技術を吸収するためには、経営者の全従業員を一丸にするまでの激しい情熱・強力なリーダーシップ、市場を探し当てる先見性、技術動向や市場ニーズに関する情報収集力・人脈など、組織能力としての経営者力が最も重要となっている。

「コア技術」

　従来の技術から大きく転換することも多いので、その場合には、大幅な新技術の吸収・融合が必要となる。既存のコア技術で利用可能なものは最大限に活用しながら、環境や医療など付加価値の高い成長分野のコア技術を探索することが必要である。事業構造の再構築が必要な場合は、大きく分けて、環境の急激な変化に対応せざるをえない場合と、高付加価値の創造・獲得を求めて新事業システムを市場に投入するために再構築が必要な場合がある。

　前者の場合、業界の衰退期は事業構造の再構築も必要となる[77][78]。この場合には、新規事業を立ち上げるのと同様に、誰に何をどのように供給するのか、その時の組織はどうするのかを抜本的に見直し、事業構造の再構築を図る。ただしこの場合にも、再構築による資金負担やリスクを少しでも軽減するために、管理技術や金型技術など従来のコア技術の一部を有効活用することが必要となる。また、後者で新技術で新市場を発見するためには、コア技術を再度見直し、ニーズありきではない開発のトライアンドエラーや、非顧客や現在は機能が高すぎて利用できないローエンドのニーズの発掘も必要となる。また、このようにして付加価値の創造だけでなく獲得が必要[79]であり、そのためにはコア技術の新規性・成長性・専有可能性の検討も必要となる。

　事例でも、繊維事業から業種転換していたが、管理技術の継続活用や、付加価値が低く模倣し易い装置型中間製品から開発・設計に手間が掛る高度な技術や技能が必要な分野への転換で、前事業からの学習効果を活かしていた。

「市場」

　全く新たな市場を開拓しなければならない場合も多いので、経営者自ら成長市場の積極的な情報収集をすることが重要である。事業の再構築の市場分野例としては、①繊維事業からの事業転換や商社からメーカーへの転換で、市場をゼロから探した、②自社製品では大企業に販売能力で対抗できないので自社製品開発を止めOEMに特化した、③金型外販の不振を契機に金型外販から部材加工へ、さらには自社ブランド化を推進、④機械単品販売からラインシステムでの販売へ展開し、新たに食品加工市場や全く他分野の自動車関連の市場を獲得、⑤めっきやプレスでもデザインやエコを重視して新規市

場を開拓、⑥リーマンショック後に製造業から商社的なエンジニアリング業やソリューションビジネスの開始などがある。いずれにしても新市場を探し当てるために大変な努力を要し、特に付加価値の高い成長分野への参入には、製品・部品・加工の機能的価値だけではなく、外観やデザインやブランドやアフターサービスなどの感性価値・意味的価値の創造・獲得も大変重要となる。

「製品・加工」

　新技術で新市場に参入することが多くリスクも大きい場合もあるので、少しでも成長性の高い分野、付加価値の高い分野、サプライチェーンにおける位置取りを模索して開発をする必要がある。また、事業の再構築の製品・加工例としては、①技術動向の将来を予測し成長性のある製品・加工を探索した、②経営者の情熱と学習により実用化まで10年以上の長期間の年月に耐えた、③自社製品販売の販売能力が大企業に劣るので自社製品開発を中止しOEMの中でも成長産業に特化した、④部材加工の水準を高めブランド化を実現した、⑤加工機販売からシステム販売へ転換した、⑥外観やエコなど感性価値・意味的価値重視の製品・技術開発にシフトした、⑦リーマンショック後に「製造業のサービス業化」が進み開発提案能力やアフターサービスや連携体構築能力・コーディネート能力などによる難易度の高い顧客価値の提供などがある。市場への参入者が未だ少ない成長分野であり、付加価値が高くなるように機能的価値に感性価値・意味的価値を創造した新製品・加工を提供していた。

④第3ステップ「コア技術戦略の策定」のまとめ

　「コア技術戦略」とは、自社の有する要素技術のうち最も競合に対して競争力を発揮できる強みであるコア技術をベースにし、長期的視点の中でブレなく一定の方向性の中で頻繁な製品開発・技術開発などの技術進化を目指す戦略である。中小製造業は基本的にはコア技術をベースに事業展開をして成長しているので、コア技術戦略は中小製造業に適した技術戦略と言える。しかし、中小製造業は、大企業のような豊富な経営資源を有するわけではないので、産学連携・企業間連携・公的支援策などの外部資源の積極的な活用により資金負担やリスクを軽減しながら、①顧客と現場の近さ、②開発・設計・

製造・営業間の濃密なコミュニケーション、③経営者の迅速な意思決定などの中小製造業の強みを最大限に活用した技術戦略を策定する必要がある。

技術戦略について、技術と市場の観点から大きく4つの類型に分類された。新技術・新市場（海外を含む）を志向する「自社製品開発型」、新技術・現市場を志向する「技術範囲の拡大型」、「技術の専門化型」、現技術・新市場（国内中心）を志向する「用途開発型」である。さらに、ヒアリング資料の二次分析により、上記の4類型に加え、従来の技術や市場を刷新し事業を創造・転換するような「事業構造の再構築型」が存在し、5つの類型に分類された。

中小製造業においては、「コア技術戦略」の策定のためには、自社が上記の5つの技術戦略の類型のどの類型を中心に位置づけるかを意識する必要である。なぜならば、自社の強みとなる「コア技術」が何で、中小企業に向いた「市場（顧客）」を中心にして、競合他社への差別化が可能な「製品・加工」を、他社が模倣困難な長年蓄積・進化させてきた「組織能力」で、いかに提供するかにおいて、5つの「技術戦略」の類型で重点を置くべき事項が異なるからである。さらに、この4つの要素を「技術戦略」の策定や実行にあたっていかにマネジメントするかが中小製造業の競争力に大きな影響を与えるからである。

(4) 第4ステップ：「コア技術戦略実行チームの編成」

第4ステップは、コア技術戦略実行チームの編成である。開発、設計、製造、生産技術、営業など横断的なチームを作成する。コア技術の可能性を幅広い視野で検討することが必要であり、やる気のある人、自社の将来に夢を持つ人を中心に泊りこみ合宿で検討することも有効である。大企業とは異なり部門間の垣根が低く、技術者の濃密なコミュニケーション、経営者の経営理念の技術者への浸透は、中小製造業の強みであるので、技術者のモチベーションを高める仕組み（たとえば、若い人への大幅な権限委譲と責任の付与）が必要である。ただし、企業内部では限界があるので、産学官連携の活用などで研究者、取引先、仕入先、外注先など数多くのコミュニケーションを密にして、日常では気がつかないコア技術への潜在ニーズや製品化の発展可能

性などを探り出す。社内に人材がいなければ、中途採用で市場から設計、購買、生産、物流、営業までの全プロセスに精通した高度な管理者・マネージャーを採用して、その者を中心にプロジェクトを運営することも重要である。

①部門横断的チームによる技術戦略の実行

アンケート資料における技術戦略の実行プロセスに関する設問の回答においても、高い技術水準を有するモノ作り300社では、部門横断的チームによる技術戦略の実行を40％（第4位）の企業が重要としていた[80]。バブル崩壊以降の「大きな技術変化」による4つの類型のうち重要とする割合が大きいのは、「自社製品開発型」と「技術範囲の拡大型」であり、それぞれ31％の企業が重要としていた[81]。ヒアリング資料においても、経営計画を役員だけでなく部課長や一般社員まで参加したチームを結成しオープンな経営姿勢の下に策定している例や、開発から営業まで合同の月1回のミーティングを行い、開発部門には市場ニーズを理解させ、販売部門には技術シーズを理解させて、開発商品・技術の他部門への転用・販売で成果を挙げている事例もあった。

②社内のすべてのプロセスを理解した管理者の育成・採用

同じアンケート資料の設問の回答で、高い技術水準を有するモノ作り300社では、社内のすべてのプロセスを理解した管理者の育成・採用を34％（第6位）の企業が重要としていた。アンケート資料の二次分析によると、「大きな技術変化」の4つの類型のうち重要とする割合が大きいのは、「用途開発型」と「技術の専門化型」であり、それぞれ40％、38％の企業が重要としていた[82]。

③大学や他企業との連携による不足する技術資源の補完

同じアンケート資料の技術戦略の実行プロセスに関する設問の回答で、高い技術水準を有するモノ作り300社では、大学や他企業との連携による不足する技術資源の補完することを30％（第7位）の企業が重要としていた[83]。「自社製品開発型」が他類型に比し圧倒的に重要とする割合が大きく、38％の企業が重要としていた[84]。ヒアリング資料においても、自社製品を有する企業や最先端の技術を武器にする中小製造業では、大学や取引先や広域な

先進的企業や公設試などと積極的に連携して自社の技術資源を補完していた例がある。

以上のように、コア技術戦略の第4ステップの「コア技術戦略実行チームの編成」では、開発・設計・製造・営業の部門間の近さから濃密なコミュニケーション可能である中小製造業の強みを活用し、部門横断的チームによる技術戦略の実行が重要である。部門横断的チームの編成によって初めて技術シーズと市場ニーズのマッチングは可能となる。また、技術シーズと市場ニーズのマッチングのためには、社内プロセスを理解した管理者の育成や採用も重要である。さらに、中小製造業は、内部の経営資源が不足しがちであるので、産学連携・企業間連携・公的支援の活用など他機関との連携で不足する資源を補完し、コア技術戦略の実行チームを編成することが効果的である。

(5) 第5ステップ：「コア技術戦略実行計画の策定・実行」

第5ステップは、コア技術戦略実行計画の策定・実行である。コア技術戦略実行計画の策定・実行では、経営計画と整合性の取れた中期計画と年度計画の策定が必要であり、マイルストーンを定めいつまでに何をやるかを明確にすることが実効性を高める。また、コア技術戦略の展開では大きな設備投資を伴うことも多いので、キャッシュフローの中長期的なシミュレーション（経営計画・利益計画・資金計画）は不可欠で、その上で経営者自身の大きな意思決定が必要となる。なお、この意思決定に関しては、従業員に理解を浸透させ社内一丸となった方向性・モチベーションの共有化が重要である。

アンケート資料の二次分析で、高い技術水準を有するモノ作り300社が技術戦略の実行のプロセスにおいて重視していたのは、前述の3項目を除くと、
①経営者の強力なリーダーシップ65％（第1位）、
②若い技術者への権限委譲と責任付与52％（第2位）、
③技術戦略の方向性の共有化50％（第3位）、
④補助金・助成金など国等の施策の活用37％（第5位）、
⑤技術戦略の実効性確保のために、最新鋭の設備の導入30％（第7位）、
⑥技術戦略に適合した資金計画の作成17％（第11位）である[85]。

技術戦略の実行プロセスを「大きな技術変化」の類型別に上位5番目まで比べると、「若い技術者への権限委譲と責任付与」、「経営者の強力なリーダーシップ」、「技術戦略の方向性の共有化」はどの類型でも上位4番目までに入る。類型別の特徴が顕著なのは、「自社製品開発型」が第3位に「補助金・助成金など国等の施策の活用」46％、第5位に「大学や他企業との連携による不足する技術資源の補完」38％、「技術の専門化型」が第4位に「技術戦略の実効性を確保するために、最新鋭の設備の導入」38％、「用途開発型」が第1位に「若い技術者への権限移譲と責任付与」70％と回答割合を突出している点である[86]。

 事例でも、高い技術水準を核に成長を遂げ長年継続している中小製造業は、「100億円企業を目指す」、「開発型企業であると断言する」、「2000年に10年間の2010年ビジョンの長期経営計画を策定」、「中期経営計画の中で自社ブランド品の強化を重要テーマとして位置づけ」、「メジャー志向からお客様の満足こそ進むべき道への意識の転換」、「社長を中心とした現場第一主義」、「経営者自らコア技術と成長する市場ニーズを長年の情熱と血の滲むような努力でマッチング」など、経営者が強力なリーダーシップを発揮し、目標を明確化するとともに、経営理念や技術戦略の方向性を社内で共有化していた。

 また、計画実行においては、試行錯誤もありうるので失敗に対するペナルティを定めてはならないし、モチベーションを高くするために、社長賞などを設けたり、社員全員からの技術提案制度も創設したりすることも有効である。技術開発資金が不足する時は、経済産業省が複数の異分野の中小企業が連携して新事業を起こすことを支援するために創設した「新連携支援制度」などの中小企業基盤整備機構を事務局とした国の施策も活用するとよい。また、中小製造業ではコア技術戦略実行計画の実行段階で人材も不足しているので、設備投資の決断、海外進出の決断にも、中小企業基盤整備機構などの公的機関の専門家アドバイスも役に立つ。さらに、コア技術戦略実行計画の策定・実行を担当する人材育成のために、大手企業との取引や産学官連携の担当者に若手技術者を充てたり、学会に参加させたりして育成する方法もある。

第3章　長期的な視点に基づく「技術戦略」の重要性とあり方　191

　以上のとおり、中小製造業は、コア技術戦略計画の策定においては、経営計画と整合性の取れた中期計画と年度計画の策定が必要であり、マイルストーンを定め、いつまでに何をやるのかを明確にすることも必要である。また、コア技術戦略を実行する上では、大きな設備投資を伴うことも多く技術戦略に適合した資金計画の策定は不可欠である。コア技術戦略実行計画の策定・実行にあたっては、最大の経営資源である経営者が、強力なリーダーシップを発揮し目標を明確にすることが重要であり、全社一丸となって計画の策定・実行するためには、経営者が全従業員に経営理念や技術戦略の方向性を共有化させることが必要である。また、若い技術者に権限を大幅に委譲し責任を付与することなどにより、人材の育成・活性化を図ることも重要である。技術戦略計画の実行では、最新鋭設備を導入することによる技術の高度化が、競合との差別化を実現するために必要となるが、特に類型のうち「技術の専門化型」では重視する企業が多い。中小製造業は、内部の経営資源が不足しており、コア技術戦略計画の実行に当たって資金負担やリスクを少しでも軽減するためには、補助金・助成金などの国等の公的支援策の活用が有効である。

(6)　第6ステップ：「コア技術戦略実行計画の見直し」
　第6ステップは、PDCA（計画→実行→点検→見直し）サイクルによるコア技術戦略実行計画の見直しである。コア技術の展開は、長期的視点なので短期的な業績を求めすぎてはいけない。基本となる得意分野のコア技術の方向性にブレがないかを検討し、3C（自社、顧客、競合他社）の動きを注視しつつ、再度計画を見直す必要がある。大きな方向性にブレがなければ、小さな成功体験を積んで少しでも自信が持てるようにする工夫も必要である。たとえば、実現可能性の高い技術開発を計画に盛り込むのも一例である。
　高い技術水準を有するモノ作り300社では、①計画→実行→点検→見直しのサイクル（PDCAサイクル）の実行を29％（第9位）が重視しており、②成功体験の積み重ねによる技術者の意識の向上を19％（第10位）が重視している。
　中小一般製造業でも、計画→実行→点検→見直しのサイクル（PDCAサ

イクル)の実行を40%(第4位)が重視しており、成功体験の積み重ねによる技術者の意識の向上を25%(第8位)が重視している。成功体験の積み重ねによる技術者の意識の向上は、技術水準の高低の規定因として回帰分析や判別分析で有意な係数として現われているので、技術者への動機付けとしての重要性が分かる[87]。

また、「大きな技術変化」の類型のうち、「用途開発型」が他の類型に比し計画→実行→点検→見直しのサイクル(PDCAサイクル)の実行を重視している(51%)[88]。成功体験の積み重ねによる技術者の意識の向上では、「大きな技術変化」の類型間で大きな差異はないが、バブル崩壊以降の「大きな技術変化」を経験していない中小一般製造業も含めた全体の平均よりも、どの類型でも重視する割合が上回っている。事例でも、製品開発・技術開発において夢を持つことを尊重しつつアウトプットや成功体験を得ることで研究開発担当者のモチベーションを向上させていた。また、製品開発・技術開発において長期間にわたるトライアンドエラーで常に見直しを図りつつ、実用化に成功していた。

以上のとおり、コア技術戦略実行計画の最終段階においては、通常のマネジメントと同様に、PDCA(計画→実行→点検→見直し)サイクルを迅速かつ柔軟に回しながらの管理・軌道修正が重要である。特に、中小製造業は、現在のように市場ニーズの変化が急激で、かつ技術革新速度も速く、競争関係の変化も激しい厳しい環境の中では、長期的視点のコア技術戦略計画の見直しを極めて柔軟にかつ迅速に行わなければならない[89]。見直しの対象には、コア技術そのものも入れるぐらい柔軟に計画を点検する必要がある。そのためには経営者が中心となり、最新の技術や市場の動向を常に凝視しなければならない。また、計画実行では、中小製造業は、全従業員が一丸となって同じ方向に向かう必要があるので、従業員の意識の向上が重要である。特に、製品開発・技術開発を担当する技術者は、それが事業化や実用化に繋がる経験をしていないと、開発意欲が低下することが多いため、小さな成功体験を開発担当者に与えることにより、技術者の活性化を図ることも重要となる。

第3章　長期的な視点に基づく「技術戦略」の重要性とあり方　193

(注)

(1)　延岡健太郎（2006）23ページ。
(2)　ネルソン＆ウィンター（1982）142ページ。
(3)　ハーマン・サイモン（2009）53ページ。
(4)　山田基成（2000）は，金属熱処理工場における事例研究において，漸進的変革と飛躍的変革の同時模索が技術の蓄積・創造に必要と指摘している。21ページ。
(5)　アンケート調査項目は，問18「コア技術の業界水準（7区分）」，問19「技術の将来動向予測（4段階）」，問20「人材の技術・技能レベル把握（4段階）」，問21「技術戦略の有無」，問22「技術戦略の実行プロセス（11項目，複数回答）」が該当する。
(6)　問18（コア技術の業界水準）で，1.世界トップレベル，2.国内業界トップレベル，3.国内業界上位レベルまでを「技術水準国内上位レベル以上」に，4.国内業界中位レベル，5.国内業界下位レベル，6.自社のレベルを把握せず，7.コア技術そのものを把握せず　までを「技術水準国内中位レベル以下」に2区分。
(7)　技術戦略の有無：技術水準国内上位レベル以上 65.3％，技術水準国内中位レベル以下 33.7％。技術の将来動向予測（5年後，10年後の技術動向まで予測）：技術水準国内上位レベル以上 16.7％，技術水準国内中位レベル以下 .3.9％。人材の技術・技能レベル把握（全員の）：技術水準国内上位レベル以上 68.7％，技術水準国内中位レベル以下 50.0％。
(8)　技術戦略の策定要因の問18～問21は，前章の成長性指標関係のグループ統計量ですでに提示済であるが，再度掲載。
(9)　注意すべき点は，両者に有意な差が生じている問22⑨（計画→実行→点検→見直しのサイクルの実行）だけは，他の有意な項目と異なり，中小一般製造業のほうがモノ作り300社よりも回答割合が高いことである。また，有意水準が10％水準ではあるが両者に有意な差異が見られる項目は，問22⑪（大学や他企業との連携による不足する技術資源の補完）。
(10)　技術戦略の有：中小一般製造業 48.7％，モノ作り300社 83.2％。技術の将来動向予測（5年後，10年後の技術動向まで予測）：中小一般製造業 10.0％，モノ作り300社 .22.3％。人材の技術・技能レベル把握（全員の）：中小一般製造業 59.0％，モノ作り300社 71.7％。コア技術の業界水準（国内業界上位レベル以上）：中小一般製造業 47.1％，モノ作り300社 91.0％。
(11)　分析では，Q18は技術水準の高いものから5段階に逆転させ得点化，Q22はダミー変数化（有1，無0），Q20は把握度合いの高いものから4段階に逆転させ得点化，Q19は予測期間の長いものから4段階に逆転させ得点化，Q21はダミー変数化（有1，無0）。説明変数は，全変数を投入しステップワイズ法による重回帰分析を行い，係数が5％水準で有意で寄与率 $Adj. R^2$ が最も大きいモデルの変数を選択し，その選択した上記変数を上記各モデルに強制投入した。
(12)　相関係数 r の絶対値も上記表のとおり，「コア技術の将来動向の予測期間」のほうが「技術戦略の有無」よりも大きくなっている。

(13) 相関係数rは、「経営者の強力なリーダーシップ」のほうが「成功体験の積み重ねによる技術者の意識の向上」より大きくなっている。
(14) 変数の投入はステップワイズ法による。
(15) 構造行列の絶対値の順も同様である。
(16) 変数の投入はステップワイズ法によると、Q19、Q22-10、Q22-11のみ有意な変数として投入。しかし、判別正解率が60.9％しか至らず、ステップワイズ法の変数の投入過程でWilksのラムダの値が相対的に小さい4つの変数の投入を検討した。結果的に追加して投入した係数はQ20とQ22-2。変数の投入は、強制投入法により行ったが、判別式全体のWilksのλは、上記の表のとおりカイ二乗検定で1％水準で有意。
(17) 構造行列の絶対値では、「経営者の強力なリーダーシップ」と「成功体験の積み重ねによる技術者の意識の向上」の順だけ逆転。
(18) Q18のグループ変数は技術水準高が1、低が0とダミー変数化。Q22は複数回答なので有＝1、無＝0のダミー変数。Q19は将来動向の予測期間の長いものから4段階に逆転させ得点化。Q21は技術戦略有＝1、無＝0にダミー変数化。Q20は把握度合いの高いものから4段階に逆転させ得点化。モデル2は、問21〔技術戦略の有無（ダミー）〕に代えて、技術戦略が有る場合の問22（技術戦略の実行のプロセス）の11項目の変数を投入して回帰分析を実施。モデル1の変数選択の方法は、Waldの統計量に基づく変数増加法。モデル2の変数選択の方法は、Waldの統計量に基づく変数増加法で寄与度が最も高い説明変数に絞り込み、選択した上記変数を上記各モデルに強制投入。Waldの統計量に基づく変数増加法により有意となったQ19、Q22-10、Q22-11の変数に加えて、Q20、Q22-2の変数を追加しロジスティック回帰分析。
(19) 前述の本章における技術水準の高低の規定因の分析以外にも、既に前章において「技術戦略の有無」と「コア技術の将来動向の予測期間」のカイ二乗検定等を通じて、技術戦略要因間の分析は行ってきている。
(20) 前章で述べたとおり技術戦略と技術変化の指標は間隔尺度とも言えず、本来はt検定に馴染まないが、数値が低いほど技術水準の高さ又は技術変化の有無に寄与すると想定される。このように、変数が連続変数と捉えられきれない点もあることからクロス集計によるカイ二乗検定も併せて行った。有意検定の結果は、t検定と概ね同様であった。2×2表のクロス集計のカイ二乗値は、イェーツの連続修正後の値。
(21) 技術の将来動向予測（5年後、10年後の技術動向まで予測）：技術戦略有り16.1％、技術戦略無し4.0％。コア技術の業界水準（国内業界上位レベル以上）：技術戦略有り63.6％、技術戦略無し32.2％。人材の技術・技能レベル把握（全員の）：技術戦略有72.0％、技術戦略無し46.8％。
(22) 上記表のうち、「大きな技術変化」に関連する技術戦略の有無2群間の差異分析については、次の（2）において述べる。
(23) 「大きな技術変化の有無」：技術戦略有り64.7％、技術戦略無し27.7％。平均値の値に1％水準で有意な差がある。生産技術機能の「技術範囲の拡大型企業」：技術戦

略有り29.1％、技術戦略無し18.2％。生産技術機能の「進化型企業」：技術戦略有り18.7％、技術戦略無し14.0％。生産工程の「技術範囲の拡大型企業」：技術戦略有り17.8％、技術戦略無し13.3％。「市場ライフサイクルの若返り型企業」：技術戦略有り11.5％、技術戦略無し6.7％。バブル崩壊以降〜現在までの生産技術機能の範囲の変化類型と進化類型は1％水準で、生産工程の範囲の変化類型は10％水準で有意な差異がある。市場ライフサイクルの変化類型も、平均値では有意な差はないがカイ二乗検定では5％水準で有意な差異がある。

(24) 選択肢15のその他について除外することも考えられるが、全体の傾向値に影響を与えないので、そのまま分析を行った。
(25) 5％までの差異はないが技術戦略有群のほうが回答割合で次に差異が多いのは、「技術範囲の拡大型」（＋3.9％）である。
(26) χ^2（df = 6、N = 541）= 3.58 NG。現在の売上への貢献割合で「3割〜4割」の回答 技術戦略有り：36.5％、技術戦略無し：39.2％。
(27) 中小企業基盤整備機構（2009）121ページを引用し、技術戦略の類型の定義は再編加工している。
(28) ここでの組織能力の差別化は、藤本隆宏と延岡健太郎の主張するものとほぼ同義であり、延岡健太郎（2006）54〜64ページを参照している。
(29) 鈴木直志（2012）でも同様の指摘、上記2.の初めからここまで71〜73ページを引用し、再編加工。
(30) 以降、ヒアリング資料の二次分析においては、中小企業基盤整備機構（2009）117〜127ページ、中小企業基盤整備機構（2010）37〜52ページ、中小企業基盤整備機構（2011）28〜36ページを参照し、分析・再編加工している。
(31) 2010年調査の事例については、技術戦略のコア技術・市場・製品加工・組織能力の関係図は、後段で技術と市場の関係を改めて図解するので、本章では省略する。以下の2010年調査については全て同様。
(32) 中小企業基盤整備機構（2009）145〜166ページを基に、本研究のアンケート資料とヒアリング資料の二次分析の結果を踏まえ再編加工。
(33) 延岡健太郎（2006）は、真似されない持続的な差別化が困難な時代であるとして、差別化の要因として大きく商品での差別化と組織能力での差別化（コア技術、組織プロセス、事業システム）の2つに区分する。その上で、長期的な差別化には組織能力での差別化が重要だという。50〜59ページ。下記2.以降では、延岡のいうコア技術戦略（102〜134ページ）を参考にすると、中小製造業には特にコア技術を明確にした技術戦略が必要だと考えるので、長期的な技術進化の取り組みとしては中小製造業のコア技術戦略のあり方について説明する。
(34) ステップごとの項目はアンケート調査項目と同じとしているが、モノ作り300社は技術水準が国内トップレベル程度以上にあることから、コア技術戦略の策定や実行プロセスにおいてもモノ作り300社の回答割合を1つのベンチマークとして分析を進める。もちろん、モノ作り300社はサンプルに偏りもあるので、技術水準の高低

が必ずしも、無作為のサンプルに近い中小一般製造業のあり方と完全に適合するわけではない。

(35) 延岡(2006)「要素技術とは、技術・商品開発に関する企業固有の技術だが、たとえば、加工方法などの生産技術、特定の製品機能、開発プロセス、材料など、さまざまなものが考えられる」107 ページ。

(36) 弘中(2007)も、金属・機械産業の中小企業が長期的に技術力を向上させるために長期的視点の必要性を指摘する(63 ページ)。そのためには自社技術の体系的把握「自社内にどのような種類の技術があるのか、そしてその周辺にはどのような技術があるのか整理すること」(64 ページ)と、自社技術の相対的把握「自社の技術レベルを他社と比較したうえで議論すること」(79 ページ)が必要とし、中小企業が将来ビジョンを構築するための出発点として両者の把握を一元的にではなく二元的に捉えることで適切な分析を行うことができると指摘する(95 ページ)。これらは、本研究の第 1 ステップ「要素技術の洗い出し」、第 2 ステップ「コア技術の選定」が概ね該当する。本研究では企業成長や技術水準の規定因の観点から重要な事項を考察するとともに、いかなるコア技術戦略のステップを踏むと中小製造業がより競争力の発揮が可能かを考察する。

(37) 「社内勉強会における学習」は両者とも最頻値で差は有意でない、中小一般製造業 42％、モノ作り 300 社 33％。

(38) ティース(2007)は、ダイナミック・ケイパビリティのフレームワークで、センシング(市場や技術的機会の感知)⇒シージング(機会の活用)⇒脅威とリコンフィギュレーション(再構成)のマネジメントを提示する。このセンシング段階が、本研究の第 1 ステップ、第 2 ステップに近い。ティースはセンシングのための生態系フレームワークの基礎を提示し、そのために必要となるシステムや能力は「学習し、機会を感知、フィルタリング、形成、測定する分析システム(および個人の能力)」とし、それに必要となるミクロ的基礎は、「社内 R&D を推進し、新しい技術を選択するプロセス」、「外部の科学や技術の発展を活用するプロセス」、「サプライヤーや補完者のイノベーションを活用するプロセス」、「ターゲットする市場セグメント、変化する顧客ニーズ、カスタマーイノベーションを特定するプロセス」を挙げる。『ケイパビリティの組織論・戦略論』(2010) 16、49 ページ。特にこのセンシング段階の担い手として経営者の役割を強調することは、中小製造業のコア技術戦略に通ずるものがある。中小製造業の最大の経営資源は経営者自身であり、技術動向を長期的視点で見極めるのは経営者をおいてほかに担えない。

(39) 延岡(2006)は、3Cの概念を用い、新しいコア技術の選択基準として、①独自性・差別化の実現性、②顧客価値への重要性、③応用範囲の広さと柔軟性の 3 点を挙げる。133 ページ。

(40) 延岡(2006)でも、「どの技術を最初に選ぶか以上に、選んだ技術に関して、技術、商品、市場の 3 つの間で相乗効果を起こしつつ発展させていくことが重要である」(127 ページ)と指摘し、「企業の組織能力、技術、商品、市場の 4 つが相乗効果を

持ちながら成長していく仕組みを創り出さなくてはならない」（134ページ）と指摘する。この指摘は、アンケート資料の二次分析における、技術戦略を有するか、技術水準の高い中小製造業の意識と整合している。
(41) 前述のとおり、「大きな技術変化」の類型間で有意な差異は見られなかった。
(42) ティース（1986）では、技術的イノベーションから企業が利益を獲得するために、補完的資産、専有可能性、共特化の概念を導入し、ここから現在のダイナミック・ケイパビリティ論のモジュラー型のオープンエコノミーにおける生態系間競争で、利益を獲得するためのティース（2007）におけるセンシング⇒シージング⇒リコンフィギュレーションのフレームワークに繋がる。モジュール化とオープンエコノミーが進んだ急速な技術変化の時代では、イノベーションもシステミックな性質や規模の経済性や範囲の経済性を超えた、外部環境に合わせて内部資源と他の企業の資源のコーディネートから競争優位が生まれると主張する。藤本（2003）や延岡（2006）のもの造りの組織能力論で擦り合わせ型の製品アーキテクチャを重視した戦略論は、同じ内部資源の重要性に着目する視点が始まっても、ティースと主張は対極的なものとなる。
(43) 延岡（2006）によるので、シャープが現在のように、国内の液晶パネル工場やTV製造工場に多額の投資をして液晶TVの国際競争に敗れた現在の厳しい経営状況は反映されていない。少なくとも、この時点までのシャープは、規模の経済性によるリーダーシップ戦略を採るよりも、差別化やニッチな市場への集中化で次々に開発する独自技術による製品で存在感を示していた。液晶TVへの大規模投資はコア技術は維持していたが、商品の連続した開発での多様性の創出による開発リスクの低減という、延岡のコア技術戦略のあり方から逸脱していたと考える。
(44) 延岡（2006）111〜112ページ、116〜119ページ。
(45) 市場規模が小さいと、大企業が強みとする規模の経済性や範囲の経済性が発揮しにくい。もっとも、市場占有率の大きさ、成長市場の有無・市場の成長速度により異なるので一概には言えないが、事例で100億円以下の市場規模では大企業は関心を示さないとしていた。
(46) クリステンセン（1997）の言う大企業のイノベーションのジレンマが生じやすい市場である。
(47) 知的財産権など目に見える先行者利得も重要ではあるが、経営資源の乏しい中小製造業が模倣困難性により参入障壁を高めたり、差別化を図ったりするためには、目に見えない模倣困難な技術や設備などのノウハウの学習効果のほうが競争優位を持続し易い。
(48) ハーマン・サイモン（2009）でも、隠れたチャンピオン企業の特性として、本研究とは異なり市場側からのアプローチであるが、市場を狭く定義し、その市場で強い地位を築いていくこと、ひとたび市場を選ぶと、隠れたチャンピオンはそこで長期的に注力していくことを示している（80〜81ページ）。さらに、グローバル化の必要性について、狭い市場でもグローバル化することによる規模の経済の実現にも

言及している（114ページ）。本研究とは、技術サイドから企業の競争力の源泉を捉えるのか、市場サイドからなのかで立場を異にするが、中小製造業の「自社製品開発型」における市場の設定という面では示唆に富む指摘が多い。

(49) ヒアリング事例の2009年調査では、大規模市場の中でカスタマイズやアフターサービスによる差別化戦略や、製品・用途・業種・地域における集中戦略で、大企業と競合しながら競争力を発揮している事例も見られた。

(50) ハーマン・サイモン（2009）でも、隠れたチャンピオン企業の特性として、経営幹部と顧客との近さや組織の分権化をその特徴として述べている。分権化することにより成長して企業規模が増大しても意思決定のスピードは大企業と比べて迅速なまとなり強みを発揮できる。

(51) ティース（2007）が機会のセンシング（感知）を経営者の役割として重視しているのは前述のとおりである。

(52) この3つの要素はある事例企業の経営者の話を参考にしているので、一例として挙げている。

(53) アレン（Allen, T., 1977）の言う技術の社内のゲートキーパーと大きく関係しているが、中小製造業では先ずは経営者が技術や市場の情報を外部の人脈を十分に活用して、開発テーマを社内に持ち込む役割が重要となる。ただし、顕在ニーズ、潜在ニーズ、さらには潜在ニーズが既存顧客か新規顧客かによって、中小製造業においても、経営者と営業人材と技術人材のそれぞれが果たす役割も異なってくる。

(54) 「市場ニーズを吸い上げ製品化する仕組み」は、第4章の日常の技術マネジメントの組織ルーチンの項目として技術水準の高低に最も影響を与える要因として抽出されている。

(55) 延岡（2006）245ページ。延岡健太郎（2010）12ページ。『2009年版ものづくり白書』90ページでは、「こうした情報を受け取った消費者は、ものを通じてそれを『楽しさ』、『安心感』、『使いやすさ』といった価値に置き換え、そこに作り手への『共感』や『愛着』が生まれる。これが『感性価値』である」としている。楠木建（2010a）は37～41ページにおいて、「その製品（サービス）の価値を普遍的かつ客観的に測定可能な特定少数の次元に基づいて把握できる程度」を価値次元の可視性の定義とし、ブルーオーシャン戦略などの新しい用途をもたらすような価値次元の転換だけでは十分ではなく、可視性の低い次元での差別化を同時に実現する「カテゴリー・イノベーション」が望ましいと指摘する。

(56) 自社製品開発は、製品開発力や設計力など必要となる生産技術機能の範囲が他の類型に比して格段に広い上に、下請的取引と異なり営業力も重要となるので、経営資源を強みを有する分野に集中させ、他の分野は外部から補完することは必須となる。ただ、自社にバリューチェーンの中でどの機能を残すのか、機能と付加価値の相互検討が必須である。

(57) アンケート資料の二次分析で、「大きな技術変化」に伴う新技術の吸収・融合で他の類型に比し有意な差異が生じていたのは、「産学連携」と「公設試や補助金等の公

的支援施策の活用」、「新たな技術人材の活用」であった。また、「大きな技術変化」に必要となった技術人材でも、「新たな技術に対応できる技術者を外部から採用」という項目が他の類型と有意な差異がある。さらに、技術戦略の実行プロセスで、他の類型に比し有意な差異があったのは、「大学や他企業との連携による不足する技術資源の補完」と「補助金・助成金など国等の施策の活用」である。

(58) 前述の技術戦略の実行プロセスの要因のうち、企業の技術水準の高低を規定する要因の有意な説明変数の１つは、「経営者の強力なリーダーシップ」であった。また、第４章の最後で述べる、企業成長に関する長期的視点と短期的視点の技術進化の変数を双方とも投入した回帰分析や、技術の高低の規定因として技術戦略と日常の技術マネジメント要因に関する回帰分析や判別分析でいずれも有意な変数として示されるのが、「経営者の技術向上に向けたリーダーシップ」である。「自社製品開発型」の技術戦略では、「大きな技術変化」に要する期間が長く技術的な難易度やリスクも高いので、他の類型に比し、経営者のリーダーシップは重要となる。

(59) 第４章技術水準の高低の規定因で日常の技術マネジメントの有意な変数の一つが、「製品・技術開発を頻繁に行うことによる学習」である。

(60) アンケート資料の二次分析で、バブル崩壊以降の「大きな技術変化」の背景として、他の類型に比し最も有意な差異を生じていた項目は、「モジュール・ユニット化発注の増大」であった。この類型の特色を端的に表している。

(61) アンケート資料の二次分析によれば、バブル崩壊以降の「大きな技術変化」に要した期間が平均3.7年と、「自社製品開発型」の次に要した期間が他の２つの類型よりも長い。また、「大きな技術変化」が生じ始めた期間も1990年代前半からで、平均した本格稼働年も他の２類型より有意な水準で早くなっている。それだけ、「技術の専門化型」や「用途開発型」に比べると、技術変化はよりダイナミックで、下請制の再編の影響を受けて対応した、下請制下にある企業の中ではいち早く取り組まれた技術戦略の類型と言える。

(62) アンケート資料の二次分析によれば、バブル崩壊以降の「大きな技術変化」に伴う新技術の吸収・融合で、「新たな技術人材の採用」は、「技術範囲の拡大型」が「技術の専門化型」より回答割合が有意に大きい。

(63) アンケート資料の二次分析によると、技術戦略の類型間で有意な差異とはまではいかないが、技術戦略の実行プロセスの回答の中で、「部門横断的チームによる技術戦略の実行」を回答していた割合は、「自社製品開発型」と並んで「技術範囲の拡大型」の回答割合が高い。経営資源の不足する中小製造業が技術範囲の拡大を図ることは容易ではない。取引先にニーズの一歩先への提案をして少しでも部品・加工の付加価値を増大させるためには、開発・設計・製造・営業の部門横断的チームによる対応が不可欠となる。

(64) 前述のとおり、バブル崩壊以降の「大きな技術変化」に伴う市場の変化の類型間の差異で、現市場の割合が高かったのが、「技術の専門化型」46.9％と「技術範囲の拡大型」45.9％であり、両類型が下請的取引が多いことを反映している。

(65) 中小企業基盤整備機構 (2009) のアンケート資料の二次分析によると、下請企業（問4で、メイン1社の取引先の売上の全売上に占める割合が50%以上で、かつ下請系列的な生産を行っているという選択肢を回答した企業）比率は、「自社製品開発型」5.8%、「技術範囲の拡大型」27.5%、「技術の専門化型」32.3%、「用途開発型」16.5%となっている。なお、類型間の差異は、χ^2 ($df = 3$, $N = 544$) = 23.76, $p<.01$ で、有意。

(66) アンケート資料の二次分析では、「技術の専門化型」の類型の特徴は、「技術戦略」を有している割合が類型間の中でも最も低く、特に「自社製品開発型」との間では10%水準ではあるが有意な差異で低い割合となっている。また、「大きな技術変化」に要した期間は平均 2.9 年と「自社製品開発型」の平均 3.9 年とは1年以上の差異がある。このように、「大きな技術変化」も小規模なものとなっている。また、「大きな技術変化」の背景も、「コストダウン要請の激化」、「納期の短縮化」、「多品種小ロット化の進展」がこの類型の中で回答割合が高い上位3つであるとともに、この3項目ともに4類型間で最も回答割合が高く下請的取引が多いのを反映している。さらに、技術戦略の実行プロセスの11項目のうちこの類型で他の類型に比し有意な差異があり回答割合が高かったのが、「技術戦略の実効性を確保するために、最新鋭の設備の導入」である。

(67) 日常の技術マネジメントのうち、設備・情報システムのうち強みとして最も重視している項目として、「技術の専門化型」で回答割合が高い上記2つは、「設備を使いこなす人材育成・熟練の継承」31.8%、「最新設備の導入による製造技術の高度化」17.1%であり、いずれも他の類型より回答割合が高かった。なお、類型間の差異は、χ^2 ($df = 24$, $N = 527$) = 42.82, $p<.01$ で、有意である。また、バブル崩壊以降の「大きな技術変化」の背景としても「技能継承・人材の確保が困難」が他の類型に比し、回答割合が高く、特に「用途開発型」の類型との差異は有意な水準で高い。

(68) バブル崩壊以降の「大きな技術変化」に伴い必要となった技術人材の設問のうち、「複数の生産工程に対応できる技術者を内部育成」が他の類型に比し回答割合が高く、特に同じ下請企業割合が高い「技術範囲の拡大型」と10%水準ではあるものの有意な差異で回答割合が高い。

(69) ティース (2007) で言えば、内部資源の強みを活かして外部環境に働きかけて対応するリコンフィギュレーション（再構成）が近い戦略と考える。これに対して、前のパラグラフの成長分野への投資は機会のセンシング（感知）ということに近い。

(70) 「技術範囲の拡大型」の「市場」の部分の脚注を参照。

(71) アンケート資料の二次分析においても、バブル崩壊以降の「大きな技術変化」でコア技術をベースにするという回答割合が他の類型に比し最も高く、「大きな技術変化」に伴う市場の変化も、「新市場」73.8%と「自社製品開発型」に続いて多い。しかしながら、そのうち国内市場とするものが 60.0%と高いのがこの技術戦略の特徴である。一言で言えば、現技術で国内を中心とした新市場を開拓する技術戦略である。

第3章　長期的な視点に基づく「技術戦略」の重要性とあり方　201

(72) 新市場を開拓するためには、顕在ニーズに完全に対応するとともに、潜在ニーズに対応することが重要となる。特に、既存顧客の潜在ニーズは見えやすいが、新規顧客の潜在ニーズは見えにくい。顧客の製品・部品の使用文脈まで完全に理解することも求められる。

(73) 第4章における中小一般製造業の技術水準の高低の規定する要因の日常の技術マネジメント要因の中でも、「市場ニーズを吸い上げ製品化する仕組み」に強みを有することが技術水準の高低に最も影響を与えていた。

(74) アンケート資料の二次分析で、「自社製品開発型」より5％水準、「技術の専門化型」より10％水準で回答割合が高い。

(75) アンケート資料の二次分析で、最も技術水準が低く、「自社製品開発型」とは1％水準で有意な差異があった。

(76) 技術戦略の実行プロセスでは、「社内の全てのプロセスを理解した管理者の育成・採用」が有意とは言えないが、他の類型に比し最も高い回答割合であった。一方で、バブル崩壊以降の「大きな技術変化」に伴う必要となった人材については、「複数の技術を理解できる技術者を内部で育成」51％の回答割合が、他の類型に比し高く、特に「技術範囲の拡大型」とは5％水準で有意に回答割合が高い。一方で、「社内の全プロセスを理解できる管理者の内部育成」の回答割合は他の類型に比し低く、技術戦略上で必要性の認識と実行の結果のギャップが窺われる。

(77) バブル崩壊以降の中小一般製造業の成長性指標に関する回帰分析で、「市場ライフサイクルの変化類型」が、「大きな技術変化」の有無と並んで成長に大きく影響していた。すなわち、製品の市場ライフサイクルを若返らせた中小一般製造業の方が成長していた。通常では製品のライフサイクルは後退するので、新製品・部品を開発するか、事業構造の再構築を行い全く異なる分野に転換することも企業成長の一つの方策となる。

(78) ティース(2007)のリコンフィギュレーションは、変化の激しい外部環境への内部資源の積極的な変化対応と捉えるが、本研究の「事業構造の再構築型」のうち外部環境の機会を捉えて付加価値の高い分野に進出する形態は、ティースのいうこの段階に近いと考える。

(79) 延岡(2006)も日本の製造業は付加価値の創造は得意だが、欧米の企業に比較して獲得が苦手と主張している。41ページほか。

(80) アンケート資料の二次分析においては、中小一般製造業とモノ作り300社の回答割合で1％水準で有意な差異があり、技術水準の高いモノ作り300社が相対的に重視していることが分かる。国内トップレベルの技術水準以上になると、この実行プロセスは重要性が増大してくる。

(81) アンケート資料の二次分析によると、他の2つの類型との差異は有意な水準とまではいかないが、相当程度差異は生じている。

(82) アンケート資料の二次分析によると、類型間の差異は有意なレベルではない。

(83) 中小一般製造業とモノ作り300社の間の差異は少し弱いが10％水準で有意に、モノ

作り300社の回答割合が高い。また、中小一般製造業の技術水準の高低の規定因に関する回帰分析や判別分析においても、この項目は技術戦略の実行プロセスの11項目のうち最も大きな影響を与えていた。つまり、他機関との連携による技術資源の補完が技術水準の向上に不可欠であるとともに、技術水準が高まらないと活用できない。

(84) 「自社製品開発型」は「用途開発型」との間で1%水準、「技術の専門化型」との間において10%水準で有意な差異があり高い割合で回答。

(85) 中小一般製造業とモノ作り300社の間で回答割合に1%水準で有意な差異があった項目は「経営者の強力なリーダーシップ」と「補助金・助成金など国等の施策の活用」であり、モノ作り300社の回答割合が高い。技術水準の高いモノ作り300社が国等の施策を積極的に活用しているのは理解できるが、リーダーシップの重視の認識に差異があるのは興味深い。また、中小一般製造業の技術の高低の規定因として、「経営者の強力なリーダーシップ」の影響度が大きかったことも併せて、技術水準の向上に経営者の果たす役割を再度、認識する必要がある。さらに、中小一般製造業内の技術水準の高低2群の差異分析では、「技術戦略に適合した資金計画の作成」も、技術水準の高いグループの回答割合が5%水準で有意に高かった。技術水準が向上する過程では、技術戦略に合わせた資金計画の作成も必須となることを示している。

(86) アンケート資料の二次分析によれば、この類型間の平均値の差異は、一元配置分散分析において5%水準以上で有意な差異を生じている。

(87) しかし、モノ作り300社では、技術戦略の実行プロセスでの回答割合は低い。中小製造業が技術水準の向上の過程では、成功体験を積むことが技術者の動機付けとして有効であるが、高い技術水準に到達すると、他の技術戦略の実行プロセスのほうが重視されることになると考える。

(88) アンケート資料の二次分析によれば、類型間の差異は有意な水準ではないが、相当程度差異が大きい。

(89) 延岡（2006）も、技術経営の困難さを、「技術の不確実性」、「顧客ニーズの不確実性」、「競争環境の不確実性」で説明する。24ページ。

第4章
日常の「技術マネジメント」の重要性とあり方

　本章においては、中小製造業の技術進化について、長期的視点の技術進化である技術戦略と同様に重要で、その土台となる短期的視点の技術進化である日常の技術マネジメントの重要性とあり方について論ずる。

　本章は、第1節で、「技術」の構成要素（「人的資源」、「設備・情報システム」、「組織ルーチン」）の定義について確認した後、下記の仮説3について、アンケート資料の二次分析を通じて検証を行うものである。また、特に技術の構成要素の中でも「組織ルーチン」に着目していかなる類型化が可能か、さらに技術水準の高低の規定因について、日常の技術マネジメント要因に関する回帰分析と判別分析を通じて仮説3の検証内容をより深く確認していく。

　第2節から第4節にかけては、「技術」の構成要素である「人的資源」、「設備・情報システム」、「組織ルーチン（「人的資源」と「設備・情報システム」を動かす仕組み）」について、アンケート資料の二次分析を一部行い、ヒアリング資料の二次分析を中心とし、構成要素ごとに重要性とあり方をまとめる。

　第5節では、再度、アンケート資料の二次分析を行う。まず、長期的技術進化である「大きな技術変化」要因や技術戦略要因と、日常の技術マネジメント要因を総合した説明変数で、中小製造業の企業成長要因に関する回帰分析を行う。次に、技術水準の高低の規定因についても、長期的視点の技術戦略要因と日常の技術マネジメント要因を総合した説明変数で回帰分析と判別分析を実施する。以上から、長期的視点の技術進化である技術戦略と短期的視点の技術進化である日常の技術マネジメントの両立の必要性を検証する。

〔アンケート資料とヒアリング資料に基づく二次分析により検証する3つの仮説〕(再掲)
①**仮説1**:バブル崩壊以後20年弱の間に中小製造業は何らかの「大きな技術変化」を経験して、それを飛躍台にして成長を遂げてきている。
②**仮説2**:バブル崩壊以降の「大きな技術変化」は、技術・市場のマトリックスにより類型化が可能で、長期的技術進化の技術戦略と大きな関連性を有している。
③**仮説3**:短期的視点の技術進化の取り組み(日常の技術マネジメント)は、中小製造業の競争優位を確固たるものにする。

第1節 「技術」の構成要素(「人的資源」、「設備・情報システム」、「組織ルーチン」)

1.「技術」・「技術の構成要素」の定義

　本研究における「技術」と「技術の構成要素」に関する定義は、鈴木直志(2011)に基づく[1]。技術の定義についても様々なものがあるが、「『もの』の造り方に関する一連の方法」[2]などがある。本研究では、中小製造業の現場のオペレーションを重視する立場から、小川(1988)と同じ定義とする。

　次に、技術の構成要素について、小川(1991)は、「人」と「情報」と「道具もしくは設備」を構成要素とし、山田基成(2000)も言葉は違うがほぼ同様の内容で技術を「スキル」と「情報(知識)」と「機械設備」の3要素から捉え、その総和が企業の技術レベルを示すとする。延岡健太郎(2007)は、組織能力という観点なので技術の構成要素ではないが、技術に関する組織能力には、「技術的資源」や「人的資源」および「組織ルーチン」(両者を統合して効果的・効率的に活用するためのもの)などが含まれるとする[3]。本研究では、技術は人と設備の何れかに宿ると考え、高い技術水準に到達するためには、両者を効果的に動かす仕組み「組織ルーチン」が必要と考える。そこで、技術の構成要素を、延岡(2007)と近い、「『人的資源』と『設備・情報システム』と『組織ルーチン(両者を動かす仕組み)』から成るもの」と定義する。

また、日常の技術マネジメントでは、藤本隆宏（2001、2003）の情報価値説的もの造りの組織能力論を中小製造業に適用するが、あくまでベースに置いているだけで、そこに新たな知見を加えることが本研究の目的である[(4)]。

図4-1　「技術」の構成要素

出所：中小企業基盤整備機構（2009）

2. 仮説3に関する仮説検証

(1) 技術マネジメントの強さと企業の成長性

　仮説3とアンケート資料の二次分析による検証結果は、次のとおりである。
　仮説3：短期的視点の技術進化の取り組み（日常の技術マネジメント）は、中小製造業の競争優位を確固たるものにする。
　仮説3検証結果：日常の技術水準の向上の取り組みが強いと認識している中小製造業は、そうでない企業に対して競争優位を構築しより成長していた。

図4-2　「技術マネジメント」の強さと成長性（最近3ヶ年）の関連性

出所：筆者作成

　日常の技術マネジメントの強さを表わすアンケート資料問26（技術水準の向上での強みの認識）の自己評項目各11項目と、①調査時点の最近3ヶ年の売上高増減（5段階）、②バブル崩壊時～現在：調査時点の売上高増減（5段階）との相関関係とカイ二乗検定の結果、相関係数では全項目1％水準で有意、カイ二乗検定でも5％水準以上で、両者間に大きな関連性が確認できる。

表 4-1　問 26（技術水準の向上での強みの認識）各評価項目×問 1(2)
(3ヶ年売上高増減)：相関係数、χ^2 検定
問 26（技術水準の向上での強みの認識）各評価項目×問 2(2)
(バブル崩壊時～現在の売上高増減)：相関係数、χ^2 検定

問26「技術水準の向上での強みの認識」評価項目（11項目：5点尺度、自己評価）	記述統計量			最近3ヶ年の売上高の増減との相関係数、クロス集計有意検定		バブル崩壊時～現在の売上高増減との相関係数、クロス集計有意検定	
	平均値	標準偏差	N（右列左から順）	r(相関係数)	χ^2 値(df)	r(相関係数)	χ^2 値(df)
①経営者の技術向上に向けたリーダーシップ	3.53	.914	1,247	-.208**	94.1(16)**	-.220**	87.4(16)**
②技術・熟練や挑戦を重視する経営理念の徹底	3.43	.852	1,245	-.133**	50.0(16)**	-.187**	68.6(16)**
③市場ニーズを吸い上げ製品化する仕組み	2.89	.999	1,228, 1,227（3列目のみ）	-.127**	39.7(16)**	-.123**	43.0(16)**
④技術者へ顧客意識・品質意識の徹底	3.47	.849	1,245, 1,245, 1,244, 1,244	-.136**	35.3(16)**	-.168**	49.8(16)**
⑤開発・製造・販売間の社員の濃密なコミュニケーション	2.92	.826	1,233, 1,233, 1,232, 1,232	-.144**	47.6(16)**	-.109**	36.1(16)**
⑥目に見えないノウハウ・熟練を共有化する仕組み	2.84	.814	1,238, 1,238, 1,237, 1,237	-.101**	39.7(16)**	-.109**	28.3(16)*
⑦取引先や大学などとの連携の中での技術者の学習	2.21	1.009	1,229, 1,229, 1,228, 1,228	-.122**	29.6(16)*	-.114**	29.3(16)*
⑧製品・技術開発を頻繁に行うことによる学習	2.50	.982	1,224, 1,224, 1,223, 1,223	-.126**	26.7(16)*	-.118**	34.7(16)**
⑨技術人材の特性に配慮した人事評価制度	2.78	.808	1,233	-.123**	42.9(16)**	-.137**	36.9(16)**
⑩QC活動・提案制度などによる改善能力	2.79	.920	1,232, 1,232, 1,231, 1,231	-.126**	41.0(16)**	-.175**	54.9(16)**
⑪新技術・新製品に関する情報収集力	2.83	.915	1,235, 1,235, 1,234, 1,234	-.092**	28.3(16)*	-.115**	28.1(16)*

**p<.01　*p<.05　ここでは、相関関係のマイナスは企業成長の増加方向と逆向きになっている。
出所：中小企業基盤整備機構（2009）の資料を基に筆者が二次分析

　次に、技術水準の向上での強みの認識の合計点と最近3ヶ年の売上高増減で、カイ二乗検定、相関分析を行うと1％水準で有意で、両者間に大きな関連性が確認できる。中小一般製造業は、技術水準の向上での強みの認識自己評価の高い企業ほど、バブル崩壊以降または最近3ヶ年に企業成長している。

表 4-2 問 26（技術水準の向上での強みの認識）合計点×問 1(2)
（最近 3 ヶ年売上高増減）[5]

（技術水準の向上での強みの認識）合計点		最近 3 ヶ年売上高増減					合計
		毎年増加	毎年やや増加	横ばい	毎年やや減少	毎年減少	
51 点～55 点	度数	2	4	0	0	0	6
	%	33.3%	66.7%	0.0%	0.0%	0.0%	100.0%
41 点～50 点	度数	23	30	24	11	1	89
	%	25.8%	33.7%	27.0%	12.4%	1.1%	100.0%
31 点～40 点	度数	95	232	177	120	40	664
	%	14.3%	34.9%	26.7%	18.1%	6.0%	100.0%
21 点～30 点	度数	37	128	126	86	49	426
	%	8.7%	30.0%	29.6%	20.2%	11.5%	100.0%
11 点～20 点	度数	5	17	9	16	12	59
	%	8.5%	28.8%	15.3%	27.1%	20.3%	100.0%
合計	度数	162	411	336	233	102	1,244
	%	13.0%	33.0%	27.0%	18.7%	8.2%	100.0%

χ^2 (df = 16, N = 1,244) = 63.0 $p<.01$ 実数による相関係数 -.203 $p<.01$ ここでは、相関関係のマイナスは企業成長の増加方向と逆向きになっている。
出所：中小企業基盤整備機構（2009）の資料を基に筆者が二次分析

　上記によるカイ二乗検定や相関分析だけでは、日常のマネジメントの強さと関連性は明らかになったものの、企業成長への影響度の大きさや 11 項目のうちいかなる項目が企業成長に影響を大きく与えているかも明らかではない。

　この点に関して、鈴木（2011）は、仮説 3 に関して、「日常の技術水準の向上の取り組みが強いと認識している中小製造業は、そうでない企業に対して競争優位を構築しより成長していた」[6]と指摘した。さらに、技術水準の向上での自己評価（11 項目、5 点尺度）のクラスター分析により、11 項目の変数の類似性・総合特性から、「組織ルーチン」として「経営者力」、「組織対応力」、「組織進化力」の 3 つの類型化が可能であることを提示している[7]。

　本研究においては、上記提示内容をさらに深く精緻に検証を行うこととする。

(2)（技術水準の向上での強みの認識）各評価項目間の関係性
①相関分析

相関係数は1％水準で有意。相関係数が.5を超える設問関係は次のとおり。

Q26-1 経営者の技術向上のリーダーシップ⇔Q26-2 技術・熟練・挑戦重視の理念徹底　　　　　　　　　　　　　　　　　　　　　　　　　　　　$r = .654$

Q26-5 組織内の濃密なコミュニケーション⇔Q26-6 ノウハウ・熟練を共有化する仕組み　　　　　　　　　　　　　　　　　　　　　　　　　　　　$r = .520$

Q26-7 取引先や大学などと連携による学習⇔Q26-8 製品・技術開発の頻繁な学習　　　　　　　　　　　　　　　　　　　　　　　　　　　　　　$r = .519$

Q26-11 新技術・新製品の情報収集力⇔Q26-8 製品・技術開発の頻繁な学習
$$r = .501$$

表4-3　問26（技術水準の向上での強みの認識）各評価項目間の相関係数

	Q26-1	Q26-2	Q26-3	Q26-4	Q26-5	Q26-6	Q26-7	Q26-8	Q26-9	Q26-10	Q26-11
Q26-1	1	.654**	.413**	.406**	.325**	.300**	.245**	.353**	.337**	.234**	.355**
Q26-2	.654**	1	.371**	.450**	.315**	.375**	.307**	.375**	.329**	.257**	.310**
Q26-3	.413**	.371**	1	.347**	.453**	.309**	.301**	.454**	.285**	.181**	.438**
Q26-4	.406**	.450**	.347**	1	.462**	.436**	.239**	.276**	.348**	.344**	.323**
Q26-5	.325**	.315**	.453**	.462**	1	.520**	.287**	.391**	.343**	.320**	.368**
Q26-6	.300**	.375**	.309**	.436**	.520**	1	.323**	.393**	.366**	.305**	.332**
Q26-7	.245**	.307**	.301**	.239**	.287**	.323**	1	.519**	.335**	.271**	.397**
Q26-8	.353**	.375**	.454**	.276**	.391**	.393**	.519**	1	.420**	.309**	.501**
Q26-9	.337**	.329**	.285**	.348**	.343**	.366**	.335**	.420**	1	.422**	.382**
Q26-10	.234**	.257**	.181**	.344**	.320**	.305**	.271**	.309**	.422**	1	.400**
Q26-11	.355**	.310**	.438**	.323**	.368**	.332**	.397**	.501**	.382**	.400**	1

**$p<.01$　*$p<.05$
出所：中小企業基盤整備機構（2009）の資料を基に筆者が二次分析

②クラスター分析

有効回答者を変数と見なし、階層クラスターを作成、変数間の関連性を図示。

図 4-3 「技術水準向上での強みの自己評価項目」の類型化（クラスター分析）

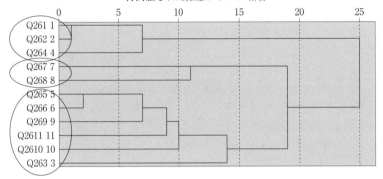

出所：中小企業基盤整備機構（2009）の資料を基に筆者が二次分析

上記クラスター分析で、再調整された距離クラスターが15で縦に切ると、

Q26-1	経営者の技術向上のリーダーシップ
Q26-2	技術・熟練・挑戦重視の理念徹底
Q26-4	技術者へ顧客・品質意識の徹底

の第1グループと、

Q26-3	市場ニーズを製品化に繋げる仕組み
Q26-5	組織内の濃密なコミュケーション
Q26-6	ノウハウ・熟練を共有化する仕組み
Q26-9	技術人材に配慮した人事制度
Q26-10	QC・提案活動などによる改善能力
Q26-11	新技術・新製品の情報収集力

の第2グループと、

| Q26-7 | 取引先や大学などと連携による学習 |
| Q26-8 | 製品・技術開発の頻繁な学習 |

の第3グループの3つに分かれる[8]。

上記①の相関分析との照合で、Q26-1とQ26-2、Q26-5とQ26-6、Q26-7とQ26-8の関連性の強さは整合性がある。ただし、Q26-11とQ26-8は相関係数が高いにもかかわらず異なるグループに分類される。グループ化の適合性を確認するために主成分分析と因子分析を行う。最後に、技術水準高低2段階の判別でグループ化の寄与度とグループ内変数の影響度を確認する判別分析を行う。

③主成分分析[9]

上記で確認された問26(技術水準の向上での強みの認識)各評価項目間の関係性を、各項目を変数として重みを付けて合成変数を作成することにより、全体の説明に寄与する合成変数の確認とその変数への各項目の寄与度を確認していく。

表4-4 問26(技術水準の向上での強みの認識)各評価項目についての主成分分析

変数		第1主成分	第2主成分
Q26-1	経営者の技術向上に向けたリーダーシップ	.649	-.512
Q26-2	技術・熟練や挑戦を重視する経営理念の徹底	.665	-.500
Q26-3	市場ニーズを吸い上げ製品化する仕組み	.644	-.090
Q26-4	技術者へ顧客意識・品質意識の徹底	.648	-.312
Q26-5	開発・製造・販売間の社員の濃密なコミュニケーション	.678	-.024
Q26-6	目に見えないノウハウ・熟練を共有化する仕組み	.659	-.005
Q26-7	取引先や大学などとの連携の中での技術者の学習	.589	.401
Q26-8	製品・技術開発を頻繁に行うことによる学習	.708	.309
Q26-9	技術人材の特性に配慮した人事評価制度	.637	.210
Q26-10	QC活動・提案制度などによる改善能力	.552	.284
Q26-11	新技術・新製品に関する情報収集力	.673	.296
固有値		4.603	1.087
寄与率		41.8	9.9
累積寄与率		41.8	51.7

注) 値は主成分負荷量。絶対値が0.3以上のものを太字とした。
出所:中小企業基盤整備機構(2009)の資料を基に筆者が二次分析

表4-4のとおり、主成分分析では固有値が1以上の主成分は第1主成分と第2主成分の2つとなる。第1主成分は、技術水準の向上での強みの認識の「総合力」と考えられ、各変数も第1主成分との相関は.5以上と大きな値を示す。第1主成分だけで全体の41.8%に寄与し、次の第2主成分は全体の9.9%に寄与するにすぎないが、第2主成分への影響度の大きな変数を主成分負荷量の絶対値で確認すると、負の絶対値が大きいのはQ26-1、Q26-2、Q26-4、正の絶対値が大きいのはQ26-7とQ26-8であり、前述の分析の結果と整合する。

同様に、主成分負荷量を基に第1主成分を横軸、第2主成分を縦軸に各変数をプロットすると図4-4のようになる。図から読み取れるのは、クラスター

図 4-4　成分プロット

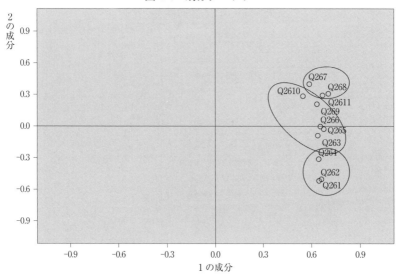

出所：中小企業基盤整備機構（2009）の資料を基に筆者が二次分析

分析で確認された3つのグループ内変数が成分プロットでも近接してプロットされたことである。前述クラスター分析によって確認された3つのグループは、弱いながらも主成分分析でもその変数間の関連性を確認できた[10][11][12]。

④以上までの分析を受けた解釈

上記では、アンケート調査の設問26（技術水準の向上での強みの認識）の選択肢1から11までの各評価項目間の関係性で、変数のグループ化の可能性を検討の主眼にして分析を行った。ここでは、まず今までの分析で明らかになった事実関係を整理し、その後に本研究の問題意識に照らして解釈を行う。

クラスター分析による3つの変数のクラスター、第1グループ（Q26-1、Q26-2、Q26-4）と第2グループ（Q26-3、Q26-5、Q26-6、Q26-9、Q26-10、Q26-11）と第3グループ（Q26-7、Q26-8）のグループ化を基に、整理を行う。

図4-5のとおり、本節のクラスター分析で抽出された設問26の11の選択肢を変数とした3つのグループ化が、他分析でも概ねその妥当性が確認された。

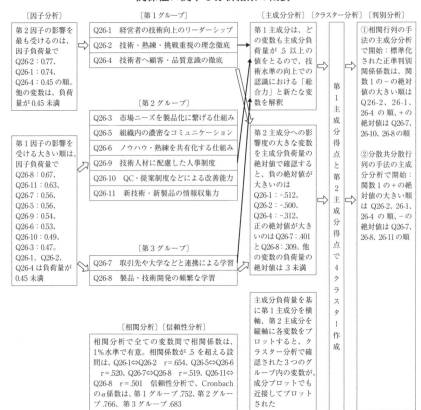

図4-5　問26（技術水準の向上での強みの認識）各評価項目の関係性に関する分析結果の概要

出所：筆者作成

　第1グループ（Q26-1、Q26-2、Q26-4）を「経営者力」、第2グループ（Q26-3、Q26-5、Q26-6、Q26-9、Q26-10、Q26-11）を「組織対応力」、第3グループ（Q26-7、Q26-8）を「組織進化力」と3つの説明変数と名付け、Q18（技術水準の業界の地位の認識）の高低2群をグループ化変数として判別分析を実施した。結果は、前述のとおり有意な水準で差があり、判別正解率は66.8％であった。判別での影響度は「経営者力」、「組織進化力」、「組織対応力」の順である。

　前述の企業成長との分析でも、2つの成長性指標[13]で上位5位以内に入っ

た変数は第1グループ（Q26-1、Q26-2、Q26-4）、すなわち「経営者力」であった。

　図4-5の主成分分析や判別分析で留意すべき点は、「経営者力」と「組織進化力」の影響度が高いにもかかわらず＋－の方向が逆の点である。これは、「経営者力」はすべての中小製造業で重要性が認識されているとともに、この優劣が技術水準の高低や企業の成長性に最も影響を与えることを示す。また、中小一般製造業とモノ作り300社の差異分析では、差が最も大きい変数は「組織進化力」で、「組織進化力」の優劣が技術水準の高低に大きく影響を与える。

　そこで、「組織ルーチン」で最も重要なのが、経営者のリーダーシップや理念を徹底する「経営者力」である。大企業と異なり経営者が中小製造業の最大の経営資源であり、競争力に最も影響を与えると言って過言ではない。次に、規模が50人以上ぐらいになると、「経営者力」だけでは競合に対する差別化が困難となり、制度や仕組み化などの「組織対応力」が技術水準の優劣に大きく影響を与える。最後に「組織対応力」をいかに蓄積・進化させるか学習能力などの「組織進化力」が技術水準を決定するようになると考える。

図4-6　「組織ルーチン」の技術進化の過程

出所：中小企業基盤整備機構（2009）

(3) 日常の技術マネジメントに関する中小一般製造業の技術水準の高低の規定因

　コア技術の業界での技術水準の認識を中小一般製造業の技術水準と捉え、規定因（被説明変数）を日常の技術マネジメントに関する設問（説明変数）から探る。このため、2群の平均値差異のt検定とクロス集計のカイ二乗検定を行う。次に2群の判別分析で、判別正解率と説明変数の影響度を確認する。さらに、重回帰分析も行い判別分析の結果と比較する。また、技術水準

の認識を5段階とする変数（被説明変数）の重回帰分析と2段階の結果と比較する。以上から、日常の技術マネジメントでの技術水準の規定因を確認する。

① Q18 技術水準高低2グループ間の差異分析

表4-5　技術水準の高低2グループに係る統計量

指標	変数	技術水準国内上位レベル以上			技術水準国内中位レベル以下			有意検定	
		平均値	標準偏差	N	平均値	標準偏差	N	t値	χ^2値(df)
技術者活性化で重視	問23 ①経営理念、技術戦略の方向性を共有化	.61	.49	600	.44	.50	673	5.99**	34.17(1)**
	②技術者へ財務などの経営状況を開示	.23	.42	600	.21	.41	673	.83 NG	.58(1) NG
	③熟練者を尊敬する組織風土の徹底	.25	.43	600	.18	.39	673	3.04**	8.92(1)**
	④若手への権限委譲と責任付与	.54	.50	600	.52	.50	673	.71 NG	.42(1) NG
	⑤営業体験・展示会参加などによる顧客意識の徹底	.30	.46	600	.18	.38	673	5.18**	26.15(1)**
	⑥QCサークル、提案制度などによる品質意識の徹底	.40	.49	600	.35	.48	673	1.81▲	3.09(1)▲
	⑦表彰や優遇した評価制度による技術者のやる気の維持	.28	.45	600	.22	.42	673	2.35*	5.23(1)*
	⑧「自社で作れるものは作る」という現場意識の徹底	.36	.48	600	.41	.49	673	-1.72▲	2.75(1)▲
	⑨共同研究や学会への参加などで技術者を育成	.17	.38	600	.07	.25	673	5.59**	30.92(1)**
	⑩開発に相応しい場や柔軟な勤務体制を提供	.08	.27	600	.04	.20	673	2.82**	7.56(1)**
	⑪技能継承のために高齢者を積極的に活用	.29	.45	600	.32	.47	673	-1.25 NG	1.42(1) NG
人事	問24 製品開発・技術開発人材の人事ローテーションの有無・頻度	3.43	.60	592	3.63	.54	650	-6.15**	40.16(3)**
	問24-2 開発人材の人事ローテーションの範囲	2.69	1.79	293	3.19	1.99	203	-2.86**	19.44(6)**
技術水準向上で強み	問26 ①経営者の技術向上に向けたリーダーシップ	3.85	.86	589	3.26	.87	649	11.95**	142.68(4)**
	②技術・熟練や挑戦を重視する経営理念の徹底	3.68	.81	587	3.20	.82	649	10.35**	103.38(4)**
	③市場ニーズを吸い上げ製品化する仕組み	3.26	.96	581	2.56	.92	637	13.01**	158.80(4)**
	④技術者へ顧客意識・品質意識の徹底	3.65	.79	588	3.30	.87	647	7.49**	54.09(4)**
	⑤開発・製造・販売間の社員の濃密なコミュニケーション	3.11	.83	582	2.75	.79	641	7.83**	70.86(4)**
	⑥目に見えないノウハウ・熟練を共有化する仕組み	2.99	.82	585	2.70	.80	643	6.29**	41.90(4)**
	⑦取引先や大学などとの連携の中での技術者の学習	2.47	1.06	581	1.97	.90	639	8.71**	78.37(4)**
	⑧製品・技術開発を頻繁に行うことによる学習	2.83	.99	580	2.21	.90	634	11.52**	126.59(4)**
	⑨技術人材の特性に配慮した人事評価制度	2.94	.78	584	2.64	.81	640	6.63**	43.35(4)**
	⑩QC活動・提案制度などによる改善能力	2.95	.91	583	2.66	.91	639	5.66**	34.13(4)**
	⑪新技術・新製品に関する情報収集力	3.09	.88	585	2.59	.89	640	9.96**	94.79(4)**
	（技術水準の向上での強みの認識）合計点	34.64	6.10	587	29.51	6.03	648	14.83**	155.99(4)**

**$p<.01$　*$p<.05$　▲10%有意水準
問23（技術者活性化で重視する項目）のカイ二乗値による検定はイェーツの連続性修正値、問23は複数回答のダミー値、問24、24-2は若い番号が人事ローテーションの頻度・範囲が大、問26（技術水準の向上で強みの認識）は5点尺度で自社の強みがあると意識したほうが点数が高い
問26の最後は、①～⑪の項目合計点、t検定は実数で検定、カイ二乗検定は合計値を前述の5区分したクロス集計の検定値
出所：中小企業基盤整備機構（2009）の資料を基に筆者が二次分析

　前表の中小一般製造業の技術水準の高い群（国内上位レベル以上）と技術

水準の低い群(国内中位レベル以下)の差異分析で顕著なのは、技術水準の向上での強みの11項目全項目と合計点で、技術水準の高い群が低い群よりも1%水準で有意に強みを高く評価していることである。同様に、開発人材人事ローテンションの頻度と範囲でも1%水準で有意な差異があり、技術水準の高い群が、より頻度が高く、より広い範囲で開発人材のローテーションを行っている。ただし、技術者の活性化で重視する項目では、差異が一様ではない[14]。

② Q18 技術水準高低2グループ間の判別分析

表4-6 判別分析

Wilksのλ

Wilksのλ	χ^2	df	P	判別正解率
.80	257.53	7	.000	69.7%

標準化された正準判別関数係数[15][16]

変数		係数
Q23-1	経営理念、技術戦略の方向性を共有化	.13
Q23-3	熟練者を尊敬する組織風土の徹底	.16
Q23-9	共同研究や学会への参加などで技術者を育成	.20
Q24	製品開発・技術開発人材の人事ローテーションの有無・頻度	.15
Q26-1	経営者の技術向上に向けたリーダーシップ	.40
Q26-3	市場ニーズを吸い上げ製品化する仕組み	.42
Q26-8	製品・技術開発を頻繁に行うことによる学習	.33

$N=1,174$　Q18のグループ変数は技術水準高が1、低が0とダミー変数化。Q26は5点尺度で強みがあると認識すると点数が高い方向。Q23は複数回答なので有=1、無=0のダミー変数。Q24はローテーション頻度は多いものから4段階に逆転させ得点化

出所:中小企業基盤整備機構(2009)の資料を基に筆者が二次分析

③ Q18 技術水準高低2グループと日常の技術マネジメントの説明変数間のロジスティック回帰分析

中小製造業の技術水準の高低2群を被説明変数とし、日常の技術マネジメント指標を説明変数とする二項ロジスティック回帰分析を行うこととする。

二項ロジスティック回帰分析を複数のモデルで実施結果、自由度調整済みの寄与率($Adj. R^2$)が高く説明変数が有意であったのは次のモデルである。

表 4-7 問 18（技術水準の業界の地位の認識：高低 2 グループダミー）を
被説明変数とするロジスティック回帰分析[17][18]

説明変数・定数項	B	Exp(B)
定数（切片）	-4.60**	
Q23-3　熟練者を尊敬する組織風土の徹底	.39*	1.48*
Q23-9　共同研究や学会への参加などで技術者を育成	.67**	1.96*
Q24　製品開発・技術開発人材の人事ローテーションの有無・頻度	.27*	1.31*
Q26-1　経営者の技術向上に向けたリーダーシップ	.51**	1.66*
Q26-3　市場ニーズを吸い上げ製品化する仕組み	.45**	1.57*
Q26-8　製品・技術開発を頻繁に行うことによる学習	.35**	1.42*
Nagelkerke R^2	.26**	
予測正解率（％）	.70**	
N = 1,174		

注） B：回帰係数　Exp(B)：オッズ比(95%信頼区間のみ検定、すべて 5%有意水準)　**$p<.01$　*$p<.05$
　Q18 のグループ変数は技術水準高が 1、低が 0 とダミー変数化。Q26 は 5 点尺度で強みがあると認識すると点数が高い方向。Q23 は複数回答なので有＝1、無＝0 のダミー変数。Q24 はローテーション頻度は多いものから 4 段階に逆転させ得点化
出所：中小企業基盤整備機構（2009）の資料を基に筆者が二次分析

④ Q18 技術水準 5 段階・2 段階と日常の技術マネジメントの説明変数間の相関分析

表 4-8　相関分析

		Q23-1	Q23-2	Q23-3	Q23-4	Q23-5	Q23-6	Q23-7	Q23-8	Q23-9	Q23-10	Q23-11	Q23-12	Q24	Q24-2
Q18 5段階	r	-.223**	-.055	-.073**	-.025	-.192**	-.075**	-.089**	.042	-.183**	-.098**	.053	.046	.194**	.171**
	度数	1,273	1,273	1,273	1,273	1,273	1,273	1,273	1,273	1,273	1,273	1,273	1,273	1,242	496
Q18 2段階	r	-.165**	-.023	-.086**	-.020	-.145**	-.051	-.066*	.048	-.158**	-.080**	.035	.023	.173**	.130**
	度数	1,273	1,273	1,273	1,273	1,273	1,273	1,273	1,273	1,273	1,273	1,273	1,273	1,242	496

	Q25	Q26-1	Q26-2	Q26-3	Q26-4	Q26-5	Q26-6	Q26-7	Q26-8	Q26-9	Q26-10	Q26-11	技術水準合計
	.112**	-.371**	-.323**	-.400**	-.224**	-.245**	-.211**	-.290**	-.364**	-.226**	-.182**	-.322**	-.448**
	1,223	1,238	1,236	1,218	1,235	1,223	1,228	1,220	1,214	1,224	1,222	1,225	1,235
	.095**	-.322**	-.283**	-.350**	-.208**	-.219**	-.177**	-.244**	-.316**	-.186**	-.160**	-.274**	-.389**
	1,223	1,238	1,236	1,218	1,235	1,223	1,228	1,220	1,214	1,224	1,222	1,225	1,235

注）r：相関係数　**$p<.01$　*$p<.05$
出所：中小企業基盤整備機構（2009）の資料を基に筆者が二次分析

⑤ Q18 技術水準 5 段階と日常の技術マネジメントの説明変数間の重回帰分析[19]

　自由度調整済みの寄与率（$Adj.\ R^2$）が高く、説明変数が有意なのは次のモデル。

表 4-9 問 18（技術水準の業界の地位の認識：技術水準 5 段階）を
被説明変数とする重回帰分析[20]

説明変数		β	r
Q26-3	市場ニーズを吸い上げ製品化する仕組み	.19**	.39**
Q26-1	経営者の技術向上に向けたリーダーシップ	.20**	.38**
Q26-8	製品・技術開発を頻繁に行うことによる学習	.14**	.36**
Q23-1	経営理念、技術戦略の方向性を共有化	.09**	.21**
Q23-9	共同研究や学会への参加などで技術者を育成	.07*	.18**
Q23-5	営業体験・展示会参加などによる顧客意識の徹底	.06*	.19**
Q26-7	取引先や大学などとの連携の中での技術者の学習	.06*	.29**
R^2		.26**	
Adj. R^2		.26(.256)**	
$N = 1,174$			

注）β：標準偏回帰係数　r：相関係数　**$p<.01$　*$p<.05$
Q18は技術水準の高いものから5段階に逆転させ得点化。Q26は5点尺度で強みがあると認識すると点数が高い方向。Q23は複数回答なので有＝1、無＝0のダミー変数。Q24はローテーション頻度は多いものから4段階に逆転させ得点化
出所：中小企業基盤整備機構（2009）の資料を基に筆者が二次分析

　上記②～⑤の判別分析、ロジスティック回帰分析、相関分析、重回帰分析により、問18で技術水準を2段階に区分した場合と5段階に区分した場合で、技術水準を規定する要因はかなり重なりを見せている。全分析で影響度合が有意となった項目は次のとおりである。

　Q26-1　経営者の技術向上に向けたリーダーシップ
　Q26-3　市場ニーズを吸い上げ製品化する仕組み
　Q26-8　製品・技術開発を頻繁に行うことによる学習
　Q23-9　共同研究や学会への参加などで技術者を育成

の4つであり、問26の技術水準向上で強みの項目が多く、影響度も大きい。
　次に、1つの分析を除いて有意な変数として抽出されたのが、次の3つだが影響度は問26の変数ほど大きくない。

　Q23-1　経営理念、技術戦略の方向性を共有化
　Q23-3　熟練者を尊敬する組織風土の徹底
　Q24　製品開発・技術開発人材の人事ローテーションの有無・頻度

最後に、技術水準5段階の重回帰分析でのみ有意な項目は次の2つである。

　Q23-5　営業体験・展示会参加などによる顧客意識の徹底

Q26-7　取引先や大学などとの連携の中での技術者の学習

上記 (2) 技術水準の向上での強み 11 項目の関係性で、「経営者力」(Q26-1、2、4)、「組織対応力」(Q26-3、5、6、9、10、11)、「組織進化力」(Q26-7、8) に概ねグループ化が可能と確認した。上記技術水準の規定因の各分析に共通して、影響度合は「経営者力」、「組織進化力」、「組織対応力」の順であった。

さらに、上記の問 26 の 11 項目を個別変数とした分析結果では、中小一般製造業の日常の技術マネジメント要因における技術水準の規定因に関する影響度は、「経営者力」の中でも「経営者の技術向上に向けたリーダーシップ」、「組織対応力」の中でも「市場ニーズを吸い上げ製品化する仕組み」、「組織進化力」の中でも「製品・技術開発を頻繁に行うことによる学習」の影響度が強いことが分かった。なお、「組織進化力」だけは、「取引先や大学などとの連携の中での技術者の学習」も 1 つの分析だけ有意な変数として抽出された。

なお、上記分析で、すでに中小一般製造業の技術水準の高低 2 群間の問 24 (開発人材の人事ローテーション：頻度) と、問 24-2 (開発人材のローテーション：範囲) の平均値の差異とカイ二乗値の差異を示したが、参考 1 でクロス集計表を提示する。さらに、問 25 (設備・情報システム活用における強み) は、上記では触れていないが、第 3 節「『設備・情報システム』の重要性とあり方」で参考にするので、同様に 2 群間とのクロス集計表を参考 2 で提示する。

〔参考1〕

表4-10　問18（コア技術の業界におけるレベル）の高低2グループ×問24
　　　　（開発人材の人事ローテーション：頻度）

コア技術の業界におけるレベル		Q24（開発人材の人事ローテーション：頻度）				合計
		定期的(5年超)人事ローテーションがある	定期的(5年以下)人事ローテーションがある	不定期の人事ローテーションがある	人事ローテーションはない	
技術水準国内上位レベル以上	度数	4	22	284	282	592
	%	.7%	3.7%	48.0%	47.6%	100.0%
技術水準国内中位レベル以下	度数	2	14	209	425	650
	%	.3%	2.2%	32.2%	65.4%	100.0%
合計	度数	6	36	493	707	1,242
	%	.5%	2.9%	39.7%	56.9%	100.0%

χ^2 ($df = 3$、$N = 1,242$) $= 40.16$　$p<.01$

出所：中小企業基盤整備機構（2009）の資料を基に筆者が二次分析

表4-11　問18（コア技術の業界におけるレベル）の高低2グループ×問24-2
　　　　（開発人材の人事ローテーション：範囲）

コア技術の業界におけるレベル		Q24-2（開発人材の人事ローテーション：範囲）							合計
		開発―設計―製造―営業の間で全て異動	開発―設計―製造の間だけで異動	開発―設計の間だけで異動	開発―製造の間だけで異動	開発―営業の間だけで異動	開発に専任	その他	
技術水準国内上位レベル以上	度数	98	76	25	56	12	3	23	293
	%	33.4%	25.9%	8.5%	19.1%	4.1%	1.0%	7.8%	100.0%
技術水準国内中位レベル以下	度数	55	43	6	63	7	2	27	203
	%	27.1%	21.2%	3.0%	31.0%	3.4%	1.0%	13.3%	100.0%
合計	度数	153	119	31	119	19	5	50	496
	%	30.8%	24.0%	6.3%	24.0%	3.8%	1.0%	10.1%	100.0%

χ^2 ($df = 6$、$N = 496$) $= 19.44$　$p<.01$

出所：中小企業基盤整備機構（2009）の資料を基に筆者が二次分析

〔参考2〕

表4-12 (コア技術の業界におけるレベル)の高低2グループ×問25
(設備・情報システム活用における強み)

コア技術の業界におけるレベル		Q25 (設備・情報システム活用における強み)									合計
		1	2	3	4	5	6	7	8	9	
技術水準国内上位レベル以上	度数	80	56	67	40	91	171	55	8	10	578
	%	13.8%	9.7%	11.6%	6.9%	15.7%	29.6%	9.5%	1.4%	1.7%	100.0%
技術水準国内中位レベル以下	度数	68	53	67	44	69	235	65	27	17	645
	%	10.5%	8.2%	10.4%	6.8%	10.7%	36.4%	10.1%	4.2%	2.6%	100.0%
合計	度数	148	109	134	84	160	406	120	35	27	1,223
	%	12.1%	8.9%	11.0%	6.9%	13.1%	33.2%	9.8%	2.9%	2.2%	100.0%

χ^2 ($df = 8$, $N = 1,223$) $= 23.72$ $p<.01$
出所:中小企業基盤整備機構(2009)の資料を基に筆者が二次分析

問25の選択肢
1. 自社製作の専用機・自社向け仕様の専用設備 2. 自社製作の治具・工具・実験機器
3. 設備や情報システムの改善・改良 4. ノウハウを織り込んだ設備と設備の間の工程間の繋ぎ
5. 技術ノウハウを情報システムとして蓄積・共有化 6. 設備を使いこなす人材育成・熟練の継承
7. 最新設備の導入による製造技術の高度化 8. 設備や加工法に関する勉強会の頻繁な開催による学習 9. その他

(4) 中小一般製造業とモノ作り300社2グループ間の比較分析

　前章までと同様に、上記(3)の中小一般製造業の技術水準の規定因についての日常の技術マネジメント要因に関する分析を補完するために、中小一般製造業内の技術水準の高低群の分析に加えて、中小一般製造業と技術水準の高いモノ作り300社との日常の技術マネジメント要因に関する比較分析を行う。

　表4-13のとおり、上記(3)において中小一般製造業内の技術水準の規定因として抽出された日常の技術マネジメント要因(① Q26-1、3、8、Q23-9、② Q23-1、3、Q24、③ Q23-5、Q26-7)は、Q23-3を除き差異が1%水準で有意なので、実証の妥当性を補完できると考える。

表4-13 中小一般製造業とモノ作り300社2グループに係る統計量

指標	変数	中小一般製造業			モノ作り300社			有意検定	
		平均値	標準偏差	N	平均値	標準偏差	N	t値	χ²値(df)
技術者活性化で重視	問23 ①経営理念、技術戦略の方向性を共有化	.52	.50	1,297	.66	.47	125	-3.33**	9.26(1)**
	②技術者へ財務などの経営状況を開示	.22	.42	1,297	.30	.46	125	-1.76▲	3.21(1)▲
	③熟練者を尊敬する組織風土の徹底	.21	.41	1,297	.26	.44	125	-1.28 NG	1.58(1) NG
	④若手への権限委譲と責任付与	.52	.50	1,297	.47	.50	125	1.10 NG	1.01(1) NG
	⑤営業体験・展示会参加などによる顧客意識の徹底	.23	.42	1,297	.47	.50	125	-5.20**	33.74(1)**
	⑥QCサークル、提案制度などによる品質意識の徹底	.37	.48	1,297	.40	.49	125	-.63 NG	.28(1) NG
	⑦表彰や優遇した評価制度による技術者のやる気の維持	.25	.43	1,297	.34	.48	125	-2.18*	5.08(1)*
	⑧「自社で作れるものは作る」という現場意識の徹底	.38	.49	1,297	.39	.49	125	-.18 NG	.01(1) NG
	⑨共同研究や学会への参加などで技術者を育成	.11	.32	1,297	.25	.43	125	-3.37**	17.38(1)**
	⑩開発に相応しい場や柔軟な勤務体制を提供	.06	.24	1,297	.17	.38	125	-3.11**	17.95(1)**
	⑪技能継承のために高齢者を積極的に活用	.30	.46	1,297	.28	.45	125	-.55 NG	.20(1) NG
人事	問24 製品開発・技術開発人材の人事ローテーションの有無・頻度	3.53	.58	1,255	3.35	.59	124	3.42**	14.47(3)**
	問24-2 開発人材の人事ローテーションの範囲	2.89	1.90	499	2.36	1.51	74	2.71**	8.24(6) NG
技術水準向上で強み	問26 ①経営者の技術向上に向けたリーダーシップ	3.54	.91	1,253	4.10	.73	124	-8.01**	47.35(4)**
	②技術・熟練や挑戦を重視する経営理念の徹底	3.43	.85	1,251	3.93	.71	124	-7.26**	40.16(4)**
	③市場ニーズを吸い上げ製品化する仕組み	2.89	1.00	1,233	3.45	.92	124	-5.99**	37.31(4)**
	④技術者へ顧客意識・品質意識の徹底	3.47	.85	1,250	3.58	.75	124	-1.42 NG	3.86(4) NG
	⑤開発・製造・販売員の社員の濃密なコミュニケーション	2.92	.83	1,238	3.27	.85	124	-4.46**	23.44(4)**
	⑥目に見えないノウハウ・熟練を共有化する仕組み	2.84	.82	1,243	3.07	.81	124	-2.98**	13.33(4)**
	⑦取引先や大学などの連携の中での技術者の学習	2.20	1.01	1,234	2.86	.98	124	-6.94**	48.35(4)**
	⑧製品・技術開発を頻繁に行うことによる学習	2.50	.98	1,229	3.20	.91	123	-8.03**	64.68(4)**
	⑨技術人材の特性に配慮した人事評価制度	2.78	.81	1,239	3.09	.76	124	-4.06**	16.99(4)**
	⑩QC活動・提案制度などによる改善能力	2.80	.92	1,237	3.15	.87	124	-4.03**	23.96(4)**
	⑪新技術・新製品に関する情報収集力	2.83	.92	1,240	3.35	.86	123	-6.06**	39.21(4)**
	(技術水準の向上での強みの認識)合計点	31.93	6.58	1,250	36.97	5.45	124	-9.63**	53.64(4)**

**p<.01 *p<.05 ▲10%有意水準
問23(技術者活性化で重視する項目)のカイ二乗値による検定はイェーツの連続性修正値、問23は複数回答のダミー値、問24、24-2は若い番号が人事ローテーションの頻度・範囲が大、問26(技術水準の向上で強みの認識)は5点尺度で自社の強みがあると意識したほうが点数が高い
問26の最後は、①~⑪の項目合計点、t検定は実数で検定、カイ二乗検定は合計値を前述の5区分したクロス集計の検定値
出所:中小企業基盤整備機構(2009)の資料を基に筆者が二次分析

なお、上記分析で、すでに中小一般製造業とモノ作り300社の2群間の問24(開発人材の人事ローテーション:頻度)と問24-2(開発人材のローテーション:範囲)の平均値の差異とカイ二乗値の差異を示したが、参考1でクロス集計表を提示する。さらに、参考2として、問25(設備・情報システム活用における強み)は上記では触れていないが、第3節「『設備・情報システム』の重要性とあり方」で参考にするので、2群間とのクロス集計表を提示する。

〔参考1〕

表4-14　2グループ（中小一般製造業・モノ作り300社）×問24
　　　　（開発人材の人事ローテーション：頻度）

グループ		Q24（開発人材の人事ローテーション：頻度）				合計
		定期的（5年超）人事ローテーションがある	定期的（5年以下）人事ローテーションがある	不定期の人事ローテーションがある	人事ローテーションはない	
中小一般製造業	度数	6	36	496	717	1,255
	%	.5%	2.9%	39.5%	57.1%	100.0%
モノ作り300社	度数	1	4	70	49	124
	%	.8%	3.2%	56.5%	39.5%	100.0%
合計	度数	7	40	566	766	1,379
	%	.5%	2.9%	41.0%	55.5%	100.0%

χ^2 $(df = 3, N = 1,379) = 14.47$　$p<.01$
出所：中小企業基盤整備機構（2009）の資料を基に筆者が二次分析

表4-15　2グループ（中小一般製造業・モノ作り300社）×問24-2
　　　　（開発人材の人事ローテーション：範囲）

グループ		Q24-2（開発人材の人事ローテーション：範囲）							合計
		開発—設計—製造—営業の間で全て異動	開発—設計—製造の間だけで異動	開発—設計の間だけで異動	開発—製造の間だけで異動	開発—営業の間だけで異動	開発に専任	その他	
中小一般製造業	度数	155	119	31	119	19	5	51	499
	%	31.1%	23.8%	6.2%	23.8%	3.8%	1.0%	10.2%	100.0%
モノ作り300社	度数	27	24	2	16	2	1	2	74
	%	36.5%	32.4%	2.7%	21.6%	2.7%	1.4%	2.7%	100.0%
合計	度数	182	143	33	135	21	6	53	573
	%	31.8%	25.0%	5.8%	23.6%	3.7%	1.0%	9.2%	100.0%

χ^2 $(df = 6, N = 573) = 8.24$　NG
出所：中小企業基盤整備機構（2009）の資料を基に筆者が二次分析

〔参考2〕
表4-16　2グループ（中小一般製造業・モノ作り300社）×問25（設備・情報システム活用における強み）

グループ		Q25（設備・情報システム活用における強み）									合計
		1	2	3	4	5	6	7	8	9	
中小一般製造業	度数	151	109	135	85	160	409	123	36	28	1,236
	%	12.2%	8.8%	10.9%	6.9%	12.9%	33.1%	10.0%	2.9%	2.3%	100.0%
モノ作り300社	度数	27	9	13	14	13	30	11	2	2	121
	%	22.3%	7.4%	10.7%	11.6%	10.7%	24.8%	9.1%	1.7%	1.7%	100.0%
合計	度数	178	118	148	99	173	439	134	38	30	1,357
	%	13.1%	8.7%	10.9%	7.3%	12.7%	32.4%	9.9%	2.8%	2.2%	100.0%

χ^2 ($df = 8$、$N = 1,357$) $= 15.80$　$p<.05$
出所：中小企業基盤整備機構（2009）の資料を基に筆者が二次分析

問25の選択肢
1. 自社製作の専用機・自社向け仕様の専用設備　2. 自社製作の治具・工具・実験機器
3. 設備や情報システムの改善・改良　4. ノウハウを織り込んだ設備と設備の間の工程間の繋ぎ
5. 技術ノウハウを情報システムとして蓄積・共有化　6. 設備を使いこなす人材育成・熟練の継承
7. 最新設備の導入による製造技術の高度化　8. 設備や加工法に関する勉強会の頻繁な開催による学習　9. その他

(5)「大きな技術変化」の類型と日常の技術マネジメント要因に関する類型間の差異分析

　上記（3）で中小一般製造業内の技術水準の規定因として抽出された日常の技術マネジメント要因（① Q26-1、3、8、Q23-9、② Q23-1、3、Q24、③ Q23-5、Q26-7）は、Q23-1、3、Q24、Q26-1を除き差異が1％水準で有意（Q26-1のみ10％水準で有意）なので、実証妥当性を補完する。「大きな技術変化」の類型の中でも、市場との関連性が最も強い「自社製品開発型」が他の類型と日常の技術マネジメントで強みを有し、重視する項目に差異が顕著である。

表4-17 日常の技術マネジメント要因に関する「大きな技術変化」の類型グループに係る統計量（一元配置分散分析）

指標	変数	A：自社製品開発型 平均値	A 標準偏差	A N	B：技術範囲の拡大型 平均値	B 標準偏差	B N	C：技術の専門化型 平均値	C 標準偏差	C N	D：用途開発型 平均値	D 標準偏差	D N	有意検定 F値	多重比較
技術者活性化重視	問23 ①経営理念、技術戦略の方向性を共有化	.69	.47	70	.63	.48	168	.61	.49	223	.57	.50	86	.79 NG	
	②技術者へ財務などの経営状況を開示	.24	.43	70	.28	.45	168	.20	.40	223	.22	.42	86	1.12 NG	
	③熟練者を尊敬する組織風土の徹底	.21	.41	70	.24	.41	168	.24	.43	223	.24	.43	86	.27 NG	
	④若手への権限委譲と責任付与	.53	.50	70	.62	.49	168	.51	.50	223	.58	.50	86	1.65 NG	
	⑤営業体験・展示会参加などによる顧客意識の徹底	.50	.50	70	.29	.46	168	.22	.42	223	.27	.45	86	6.87**	A>B** A>D**
	⑥QCサークル、提案制度などによる品質意識の徹底	.37	.49	70	.33	.47	168	.42	.50	223	.31	.47	86	1.56 NG	
	⑦表彰や優遇した評価制度で技術者のやる気の維持	.27	.45	70	.27	.44	168	.30	.46	223	.24	.43	86	.31 NG	
	⑧「自社で作れるものは作る」という現場意識の徹底	.46	.50	70	.41	.49	168	.40	.49	223	.53	.50	86	1.73 NG	
	⑨共同研究や学会への参加などで技術者を育成	.30	.46	70	.11	.32	168	.12	.33	223	.16	.37	86	5.41**	A>B** A>C**
	⑩雇用に相応しい場や未熟な勤務体制を提供	.13	.34	70	.08	.27	168	.04	.20	223	.06	.24	86	2.44▲	A>C*
	⑪技能継承のために高齢者を積極的に活用	.23	.42	70	.29	.46	168	.24	.43	223	.29	.46	86	.74 NG	
人事	問24-1 製品開発・技術開発人材の人事ローテーションの有無・頻度	3.36	.65	66	3.42	.60	161	3.39	.68	216	3.44	.59	86	.24 NG	
	問24-2 開発人材の人事ローテーションの範囲	2.17	1.38	35	2.82	1.90	85	2.81	1.81	102	2.85	1.84	39	1.33 NG	
技術水準向上での強み	問26 ①経営者の技術向上に向けたリーダーシップ	4.04	.78	69	3.78	.86	165	3.81	.87	215	3.71	.84	85	2.24▲	A>D▲
	②技術・熟練や挑戦を重視する経営理念の徹底	3.86	.78	69	3.58	.84	165	3.62	.85	215	3.60	.76	85	2.04 NG	A>B▲ A>D▲
	③市場ニーズを吸い上げ製品化する仕組み	3.49	.87	68	3.12	1.06	163	3.01	.92	213	3.12	1.03	85	4.08**	A>B** A>D**
	④技術者へ顧客意識、品質意識の徹底	3.69	.70	68	3.63	.87	165	3.66	.77	216	3.53	.88	85	.64 NG	
	⑤開発・製造・販売間の社員の濃密なコミュニケーション	3.37	.75	68	2.97	.85	164	3.00	.83	213	3.01	.76	85	4.22**	A>B** A>D*
	⑥人に見えないノウハウ・熟練を共有化する仕組み	3.01	.71	67	2.88	.88	164	3.00	.75	214	2.93	.85	84	.85 NG	
	⑦取引先や大学などとの連携の中での技術者の学習	2.69	1.20	68	2.24	1.03	160	2.20	1.06	212	2.44	1.05	84	4.25**	A>B* A>C**
	⑧製品・技術開発を頻繁に行うことによる学習	3.26	.94	68	2.60	.96	158	2.62	.98	211	2.81	1.01	84	8.94**	A>B** A>C** A>D**
	⑨技術人材の特性に配慮した人事評価制度	2.99	.78	68	2.88	.84	162	2.86	.82	213	2.81	.82	85	.61 NG	
	⑩QC活動・提案制度などによる技術改善能力	2.93	.87	68	2.81	.98	163	2.91	.93	214	2.74	.90	85	.90 NG	
	⑪新技術・新製品に関する情報収集力	3.40	.78	68	2.99	.91	163	3.00	.98	214	2.88	.91	85	4.49**	A>B* A>D**
	（技術水準の向上での強みの認識）合計点	36.57	5.60	68	33.26	6.11	164	33.46	6.23	215	33.51	6.77	85	5.22**	A>B** A>D**

**p<.01, *p<.05, ▲10%有意水準 多重比較はTukey法による 問23は複数回答のダミー値。問24、24-2は若い番号が人事ローテーションの頻度・範囲が大、問26（技術水準向上で強みの認識）は5点尺度で自社の強みがあると意識した方が点数が高い。問26の最後は、①～⑪の項目合計点

出所：中小企業基盤整備機構（2009）の資料を基に筆者が二次分析

〔参考〕
表 4-18　問 7-2（「大きな技術変化」の類型）×問 25
（設備・情報システム活用における強み）

「大きな技術変化」の類型		Q25（設備・情報システム活用における強み）									合計
		1	2	3	4	5	6	7	8	9	
自社製品開発型	度数	10	8	11	3	17	7	8	0	1	65
	％	15.4%	12.3%	16.9%	4.6%	26.2%	10.8%	12.3%	0.0%	1.5%	100.0%
技術範囲の拡大型	度数	29	19	17	7	29	43	12	4	1	161
	％	18.0%	11.8%	10.6%	4.3%	18.0%	26.7%	7.5%	2.5%	.6%	100.0%
技術の専門化型	度数	29	15	20	14	28	69	37	5	0	217
	％	13.4%	6.9%	9.2%	6.5%	12.9%	31.8%	17.1%	2.3%	0.0%	100.0%
用途開発型	度数	14	9	6	6	8	23	13	2	3	84
	％	16.7%	10.7%	7.1%	7.1%	9.5%	27.4%	15.5%	2.4%	3.6%	100.0%
合計	度数	82	51	54	30	82	142	70	11	5	527
	％	15.6%	9.7%	10.2%	5.7%	15.6%	26.9%	13.3%	2.1%	.9%	100.0%

χ^2 (df = 24, N = 527) = 42.82　p<.01
出所：中小企業基盤整備機構（2009）の資料を基に筆者が二次分析

問 25 の選択肢：1．自社製作の専用機・自社向け仕様の専用設備　2．自社製作の治具・工具・実験機器　3．設備や情報システムの改善・改良　4．ノウハウを織り込んだ設備と設備の間の工程間の繋ぎ　5．技術ノウハウを情報システムとして蓄積・共有化　6．設備を使いこなす人材育成・熟練の継承　7．最新設備の導入による製造技術の高度化　8．設備や加工法に関する勉強会の頻繁な開催による学習　9．その他

第 2 節　「人的資源」の重要性とあり方（二次分析）

　以下では、本研究において「技術」の構成要素の 3 要素として捉える「人的資源」、「設備・情報システム」、「組織ルーチン」の順に個別に論ずる。各要素について、初めに鈴木直志（2012）の事例研究で提示した概念を確認し、次にヒアリング資料の二次分析を行い、最後に重要性とあり方をまとめる。

1．鈴木直志（2012）における概念設定の確認

　鈴木直志（2012）においては、技術の構成要素のうち、「人的資源」について事例研究により次のとおり論じている[21]。
　仮説 3 ①：「技術」の構成 3 要素のうち、「人的資源」については、技術

者の動機付けによる活性化が重要である。「人的資源」は、図 4-7 のとおり、①技術者の技術知識、②技術者の熟練、③技術者の活性化の3要素から成る。

図 4-7 「人的資源」の構成要素

| 人的資源 | = | ①技術者の技術知識 | + | ②技術者の熟練 | + | ③技術者の活性化 |

出所：中小企業基盤整備機構（2009）

上記の①は社内外の学習、②は OJT で技術者の学習・育成は可能である。しかし、有している知識・熟練を最大限発揮するかが競争力に差を生じる。そこで、技術者をいかに動機付けるか、③技術者の活性化が最も重要である。

事例でも、経営理念、技術戦略の方向性で、経営者が「面白いことをいっぱいやろう！」との率先や、経営理念や長期経営計画の十分な浸透を図っていた。また、若手への権限委譲と責任付与で、開発人材に短期的成果を求めないことで意識を向上させていた。顧客意識・品質意識・現場意識の徹底で、「お客様の満足こそ我々の進むべき唯一の道」を社是とし徹底していた。

技術者の活性化がなぜ重要かということを、「もの造りの組織能力」と「取引コスト」と「情報の粘着性」の3つの概念を基に分析する。藤本隆宏（2003）のもの造りを媒体への転写の情報価値説的な考え方によれば、同じ知識や熟練を有する技術者も動機付けいかんにより、藤本の言う製品設計情報の発信効率、受信効率、転写効率にすべて影響を与え、各種効率性を向上させる。また、ウィリアムソン（Williamson, O., 1979）が、取引を①不確実性、②頻度、③資産の特殊性から区分しているが、その視点から見ると、技術者の高い動機付けによる中小製造業特有の社内や取引先との濃密なコミュニケーションは、短期的には取引コストを増大させるが、長期的に取引コストを低減させ、結果的に取引コストと製造コストの総コストも低減させる。さらに、技術者の高い動機付けが、フォン・ヒッペル（2005）の粘着性の高い技術・顧客情報、たとえば、革新的新技術や熟練・ノウハウなどの技術情報や潜在ニーズなどの顧客情報、通常移転が困難な情報の共有化で、付加価値の高い技術進化を可能とする。

本研究では、上記の鈴木（2012）の概念設計を一部修正する。なぜならば、問 23 が技術者の活性化要因、問 26 が日常のマネジメントの総合力としての

組織ルーチン要因という想定であったが、アンケート資料の二次分析を行った過程で、問26の技術水準への影響度が問23を包含する傾向が強く、問23の独立した要素としての影響度がかなり希薄であったからである。さらに、組織ルーチンを「人的資源」と「設備・情報システム」を動かす仕組みと定義しているので、「人的資源」の中の「技術者の活性化」と「組織ルーチン」の概念の重複による分かりにくさを指摘される余地があるからである。

そこで、技術の構成要素の「人的資源」を図4-8のとおり、技術者の活性化の要素を除き、①技術者の技術知識と②技術者の熟練から成ると再定義する。

図4-8 「人的資源」の構成要素

出所：中小企業基盤整備機構（2009）を基に筆者が加工

しかし、人的資源の要素に最も影響を与え、企業間の日常マネジメントで差異を生みやすいのは、技術者の活性化要因でもある。そこで、以下のヒアリング資料の二次分析でも、技術者の活性化は「人的資源」の項目に残す。

2.「技術」の構成要素のうちの「人的資源」に関する事例研究[22]

前述のとおり、「技術」＝「人的資源」＋「設備・情報システム」＋「組織ルーチン（人と設備を動かす仕組み）」と技術の構成要素を捉えるが、その中でも「人的資源」が最も重要である。「設備・情報システム」や「組織ルーチン」が仮にあっても、「人的資源」が成果を発揮しないと、開発・設計・製造の各部門で、技術が有効に機能せず蓄積・進化をすることもなしえない。

前述のとおり、「人的資源」の構成要素は、「人的資源」＝「技術者の技術知識」＋「技術者の熟練（スキル・経験知・暗黙知）」（「技術者の活性化」は除く）が成り立つ。日常のルーチンの中で（短期的に）技術を進化させるためには、まず、技術者の技術知識を高めることが必要であり、OJTや実

践を通じてしか習得できない技術者の熟練を高めることも重要である。この両者とも、技術者の学習・育成・採用を通してしか強化することはできない。一方で、技術者の技術知識や熟練を学習・育成をして高度化・進化させたとしても、その有する技術者の動機付けがなされ高い就業意識の下に適切にかつ効率的に発揮できないと、人的資源を高い技術水準に繋げることはできない。

技術者の学習・育成には、知識レベルでは、産学連携などの共同研究や学会への参加、社内での勉強会などで吸収可能である。熟練の継承には、OJTが欠かせない。そこで、高齢者活用や熟練を重視する組織風土形成も重要である。技術者の活性化には、経営理念・技術戦略の方向性共有化、若手へ権限委譲と責任付与、顧客意識徹底などでの技術者の動機付けが必要である。

〔事例企業〕
① 〔技術者の育成〕
〔2008年調査〕
　a．E社　ゲストエンジニア的なことにも着手し、開発への提案ができる人材の育成を始めている。幹部として他企業で実績を上げた人材を中途採用。
　b．L社　常に伸展する良い企業であるかそうでないかの企業の違いの差は、全社員の勉強量の差であると社長が断言。専任の8名が、研究開発を日夜継続。

〔2009年調査〕
　a．N社　若手経営幹部を社長自ら養成する「経営塾」と、工場長が中心となり技能の伝承に努める「モノづくり道場」の2本の柱で社員に教育を徹底。
　b．P社　外部で技術研修を受けてきた社員は、社内の40人階段教室で講師になる。社員同士が講師になり、生徒になり、相互に教育するシステムが確立。

〔2010年調査〕
　a．D社　入社2〜3年目の技術系従業員は、能力を見極めながら自分の担当する工程の専用機製作などに取り組ませて、技術に対する知識を身

をもって体得させている。
  b．G社　技術部では、工学系の技術者を採用し、委託費等の公的支援施策のプロジェクトを通じて、外部研究者の指導の下に人材育成を図っている。

② 〔熟練の継承〕
〔2008年調査〕
  a．H社　「技術者は育っても技能者は育たない」。装飾めっきの労働集約的な熟練部分を残したことがめっき業界で生き残れた一因となっている。
〔2009年調査〕
  a．K社　OBやベテラン社員による技術指導により、熟練技能の若手社員への継承を積極的に実施。部門長には、他企業を見学などでコーディネート力を養成。
  b．B社　30代後半から40代前半までが少なく、世代間に空白があると技術の伝承が難しい。上の年代から若い年代に技術ノウハウを伝承するため専任者を指名。
〔2010年調査〕
  a．C社　現代の名工が3名、60歳以上9名と熟練工が多数在籍。技術や技能が個人に蓄積され育成に時間を要するので、OJTで熟練技能を若手に継承・育成。
  b．F社　10年以上育成に要する。技術伝承プロジェクトで、トップクラスの技能者全員が教官。基本はOJT、技術を背中で教える。通常の生産活動以外で教育。

③ 〔技術者の活性化〕
〔2008年調査〕
  a．J社　開発は研究者に任せており、基本的にプロセス装置の開発を好きな人間に任せることが動機付けになっている。だが開発計画や進捗報告は報告。
  b．K社　開発人材にあまり短期的な成果を求めないことが逆にモチベーションの向上に繋がっている。
  c．Q社　経営計画以外にも組織横断的なチームで、情報の共有化や意識

の向上を図る。現場を巻き込んだ他社事例研究などで、改善意識を醸成している。

〔2009年調査〕
a．S社　技術部員を対象に月1回、技術成果を披露する技術総合連絡会を実施。設計者は客先に出向き直接顧客要望を聞く。情報共有化と動機付けのため。
b．L社　職人の「究極の精度」を目指そうとするマインドを維持し続けるため、大学研究者や雑誌の情報を与え、必要となる設備環境をグレードアップ。

〔2010年調査〕
a．B社　開発部門では緊張の中で斬新な発想は生まれないので、創造的思考が可能な環境を保証。製造現場では問題解決能力育成が必要、相互に刺激の環境作り。
b．H社　超硬耐摩耗工具を、『生命工具』と呼ぶ。工具の精度でお客様の製品の命（品質）が決まる。命を吹き込むほど思い入れを持つ意識徹底が、高い品質へ。

どの企業も、人材育成、熟練の継承、技術者の活性化を重視している。経営資源の不足しがちな中小製造業では、技術の構成要素の人的資源の能力発揮の度合いが技術水準の高さに寄与することがアンケート同様裏付けられた。

3．「人的資源」の重要性とあり方[23]

前述のとおり、「人的資源」は、大きく分けて①技術者の技術知識、②技術者の熟練（スキル・経験知・暗黙知）、（③技術者の活性化は除く）から成る。①と②は技術者の学習や育成によって技術水準を向上させることが可能となり、組織ルーチンとしての③は技術者をいかに動機付けるかが重要となる。

人的資源では、差別化と模倣困難性で競争力を発揮するために目に見える知識（形式知）よりも目に見えないノウハウ・スキル（暗黙知）が重要である。

そこで、人的資源で重要なのは、形式知の多い①技術者の技術知識につい

て、目に見えない部分で社内や社外の人材同士でいかに濃密なコミュニケーションを図り、組織のノウハウとして共有化・暗黙知化していくかである。②技術者の熟練・スキルでは、もともと目に見えない暗黙知、経験でしか習得できない経験知であるので、OJTなどで社内のフェイス・トゥ・フェイスの熟練継承、顧客意識を意識させた熟練向上も必要となる。技術人材がいかに高度な技術知識と精密な再現能力の熟練を有したとしても、高い技術水準に繋がるわけではない。人的資源が組織で技術水準向上に資するのは、技術戦略の方向性の共有化や顧客意識の徹底などにより、技術人材に「いかにやる気を奮い立たせるか」の組織ルーチンの要素である③技術者の動機付けである。経営者がリーダーシップを発揮し、組織で仕組み化する組織能力が重要となる。

　下記では、人的資源における3要素における技術進化のための要諦を述べる。

(1) 技術者の技術知識

　技術者の技術知識は、形式知部分が大きいので、最先端や高難度なものを除くと内部の育成・学習でも吸収・融合することが可能である。ただし、最先端や高難度な技術知識である場合やスピードを重視する場合には、技術知識の吸収・融合を新規人材採用や外部資源の補完で行わなければならない。また、技術知識は競合も努力次第では入手が容易なので、技術者の学習・育成は技術者に個人的に行うものではなく、経営者の強力なリーダーシップの下に組織で技術人材の学習・育成・採用方針を決定し実行しなければならない。

　最先端や高難度な技術を吸収・融合するためには、「産学連携」で知識吸収・融合、「共同研究・学会参加で育成」や、「大企業や中小企業との連携」・「異業種交流」で育成することが有効である[24]。産学連携などの共同研究は、仮に事業化まで達しなくても技術人材育成の場と割り切っている経営者も多い。

　また、資金や時間をかけずに自己努力で手掛けやすいのは、新技術の吸収・融合のための「社内勉強会における学習」[25]である。昼休み・時間外な

ど、時間を有効活用して従業員のやる気を高めれば、情報共有や情報交換の密度・頻度において中小製造業は規模の小ささが小回りの良さに繋がり、大企業に比しても有利になる。この社内勉強会には、一部の技術人材だけではなく、社内全部の技術人材が参加するような組織風土作りがまずは必要である。

　また、技術水準を向上させるためには、「新たな技術人材の採用」[26]が不可欠である。定期的な新規採用もあれば、新技術を吸収・融合させるために大企業等のユーターンOB人材を採用する場合もある。経営者は、長期的視点に基づいて技術人材の採用方針を有なければならない。長期雇用により現場の技術や技能を蓄積・進化させるのが依然として日本企業の現場の強みを維持するのに欠かせない。その中で新技術を吸収・融合するためには、臨機応変かつ柔軟な多様の人材確保が必要である。経営者のあらゆる情報源・人脈を通じた中途採用の高度な技術人材の確保が、短期的な技術進化のために有効となる。

　また、「大きな技術変化」に伴う新技術の吸収・融合で、「自社製品開発型」は「公設試・補助金等公的支援策の活用」を有意に他類型よりも活用していたが、日常の製品開発や技術開発活動においても不可欠である[27]。また、外部資源活用を通じた技術人材の育成も重要である。事例でも、「当社の産学連携は工業試験場との共同開発が基本」としていた。公設試験場と長い付き合いを続け、少しでも自社の開発の資金負担や開発リスクの軽減は重要である。

　最後に、特に下請型企業では、「取引先からの学習」（社員を派遣、講師を依頼）により技術水準を高めている[28]。事例でも、下請事業における大手企業の技術指導の活用による技術進化や、主要顧客との間でゲストエンジニアとして開発過程への参加による自社の開発や設計能力の向上が見られた。

　以上のとおり、技術者の技術知識は形式知部分が多いので、競合に模倣されやすい。努力次第・勉強量が、そのまま技術水準の差に繋がる。このため、まずは内部人材を経営者が動機付けして社内勉強会を活性化させることが必要となる。また、中小製造業は、経営資源が不足しているので、外部資源を活用し、技術者を学習させ育成することが重要である。高度なレベルの技術

水準であれば、産学連携や企業間連携による共同研究等への積極的な参加や、公設試等の公的支援策の積極的活用により、新技術の吸収・融合が可能となる。また、日常レベルでの開発や設計能力や現場の管理能力等の技術水準の向上のためには、大手企業等の取引先からの学習が重要である。さらに、長期的な採用方針に基づいた新卒の技術人材採用や大企業OB等の中途採用も、中小製造業では、経営者の人材に関する情報収集力や人脈に依存するところが大きいので、経営者の人材採用・確保への絶えまぬ努力が重要である。

(2) 技術者の熟練（スキル・経験知・暗黙知）

中小製造業では、技術者の熟練は暗黙知や経験知であるので、競合は模倣が困難である。熟練を組織として有効活用し形式知化できる部分は極力共有化を図り、暗黙知として残った熟練は世代間でいかに継承できるかが、少子高齢化が進展していく中では、中小製造業の技術水準に大きな影響を与える。

技術者の熟練は、現場の①問題解決能力、②変化対応能力[29]、③高品質・高精度・高速度の再現能力が主な要素である。「問題解決能力」とは、現場で不測の事態が生じた場合に技術者が長年の経験やノウハウを活用して迅速に対応できる能力であり、「変化対応能力」とは、至急納品や納品数量の急な変更などの顧客ニーズの急激な変化に対して迅速に対応できる能力である。技術者の熟練では、大企業に比してコア技術の変化や多様性が少ないので、特定分野に特化した熟練やノウハウは、中小製造業のほうがより深くより長く蓄積されやすい強みがある。そこで、極めて限られた分野では、中小製造業の現場には各社とも暗黙知という形で熟練が個人の中に豊富に蓄積されている。中小製造業が大企業に対し特に熟練で強みを発揮するのは、上記2つのほかに、「高品質・高精度・高速度の再現能力」の特定製品・加工での現場の熟練やノウハウである。機械化・自動化が急激に進展しても、開発・設計・製造の各現場に蓄積・共有化された熟練は、競合や取引先への競争力の源泉となる。

事例でも、「技術者は育っても技能者は育たない。熟練を重視する」との経営方針で、労働集約的な熟練部分を残したことが業界内で生き残れた一因となっていた。このように、「熟練者を尊敬する組織風土を徹底」が、社内

の熟練に対する高い評価を通じて、QCD の顧客要求に迅速かつ高品質かつ低コストでの対応を可能とする[30]。熟練・スキル・技能は、暗黙知・経験知の形で個人に蓄積されることが多いので、組織としての現場力を強めるためには、見える化・仕組み化・形式知化して共有化することが必要である。しかし、最後には個人の熟練という目に見えない形で残らざるをえないものがあるので、「技能継承のため高齢者活用」[31]などOJTを通じて世代間継承を図る必要がある。事例でも、後継者の意識向上のため、70歳まで雇用延長をしていた。

さらに、中小製造業といえども、ある程度の人事ローテーションが開発人材の熟練の能力を向上させ、開発以外の製造現場でも、熟練をより深く幅の広いものにする。「開発人材の人事ローテーション」[32]では、事例でも開発担当者に営業を経験させモチベーションを向上させたり、設計部門のスタッフも必ず現場経験をしてから設計部に配属することにより製造を意識した設計能力を高めたりして、開発や設計人材の熟練を深く幅の広いものにしていた。製造現場でも、中小製造業は大企業より技術者の規模が遥かに小さいため、多能工や多台持ちで複数の設備や加工に対応可能な人材を育成する必要がある。不定期で狭い幅でもローテーションを行うことで、熟練を深く幅広くしている。

中小製造業では、熟練を有する技術者を育成し継承することが現場の力を強め、高い技術水準の向上に繋がる。熟練は目に見えない暗黙知や経験知であるために競合の模倣は困難なので、高度な熟練者を有することで中小製造業は競争優位を築きやすい。一方で、機械化・自動化の進展とともに、熟練の内容が変化し、手作業部分が減少してきている。しかし、同じ設備であっても活用するのは人間であり、そこには必ず熟練やノウハウが生ずる。同時に、小ロットで設備により加工するには採算が合わなかったり、金型の磨きのように精度が熟練を有する人間でしか出せなかったり、手作業部分は必ず残る。

また、グローバル化が急激に進展する中で、設備に大きく依存した技術では、中国や韓国などに追いつかれ、日本の中小製造業は強みを発揮しにくい。国内での製造が多品種小ロットや特殊品や試作品や高難度技術や短納期の付

加価値の高いものにシフトしていく中で、現場に熟練やノウハウを蓄積・共有化・継承することが、中小製造業の最大の競争力の源泉となる。そのためには、熟練者を尊敬する組織風土を徹底することにより技術者の意識が向上し、熟練や技能の継承のために高齢者活用することにより世代間の熟練の継承を可能とし、技術人材でも人事ローテーションを行うことで熟練をより幅広くかつ深いものにすることが、競合他社への差別化のために特に重要となる。

(3) 組織ルーチンとしての技術者の活性化

技術の構成要素である人的資源において特に重要なことは、技術者をいかに動機付けて活性化するかである。同じ技術者が知識・熟練を有していたとしても、その者の技術戦略の理解や顧客意識・現場意識の高さなどにより、生産性の高さには大きな差異が生ずる。技術水準の高い企業ほど、技術者の活性化については経営者の強力なリーダーシップの下に様々な工夫を重ねている。中小製造業においては、技術者の活性化が競合への差別化に繋がる。

技術者の活性化でまず重要なことは、「経営理念や技術戦略の方向性の共有化」[33]である。事例でも、経営理念や長期経営計画を社員に十分浸透することで技術者の意識を大きく高めたり、経営者が先頭に立ち技術者に「面白いことをいっぱいやろう」と言い続けることでやる気を大きく向上させたりしていた。経営理念や技術戦略の下のレベルの日常の従業員へのメッセージで、技術を重視する姿勢を強調し続けることも技術者の活性化に繋がる。

経営者が中心となって日常活動の中で、「顧客意識・品質意識・現場意識を徹底」[34]することも重要となる。事例でも、技術や製品に繋げるための感性を営業社員に要求したり、お客様の満足こそがわれわれの進むべき唯一の道という経営方針を繰り返し社員に徹底したりすることで技術者の意識を高めていた。

また、技術者にやる気を起こさせるためには、経営者がリーダーシップを発揮した理念や意識の徹底だけでは十分ではない。技術者がより活性化するように、組織としての仕組み化・制度化による「表彰や優遇した人事制度による技術者のやる気の維持」[35]も必要となる。事例でも、特許出願の社員に

は褒賞金、最も活躍した社員に社長賞を出したり、技能士資格に挑戦するよう奨励したりすることにより、技術者のやる気を向上させていた。このように、中小製造業においては、技術進化のために経営者のリーダーシップが大変重要な反面、高度な技術人材をいかに育成していくかも、重要な課題である。

　開発型企業をいかに唱えても、早急な成果ばかりを求めると技術者のモチベーションが下がる。そこで、「若手への権限委譲と責任付与」[36]は、若手技術人材のやる気を大きく向上させる。事例でも、開発人材に短期的成果を求めないことが開発人材の意識を向上させ、結果的に開発成果に繋げていた。

　中小製造業において、技術活性化のための最大の課題は、優秀な技術人材の確保が困難なことである。そこで、現状で有する技術者の活性化を図り、有する知識や熟練を最大限に活用することが競争力の源泉となる。技術者の意識やモチベーションを向上させ、技術水準の向上に繋げるためには経営者の果たす役割が大きい。1つが、経営者が強力なリーダーシップを発揮して経営理念や技術戦略の方向性を全社員で共有することであり、次に、日常活動の中でも、経営者が繰り返し顧客意識・品質意識・現場意識の重要さを全社員にメッセージとして伝えることである。また、経営者のリーダーシップだけでは技術者の意識やモチベーションを向上させることができないので、成果を挙げ貢献をした技術者には表彰や優遇をする組織での仕組み化・制度化も重要となる。さらに、中小製造業では経営者が最大の経営資源であるといっても、若手の権限委譲と責任付与などにより若手人材の意識を高め効率性を向上させるとともに、次代の技術人材を育成していかなければならない。

  「設備・情報システム」の重要性とあり方（二次分析）

1．鈴木直志（2012）における概念設定

　鈴木直志（2012）の事例研究における「設備・情報システム」に関する概念設定は、次のとおりである[37]。

　仮説3②：「設備・情報システム」では、「最新鋭設備導入で技術を高度化」

⇒「設備・導入システムの有効活用・ノウハウを蓄積」⇒「設備・情報システムにノウハウ・熟練を体化」の流れを回し、技術進化させることが重要である。

「設備・情報システム」では、①最新鋭設備導入で技術高度化が導入される。重要なことは、設備メーカーと濃密なやり取り・提案（例：工作機械メーカーに改善提案し密接関係構築）や、顧客ニーズ対応の設備導入（例：顧客の課題解決やニーズをベースに設備導入を検討）や、設備投資判断の意思決定の速さ（例：自動化・無人化で人材育成の代わりに設備投資実行）などが重要である。②最新鋭の設備を導入した後、いかに設備・情報システムの有効活用・ノウハウ蓄積を図るかが重要となる。このために、設備を使いこなす人材育成・熟練継承（例：自動車産業と取引で生産管理レベル大幅改善）や、ノウハウをシステムとして蓄積・共有化（例：多品種少量生産設備を自社用にシステム化）や設備や加工法に関する頻繁な学習（例：高い完成品製造力で、塗装・めっき等以外内製化）などが重要となる。③ノウハウ・熟練を蓄積・共有化した後に、いかに設備・情報システムにノウハウ・熟練を体化するかが重要となる。自社製作専用機・自社仕様専用機（例：創業以来、社内の金型、検査設備、溶接治具製作）や、設備や情報システムの改善・改良（例：カスタマイズされた設備を使用。検収後に改造）などが重要である。

上記の技術進化の取り組みは、設備へのノウハウ・熟練の体化により、その生産性を著しく向上させることに繋がり、藤本の言う製品設計情報の転写効率・受信効率などの効率性を向上させる。また、特定の顧客向けの自社専

図4-9 「設備・情報システム」の技術進化の過程

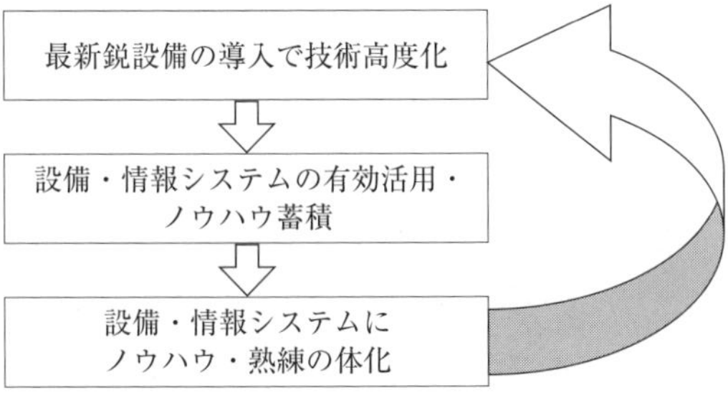

最新鋭設備の導入で技術高度化
↓
設備・情報システムの有効活用・ノウハウ蓄積
↓
設備・情報システムにノウハウ・熟練の体化

出所：中小企業基盤整備機構（2009）

用設備・自社仕様専用機などの導入は、ウィリアムソンの言う資産特殊性を高め、取引コストを短期的には高めるが、長期的には顧客の多様化により内外の取引コストを低減させ、同時に製造コストの低減にも繋がり、総コストも低減される。設備・情報システムに関するノウハウをブラックボックス化することは、競合や取引先への競争力や交渉力を発揮する源泉となり重要である。さらに、中小製造業は、ヒッペル（2005）の言う顧客情報の粘着性の高い場合に、工作機械メーカーへの提案をはじめとした濃密なコミュニケーションにより、リード・ユーザーとして中小製造業発の工作機械の開発や最新鋭の1号機の導入が可能となり、競合他社への差別化の源泉となる。

　「技術」の構成要素のうち、「設備・情報システム」については、本研究における定義も同様とする。なぜならば、アンケート資料の二次分析および下記2.の事例研究を踏まえると、鈴木直志（2012）で提示された技術の構成要素の1つである「設備・情報システム」に関する上記の概念設定に関して妥当性があると考えるからである。

2.「技術」の構成要素のうちの「設備・情報システム」に関する事例研究[38]

　技術の構成要素で、「人的資源」の次に重要になるのが「設備・情報システム」である。経営資源の資金や情報が乏しい中小製造業では、最新鋭の設備を導入することはかなりのリスクを伴う。そこで、技術を核として競争力を発揮している中小製造業は、リスクを軽減し資金も少なくてすむような工夫や知恵を必死に搾り出し、設備・情報システム面の技術進化を図っている。

　最新鋭設備導入では、設備メーカーとの濃密なやり取りや積極的に不具合を提案することで、メーカーの信頼を獲得し安価かつ自社に有益な機能の付加が可能となる取り組みをしている。設備導入後には、設備を有効に使いこなすためのノウハウの蓄積・人材育成・新たな熟練の継承が必要となる。さらに、「設備・情報システム」の活用で共有化・機械化が可能な知識で、自社製作専用機でノウハウの囲い込みや、カスタマイズした仕様の設備メーカーへの提示によるノウハウや熟練の一部機械化・自動化で効率化を図っている。

〔事例企業〕
① 〔最新鋭設備の導入〕
〔2008年調査〕
　a．O社　工作機械メーカーに積極的に改善を提案し、中小規模であるにもかかわらず工作機械メーカーと極めて密接な関係ができている。
　b．I社　ラインの設計に関しては、丸ごと依頼するのではなく、社内で仕様を検討し図面を描いた上で発注。効率性の高い設備導入が可能。
　c．U社　産学官連携や国の施策を積極的に活用することにより、最新鋭の設備が安価で利用可能。

〔2009年調査〕
　a．O社　「300年工場」を建設した。これは、長期的にインフラコストを安くし、環境負荷を低減し、かつ地域に根付く意思表示を意味する。
　b．T社　ギャップ分析によって明確な将来像が描けているので、将来の設備投資計画なども業務管理システムに取り込んで管理。

〔2010年調査〕
　a．E社　常に最新鋭の1号機を導入するため、機械の目利き能力、オペレーターの能力も高い。設備は、想定される条件や使用方法を織り込んで仕様を決定し、カスタマイズされたものを導入することが多い。
　b．H社　設備導入の検討に当たっては、各工場から社員を3～4人、工作機械の展示会に派遣し、どんな設備を導入すれば、品質向上、生産性向上、コスト削減にどのような効果があるのか検討させ、レポートを提出させている。

② 〔設備・情報システムの有効活用〕
〔2008年調査〕
　a．M社　多品種少量の受注生産に対応できるよう設備を自社用にシステム化。
　b．T社　県中小企業振興センターによる指導、自動車関連企業との取引を通じて、生産管理レベル等の大幅な改善。

〔2009年調査〕
　a．F社　製品を納入する物件の工事進捗に合わせた適切な生産とデリバ

リーを実現するため、バスダクト部門にICタグの現品管理を導入。
　b．H社　過去の販売先、購買先の情報は、コンピュータに全部入力、一品生産に近いが見積もりを含めて過去の情報はすべて共有化。

〔2010年調査〕
　a．B社　大企業との共同開発を通じ学習。IT活用の「Issue List」（技術課題や解決方法を共有化）の問題解決手法を「リーダー会議」や業務プロセス改革に活用。
　b．C社　現品管理に独自のシステム活用。現品管理は、バーコードで行うとともに、現品がどこにあるのかすぐに分かるようなシステムを構築し運用している。

③〔設備にノウハウを体化〕
〔2008年調査〕
　a．F社　創業以来、技術部で社内の金型、検査設備、溶接治具を製作しており、現場の生産性向上や高い品質管理力の源泉。
　b．C社　高い完成品の製造力を有し、自社設備では板金加工・切削部品加工を主力に行っており、成型部品・塗装・めっき等以外は内製化。

〔2009年調査〕
　a．R社　最先端技術については、高価な設備を経営者の大胆な決断で海外から購入、現場・現物に特化した技術で試行錯誤し設備を内製。
　b．A社　製造機械の内製化によって金型から二次加工まで含めた一貫生産ラインが構築。代表例は、二次加工自動機、自動検査マシン。

〔2010年調査〕
　a．A社　金網業界は、織機やシャーリングなど金網の専用設備が存在しないものも多い。そのため、基本的生産設備には金網の生産や二次加工に適した独自の改造。
　b．G社　工作機械や測定機器に最新鋭機種を投入。自社でカスタマイズすることで熟練のノウハウが機械に反映、加工精度と生産効率向上の相乗効果を生む。

　事例研究により明らかになることは、技術水準の高い中小製造業は最新鋭の設備の導入に積極的なことである。グローバル化の進展の著しい今日、中

小製造業では、国内の同業者間との競争はもとより中国や韓国などの現地の部品・部材メーカーとの競争も激化し、さらには大手企業の内製化との競争にも打ち勝たなければならない。このために、中小製造業のコア技術における最新鋭の設備の導入は不可欠となると考える。ただし、経営資源が不足し、リスクも極力軽減しなければ持続していけない中小製造業では、最新鋭の設備の導入に関して設備メーカーと密接に連携し改善提案も行うとともに、導入した設備に改良を加えることにより他社との差別化を図っている。また、設備を使いこなすように情報システムの有効活用を図るとともに、使いこなす中で蓄積したノウハウを体化した自社専用機を内製したり、カスタマイズに繋げたり、絶えず設備・情報システムにおける技術進化に努めている。

3.「設備・情報システム」の重要性とあり方[39]

設備・情報システムでは、図4-10のとおり、まず①最新鋭設備の導入で技術を高度化し、次に②設備・情報システムの有効活用・ノウハウ蓄積を行い、最後に③設備・システムにノウハウ・熟練の体化を行う。また、ノウハウ・熟練を体化した設備・情報システムを導入することで、最初の①最新鋭設備の導入で技術を高度化に戻り、これを繰り返すことが技術進化に繋がる。

上記の3段階において、技術水準を向上させるためのポイントを述べる。

①最新鋭設備の導入で技術高度化

前述の技術戦略の類型で「技術の専門化型」では、特に技術を最先端化させるためには最新鋭設備の導入が重要であったが、他の中小製造業でも常に

図4-10 「設備・情報システム」の技術進化の過程（再掲）

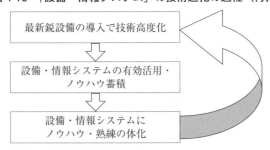

出所：中小企業基盤整備機構（2009）

最新鋭の設備を導入することは、長期的なレベルだけでなく日常レベルでの技術進化においても不可欠である[40]。中小製造業が最新鋭の設備導入を行うことは、企業にとり大変な資金負担であるとともに、十分に稼働して収益に貢献しない場合には大きなリスクを負うことにもなる。このため、中小製造業は、その資金負担とリスクを軽減するために、設備メーカーと濃密なやり取りや設備の改善提案を行っている。また、取引先ニーズの一歩先や表に現われない真のニーズをよく見極めた上で導入する必要がある。さらに、中小製造業における大企業に比しての最大の強みである設備投資判断における経営者の意思決定の速さを、長期的な技術戦略に基づいて活用することが重要である。

　中小製造業は大企業と違って、現場と設備メーカー、特に経営者と設備メーカーとの関係が非常に濃密である。設備メーカーから積極的に1号機を導入する代わりに、求められなくても改善提案を行うことにより安価で導入が可能となったり、1号機であるが故に設備メーカーから懇切丁寧な指導を受けたりしている。このように、「設備メーカーと濃密なやり取り・提案」は、中小製造業ならではの強みであり設備導入に当たって大変重要となる。

　また、設備の導入の方針は、あくまで顧客の課題解決やニーズをベースにし、その問題解決を図るために設備導入を検討することも多いので、純粋な基礎研究よりも、顧客ニーズを経営者や営業が的確に吸い上げ技術や加工に翻訳してマッチングさせ、事業化に繋げることが重要となっている。このように、「顧客ニーズ対応の設備導入」も設備導入においては大変重要である。

　さらに、「良い仕事をするには良い機械が必要」と考え、最新鋭設備をいち早く導入し現場の技術者を設備に精通させ、設備に関するノウハウの迅速な蓄積で競合との差別化を図る場合も多いので、経営者の一存で設備導入が可能な「設備投資判断の意思決定の速さ」が、中小企業ならではの強みとなる。

　以上のとおり、中小製造業では、設備メーカーとの距離の近さを最新鋭設備の積極的な導入や積極的な改善提案に活用することで、同じ設備を導入する競合より有利な立場を構築できる。また、真の顧客ニーズや隠れた顧客ニーズを経営者や営業が取引先との濃密なコミュニケーションで的確に把握

し、技術や加工に翻訳しマッチングして、設備導入を行うことが必要である。さらに、中小製造業は設備投資に係る資金力では大企業と全く勝負にならないが、経営者の設備投資判断の意思決定の速さの経営資源を武器に現場の技術水準を高め、競合や取引先に対する競争力を発揮することが可能となる。

② 「設備・情報システム」の有効活用・ノウハウ蓄積

　中小製造業は、最新鋭の設備導入することで技術を高度化することの次に、導入した設備・情報システムをいかに有効活用し技術ノウハウを蓄積して、競合他社や取引先への競争力を発揮するかが大変重要である。中小製造業にとって設備投資は、企業における大きな意思決定で多大な資金負担とリスクを伴うため、設備をいかに使いこなし、熟練や技術ノウハウという暗黙知や経験知という形で蓄積・共有化・継承するかが重要である。また、同時に人的資源が有する設備に関するノウハウをいかにシステムとして、組織内にデータ化や情報共有化という形で蓄積するかが、自社の強みとなる。

　最新鋭の設備を経営者がトップダウンで導入した後、現場の技術者が最新鋭の設備を実際に使用し、設備の予定した加工精度を超える加工が可能となるくらいまで、活用方法に関するノウハウをいち早く、かつ、より深く蓄積し、継承することが競争優位に繋がる。このように、最新鋭設備導入後の「設備を使いこなす人材育成・熟練継承」が中小企業にとっては特に重要である。

　しかし、設備の活用に関するノウハウを人だけが保有するだけでは十分ではない。そのノウハウをデータ化しさらにシステム化して蓄積し、現場の技術者の間で共有化することが重要である。事例でも、多品種少量の受注生産に対応するために設備を自社用にシステム化していたり、予定した精度が設備で当初出せなかった場合に熟練技だけに頼るのではなく、加工精度誤差をデータ化して情報システム自体を変更することにより、人ではなく設備による量産化のスピード対応により一定の精度を出せるようにしていたりする。このように、個人だけが設備に関する技術ノウハウや熟練を保有するのではなく、「ノウハウをシステムとして蓄積・共有化」することも重要である。

　また、設備も進化し加工法も急速に技術が進歩するので、「設備や加工法に関する頻繁な学習」も必要となる。技術者に設備や加工法に関する学習をいかにさせるかの技術者の動機付けと組織としての仕組み化が重要となる。

また、高い技術水準を有するモノ作り 300 社に対するアンケート資料の二次分析でも、設備・情報システムの活用 9 項目のうち、上位に①設備を使いこなす人材育成・熟練継承（第 1 位、24.8%）、②ノウハウをシステムとして蓄積・共有化（第 4 位、10.7%）の 2 項目が入っているので、これらの項目が設備・情報システムの日常の技術マネジメントで重要性を有することが分かる[41]。

　以上のとおり、中小製造業は、最新鋭の設備を導入後にいかにその設備を上手に使いこなし、競合他社よりもより早く設備に関するノウハウを蓄積・共有化し熟練した人材を育成するとともに、その設備に関する熟練を継承していく仕組み化・制度化を図ることが重要である。また、技術ノウハウを単に人が保有しその熟練に頼るだけではなく、加工精度誤差をデータ化し、情報システム化によりノウハウをシステムとして蓄積・共有化を図り、人手ではなく設備による量産化のスピード対応も競争優位に繋がる。また、設備や加工法に関する学習量の差が同じ設備を有していても技術水準の差に繋がるので、技術者への設備や加工法に関する学習の動機付けと仕組み化も重要である。

③「設備・情報システム」に技術ノウハウ・熟練の体化・反映

　「設備・情報システム」において最も重要なのは、目に見えない人が有するノウハウ・熟練といった暗黙知・経験知を導入する設備や情報システムにいかに体化、反映するかである。特に技術水準の高い中小製造業では、ノウハウを体化した自社製作の専用機や自社専用の専用機の導入や、設備や情報システムの改善・改良によるノウハウの蓄積で、競合と差別化を図っている。

　事例でも、この点で工夫を重ねて強みを発揮している企業は数多い。たとえば、治具・工具の内製化でのノウハウのブラックボックス化や、社内の技術部門での金型・検査設備・溶接治具の内製化や、設備導入の際に外製する場合の他社に真似されない工夫や、設備メーカーとの濃密なコミュニケーションを活用した自社用のカスタマイズなどを行っている。このように、「自社製作専用機・自社仕様専用機」に技術者の有するノウハウ・熟練をいかに体化するかが、その企業の技術水準の高さに大きく影響を与える。また、単に自社仕様のカスタマイズされた設備を導入するだけではなく、検収後の改

造や、製造プロセスに重要なノウハウが凝縮されているので、単体で設備導入後に制御だけの別業者への依頼や、設備単体ではなく設備同士の工程間の繋ぎにノウハウを有している。このように、設備導入後に蓄積したノウハウを活用して、「設備や情報システムの改善・改良」することも高い技術水準に繋がる。

　また、モノ作り300社に対するアンケート資料の二次分析でも、設備・情報システムの活用における9項目のうち上位に、①自社製作専用機・自社仕様専用機（第2位、22.3％）、②設備や情報システムの改善・改良（第4位：10.7％）の2項目は入っていることから、これらの項目が「設備・情報システム」に関する日常の技術マネジメントにおいて重要性を有することが分かる[42]。

　以上のとおり、中小製造業は、設備・情報システムにおける差別化要因として、目に見えない熟練者が有するノウハウや熟練や組織として有するノウハウといった暗黙知・形式知を、自社製作専用機や自社仕様にカスタマイズされた専用機に体化している。また、自社で製作が可能な治具・工具・金型・検査設備等は、内製化しノウハウのブラックボックス化で、競合との差別化を図っている。また、単に自社仕様にカスタマイズされた専用機の導入だけではなく、検収後の更なる設備の改善・改良で、よりノウハウが外部に漏れず自社の強みとなるよう最大限の工夫を図り、高い技術水準を構築している。

　「組織ルーチン（人的資源と設備・情報システムを動かす仕組み）」の重要性とあり方（二次分析）

1. 鈴木直志（2012）の概念設計の確認

　鈴木直志（2012）の事例研究における「組織ルーチン」に関する概念設定は、次のとおりである[43]。

　仮説3③：「技術」の構成3要素のうち、「組織ルーチン」では、「経営者力」、「組織対応力」、「組織進化力」からなり、この順に高めていくことが重要。

　①「経営者力」は、経営者の技術向上のリーダーシップ（例：経営者が率先垂範し顧客の難課題の解決ニーズに挑戦）や、技術者へ顧客意識・品質意

識の徹底（例：5つのコア技術と超精密加工十大要素の明確化）や、技術・熟練・挑戦重視の理念徹底（例：開発に重点を置く経営方針が従業員全員に徹底）など。②「組織対応力」は、開発・製造・販売間の濃密なコミュニケーション（例：製造・技術・営業一体の全社営業）や、市場ニーズを製品化に繋げる仕組み（例：ニーズ対応で材料供給メーカーと連携技術開発）や、技術人材の特性に配慮した人事評価制度（例：収益の貢献度で報奨金・提案表彰制度）や、QC活動・提案制度などによる改善能力（例：年間3,000件も改善提案、評価と報償を明確化）など。③「組織進化力」は、製品・技術開発を頻繁に行う学習（例：心血を注いだ試行錯誤で製品開発継続）や、取引先や大学などと連携で技術者の学習（例：大企業の下請で技術指導を受け技術水準向上）など。

　技術水準の向上での強み11項目の自己評価得点の平均を算出すると、5点満点で「経営者力」（3項目）が平均3.5点、「経営対応力」（6項目）が平均2.8点、「組織進化力」（2項目）が平均2.4点で、習得の難易度を示すと言ってよいだろう。「組織ルーチン」で最も重要なのが、経営者のリーダーシップや理念を徹底する「経営者力」である。大企業と違い経営者が中小製造業の最大の経営資源であり、企業の競争力に最も影響を与える。次に重要なのは、規模がやや大きくなると、「経営者力」だけでは競合に対する差別化が困難となり制度や仕組み化などの「組織対応力」が技術水準の優位性に大きく影響を与える。最後に、技術を蓄積・進化させるかの学習能力などの「組織進化力」が技術水準を決定する。ヒアリングやアンケート調査資料も、「経営者力」⇒「組織対応力」⇒「組織進化力」の順に向上させる必要性を示す。

図4-11　「組織ルーチン」の技術進化の過程（再掲）

出所：中小企業基盤整備機構（2009）

　技術マネジメントでは、「人的資源」と「設備・情報システム」の両者を

動かす仕組みである「組織ルーチン」を進化させるかが最も重要である。前述の藤本の効率性向上やウィリアムソンの取引コスト低減に最も貢献するのも、「組織ルーチン」である。なぜならば、経営者の優れたリーダーシップや部門間の濃密なコミュニケーションや高い学習能力は、藤本の製品設計情報の発信効率や受信効率などの効率性を向上させ、ウィリアムソンの社内の取引コストを低減させるからである。技術者へ理念や意識が徹底、市場ニーズを製品化に繋げる仕組みが優れ、絶え間ない開発や外部との学習が継続する組織、すなわち、「組織ルーチン」の優れた組織では、ヒッペルの粘着性の高い顧客・技術情報も部門間で共有化され、製品開発や技術開発の成功が促進される。

　藤本（2003）では、もの造りの組織能力を製造能力、改善能力と進化能力とする。トヨタをはじめとしたもの造りを通じて世界有数の競争力を築き上げた企業が持つ究極の中核能力は、進化能力であると指摘している。中小製造業における組織進化力が藤本の進化能力と若干相違する点を捨象しても、学習能力が両者のその中心を成しているという点から、上記仮説検証結果の組織進化力の重要性は大企業を対象とした理論ともある程度整合性を有している。

　本研究においては、上記鈴木直志（2012）の「組織ルーチン」に関する概念設定は、特段の問題はないと考える。なぜならば、本研究で前述のとおり実施したアンケート資料の二次分析および下記のヒアリング資料の事例研究を踏まえても、「組織ルーチン」の3つの要素への類型化と、さらにその3つの要素間の技術進化過程の指摘についても、妥当性があると考えるからである。

2.「技術」の構成要素のうちの「組織ルーチン」に関する事例研究[44]

　技術は、人的資源と設備・情報システムが完璧に備わっていても、両者を動かす仕組みが有効に機能しないと高い技術水準は企業の競争力を高めない。「技術」の構成要素のうち、「人的資源」と「設備・情報システム」を動かす仕組みを「組織ルーチン」と称するが、「組織ルーチン」は、「経営者力」、

「組織対応力」、「組織進化力」の3要素から構成される。

　中小製造業が、日常のルーチンの中で短期的な技術進化を効果的に図るためには、経営者が長期的な視点の技術戦略に基づき、日常の技術進化でも、市場ニーズや技術シーズの大きな動向に絶えず目を光らせ、情報を率先して入手する必要がある。感性を強調する経営者も多いが、それを研ぎ澄まして市場と技術に目配りをしなければならない。また、経営者が得た有用な情報を、中小製造業の強みである、いち早い意思決定で活用することも重要である。

　次に、中小製造業と言えど個人商店ではないので、組織内部の仕組み化、組織対応力が必要である。たとえば、市場ニーズを製品に繋げる仕組みや、中小製造業の強みの開発・製造・販売間の濃密コミュニケーションによる情報共有化等が、市場ニーズをいち早く捉えた製品開発や技術開発を可能にする。

　最後に、組織として仕組み化をするだけにとどまらず、製品開発や技術開発を活発に行うなど、取引先や大学との連携により、学習能力を高め続けるような技術面の組織進化力も中小製造業には必要である。

〔事例企業〕

① 〔経営者力〕

〔2008年調査〕

　　a．R社　経営者の率先垂範により、顧客からの難しい課題解決ニーズに積極果敢に取り組んでいく組織風土が定着している。

〔2009年調査〕

　　a．J社　カメラ部品、自動車部品、ハードディスクの動圧軸受等、業界や製品が違う分野であっても、新たな課題にチャレンジすることにより新しい技術を習得。

　　b．Q社　取引先幹部から社長に寄せられる直接の要望には、原則として断らずに「今日でもできること、半年後にできること、1年後にできること」を見極め開発。

〔2010年調査〕

　　a．D社　創業者は「技術屋」のため、経営理念や経営方針は特に意識せ

ず。モノ作りに対する考えは明確で、理念に繋がった。技術者としてのチャレンジ精神は、組織風土に。
b．F社　社長の想いを具現化する経営戦略室を、現場・営業・業務・財務の各部門から20～30年勤務の5名を選抜して創設。無駄削減プロジェクトを日々実行。

②〔組織対応力：2008年調査〕
〔2008年調査〕
a．N社　顧客ニーズに応えるべく材料供給メーカーと連携しながら絶えず技術開発を行っている。素材からプロセスまでの総合力で困難な課題を克服する。
b．D社　TPMを中心とした活動で、事務系の社員も含めてメンバー全員がこれらの機械設備に関する知識の勉強から始めており、全従業員の能力アップ。
c．S社　社長を中心に最新の技術動向や顧客ニーズをいち早くキャッチし、中小企業の強みである、いち早い意思決定により即座に開発に繋げる仕組みが存在。

〔2009年調査〕
a．I社　ファブレスだが競合他社への優位性の源泉となるコア技術は、全部内製化するのが方針。独自性のある技術は特許化せずにノウハウで社内に秘匿。
b．D社　2社の5製造グループ、1商社で、一体的に経営するが、加工内容や顧客や取引形態も全部異なる。グループごとに独立採算で権限委譲と責任明確化。
c．E社　技術水準の向上のために出荷した機械に関する反省会を設計、生産、営業を交えて行っている。反省会の内容は記録に残し、次の設計に反映。

〔2010年調査〕
a．A社　営業担当者の腹一つで話を進めることも潰すこともできるので、開発会議や運営会議などを開催し、開発テーマの材料をできるだけ吸い上げる。

b．G社　自己実現欲求がモチベーション向上に繋がると考え、20代でも適性のある従業員に工場長の下のグループリーダーに任命し権限と責任を付与。

③〔組織進化力〕

〔2008年調査〕

　a．P社　プラスチック事業や電機事業については、下請けになることにより、顧客の満足を得ようとして顧客先各社各様の方法で技術指導を受け、技術水準を向上。

　b．B社　血の滲むような努力による辛抱強い試行錯誤での製品開発は、従来からの当社の組織風土となっている。

〔2009年調査〕

　a．M社　月1回、「影の社長（マネージャー）、影の重役（リーダークラス）」の「影の経営会議」開催。従業員の意見を聴き経営陣とのコミュニケーション活発化。

　b．G社　グループ企業間で技術水準の均一化と向上を目的に、月1回グローバル品質報告会を本社で開催。各工場の発生問題は関係部門間で共有、発生防止。

〔2010年調査〕

　a．B社　取引先、産学連携、大手企業、多くのチャンピオン・ユーザーの常に技術や要求水準の高い相手と取引や共同開発を積極的に行い、技術や経営管理を向上。

　b．E社　研究機関や政策の支援を活用、高エネルギービーム加工で国内トップクラスの技術を維持。他分野の強者企業との連携で、開発型・提案型ビジネススタイルを強化。

　事例研究により明らかになることは、日常の技術マネジメントにおける経営者の重要性である。前述のとおり、技術の構成要素のうち、いかに高い水準の「人的資源」と「設備・情報システム」を有していたとしても、その両者を動かす仕組みである「組織ルーチン」が効率良くかつ有効に機能しないと、高い技術水準を発揮することはできない。そこで、中小製造業が競争力を発揮する上では、技術の構成要素の中でも「組織ルーチン」の良否が大変

第4章　日常の「技術マネジメント」の重要性とあり方　251

重要となる。こうした中で、大企業に比して経営資源が不足する中小製造業では、「組織ルーチン」の中で経営者が発揮すべき役割が最も重要となる。

　「組織ルーチン」は、企業成長と技術進化に大きく関係する。企業規模が小さいうちは、短期的技術進化も経営者の率先垂範やリーダーシップで対応が可能である。しかし、従業員数がある程度の規模になると、短期的技術進化の取組みを仕組み化やシステム化しないと、意思決定や技術シーズ・顧客ニーズ対応の遅延等で技術進化の停滞に繋がる。また、企業を進化的側面から捉えても、日常の現場における正確かつ適切な対応力から改善、さらには学習とより高次レベル能力を向上させることが中小製造業の競争力を左右する。

　「人的資源」のおける技術者の活性化において、すでに指摘したとおり、「組織ルーチン」としても最も重要なことは、経営者が技術力向上に向けてリーダーシップを発揮し、技術や挑戦を重視する理念を技術者に徹底し共有化させることである。また、同時に顧客意識や品質意識を徹底することも技術者の高い動機付けに寄与する。この技術進化の取り組みでは経営資源としての経営者の水準が中小製造業の競争力にも大きく影響を与える。次に、上記の短期的な技術進化における組織対応としての仕組み化やシステム化も、事例において活発に対応がなされていた。製品開発や技術開発のための仕組み化や情報収集の体制整備、さらには開発と他部門間の積極的なコミュニケーションの強化などである。最後に、最も高次の日常の技術マネジメントにおける「組織ルーチン」の取り組みとして、事例研究では、製品開発や技術開発を頻繁に行うことの学習や、取引先をはじめとした他機関との連携による技術者の学習が、先進事例においては日常の技術マネジメントにおいて著しく重視されていた。

　以上のとおり、「組織ルーチン」が技術の構成要素で最も重要な要素であることが示唆されたが、リーマンショック以降、その取り組みは後退するどころか逆に強化されている。これが、中小製造業の競争力に大きく影響を与えた。

3.「組織ルーチン」の重要性とあり方[45]

　技術は、本来、「人的資源」と「設備・情報システム」が揃えば、企業の技術水準が規定されるはずであるがそうではない。同じ人材、同じ設備・情報システムであったとしても、企業の技術水準には大きな格差が生じる。その原因は、人的資源と設備・情報システムの技術の2つの要素を動かす仕組みである「組織ルーチン」で、競合企業や取引先に対して優位に立っているかが、中小製造業の技術水準の高さを決定する一番大きな要素だからである。

図4-12　「組織ルーチン」の技術進化の過程（再掲）

出所：中小企業基盤整備機構（2009）

　前述のとおり、「組織ルーチン」は、「経営者力」、「組織対応力」、「組織進化力」の主に3要素から成るが、優先順位がある。まず最も重要なのが、「経営者力」である。大企業と異なり経営者が中小製造業の最大の経営資源であり、企業の競争力に最も影響を与えると言って差し支えない。次に、重要なのは、中小製造業でも企業規模が30人から50人以上ぐらいの規模になってくると、「経営者力」だけでは競合企業に対する差別化が困難となってきて「組織対応力」が技術水準の優劣に大きく影響を与えることになる。「組織対応力」が十分に備わってきた場合には、最後にその「組織対応力」をいかに蓄積・進化させていくかの「組織進化力」が企業の技術水準を決定するようになる。

① 「経営者力」

　中小製造業における最大の経営資源は、経営者である。大企業であれば豊富な人材により組織で対応するところを、中小製造業では、経営者の強力なリーダーシップや、時にはカリスマ性のある経営者の影響力により、従業員のやる気を著しく向上させ、顧客の難課題の解決ニーズに挑戦することが多

い。

　日常の技術マネジメントにおいては、まず経営者が率先して顧客の難課題の解決ニーズに挑戦したり、経営者が情熱を有して製品開発や技術開発を推進したりする「経営者の技術向上のリーダーシップ」がまず重要である[46]。次に、技術開発や技能・熟練に重点を置く経営方針を従業員全員に徹底したり、製品開発・技術開発に資金や人材を積極的に投入することにより開発型企業であることを組織風土としたりする「技術・熟練・挑戦重視の理念徹底」が重要である[47]。さらに、技術者を活性化し高い動機付けをするために、経営方針の中でのコア技術の明確化や、取引先への対応力を最重要視する経営方針の打ち出しで、「技術者へ顧客意識・品質意識の徹底」が重要である[48]。

　また、高い技術水準を有するモノ作り300社に対するアンケート資料の二次分析でも、日常の技術水準向上の取り組みに関する自社の強みの自己評価における上位は、上記3項目である。5点満点の自己評価で、①「技術向上のリーダーシップ」が4.10点（第1位）、②「技術・熟練・挑戦重視の理念徹底」が3.93点（第2位）、③「技術者へ顧客意識・品質意識の徹底」が3.58点（第3位）であることから、日常の技術マネジメントにおける「経営者力」の重要性が分かるとともに、その中でも上記3項目が短期的な技術進化において特に重要であることが明らかになった。また、中小一般製造業におけるこれらの3項目と最近3ヶ年の売上高増減とも相関関係（11項目のうち3項目とも上位4位以内）が大きく[49]、日常の技術マネジメントでの「経営者力」の強さが、中小製造業の成長に大きく影響することが明らかになった。

　以上のとおり、中小製造業では、日常のルーチンの中での短期的な技術進化のためには、組織ルーチンの中でも経営者がリーダーシップを発揮し、技術・熟練や顧客ニーズを重視する経営方針を従業員全員に徹底し、技術者に顧客や品質への高い意識を植え付けることが、「経営者力」として最も重要である。

② 「組織対応力」

　中小製造業において「組織ルーチン」として「経営者力」の次に重要なことは、「組織対応力」である。中小製造業も30人から50人以上ぐらいの企業規模となってくると、経営者だけでは目が届かなくなり、経営者が先頭に

立って対応することが逆に顧客ニーズへの迅速な対応を困難にし、技術人材の学習・育成を阻害することになりかねない。また、中小製造業が更なる成長を実現するためには、競合が模倣困難な組織能力を高めることが必要となる。本研究では、このような組織能力を「組織対応力」と称している。

中小製造業の「組織対応力」として重要なことは、中小企業としての強みを活用し、組織としての差別化・優位性を構築することである。そこで、製造・技術・営業が一体となった全社営業をするなど、開発設計から短期間で製品設計し、素早い生産技術構築のために「開発・製造・販売間の濃密なコミュニケーション」により中小企業の小回りの良さを活用することが重要である。

次に、現場と顧客の近さを活用し、顧客ニーズに応えるための取引先や外注先などと連携した技術開発や、展示会への頻繁な出展や、新技術動向の常時把握により、顧客ニーズを技術や製品・加工に翻訳し自社のコア技術とマッチングする「市場ニーズを製品化に繋げる仕組み」も重要である。また、その前提となる経営者を筆頭に全社一丸となった「新技術・新製品に関する情報収集力」も重要となる。

また、中小製造業は、大企業と異なり開発と言っても基礎研究ではなく製品開発・技術開発で事業化に限りなく近いものになるので、経営者が現場や顧客と近いことにより開発の有無についての迅速な意思決定が可能となる。この開発に対する迅速な意思決定を活用し、技術者を活性化するためには、専門職制度・報奨金制度・提案表彰制度などの「技術人材の特性に配慮した人事評価制度」を構築することが大変有効となる[50]。

さらに、現場の力の強い企業、すなわち改善能力の高い企業は、競合企業に対する差別化を通じて競争力を発揮するので、中小製造業にとって現場の改善を地道に全社体制で継続することが大変必要なことである。具体的には、TQC・TPM・ISOなど様々な現場の改善活動を奨励し、評価や報償を通じて全社一丸となった改善重視の組織風土を構築する「QC活動・提案制度などによる改善能力」も、組織として日常的に技術進化させるために重要である。

また、技術水準の高低によらず、人や設備の技術に関して現場で最も身近

な「目に見えないノウハウ・熟練を共有化する仕組み」の構築は中小製造業では必須で、これを成しえないと一部熟練者に依存した段階にとどまってしまう。

　また、モノ作り300社に対するアンケート資料の二次分析においても、日常の技術水準向上の取り組みに関する自社の強みの自己評価における「経営者力」の3項目に次ぐ上位は、上記の6項目のうち2項目である。5点満点の自己評価で、①「市場ニーズを製品化に繋げる仕組み」が3.45点（第4位）、②「開発・製造・販売間の濃密なコミュニケーション」が3.27点（第6位）であることから、日常の技術マネジメントにおける「組織対応力」の重要性が分かるとともに、その中でも上記2項目が短期的技術進化において重要であることが明らかになった。また、これらの2項目と日常の技術マネジメントにおける「組織対応力」の強さが、中小一般製造業の成長に影響していることが明らかになった。なお、上記6項目のうち、「QC活動・提案制度などによる改善能力」は中小一般製造業の成長に影響度が大きく、「技術人材の特性に配慮した人事評価制度」は、モノ作り300社における自社の強みとしての自己評価のポイントは下位であったが、中小一般製造業の成長性指標と多少関連が見られた[51]。また、モノ作り300社の日常の技術水準向上の取り組みに関する自社の強みの5点満点の自己評価で、上記項目以外で上位は「新技術・新製品に関する情報収集力」が3.35点（第5位）で、技術水準の規定因での影響度が相対的に高く見られた。最後に、「目に見えないノウハウ・熟練を共有化する仕組み」は、企業の成長性指標との関連も技術水準の規定因との関連も強く見られなかったが、モノ作り300社と中小一般製造業、中小一般製造業の技術水準の高低2群でも、技術水準の高い群の回答割合が有意に高かった。

　以上のとおり、中小製造業は、顧客と現場の近さ、濃密なコミュニケーション、経営者の迅速な意思決定などの強みを活用し、経営者が創業以来、率先し対応してきた点を規模の増大とともに、仕組み化・制度化して組織で対応する、「組織対応力」による競合への差別化や模倣困難性の構築が重要である。

③「組織進化力」

　中小製造業が、競合や取引先への競争力を発揮するために、日常の技術マ

ネジメントとして次に重要なことは「組織進化力」である。技術動向や取引先ニーズや競争環境などの外部環境の変化が大変激しい現在では、いかに「組織対応力」を学習により日々進化させるかが、競合との差別化を可能とする。

中小製造業でも開発型企業では、技術戦略の方向性に沿って心血を注いだ努力のもと、試行錯誤による製品開発・技術開発や取引先のニーズに応えるための小規模な技術開発や改善を、迅速かつ頻繁に行うことによりコア技術のノウハウを蓄積する「製品・技術開発を頻繁に行うことによる学習」が重要である。さらに、内部資源が不足する中小製造業では、外部資源を巧みに活用し新技術を効率良く吸収・融合することが必要である。下請事業であっても大手企業の技術指導の技術進化への活用や、開発型企業でも開発アイデアは自社で考え、それ以外の自社で対応が難しいものは産学連携・企業間連携・公的支援策などの社外資源の積極的活用等の「取引先や大学などとの連携の中での技術者の学習」が重要である。外部との連携の中で仮に事業化までの成果が出なくても、技術者の学習や育成を重視する積極性が重要である[52]。

また、モノ作り300社のアンケート資料二次分析でも、日常の技術水準向上の取り組みに関する自社の強みの自己評価では、「経営者力」、「組織対応力」と比較すると、「組織進化力」の上記2項目は、5点満点の自己評価で、「製品・技術開発を頻繁に行うことによる学習」が3.20点（第7位）、残り1項目は11項目のうち下位である。しかし、両項目の中小一般製造業における技術水準の高低の規定因としての影響度は11項目のうちでも高い。日常の技術マネジメントにおける「組織進化力」の強さは、技術水準の高低の規定因として重要である[53]。

以上のとおり、中小製造業は、「組織対応力」を日々進化させるためには、絶え間ない学習が必要である。コア技術をベースに製品・技術開発を頻繁に行うことで技術ノウハウが蓄積され、技術者の育成にも繋がり、事業化する可能性も高まることになる。また、経営資源が不足する中小製造業は、取引先や仕入先や大学や公的機関などとの連携の中で、資金負担やリスクを軽減し技術を向上させることが重要である。このように中小製造業ならではの迅

速さや集中力や情熱の高さなどで、「組織対応力」を「組織進化力」まで高めていく必要がある。このことが中小製造業における競争優位の構築に寄与する。

第5節 仮説1、仮説2、仮説3に関する再検証（長期的技術進化と短期的技術進化の両立の重要性の実証分析）

(1) 中小企業の成長性指標と7つの説明変数間の重回帰分析（日常の技術マネジメント要因の変数も考慮した場合）

今までに、中小一般製造業の企業成長に影響を与える要因を検証するために、中小一般製造業の成長性指標（バブル崩壊時～現在の売上高増減）を被説明変数として探索的に重回帰分析を実施してきた。初めに仮説1の「大きな技術変化」に関連する要因の5つの説明変数を用い、次に仮説2の技術戦略要因に関連する2つの変数を追加し成長性指標との間の重回帰分析を行った[54]。

中小一般製造業の企業成長に影響を与える要因の検証の最終段階で、長期的視点の7つの説明変数に加え、本章の日常の技術マネジメント要因の変数をすべて（問23:12項目、問24、問26:11項目）を説明変数に追加した。また、統制変数で企業成長に影響を与える従業員数、資本金、設立年数を検討した。

分析は、まず統制変数として適切なものの検討を行い、中小一般製造業の成長性指標と上記5つの統制変数候補についてステップワイズ法による投入により、従業員数と設立年数の2つの統制変数に絞り込んだ。次に、2つの統制変数に長期的技術進化の指標と日常の技術マネジメント指標をすべてステップワイズ法により投入し、中小一般製造業の成長性指標に影響を与える指標を絞り込んだ上で、モデル1（統制変数のみ投入）⇒モデル2（モデル1に「大きな技術変化」関連指標を追加）⇒モデル3（モデル2に技術戦略要因関連指標を追加）⇒モデル4（モデル3に日常の技術マネジメント要因指標を追加）と段階を踏んで、強制投入法による重回帰分析を行った。

中小製造業の成長性に関する回帰分析における自由度調整済みの寄与率は、第2章で述べたとおり開始段階から必ずしも高くなく、この分析の最終段階のモデル4ですら0.16と依然として高くない。しかし、クロス集計の

カイ二乗検定等による被説明変数の中小製造業の成長性指標と説明変数の関連性のみならず、説明変数の影響度を分析するのには、回帰分析結果が参考になる[55]。

　前述のとおり、中小一般製造業はバブル崩壊以降、「大きな技術変化」を起こすことで、そうではない企業よりも成長していた。「大きな技術変化」に技術戦略要因が関連し、長期的視点の技術戦略が中小一般製造業のバブル崩壊以降の成長にも相当程度影響していた。さらに、中小一般製造業の成長には長期的技術進化のみならず短期的技術進化の日常の技術マネジメントも影響していた。

　中小製造業の企業成長に関する重回帰分析では制約があるが[56]、企業成長での説明変数の関連性とその影響度がある程度確認できると同時に、中小製造業の長期的技術進化と短期的技術進化の両立の必要性への示唆が得られる。

(2) 企業の技術水準の高低の規定因に関する分析から得られる示唆
① Q18 技術水準5段階と日常の技術マネジメントの説明変数間の重回帰分析（技術戦略要因も変数に追加）

　被説明変数である中小一般製造業の技術水準高低の規定因について、ス

表4-19　問18（技術水準の業界の地位の認識：技術水準5段階）を被説明変数とする重回帰分析2 [57][58]

説明変数	モデル1 β	モデル2 β	モデル3 β	r
Q23-9　共同研究や学会への参加などで技術者を育成		.08**	.06*	.18**
Q26-1　経営者の技術向上に向けたリーダーシップ		.20**	.13**	.38**
Q26-3　市場ニーズを吸い上げ製品化する仕組み		.23**	.19**	.40**
Q26-8　製品・技術開発を頻繁に行うことによる学習		.15**	.09**	.37**
Q19　コア技術の将来動向の予測期間			.24**	.45**
Q21　技術戦略の有無（ダミー）			.10**	.35**
従業員数（統制変数、実数値のため標準化）	.20**	.13**	.11**	.21**
設立年数（統制変数、実数値のため標準化）	.05▲	.05*	.06*	.07*
R^2	.05**	.27**	.34**	
Adj. R^2	.04**	.26**	.33**	
N	1,273	1,204	1,175	

注）β：標準偏回帰係数　r：相関係数　**$p<.01$　*$p<.05$　▲10％水準で有意
出所：中小企業基盤整備機構（2009）の資料を基に筆者が二次分析

テップワイズ法で前述の統制変数から開始し、日常の技術マネジメント要因の変数を追加し、最後に技術戦略要因の変数を投入する探索型重回帰分析を行った。

重回帰分析を複数のモデルについて実施結果、自由度調整済み寄与率（$Adj.\ R^2$）が高く、説明変数の有意性も認められたモデルは表4-19のとおりである。

重回帰式は、標準化されていない係数を用いて、問18（技術水準の業界の地位の認識：技術水準5段階）= 0.310 + 0.205 × 市場ニーズを吸い上げ製品化する仕組み + 0.154 × 経営者の技術向上に向けたリーダーシップ + 0.097 × 製品・技術開発を頻繁に行うことによる学習 + 0.208 × 共同研究や学会への参加などで技術者を育成 + 0.275 × コア技術の将来動向の予測期間 + 0.213 × 技術戦略の有 + 0.117 × 従業員数（標準化データ）+ 0.063 × 設立年数（標準化データ）となる。なお、説明度合は前述のものより上がった[59]。

② Q18 技術水準高低 2 グループ間の判別分析 2

表 4-20　判別分析 2

Wilks の λ

Wilks の λ	χ^2	df	P	判別正解率
.75	324.51	7	.000	72.1

標準化された正準判別関数係数[60][61]

変数	係数
Q23-3　熟練者を尊敬する組織風土の徹底	.15
Q23-9　共同研究や学会への参加などで技術者を育成	.17
Q26-1　経営者の技術向上に向けたリーダーシップ	.28
Q26-3　市場ニーズを吸い上げ製品化する仕組み	.32
Q26-8　製品・技術開発を頻繁に行うことによる学習	.20
Q19　コア技術の将来動向の予測期間	.45
Q21　技術戦略の有無（ダミー）	.20

N = 1,150　Q18 のグループ変数は技術水準高が1、低が0とダミー変数化。Q26 は5点尺度で強みがあると認識すると点数が高い方向。Q23 は複数回答なので有 = 1、無 = 0のダミー変数。Q19 は将来動向の予測期間の長いものから4段階に逆転させ得点化。Q21 は技術戦略有 = 1、無 = 0にダミー変数化。

出所：中小企業基盤整備機構（2009）の資料を基に筆者が二次分析

③ Q18 技術水準高低 2 グループと日常の技術マネジメントの説明変数間の
ロジスティック回帰分析

今度は、中小製造業の技術水準の高低 2 群を被説明変数とし、日常の技術マネジメント指標を説明変数とする二項ロジスティック回帰分析を行う。

表 4-21 問 18（技術水準の業界の地位の認識：高低 2 グループダミー）を被説明変数とするロジスティック回帰分析 2[62][63]

説明変数・定数項	モデル 1B	モデル 2B	モデル 3B	Exp(B)
定数（切片）	-.11▲	-4.35**	-4.86**	
Q23-3　熟練者を尊敬する組織風土の徹底		.36*	.38*	1.47*
Q23-9　共同研究や学会への参加などで技術者を育成		.66**	.56**	1.75*
Q26-1　経営者の技術向上に向けたリーダーシップ		.50**	.36**	1.43*
Q26-3　市場ニーズを吸い上げ製品化する仕組み		.52**	.45**	1.57*
Q26-8　製品・技術開発を頻繁に行うことによる学習		.33**	.20*	1.22*
Q19　コア技術の将来動向の予測期間			.54**	1.72*
Q21　技術戦略の有無（ダミー）			.44**	1.55*
従業員数（統制変数、実数値のため標準化）	.34**	.26**	.22**	1.25*
設立年数（統制変数、実数値のため標準化）	.10▲	.14*	.15*	1.16*
Nagelkerke R^2	.04**	.28**	.34**	
予測正解率（%）	.57**	.70**	.73**	
N	1,273	1,204	1,175	

注）B：回帰係数　Exp（B）：オッズ比（95％信頼区間のみ検定、全て 5％有意水準）　**$p<.01$
*$p<.05$　▲ 10％水準で有意
出所：中小企業基盤整備機構（2009）の資料を基に筆者が二次分析

二項ロジスティック回帰分析を複数のモデルで実施結果、自由度調整済み寄与率（*Adj. R^2*）が高く説明変数の有意性も認められたのは表 4-21 のとおり。

以上のとおり、回帰分析や判別分析を通じて、中小製造業の技術水準の高低の規定因について、影響を与える説明変数について探索を行ってきた。

中小一般製造業の技術水準の高低は、①技術戦略要因、②日常の技術マネジメント要因の両方が影響することが分かった。これは、すでに述べた中小製造業の長期的技術進化と短期的技術進化の両立の重要性を示唆するものである。上記（1）の中小製造業の企業成長での重回帰分析の結果とも整合性を有する。

(注)
(1) 以下、「技術」と「技術の構成要素」は、鈴木直志（2011）144ページから引用、再編加工。
(2) 小川英次（1988）2ページ。
(3) 延岡（2007）は、大手企業対象に、模倣困難な組織能力の積み重ねと強い相関があったのが、①技術者の学習、②独自の製造・実験設備、③擦りあわせ能力（組織能力、学習・組織能力向上）とする実証分析を行った。本研究の3要素と類似している。この技術に関する組織能力の概念と本研究の技術の構成要素の類似性は序章で論じたとおりである。
(4) 藤本は基本的に大企業の現場発のもの造りの組織能力の戦略論であり、中小製造業はあまり視野に入っていない。近著で中小製造業に言及している際にも、本研究で主張する短期的視点の技術進化、すなわち日常の技術マネジメントに限定され、長期的視点の技術進化、すなわち技術戦略に関する指摘がない。さらに、日常の技術マネジメントに関しても、中小製造業については詳細な言及がない。藤本（2001、2003、2012）参照。
(5) 日常の技術マネジメントの技術水準の高さを表わすと考える「技術水準の向上での強みの認識」前述の合計点は、「大きな技術変化」などの長期的な変化と異なり調査時点の状況を問うたものであるので、企業成長との関係では調査時点での直近3ヶ年の売上高増減で分析するのが適当であると当初は想定していた。しかし、併せて回答を得ていた（バブル崩壊時～現在）売上高増減との関係のほうが、強い関連性が見られた。上記表と同じ合計点段階のクロス集計で、χ^2 ($df = 16$, $N = 1,244$) = 73.4　$p<.01$、また、実数による相関係数も -.227　$p<.01$　である。そこで、前述のとおり、企業成長指標を「（バブル崩壊時～現在）の売上高増減」としてきたところであるが、さらに変数を追加して探索的に重回帰分析を行う際に、上記の「技術水準の向上での強みの認識」の各評価項目のうち企業成長と関連性の強い項目を変数として追加する。
(6) 鈴木直志（2011）151ページ。中小企業基盤整備機構（2009）73～76ページでも、検定のないクロス集計を基に同様の指摘をしている。
(7) 鈴木直志（2011）151～152ページ。
(8) Q26-1～11を変数とした4つのクラスターの大規模ファイルのクラスター分析も行った。結果、第1グループ（Q26-1、2、4）の最終クラスターの中心は、第1、第2、第3、第4クラスターで3,3,4,4と完全に一致。第2グループ（Q26-3、5、6、9、10、11）の中心は、Q26-6、9、10で2,3,3,3と完全に一致、Q26-3、5、11も第3クラスターのみ異なるが2,3,4,3と他の3クラスターの内容は一致、3変数間では完全に一致。第3グループ（Q26-7、8）の中心は、第1クラスター以外の3,3,2と一致。階層クラスターの結果と同様、3つのグループ化を確認。
(9) 主成分分析や因子分析に入る前に、上記3つのグループ内の変数の関係性をさらに確認する信頼性分析がある。なぜこの分析を行ったかというと、上記3つのグルー

プを後段で変数の重み付けをすることなしに3つの新たな合成変数を作成し、その変数による判別分析を行うためである。Cronbachのα係数は、第1グループ（Q26-1、2、4）.752、第2グループ（Q26-3、5、6、9、10、11）.766、第3グループ（Q26-7、8）.683で、ともに70%を超えるかそれに近いので、信頼性はほぼ確保されていると考える。(注) 第1グループのα係数で、Q26-4の項目が削除された場合のCronbachのα係数が.789へと上昇するので項目を削除したほうがよいかもしれないが、この点に留意しながら以降分析を続ける。

(10) 主成分分析には、この相関行列による方法のほかに分散共分散行列による方法もある。分散共分散行列による方法でも確認を行った。詳細な記述は省略。検出された3つの主成分の負荷量で3次元の成分プロットを描くと、相関行列における方法と同様にクラスター分析による第1グループ（Q26-1、26-2、26-4）、第2グループ（Q26-3、26-5、26-6、26-9、26-10、26-11）、第3グループ（Q26-7、26-8）が近接性を示す。

(11) 上記主成分分析とは逆に、問26（技術水準の向上での強みの認識）各評価項目間に隠れた共通因子を探索する因子分析を行った。主成分分析と結果は同様なので、プロセスの記述は省略して結果のみを記述する。グループ化の整合性の最後の分析として、3つのグループに分けてその合計点を基に新たな変数を作成し、Q18（技術水準の業界の地位の認識）を高低2段階に分けた変数をグループ化変数とする判別分析を行う。

(12) 仮に、第1グループ（Q26-1、Q26-2、Q26-4）を「経営者力」、第2グループ（Q26-3、Q26-5、Q26-6、Q26-9、Q26-10、Q26-11）を「組織対応力」、第3グループ（Q26-7、Q26-8）を「組織進化力」と名付け、Q18（技術水準の業界の地位の認識）の高低2段階をグループ化変数とし判別分析を実施した結果は、次のとおりである。Wilksのλのカイ二乗の有意確率は1％水準で3グループ間には差があり、3グループを説明変数とした判別正解率は66.8％と意味のある程度の水準にある。判別における影響度は「経営者力」、「組織進化力」、「組織対応力」の順。

判別分析では、上記以外のアプローチの分析も行った。相関行列と分散共分散行列の手法による主成分分析を行い、それぞれ、第1主成分と第2主成分の主成分得点により、大規模ファイルのクラスター分析を行い4つのクラスターに分け、その4つのクラスターをグループ化変数として、Q26-1〜26-11の11個の変数を独立変数として判別分析を行った。結果、判別のために3つの関数が導出された。標準化された正準判別関数係数と構造行列で、判別のための影響度を確認した。詳細の記述は省略。出所：中小企業基盤整備機構（2009）の資料を基に筆者が二次分析。

(13) 2つとは、バブル崩壊時〜現在までの売上高増減と最近3ヶ年の売上高増減。

(14) 有意水準は別として、回答の平均値が技術水準の低い群が逆に高い項目が2つある。問23⑧「自社で作れるものは作るという現場意識の徹底」と⑪「技術継承のために高齢者を積極的に活用」である。

(15) 標準化された正準判別関数係数は判別への影響度を示すが、構造行列における関数

の数値もグループの判別への影響度を示す。このモデルの構造行列の数値は、絶対値の大きい変数順に上位3つがQ26-3 .73、Q26-1 .70、Q26-8 .67と同様の傾向を示す。
(16) このモデルにおいて日常の技術マネジメントを代表して説明変数としたQ26-1、Q26-3、Q26-8は、問26（技術水準の向上での強みの認識）の11の評価項目（各5点尺度）のうち、ステップワイズ法による投入により有意水準を満たした変数である。
(17) 変数選択の方法はWaldの統計量に基づく変数増加法。
(18) このモデルにおいて日常の技術マネジメントを代表して説明変数としたQ26-1、Q26-3、Q26-8は、問26（技術水準の向上での強みの認識）の11の評価項目（各5点尺度）のうち、ステップワイズ法による投入により有意水準を満たした変数である。ロジスティック回帰分析は前述の判別分析と同様の傾向。
(19) 多変量解析手法としては、Q18技術水準5段階をこの分析のように量的変数と見なせば重回帰分析、質的変数と見なせば多項ロジスティック回帰（名義尺度の場合）や累積ロジスティック回帰（順序尺度）も考えられるが、結果の傾向に大きな差異は生じないと考え重回帰分析を用いた。変数の投入方法は、ステップワイズ法による。
(20) 前述のとおり、日常の技術マネジメントを代表して説明変数としたQ26-1、Q26-3、Q26-7、Q26-8は、問26（技術水準の向上での強みの認識）の11の評価項目（各5点尺度）のうち、ステップワイズ法による投入により有意水準を満たした変数である。
(21) 鈴木直志（2012）73〜74ページを引用、再編加工。
(22) 中小企業基盤整備機構（2009）132〜133ページ、同（2010）56ページ、同（2011）38ページを再編加工。
(23) 以降、中小企業基盤整備機構（2009）168〜172ページを基に、本研究におけるアンケート資料とヒアリング資料の二次分析の結果を踏まえ、分析・再編加工している。
(24) 「大きな技術変化」に伴う新技術の吸収・融合で、モノ作り300社と中小一般製造業では「産学連携」は1％水準で有意な差があり、モノ作り300社のほうが回答割合が高い。中小一般製造業における技術水準の規定因として問23（技術者の活性化で重視する項目）で最も影響度が強く現われた項目は、「共同研究や学会への参加などで技術者を育成」であった。同じ問で、「大きな技術変化」の類型間で有意な差が見られた2項目のうちの1つが「共同研究や学会への参加などで技術者を育成」であり、「自社製品開発型」が他の類型に比し有意に高い回答割合であった。さらに、「大きな技術変化」に伴う新技術の吸収・融合で「大企業との連携」や「異業種交流」では、モノ作り300社と中小一般製造業では有意な差は見られなかったが、中小一般製造業内で技術戦略が有るほうが無いよりも5％水準以上で有意な差があり、高い割合で回答していた。これらは、中小製造業でも、コーエン＆レビンサル

(Cohen, W. and D. Levinthal, 1990) の指摘する新技術の融合に技術の吸収能力 (技術者の高い技術知識) が影響することを示唆する。また、ティース (2007) の機会のセンシング (感知) においても、外部機関との連携による技術者の学習は必須である。

(25) 「大きな技術変化」に伴う新技術の吸収・融合で、モノ作り300社と中小一般製造業の間では「社内勉強会による学習」は有意な差はない。中小一般製造業における技術戦略の有無の2群間では、技術戦略があるほうが無いよりも回答割合が5%水準で有意に高い。中小製造業では、新技術の吸収・融合のための最も容易な方法である。モノ作り300社の高い技術水準になると、内部学習だけでは対応できない技術の吸収・融合のため、外部との連携による学習が不可欠となる。それ以前の技術水準では、社内勉強会による学習能力の良否が新技術の吸収・融合を左右する。

(26) 「大きな技術変化」に伴う新技術の吸収・融合で、モノ作り300社と中小一般製造業では「新たな技術人材の採用」は少しモノ作り300社の回答割合が高いが差は有意でない。中小一般製造業の技術戦略有無の2群間では、技術戦略があるほうが無いよりも10%水準と緩やかな差で回答割合が高い。「大きな技術変化」の類型間では5%水準で有意な差があり、「自社製品開発型」、「技術範囲の拡大型」の順に回答割合が高く、多重比較では「技術範囲の拡大型」は「技術の専門化型」に比し5%水準で有意に回答割合が高い。「大きな技術変化」に伴い新たに必要となった人材で、「新たな技術に対応できる技術者を外部から採用」に類型間に1%水準で有意な差があり、「自社製品開発型」、「技術範囲の拡大型」の順に回答割合が高く、多重比較では「自社製品開発型」が「技術の専門化型」に比し、「自社製品開発型」が「用途開発型」に比し5%水準で有意な差がある。事例でも、外部人材採用が「大きな技術変化」の契機や、社内の既存人材や若手人材に刺激を与え育成に繋がっていた。

(27) 「大きな技術変化」に伴う新技術の吸収・融合で、「大きな技術変化」の類型のうち「自社製品開発型」の回答割合が他の類型よりも1%水準で有意な差が生じていたのは、「産学連携」に続いて「公設試や補助金等の公的支援施策の活用」である。同じ項目で、モノ作り300社と中小一般製造業においても1%水準で有意な差が見られ、モノ作り300社の回答割合が高い。中小一般製造業の技術戦略の有無でも同様に、技術戦略が有るほうが1%水準の有意な差異で無いより回答割合が高い。2006年の「中小ものづくり高度化法」の制定後、機械金属業種中心の基盤技術を有する部品・部材企業へのものづくり補助金が継続され、公的支援施策の有効活用の良否が技術水準の向上や企業成長に影響を与えた。

(28) 「大きな技術変化」に伴う新技術の吸収・融合で、類型で「技術範囲の拡大型」が1%水準で有意な差異があり回答割合が高い。モノ作り300社と中小一般製造業では1%水準の差があり、中小一般製造業のほうが回答割合が高い。これは、「取引先からの学習」が下請型取引をする企業のうち、技術範囲を拡大し取引先との日常取引の中で設計能力や高度な技術など、サプライチェーンで相互補完関係にある中小製造業の日常学習に適している。中小一般製造業の技術水準の高低の規定因として、影

響度は大きくなかったが、「取引先や大学となどとの連携の中での技術者の学習」の要因も抽出された。前述の「産学連携」と同様に取引先との連携の学習も下請型企業の技術水準の向上には不可欠である。

(29) ここで言う問題解決能力と、変化対応能力は、小池和男（1997）における熟練とほぼ同義である。

(30) 問23の技術者活性化で重視する要因で、中小一般製造業の技術水準の既定因として影響度が大きかったのが、前述の「共同研究や学会への参加などで技術者を育成」の次に「熟練者を尊敬する組織風土の徹底」であった。熟練やスキルや技能などの暗黙知は、模倣が困難である。

(31) 問23の技術者活性化で重視する要因で、モノ作り300社と中小一般製造業、中小一般製造業内の技術水準高低の2群間のいずれでも有意な差異は見られなかった。人的な経営資源が不足する中小製造業にでは、技術水準の高低に関わらず技能継承のために高齢者活用は必須である。

(32) 問24の製品開発・技術開発人材の人事ローテーションの有無・頻度でも、モノ作り300社と中小一般製造業では1％水準で有意な差があり、モノ作り300社のほうが不定期でも人事ローテーションのある企業の割合が高い。中小一般製造業の技術水準の規定因に相当程度影響する。

(33) 問23の技術者活性化で重視する要因のうち「経営理念、技術戦略の方向性を共有化」で、モノ作り300社と中小一般製造業では1％水準の有意な差があり、モノ作り300社の回答割合が高い。中小一般製造業内の技術水準の高低の既定因で、問23の項目で2番目に影響度が高い。人的資源で技術水準の高低を規定するのは、組織ルーチンで技術活性化要因の影響度が高く、特に理念や戦略の方向性の共有化を図ることが重要である。

(34) 問23の技術者活性化で重視する要因のうち「営業体験・展示会参加などによる顧客意識の徹底」は、中小一般製造業の技術水準の高低の規定因として、弱いながらも影響度を示す。モノ作り300社と中小一般製造業の間でも、この項目は1％水準で有意な差がありモノ作り300社の回答割合が高いとともに、問23の技術者活性化で重視する要因の11項目の中でも、差が最も顕著なものであった。これに対し、品質意識と現場意識は有意な差が見られない。このことから、現場での技術者が有する意識の中でも、品質意識や現場意識は技術水準の高低にかかわらず当然有するべき意識であり、顧客意識の差異が技術水準の高低に影響を与えると言える。中小製造業の経営者は、技術者にいかに顧客意識を強く植え付けることができるかが競争力の差異を生じさせる。また、モノ作り300社の「自社製品開発型」の「大きな技術変化」の類型が、中小一般製造業よりも回答割合が高いことも、この技術活性化要因で市場側面の顧客意識の徹底の大きな差異に繋がっていると考える。

(35) 問23の技術者活性化で重視する要因のうち「表彰や優遇した評価制度による技術者のやる気の維持」は、モノ作り300社と中小一般製造業で5％水準で有意な差があり、モノ作り300社のほうが回答割合が高い。また、中小一般製造業内では、技術

水準の規定因としては現われないが、技術水準の高低の2群間では5％水準で有意な差異があり、技術水準の高いほうが低いよりも回答割合が高い。このことは、中小製造業における技術者の活性化のためには、前述の項目の他に、この項目のように目に見える形で技術者の成果を評価する仕組みや制度も重要と考える。

(36) 問23の技術者活性化で重視する要因のうち「若手への権限移譲と責任付与」は、モノ作り300社と中小一般製造業の間、中小一般製造業内の技術水準の高低の2群間のいずれにおいても、有意な差異は見られない。しかしながら、問23の11項目のうち「経営理念、技術戦略の方向性の共有化」の次に回答割合が高いのは、この項目である。このことからすると、中小製造業においてはこの項目は、技術水準の高低にかかわらず重要となる項目であることを示している。逆に言うと、このことを怠る中小製造業は、競争劣位に陥る可能性が大きくなると考える。

(37) 鈴木直志（2012）74～75ページを引用、再編加工。

(38) 中小企業基盤整備機構（2009）133ページ、同（2010）57ページ、同（2011）39ページを基に、再編加工。

(39) 以降、中小企業基盤整備機構（2009）172～175ページを基に、本研究のアンケート資料とヒアリング資料の二次分析結果を踏まえ再編加工。

(40) 問22の技術戦略の実行プロセスの11項目うち「技術戦略の実効性を確保するために、最新鋭の設備の導入」の項目について、「大きな技術変化」の類型のうち、「技術の専門化型」が他類型に比し1％水準で有意な差があり高い割合で回答をしていた。これは単に長期的技術戦略の実行のプロセスでの特徴にとどまらない。日常の技術マネジメントにおける技術の構成要素としての「設備・情報システム」の活用における強みの設問25について、「大きな技術変化」の類型でクロス集計を実施しても同様の傾向が現われる。「大きな技術変化」の4類型×問25（設備・情報システム活用における強み）のクロス集計では、1％水準で有意な差がある。「最新設備の導入による製造技術の高度化」の項目での類型ごとの回答割合は、「自社製品開発型」12.3％、「技術範囲の拡大型」7.5％、「技術の専門化型」17.1％、「用途開発型」15.5％。長期的技術戦略の実行プロセスと同様に、日常の技術マネジメントでも、「技術の専門化型」が他類型よりも、回答割合が高い。また、問25（設備・情報システム活用における強み）9項目のうち「最新設備の導入による製造技術の高度化」項目について、モノ作り300社と中小一般製造業、中小一般製造業内の技術水準の高低2群間のいずれにおいても回答割合に有意な差がない。以上から、最新鋭設備で技術を高度化することは、中小製造業における長期的な技術進化において重要であるとともに、日常の技術マネジメントにおいても、技術水準の高低を問わず重要である。

(41) 問25（「設備・情報システム活用における強み」、9項目からの択一式回答）の項目のうち、「設備を使いこなす人材育成・熟練の継承」では、モノ作り300社と中小一般製造業間では両者とも回答割合が最も高い項目である。しかし、中小一般製造業の回答割合が33.1％とモノ作り300社の24.8％に比し回答割合が高く、同項目が

両者間で中小一般製造業の回答割合が高い場合の差が最大である項目となっている。また、中小一般製造業内においても、技術水準の高低の2群間で、両者とも同項目が回答割合が最も高い項目である。しかし、ここでも技術水準の低い企業の回答割合が36.4%、技術水準の高い企業の回答割合が29.6%と、技術水準の低い企業のほうが回答割合が高い場合の差が最大である項目となっている。このことから、「設備を使いこなす人材育成・熟練の継承」は技術水準の高低にかかわらず、中小製造業の「設備・情報システムの活用」において最も重要な項目であるとともに、技術水準の低い企業でも取り組みやすい項目である。次に、「技術ノウハウを情報システムとして蓄積・共有化」の項目では、モノ作り300社と中小一般製造業間では、中小一般製造業が12.9%（回答割合順位2位）、モノ作り300社10.7%（同4位）と、両者間に有意な差はない。これに対し、中小一般製造業内では、技術水準高群が15.7%（回答割合順位2位）、技術水準低群が10.7%（同2位）となっており、両者間の差は顕著になっている。ここで、問25でモノ作り300社の回答割合が第2位の項目が「自社製作の専用機・自社向け仕様の専用設備」22.3%であることも踏まえると、「設備・情報システム」では、技術水準が向上するのにしたがって、「最新鋭の設備の導入で技術を高度化」することから始まって、次に「設備・情報システムの有効活用・ノウハウの蓄積」のうち「技術ノウハウを情報システムとして蓄積・共有化」できるかどうかで差が生じて、さらに「設備・情報システムにノウハウ・熟練の体化」の中でも「自社製作の専用機・自社向け仕様の専用設備」に蓄積・共有化したノウハウを体化できるかで、技術水準の高低が規定されると考える。このことは、鈴木（2012）の概念設定で構築していた、「設備・情報システム」の技術進化の過程が妥当性を有していることを示唆するものと考える。なお、問25（「設備・情報システム活用における強み」）の項目のうち、「設備や加工法に関する勉強会の頻繁な開催による学習」項目は、モノ作り300社と中小一般製造業間、中小一般製造業内の技術水準の高低の2群間の何れにおいても、技術水準の低い企業の回答割合が高いことから、この取り組みが技術水準の低い中小製造業にとっては、「設備・情報システム」に関する技術水準を向上させるために、まず着手すべき方策であると考える。

(42) 問25（「設備・情報システムの活用における強み」、9項目から択一回答）のうち、「自社製作の専用機・自社向け仕様の専用設備」の項目が、モノ作り300社と中小一般製造業間で最も回答割合の差が大きい項目である。モノ作り300社は22.3%（回答割合第2位）、中小一般製造業は12.2%（同第3位）である。中小一般製造業内の技術水準の高低の2群間でも、同様の傾向が見られる。技術水準高群は13.8%（回答割合第3位）、技術水準低群は10.5%（同第3位）と差の大きさは前者の2群間よりも小さいが、技術水準が高い企業が低い企業より回答割合が高い項目の中では2番目に差が大きい。このことは、すでに述べたとおり、最新鋭の設備を導入し、その活用に関する技術ノウハウを蓄積・共有化し、さらにその蓄積・共有化した技術ノウハウを、「自社製作の専用機・自社向け仕様の専用設備」として体化できる

能力を有する否かが、「設備・情報システム」における技術水準の高さを規定する重要な要因となる。また、問25の項目の中で、設備・情報システムに技術ノウハウや熟練を体化することに関連する項目として上記以外にも、「設備や情報システムの改善・改良」や「ノウハウを織り込んだ設備と設備の間の工程間の繋ぎ」の2項目でも、少し特徴が現われている。まず、「設備や情報システムの改善・改良」では、回答割合がモノ作り300社10.7%と中小一般製造業10.9%、中小一般製造業内の技術水準高群が11.6%、技術水準低群が10.4%と2群間で顕著な差が見受けられない。しかし、回答割合の順位はどの群でも第4位となっている。技術水準の高低のいかんにかかわらず、中小製造業にとっては導入した設備や情報システムに工夫を加えないと他の企業と技術水準に差がついてしまうことを示唆しているので、「設備・情報システム」における日常の技術進化においては不可欠な能力である。また、この項目と比較して「ノウハウを織り込んだ設備と設備の間の工程間の繋ぎ」の項目では、群間で差が見受けられる。特に、モノ作り300社11.6%（回答割合第3位）と中小一般製造業6.9%（同7位）との間では、顕著な差が生じている。これに対し、中小一般製造業内では、技術水準の高低の2群間で差はほとんどない。このことは、中小製造業の技術水準が向上し、モノ作り300社レベルまで達すると、技術ノウハウの「設備・情報システム」への体化することの難度の高い方策の是非が、競争力の源泉として影響を与えることを示す。

(43) 鈴木直志（2012）75～76ページを引用、再編加工。
(44) 中小企業基盤整備機構（2009）133～134ページ、同（2010）57～58ページ、同（2011）40ページを再編加工。
(45) 以降、中小企業基盤整備機構（2009）175～178ページを基に、本研究におけるアンケート資料の二次分析とヒアリング資料の二次分析の結果を踏まえ、分析・再編加工している。
(46) 日常の技術マネジメントの強さを表すと考えるアンケート資料の問26（技術水準の向上での強みの認識）の自己評価11項目は、本研究において捉える「組織ルーチン」に該当する。前述のとおり、仮説3「短期的視点の技術進化の取り組み（日常の技術マネジメント）は、中小製造業の競争優位を確固たるものにある」では、問26各11項目および合計点と中小一般製造業の企業成長指標（最近3か年の売上高増減とバブル崩壊時～現在までの売上高増減）との相関分析、クロス集計におけるカイ二乗検定で、大きな関連性を有していることが明らかになった。また、中小一般製造業の企業成長指標（バブル崩壊時～現在までの売上高の増減）に関する探索的な重回帰分析で、問26（技術水準の向上での強みの認識）の合計点が、「大きな技術変化」有りや「市場ライフサイクルの若返り型類型」と並んで、中小一般製造業の企業成長に大きく寄与していることが明らかになった。すなわち、前述のとおり仮説3が実証されたことを示唆する。問26（技術水準の向上での強みの認識）11項目のうち、中小一般製造業の企業成長指標に最も寄与していたのが、「経営者の技術向上に向けたリーダーシップ」である。また、「組織ルーチン」を表わす問26

(技術水準の向上での強みの認識) 11 項目では、クラスター分析、主成分分析、因子分析、判別分析などで、「経営者力」(Q26-1、26-2、26-4)、「組織対応力」(Q26-3、26-5、26-6、26-9、26-10、26-11)、「組織進化力」(Q26-7、26-8) に類型化が可能であることを示した。さらに、中小一般製造業の技術の高低の規定因で、判別分析や回帰分析によって寄与度の高い変数を明らかにした。問 26 (技術水準の向上での強みの認識) 11 項目のうち、中小一般製造業の技術水準の高低の規定因で「市場ニーズを吸い上げ製品化する仕組み」と並んで寄与度の高かったのが、「経営者の技術向上に向けたリーダーシップ」である。このように、中小一般製造業の「組織ルーチン」に関する項目のうち、企業成長や技術水準の高低の既定因から捉えても、「経営者の技術向上に向けたリーダーシップ」が最も重要であることが明らかとなった。また、「大きな技術変化」の類型間でも 10% 水準ではあるが有意な差があり、「自社製品開発型」の回答割合が他類型より高い。多重比較でも同じく 10% 水準の有意ではあるが、「自社製品開発型」の回答割合が「用途開発型」の回答割合より高い。新技術で新市場を開拓するダイナミックな技術変化でありリスクも高い「自社製品開発型」は、日常の技術マネジメントにおいても経営者のリーダーシップが技術向上のために重要となる。

(47) 中小一般製造業の成長性指標 (バブル崩壊時〜現在の売上高増減) で、相関分析やクロス集計のカイ二乗検定により「経営者の技術向上のリーダーシップ」に次いで大きな関連性が見られたのは、「技術・熟練・挑戦重視の理念徹底」である。中小一般製造業の技術水準の高低の規定因でも 11 項目のうち 4 番目に高い寄与度を見せた。その規定因で、問 23 の技術者の活性化要因 11 項目の中で最も高い寄与度を見せたのが、「経営理念、技術戦略の方向性を共有化」である。技術者への理念の徹底・共有化は企業成長への寄与度や技術水準の規定因で重要である。

(48) 中小一般製造業の成長性指標 (バブル崩壊時〜現在までの売上高増減) で、相関分析やクロス集計のカイ二乗検定により問 26 の 11 項目のうち 4 番目に大きな関連性が見られる項目は、「技術者へ顧客意識・品質意識の徹底」である。中小一般製造業の技術水準の高低の規定因では 11 項目のうち 8 番目と寄与度は余り高くないが、問 23 技術者の活性化要因 11 項目では、「営業体験、展示会参加などによる顧客意識の徹底」が 3 番目である。「経営者力」の 3 項目の中では企業成長への寄与度や技術水準の高低の規定因で影響度は弱いが、11 項目のうち相対的には重要である。問 23 技術者の活性化要因項目の「営業体験、展示会参加などによる顧客意識の徹底」は、「大きな技術変化」の類型のうち「自社製品開発型」が他類型に比し有意な差があり、多重比較でも同様にどの類型との間でも 1% 水準で有意な差を生じている。技術者への顧客意識の徹底は、市場側面が重要な「自社製品開発型」では、長期的技術戦略のみならず日常の技術マネジメントの優劣が競争優位に影響を与える。

(49) 問 26 のこれらの 3 項目と中小一般製造業のバブル崩壊時〜現在の売上高の増減との相関係数も、11 項目のうち上位 4 つに入っているが、最近 3 ヶ年の売上高の増減

よりも相関度合いが大きい。これらの3項目と中小一般製造業の企業成長と大きく関連性があることを示していた。

(50) 「組織対応力」は問26のうち6つの項目から成る。6つの項目のうち中小一般製造業の企業成長性指標（最近3ヶ年の売上高の増減、バブル崩壊時〜現在までの売上高の増減）との関係が顕著なのが、次の項目である。最近3ヶ年の売上高の増減との相関係数では、「開発・製造・販売間の社員の密なコミュニケーン」、「市場ニーズを吸い上げ製品化する仕組み」、「QC活動・提案制度などによる改善能力」の順であり、バブル崩壊時〜現在までの売上高の増減との相関係数では、「QC活動・提案制度などによる改善能力」、「技術人材の特性に配慮した人事評価制度」、「市場ニーズを吸い上げ製品化する仕組み」の順である。また、中小一般製造業の技術水準の高低の規定因における、「組織対応力」の6項目の影響度を見ると、「市場ニーズを吸い上げ製品化する仕組み」、「新技術・新製品に関する情報収集力」、「開発・製造・販売間の社員の密なコミュニケーン」の順である。この結果、問26の「組織対応力」6項目のうち、中小一般製造業の成長性指標と技術水準の高低の規定因ともに重要なのが、「市場ニーズを吸い上げ製品化する仕組み」、次に重要なのが「開発・製造・販売間の社員の密なコミュニケーン」、成長性指標との影響度が顕著なのが「QC活動・提案制度などによる改善能力」となる。この3項目以外に、成長性指標として影響度が相対的に強く見られたのが「技術人材の特性に配慮した人事評価制度」であり、技術水準の高低の規定因としての影響度が相対的に強く見られたのが「新技術・新製品に関する情報収集力」である。技術水準の高低の規定因として影響度も相対的に強くないのが「目に見えないノウハウ・熟練を共有化する仕組み」である。また、「組織対応力」6項目のうち3項目で、「大きな技術変化」の類型のうち「自社製品開発型」が、他の類型に比し1％水準で有意な差がある。差の大きな順に、「新技術・新製品に関する情報収集力」、「開発・製造・販売間の社員の密なコミュニケーン」、「市場ニーズを吸い上げ製品化する仕組み」である。いずれの項目も市場側面を重視する「自社製品開発型」の技術戦略では、日常の技術マネジメントでも、市場や製品開発に密接に関連した項目に強みを有すべきであり、長期的技術戦略と日常の技術マネジメントの整合の重要性を示唆する。

(51) アンケート資料の二次分析による中小一般製造業の成長性指標と、これらの6項目のとの関連性は、前記脚注のとおりである。

(52) 「組織進化力」は問26のうち2項目から成る。2項目は、中小一般製造業の企業成長性指標（最近3ヶ年の売上高の増減、バブル崩壊時〜現在までの売上高の増減）との関係はあまり顕著ではない。一方、中小一般製造業の技術水準の高低の規定因としての影響度は、両項目とも高い。特に、「製品・技術開発を頻繁に行うことによる学習」は、問26の「経営者の技術向上に向けたリーダーシップ」と「市場ニーズを吸い上げ製品化する仕組み」に並んで影響度が高い。これに次いで影響度が高いのが、「取引先や大学などとの連携の中での技術者の学習」である。

また、「大きな技術変化」の類型のうち「自社製品開発型」が両方の項目とも、

他類型との間で1％水準で有意な差があり、他類型より回答割合が高い。多重比較でも「製品・技術開発を頻繁に行うことによる学習」では、「技術範囲の拡大型」、「技術の専門化型」との間では1％水準、「用途開発型」との間では5％水準で有意な差がある。「取引先や大学などとの連携の中での技術者の学習」でも、「自社製品開発型」は1％水準で他類型に比し回答割合が高い。多重比較でも、「技術の専門化型」との間で1％水準、「技術範囲の拡大型」との間で5％水準で有意な差がある。このように、長期的技術戦略に基づき新市場を開拓する「自社製品開発型」は、日常の技術マネジメントで自社内での活発な開発活動における学習とともに、経営資源の不足を補完するために外部との連携における技術者の学習で、他類型よりも強みを認識している。このことは、市場側面を重視する「自社製品開発型」の類型においても、長期的技術戦略と日常の技術マネジメントの整合の重要性を示唆していると考える。

(53) モノ作り300社と中小一般製造業間の、問26の11項目の平均値の差異分析において、前述のとおりそれぞれの差異は1％水準で有意であるが、t検定におけるt値とカイ二乗検定におけるχ^2値が、両者とも11項目中で上位である。「製品・技術開発を頻繁に行うことによる学習」は両者とも第1位、「取引先や大学などとの連携の中での技術者の学習」は前者が第4位、後者が第2位となっている。このことは、「技術進化力」が技術水準の高いモノ作り300社と中小一般製造業における、「組織ルーチン」の相違を最も顕著に表わしていることを指摘できる。

(54) 前述のとおり、中小製造業の企業成長に関する重回帰分析は、説明変数の影響度を確認するための参考資料としての位置づけで分析を行う。

(55) 重回帰式は、標準化されていない係数で、問2（2）（バブル崩壊時～現在の売上高増減）＝ 1.969 ＋ 0.473 ×「大きな技術変化」の有 ＋ 0.325 ×生産技術機能の範囲の拡大型 － 0.648 ×生産工程の範囲の集中型 － 0.573 ×市場ライフサイクルの後退型 ＋ 0.110 ×コア技術の将来動向の予測期間 ＋ 0.185 ×経営者の技術向上に向けたリーダーシップ ＋ 0.154 × QC活動・提案制度などによる改善能力 ＋ 0.147 ×従業員数（標準化データ）－ 0.138 ×設立年数（標準化データ）。説明変数はコア技術の将来動向の予測期間を除き1％水準で有意、回帰式もF値が1％水準で有意。

(56) 前述のとおり自由度調整済みの寄与率（説明度合）は依然として弱いので、中小一般製造業の成長性指標には、「大きな技術変化」要因、長期的な技術戦略要因、日常の技術マネジメント要因の説明変数以外にも、様々な内部環境や外部環境の要因が影響していることは間違いない。特に市場側面の要因の影響度は大きいと推測する。

(57) 統制変数は、前表における重回帰分析と同様に、標準化した従業員数、設立年数の2つ。分析では、Q18は技術水準の高いものから5段階に逆転させ得点化、Q23はダミー変数化（有1、無0）、Q24は頻度の多いものから4段階に逆転させ得点化、Q26は5点尺度で強みがあると認識すると点数が高い方向、Q19は予測期間の長いものから4段階に逆転させ得点化、Q21はダミー変数化（有1、無0）。説明変数は、

全変数を投入しステップワイズ法で重回帰分析を行い、係数が5%水準で有意で寄与率 $Adj.\ R^2$ が最も大きいモデルの変数を選択し強制投入。

(58) 前述のとおり、モデル3において日常の技術マネジメントを代表して説明変数とした Q26-1、Q26-3、Q26-8 は、問 26（技術水準の向上での強みの認識）の 11 の評価項目（各5点尺度）のうち、ステップワイズ法による投入により有意水準を満たした変数である。

(59) 上記の表のとおり、自由度調整済みの寄与率（$Adj.\ R^2$）が.33。説明変数は1つを除き他は1%水準の有意、F値が1%水準で有意。

(60) 変数の投入はステップワイズ法による。

(61) このモデルで日常の技術マネジメントを代表して説明変数とした Q26-1、Q26-3、Q26-8 は、問 26（技術水準の向上での強みの認識）の 11 の評価項目（各5点尺度）のうち、ステップワイズ法による投入により有意水準を満たした変数である。

(62) 統制変数は、前述の重回帰分析と同様に、標準化した従業員数、設立年数の2つを用いた。分析においては、Q18のグループ変数は技術水準高が1、低が0とダミー変数化。Q26は5点尺度で強みがあると認識すると点数が高い方向。Q23は複数回答なので有＝1、無＝0のダミー変数。Q19は将来動向の予測期間の長いものから4段階に逆転させ得点化。Q21は技術戦略有＝1、無＝0にダミー変数化。Q24はローテーション頻度は多いものから4段階に逆転させ得点化（回帰式には現われない）。変数選択の方法はWaldの統計量に基づく変数増加法で寄与度が最も高い説明変数に絞り込み、その選択した上記変数を上記各モデルに強制投入した。

(63) このモデルにおいて日常の技術マネジメントを代表して説明変数とした Q26-1、Q26-3、Q26-8 は、問 26（技術水準の向上での強みの認識）の 11 の評価項目（各5点尺度）のうち、Waldの統計量に基づく変数増加法による投入により有意水準を満たした変数である。

第5章

コア技術を核とした市場開拓

第1節 コア技術を市場開拓に繋げるための鳥瞰図

　すでに、中小製造業は「大きな技術変化」、すなわち長期的「技術戦略」を策定し技術進化を遂げることが、企業成長において不可欠であることが明らかになった。また、中小製造業では、短期的技術進化の取り組み:「日常の技術マネジメント」が、「技術戦略」の土台として企業成長に必須なことも分かった。一方で、コア技術戦略で技術側面に偏りすぎると市場や顧客ニーズを見失いやすい。そこで、中小製造業が技術経営を実践する上では、マーケティング戦略の3Cの観点から、コア技術を市場に上手にマッチングさせる必要がある。

　本研究では、中小製造業の競争力の源泉を高い技術水準にあると捉えることから、まず、自社資源のうち、長期的視点の技術戦略の策定（第3章）、短期的視点の日常の技術マネジメント（第4章）の考察から開始した。しかし、コア技術を市場開拓に繋げるための方策の考察が必要不可欠であることから、本章第2節で第2章から第4章まで行ったアンケート資料の二次分析のうち、コア技術と市場開拓の関連性について、長期的視点の技術戦略と日常の技術マネジメントに大きく分けて考察を行う。最後に第3節において、第2節の分析結果を踏まえ、ヒアリング資料の二次分析から得られたコア技術を市場開拓に繋げる処方箋について考察を行う。結論を先取りして言うと、図5-1のうち、コア技術を市場開拓に繋げるためには、市場と競合側面の両方に関わる中小製造業の属する産業における位置取り戦略が重要となる（第6、7章）。

　ではなぜ、コア技術を市場開拓に繋げるのにあたって、市場側面を中心に

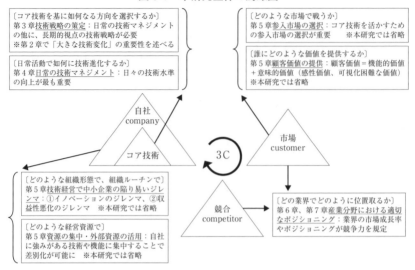

図5-1 本研究全体の鳥瞰図

出所：筆者作成

考察すべき事項が多い中で、本研究において、次章以降で産業分野における適切なポジショニングに焦点を絞り、示唆を導き出そうとするのであろうか。

理由の第一は、参入市場の選択や顧客価値の提供のような他の市場側面に深く立ち入って考察することは、マーケティング側面が強くなりすぎるとともに研究範囲も膨大となるために、本研究における中小製造業の技術を核とした経営という最大の問題意識から焦点がぼやける懸念があるからである。

第二に、本研究の考察対象とする機械金属業種の中小製造業の市場や顧客は、サプライチェーンの中で下請企業やサプライヤーとして、T1企業や最終製品メーカーであることが多いので、消費財をイメージした市場開拓やマーケティング戦略とは異質であり、前述のとおりコア技術と市場ニーズの重要性の比較になるとコア技術を重視する中小製造業が多い。そこで、市場側面を考察する際の優先順位では、産業分野やサプライチェーンにおけるポジショニングが、参入市場の選択や顧客価値の提供に優先すると考えるからである。

第三に、産業のアーキテクチャが、すなわちモジュラー型とインテグラル

型に分かれて、中小製造業の産業分野におけるポジショニングのあり方が異なる。また、米国や中国が得意とするモジュラー型のモノ作りの進展により、技術や顧客の複雑性や不確実性の増大などの環境の急激な変化とともに、日本の得意とするインテグラル型のモノ作りが弱体化してきた。このよう中で、下請けやサプライヤーの多い中小製造業の環境も大変厳しくなっているので、今後のあり方を上記観点から示すことは研究上で有意義であると考えるからである。

以上の視点を踏まえて、本研究における本章の位置づけは、前章まで考察してきた長期的視点の技術戦略と短期的視点の日常の技術マネジメントのあり方を、いかに市場開拓に結びつけていくかという次章以降の考察への橋渡しを最大の主眼とすることである。

本章の構成は、アンケート資料の二次分析とヒアリング資料の二次分析の中で、市場開拓に関連する内容をまず整理して、最後に、次章以降の産業分野における適切なポジショニングで考察すべき視点を整理する。

第2節 アンケート資料の二次分析に見るコア技術と市場開拓

アンケート資料の二次分析の中でも、コア技術を市場開拓に繋げるための方法論の参考となるものを取り上げる。大きく分けて、長期的技術進化と市場開拓の関連性、短期的技術進化と市場開拓の関連性の2つの視点で考察する。

(1) 長期的技術進化における市場開拓要因と企業成長や「大きな技術変化」との関連性

①「大きな技術変化」に伴う新市場開拓と企業成長

モノ作り300社や技術戦略を有する中小一般製造業は、バブル崩壊以降に、より大きな割合で「大きな技術変化」を生じさせていた[1]。また、この「大きな技術変化」を起こすことが、バブル崩壊時から現在までの中小製造業の企業成長とも大きく関連していた。さらに、バブル崩壊以降に「大きな技術変化」を起こしただけではなく、それに伴い新市場を開拓した企業のほうがそうではない企業よりも、弱い関連性ではあるが、より企業成長を遂げてい

た[2]。

　これは、コア技術を核とした「大きな技術変化」が新市場開拓まで繋がると企業成長まで影響を与えるという、技術経営での市場側面の重要性を示す。

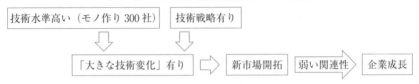

図5-2　「大きな技術変化」に伴う新市場開拓と企業成長
（モノ作り300社・技術戦略有りとの関連）

出所：筆者作成

② 「大きな技術変化」に伴う市場の変化

　「大きな技術変化」の類型、特に相対的に見て新市場志向の「自社製品開発型」、「用途開発型」と、現市場重視の下請型企業が多い「技術範囲の拡大型」、「技術の専門化型」で、コア技術と市場開拓の関連性は大きく異なる[3]。

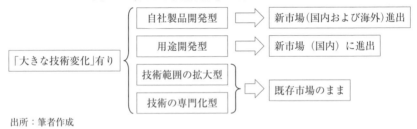

図5-3　「大きな技術変化」の類型と市場の変化

出所：筆者作成

　また、モノ作り300社は海外も含めた新市場を志向するダイナミックは技術変化を起こし、中小一般製造業は、既存市場のままという特徴を示した[4]。

図5-4　「大きな技術変化」に伴う市場の変化
（モノ作り300社と中小一般製造業の相違）

出所：筆者作成

③「大きな技術変化」における技術側面と市場側面の重視度合

　統計上有意ではないが、中小一般製造業が「大きな技術変化」で技術側面と市場側面のいずれかのうち、技術側面がより重視されていた[5]。「大きな技術変化」の類型で、市場志向型の「自社製品開発型」と「用途開発型」が他2類型に比し特徴を示したのは、直接的に市場ニーズを重視することではなく、「技術・市場ニーズ・経営資源・組織のバランスを重視」することであった。このことは、市場開拓の困難性とそのために重要な要因を示唆している[6]。

図5-5 「大きな技術変化」における技術側面と市場側面の重視度合（類型別の特徴）

出所：筆者作成

④「大きな技術変化」の背景と市場開拓の関連性

　「大きな技術変化」の背景で、市場開拓をする必要性が高い「自社製品開発型」と「用途開発型」は、取引先との関係で自社の組織能力として開発力をより重視していた。一方、下請企業割合が高く取引先との擦り合わせが肝要となる「技術範囲の拡大型」と「技術の専門化型」は、従来からのコストと納期を重視し、バブル崩壊以降の経営環境の厳しさを如実に表わしてい

図5-6 「大きな技術変化」の背景と市場開拓の関連性（類型別の特徴）

出所：筆者作成

た。「技術範囲の拡大型」は、「モジュール化・ユニット化発注の増大」でバブル崩壊以降のサプライチェーン内の取引先の要求条件の変化も示している[7]。

モノ作り300社と中小一般製造業の「大きな技術変化」の背景で、唯一弱いながらも有意な差を示したのが、「取引先からの開発提案力の評価」である。「大きな技術変化」の類型で、「自社製品開発型」でモノ作り300社のほうが多かったことが両群の最大の差であった。そこで、「自社製品開発型」が相対的に多かったモノ作り300社が、より開発力を重視していたことを示唆する[8]。

図5-7 「大きな技術変化」の背景と市場開拓の関連性（モノ作り300社の特徴）

取引先からの開発提案力の評価 → 弱い関連性 → モノ作り300社

出所：筆者作成

⑤「大きな技術変化」に伴う新技術の吸収・融合と市場開拓の関連性

「自社製品開発型」は、市場開拓に能動的にならざるをえないが、「大きな技術変化」を行うための新技術の吸収・融合も同様に取引先から距離を置き、能動的に他機関との連携や公的支援策の活用に依拠する。対照的に「技術範囲の拡大型」は下請企業も多く、かつ、「大きな技術変化」の背景も取引先の「モジュール・ユニット発注の増大」で他類型と有意な差が見られたように、擦り合わせをベースとした取引で、「大きな技術変化」のための新技術の吸収・融合の「取引先からの学習」で有意な差が見られたことは整合性が

図5-8 「大きな技術変化」に伴う新技術の吸収・融合と市場開拓の関連性
（類型別の特徴）

出所：筆者作成

ある⁽⁹⁾。

　モノ作り300社は取引先から技術的に独立し、取引先を多様化し能動的に新技術を吸収・融合する。一方、中小一般製造業は下請構造の中で市場でも取引先に依存するとともに、新技術の吸収・融合先も取引先への依存度が高い⁽¹⁰⁾。

図 5-9　「大きな技術変化」に伴う新技術の吸収・融合と市場開拓の関連性
（モノ作り 300 社と中小一般製造業の相違）

出所：筆者作成

(2) 短期的技術進化（日常の技術マネジメント）と市場開拓の関連性
①日常の技術マネジメントにおける市場開拓要因に関する技術水準の規定因

　第4章で中小一般製造業の抽出された技術水準の規定因のうち、日常の技術マネジメントに関する要因で、かつ、市場開拓に関連の深い要因は、市場や顧客を意識した組織ルーチンと学習能力に関する組織ルーチンである。

　また、「大きな技術変化」の類型間のこれらの要因における平均値では有意な差があり、「自社製品開発型」が他類型より回答割合が高い。これは、「自社製品開発型」が他類型に比し市場との関係の強さを示すものである⁽¹¹⁾。

　モノ作り300社と中小一般製造業の間の日常のマネジメント要因の比較分析でも、中小一般製造業の技術水準の規定因のうち図5-10の市場関連要因は、両群間で平均値に有意な差があり、モノ作り300社の回答割合が高い。この4要因以外にも、「新技術・新製品に関する情報収集力」、「開発・製造・販売間の社員の濃密なコミュニケーション」の2要因が、問26（技術水準の向上における強み）で図5-10の4要因の次に有意な差が大きい。なお、この2要因は、中小一般製造業の技術の高低2群間でも市場関連要因で、図5-10の4要因に次いで平均値の差の大きな要因である⁽¹²⁾。この2要因も市場開拓要因で重要である。

図 5-10　日常の技術マネジメントにおける市場開拓要因に関する技術水準の規定因
　　　　　（類型別とモノ作り 300 社の特徴）

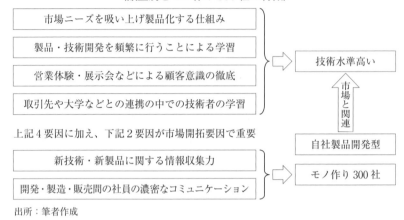

出所：筆者作成

② 日常の技術マネジメントにおける市場開拓要因と「大きな技術変化」・企業成長との関係

　上記①の市場開拓要因はいずれも、バブル崩壊以降の「大きな技術変化」の有無とバブル崩壊時～現在（調査時点）の企業成長にも関連性を有していた。

　短期的技術進化である日常の技術マネジメントと企業成長との関連性では、日常の技術マネジメントにおける市場開拓要因のうち図 5-11 の要因でより強みを有し、または技術者の活性化で図 5-11 の市場開拓要因をより重視している中小製造業のほうがそうでない企業よりも、「大きな技術変化」をより大きな割合で生じさせることを通じて、企業成長を可能としていた[13]。

(3) まとめ

　中小製造業の技術経営においては、前章までの分析や考察で明らかになったように、まずは市場側面よりも技術側面であるコア技術を重視し、かつ、長期的技術進化と短期的技術進化である日常の技術マネジメントを両立させることにより、企業成長や技術力の向上を可能としていた。

　しかしながら、技術や市場の不確実性が増大している今日、長期的技術進

図 5-11　日常の技術マネジメントにおける市場開拓要因と
「大きな技術変化」・企業成長との関係

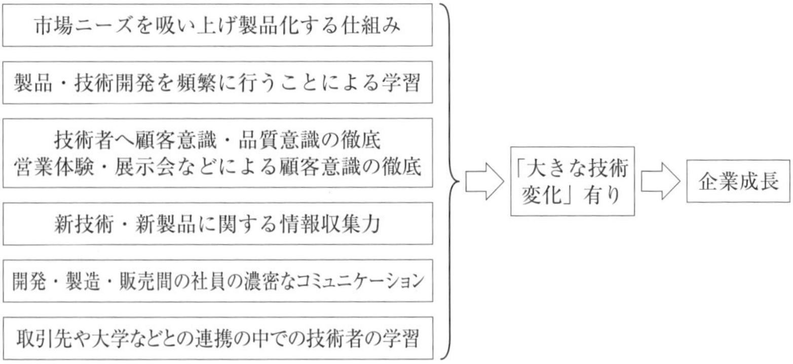

```
┌─────────────────────────────────────┐
│ 市場ニーズを吸い上げ製品化する仕組み │
├─────────────────────────────────────┤
│ 製品・技術開発を頻繁に行うことによる学習 │
├─────────────────────────────────────┤
│ 技術者へ顧客意識・品質意識の徹底     │
│ 営業体験・展示会などによる顧客意識の徹底 │   →  「大きな技術   →  企業成長
├─────────────────────────────────────┤         変化」有り
│ 新技術・新製品に関する情報収集力     │
├─────────────────────────────────────┤
│ 開発・製造・販売間の社員の濃密なコミュニケーション │
├─────────────────────────────────────┤
│ 取引先や大学などとの連携の中での技術者の学習 │
└─────────────────────────────────────┘
```

出所：筆者作成

化において「大きな技術変化」により新市場を開拓し、または、日常の技術マネジメントにおいて市場開拓要因に強みを有することが、中小製造業の企業成長や技術力の向上をより頑健なものにすることが明らかになった。

そこで、次節においては、中小製造業が持続的競争力を発揮するために必須となる、コア技術をいかに市場開拓に繋げるかの処方箋に関する考察を行う。

第3節　コア技術を市場開拓に繋げるための処方箋

前述のとおり、中小製造業の技術経営では、コア技術を核とした技術側面が市場側面より重視されている一方で、前節で述べたとおり、長期的技術進化にも短期的技術進化でも、バブル崩壊以降～調査時点までの企業成長や「大きな技術変化」の有無や技術水準の規定因に、市場開拓要因も影響を与えていたことが明らかになった。また、技術戦略の類型や技術水準の高低が、バブル崩壊以降の「大きな技術変化」における市場の変化や市場側面の重視度合、「大きな技術変化」の背景や「大きな技術変化」に伴う新技術の吸収・融合の方法と市場開拓との関連性にも、大きな影響を与えていた。このことは、コア技術を市場開拓に繋げ付加価値の獲得まで成しうるためには、中小

製造業の技術経営で、第4章まで考察してきた技術側面の分析では不十分で、コア技術をいかに市場に繋げるかの方法論の考察が不可欠であることを示唆する。

言葉を換えると、マーケティングの3C（自社、顧客、競合）のうち、前述のコア技術戦略に基づく長期的技術進化と日常の技術マネジメントによる短期的技術進化の両立だけでは、技術や市場の不確実性が増大している今日、付加価値を創造できても獲得するのには十分とは言えない。なぜならば、コア技術を核として、いかに顧客価値を有し希少性がある製品・加工を成しえたとしても市場開拓に繋がらなければ、付加価値の獲得に至らないからである。

それでは、コア技術を市場開拓に繋げるのに、最も重要なことは何であろうか。結論を先取すると、産業のアーキテクチャの位置取り戦略である。なぜならば、中小製造業は大手企業の最終製品のサプライチェーンの中に位置することが多く、自社製品を有する場合にもそのサプライチェーン内の生産財であることも多い。さらには、製品アーキテクチャのモジュール化が、ICTの急速な進展や、IoTやAIや3Dプリンタやロボットなど革新的技術の出現により、急激に加速するようにモノ作りのあり様が大きく変化を遂げてきている。このため、大手企業が最終製品を提供し、産業としてのサプライチェーンを形成することが多く、最終製品のアーキテクチャがインテグラル型かモジュラー型かのいずれかのサプライチェーンの中での有利な位置取りが、この両類型間で乖離してきている。そこで、その位置取り戦略の良否が中小製造業の競争力に大きな影響を与えるようになってきているからである。

もちろん、コア技術を市場開拓に繋げる要因には、上記の産業のアーキテクチャの位置取り戦略以外にも重要な要因は多くある。市場側面であれば、参入市場の選択や顧客価値の提供がある。さらには、直接市場側面ではないがコア技術を市場開拓に繋げるのに影響を与える要因として、技術戦略の策定や日常の技術マネジメント以外の、自社側面の技術経営で中小企業の陥り易いジレンマや資源の集中・外部資源の活用がある。このうち、市場側面の参入市場の選択は、戦略やマーケティングの要素が強いので、本研究では取

り立てて言及しない。また、自社側面の2つの要因も、直接に市場開拓に関連性を有しないので、同様に言及しない。しかし、次章以降の事例研究による産業のアーキテクチャでの位置取り戦略の考察の中で、これらの要因は、コア技術を市場開拓に繋げるために必要な要因の1つとして言及する場合も多い。

そこで、本節では、3Cにおける市場側面のうち、顧客価値の提供についてのみ、次章以降の産業アーキテクチャにおける位置取り戦略とも価値の創造と獲得のために密接に関連すると考えるので、基本的な枠組みのみを述べる。

その上で、前章までのコア技術を中心とした技術側面からの中小製造業の技術経営論と、次章以降のコア技術をいかに市場開拓に繋げるかを示す方法論の1つとしての産業アーキテクチャの位置取り戦略との関連性を述べる。

藤本隆宏の主張する情報価値説的なモノ作りの考え方の重要性は増大している。設計情報の媒体への転写をモノ作りと捉え、現場における良い設計、良い流れを構築するもの造りの組織能力を日本の製造業の競争力の源泉と藤本は指摘する[14]。この設計情報は顧客が享受する時には、顧客価値となる。

また、延岡健太郎も、模倣困難な技術として革新技術よりも組織能力に基づく積み重ね技術の重要性を指摘する[15]。また、価値の創造を獲得に繋げるために、ものづくりについて、顧客に対しては真に高い顧客価値を提供し、競合に対しては差別化を図ることが価値づくりに繋がると指摘[16]し、この価値づくりの巧拙が日本の製造業の競争力の明暗を分けているとする。ものづくりを価値づくりに繋げるのが上手なのは、顧客ニーズを顕在と潜在に分け、潜在ニーズを捉えた企業で、顧客価値を機能的価値と意味的価値に分け、可視化が困難で暗黙知に近い意味的価値を提供できる企業であると指摘する[17]。

このことを、藤本のモノ作りの情報価値説的な考え方で捉えると、設計情報、すなわち顧客にとって顧客価値を取り扱うのが上手な企業が競争力を発揮することになる。設計情報＝顧客価値の源泉の取扱いの上手な企業は、擦り合わせ型企業となり、もの造りの組織能力が高い企業となる。その上で、藤本は製品のアーキテクチャに着目して、位置取り戦略の重要性を指摘す

る⁽¹⁸⁾。

　ただし、本研究でいう産業のアーキテクチャは、藤本の言う製品アーキテクチャと異なる。藤本の研究対象は最終製品メーカーか少なくともT1メーカーであるために、製品アーキテクチャにおける位置取り戦略は、産業まで拡大していない。しかしながら、中小製造業は、下請型の部品の製造・加工であれ、より自律的な生産財の自社製品・機能部品の製造であれ、大手企業の最終製品メーカーのサプライチェーンの中にあるために、最終製品がインテグラル型かモジュラー型かにより、位置取り戦略のあり様が大きく異なる。

　そこで、次章以降では、産業アーキテクチャに着目した位置取り戦略の観点からインテグラル型やモジュラー型産業の代表的産業をいくつか取り上げ、産業ごとの位置取り戦略の方法論を提示する。また、産業アーキテクチャと顧客価値を生む顧客情報と技術情報の粘着性の概念との関連性に着目する。これは、ヒッペルの言うとおり、メーカーから顧客にイノベーションの主体が移行しつつあるからである。中小製造業の技術経営、特にコア技術を市場開拓に繋げるための総括として、設計情報の取扱いとしての産業アーキテクチャにおける位置取り戦略と情報の粘着性の概念の融合の重要性を指摘する。

（注）
(1)　「大きな技術変化」有：中小一般製造業46.0％、モノ作り300社74.4％。χ_y^2 ($df = 1$、$N = 1,387$) $= 35.70$　$p<.01$　$\phi = -.163$　$t = 6.83$　$p<.01$。「大きな技術変化」有：技術戦略有64.7％、技術戦略無27.7％。χ_y^2 ($df = 1$、$N = 1,229$) $= 167.71$　$p<.01$　$\phi = .371$　$t = -13.97$　$p<.01$。
(2)　「大きな技術変化」に伴う市場の変化：新市場に進出59.9％、既存市場のまま40.2％。バブル崩壊時から現在までの売上高増加企業は、新市場進出が68.4％、売上高がやや増加企業も56.9％、バブル崩壊時から現在までの売上高が横ばいや減少した企業は、新市場進出が約51％。差は10％水準で有意で関連性はやや弱い。χ^2 (12) $= 19.84$　10％水準で有意。ただし、新市場進出有無の2区分での$\chi^2(4) = 12.73$　$p<.05$。さらに、「大きな技術変化」に伴う新市場進出の有無で2区分し、バブル崩壊時～現在の売上高の増減の平均値（問2-2の回答数値を逆転、数値の大きいほうが売上高が増加方向）の差でt検定。平均値：新市場開拓（$N = 324$) $= 3.81$、既存市場のまま（$N = 222$) $= 3.41$、$t = 3.12$　$p<.01$。
(3)　「大きな技術変化」に伴う市場の変化については、4つの類型とのクロス集計のカ

イ二乗検定で1％水準で有意であった。クロス集計の調整済残差の分析やコレスポンデンス分析でも同様な傾向であった。下図の「大きな技術変化」の類型で、「自社製品開発型」と「用途開発型」は新市場へ、「技術範囲の拡大型」と「技術の専門化型」は、類型間で相対的に見ると現市場のままという点に特徴があった。このことから、新市場開拓が中心の「自社製品開発型」、「用途開発型」と、現市場のままを特徴を有する「技術範囲の拡大型」、「技術の専門化型」の両者の間では、これから考察していくコア技術を市場開拓に繋げる方法においても差が生じると考える。特に、海外市場も含めた新市場開拓に特徴を有する「自社製品開発型」と、下請企業割合の高い「技術範囲の拡大型」、「技術の専門化型」との市場開拓のあり方の差は大きいと考える。

(4) モノ作り300社と中小一般製造業との同じ問のクロス集計によるカイ二乗検定では、1％水準で有意な差が生じ、モノ作り300社では現存市場のままの回答は3割を切り新市場開拓の重要性が増している。このことは、技術水準が向上するほど、「大きな技術変化」はダイナミックなものとなり、市場開拓の重要性は増大すると考える。逆に、「大きな技術変化」を起こすことで初めて新市場の開拓に繋がるとも解せる。現存市場のままの回答割合は、モノ作り300社28.1％、中小一般製造業40.8％。「大きな技術変化」に伴う市場の変化で、モノ作り300社最頻値は「新市場（国内および海外）に進出」33.7％、中小一般製造業：技術戦略有群の最頻値は「新市場（国内）に進出」41.8％、中小一般製造業：技術戦略無群の最頻値は「既存市場のまま」57.3％で、技術水準の高低や技術戦略の有無が中小製造業における市場開拓のあり方に影響を与えている。

(5) 問10（「大きな技術変化」に伴う市場の変化）とは異なり、問14（「大きな技術変化」におけるドメイン・シーズ・ニーズ・資源の重視度合）では、類型間でクロス集計のカイ二乗検定で有意な差はなかった。「大きな技術変化」では市場重視よりも、より資源重視、特にどの類型でもコア技術をベースにすることを最も重視。ただし、この問で類型間の回答割合に顕著な差が見られたのは、「自社製品開発型」と「用途開発型」が他2類型よりも、「技術、市場ニーズ、経営資源・組織のバランス」を重視していたことである。回答割合（択一式）「自社製品開発型」14.7％、「技術範囲の拡大型」7.4％、「技術の専門化型」11.3％、「用途開発型」14.8％である。これは、「大きな技術変化」に伴い相対的に新市場に進出する割合の高いこの2つの類型は、市場と資源のバランスを相対的に重視することを示唆している。

(6) 問14で、モノ作り300社と中小一般製造業との比較分析で有意な差ではないが、モノ作り300社のほうが中小一般製造業よりも「大きな技術変化」で市場側面よりも技術側面をより重視していた。「コア技術をベースにすること」の回答割合　モノ作り300社：52.8％、中小一般製造業：45.4％。モノ作り300社が中小一般製造業よりも、「大きな技術変化」による企業成長や技術水準の向上のために、市場側面よりも技術側面、特にコア技術を重視していたことを示唆する。問10と問14でやや反対方向の回答に見える点もあるが、問14は「大きな技術変化」のためにコ

ア技術と市場側面の優先度を示すものであり、本研究が技術戦略や日常の技術マネジメントのコア技術から開始することの妥当性を示す。

(7) 問11（バブル崩壊以降の「大きな技術変化」の背景）で類型間の特徴が見られた。「自社製品開発型」と「用途開発型」は取引先ニーズや外部環境の変化などの市場を重視して、提案力による差別化に重点を置いていた。一方、「技術範囲の拡大型」や「技術の専門化型」はコストダウン要請や納期の短縮化や多品種小ロット化など、依然として取引先へのQCDの要求水準への的確な対応を優先していた。問11（バブル崩壊以降の「大きな技術変化」の背景）で、「自社製品開発型」と「用途開発型」の最頻値は、「取引先からの開発提案力の評価」で、4類型間の平均値の差異は5%水準で有意。多重比較では、有意水準は10%と低いが、「自社製品開発型」と「用途開発型」がそれぞれ、「技術の専門化型」より回答割合が高い。「技術範囲の拡大型」と「技術の専門化型」の最頻値は、「コストダウン要請の激化」、多重比較では両者の類型が「用途開発型」よりもそれぞれ5%水準、1%水準で有意に回答割合が高い。また、この問で類型間の平均値の差異が最も大きい、すなわちF値が最も大きいのが「納期の短縮化」である。多重比較によると、「技術の専門化型」は「自社製品開発型」よりも1%水準、「用途開発型」よりも5%水準で有意に回答割合が高い。また、「技術範囲の拡大型」は「自社製品開発型」よりも1%水準で有意に回答割合が高い。「技術範囲の拡大型」が他の類型より最も顕著に回答割合の差異が大きいのは、「モジュール・ユニット発注の増大」で、一元配置分散分析で類型間の平均値の差異は1%水準で有意。多重比較でも、「技術範囲の拡大型」は他の類型よりも5%水準以上の割合で有意に回答割合が高い。このように、この問自体は、バブル崩壊以降の「大きな技術変化」の背景について、市場側面の要因を直接尋ねたものではないが、コストダウンや納期の短縮化と異なり、開発提案力は顧客や市場ニーズをより深く理解することが必要となる。このことからすると、大きく分けて市場側面重視の技術戦略とコア技術重視の技術戦略に2分化されるのは、今までの考察と整合性を有する。

(8) 問11でモノ作り300社と中小一般製造業の2群間で、平均値に有意な差が見られる回答がなかった中で、唯一有意水準が10%と低いがモノ作り300社の回答割合がより高かったのが、「取引先からの開発提案力の評価」。モノ作り300社のように技術水準の高い中小製造業は、コストダウンや納期短縮化等の一般的な要求レベルから進んだ顧客や市場ニーズの理解を要する開発提案力での差別化で、競争力を発揮してきた。

(9) 問12（バブル崩壊以降の「大きな技術変化」に伴う新技術の吸収・融合）で、類型間の差が大きいのは、「産学連携」、「公設試や補助金等の公的支援施策の活用」、「取引先からの学習」の順、一元配置分散分析で1%水準で有意。多重比較では、「産学連携」で、「自社製品開発型」が他の類型よりも1%水準で有意に回答割合が高い。「公設試や補助金等の公的支援施策の活用」で、「自社製品開発型」が「技術範囲の拡大型」と「技術の専門化型」よりも1%水準で有意に回答割合が高く、「用途開

発型」よりも5％水準で回答割合が高い。「取引先からの学習」で、「技術範囲の拡大型」が「自社製品開発型」よりも1％水準で有意に回答割合が高く、「技術の専門化型」よりも5％水準で有意に回答割合が高い。

(10) モノ作り300社も「産学連携」と「公設試や補助金等の公的支援策の活用」で、中小一般製造業よりも1％水準で有意に高い回答割合を示していた。逆に、「取引先からの学習」では、技術水準の低い中小一般製造業がモノ作り300社より、1％水準で高い回答割合を示していた。「自社製品開発型」や技術水準の高い中小製造業は、顧客や市場ニーズを開拓するために能動的に連携や公的支援策活用で技術進化を図り、「技術範囲の拡大型」を中心に技術水準の低い中小一般製造業は、サプライチェーンの中で、モジュール化やユニット発注の増大に対応するために、取引先との擦り合わせを重視し技術を学習するとともに、顧客や市場開拓を進める姿が現われている。このように、サプライチェーンの中で取引先との間で「大きな技術変化」に伴い新技術を吸収・融合する姿は、逆に市場開拓のためには取引先から高い評価を受けるレベルの技術水準や技術内容を習得すべきことを意味する。このためには、日本の製造業や強みとする自動車をはじめとしたインテグラル型産業の中で、中小製造業がT1メーカーや最終製品メーカーとの擦り合わせの中で、次章以降で述べるコア技術を核として産業分野での適切なポジショニングが重要となる。

(11) 以下のいずれの項目も、一元配置分散分析で1％水準で有意な差異がある。多重比較によると、Q26-3「市場ニーズを吸い上げ製品化する仕組み」は、「自社製品開発型」が「技術の専門化型」よりも1％水準で有意に回答割合が高い。他の類型との間では10％水準ではあるが有意に回答割合が高い。Q26-8「製品・技術開発を頻繁に行うことによる学習」は、「自社製品開発型」が「技術範囲の拡大型」と「技術の専門化型」よりも1％水準で有意に回答割合が高く、「用途開発型」よりも5％水準で有意に回答割合が高い。Q23-5「営業体験・展示会参加などによる顧客意識の徹底」は、「自社製品開発型」はどの類型との間においても、1％水準で有意に回答割合が高い。Q26-7「取引先や大学などとの連携の中での技術者の学習」は、「自社製品開発型」が「技術の専門化型」よりも1％水準で有意に回答割合が高く、「技術範囲の拡大型」との間では、5％水準で有意に回答割合が高い。F値の絶対値の大きさから類型間の差異の大きいのは、Q26-8、Q23-5、Q26-7、Q26-3の順である。上記多重比較では、「自社製品開発型」と差異が大きい順に、「技術の専門化型」、「技術範囲の拡大型」、「用途開発型」の順である。このように、市場側面に関連する日常の技術マネジメント関連の項目と、「大きな技術変化」の類型間の差を見ると、市場側面を最重視する「自社製品開発型」と、下請企業割合が高く現市場を相対的に重視する「技術の専門化型」、「技術範囲の拡大型」との間の差が大きいことは、整合性を有する。

(12) 前章における中小一般製造業における技術水準の高低の規定因に関連していた項目は、次のとおりである。影響度の強かったのは、Q26-3 市場ニーズを吸い上げ製品化する仕組み、Q26-8 製品・技術開発を頻繁に行うことによる学習。少し弱い

が、有意な影響度が見られたのは、Q23-5　営業体験・展示会参加などによる顧客意識の徹底、Q26-7　取引先や大学などとの連携の中での技術者の学習である。これらの要因は、コア技術と市場を繋ぐ取り組みであり、結果的に中小製造業の技術水準の高低に影響を与えると理解してよいだろう。中小一般製造業の技術水準の高低の規定因に関する平均値の差異では、「取引先や大学などとの連携の中での技術者の学習」よりも、「新技術・新製品に関する情報収集力」のほうが大きくなっているが、回帰分析で前者の変数が残っていたことから、ここではその結果に依っている。

(13)　中小一般製造業でχ^2乗検定と平均値の差の検定（カテゴリー数でt検定か一元配置分散分析）を実施、明らかになった事実は次のとおり。カイ2乗検定や平均値の差の検定のうち、有意な関係が見られた技術と市場開拓に関連する内容は、次のとおり。Q26は「技術水準向上での強み」を各項目で5点尺度の自己評価。いずれも、Q7 × Q26 項目と Q2-2 × Q26 項目の値。ただし、下記③だけは、Q7 × Q23 項目の値も追加。

① Q26-3「市場ニーズを吸い上げ製品化する仕組み」
Q7「大きな技術変化」の有無：χ^2 ($df = 4$, $N = 1,206$) = 61.40　$p<.01$。平均値（有 3.11、無 2.70）　$t = 7.30$　$p<.01$。Q2-2「バブル崩壊時～現在の売上高増減」：χ^2 ($df = 16$, $N = 1,227$) = 43.00　$p<.01$。平均値（増加 3.04、やや増加 2.94、横ばい 2.88、やや減少 2.68、減少 2.74）　F ($df = 4, 1,222$) = 5.21　$p<.01$

② Q26-8「製品・技術開発を頻繁に行うことによる学習」
Q7「大きな技術変化」の有無：χ^2 ($df = 4$, $N = 1,202$) = 70.34　$p<.01$。平均値（有 2.75、無 2.28）　$t = 8.39$　$p<.01$。Q2-2「バブル崩壊時～現在の売上高増減」：χ^2 ($df = 16$, $N = 1,223$) = 34.72　$p<.01$。平均値（増加 2.66、やや増加 2.50、横ばい 2.63、やや減少 2.27、減少 2.36）　F ($df = 4, 1,218$) = 6.19　$p<.01$

③ Q26-4「技術者へ顧客意識・品質意識の徹底」
Q7「大きな技術変化」の有無：χ^2 ($df = 4$, $N = 1,223$) = 40.80　$p<.01$。平均値（有 3.63、無 3.33）　$t = 6.22$　$p<.01$。Q2-2「バブル崩壊時～現在の売上高増減」：χ^2 ($df = 16$, $N = 1,244$) = 49.83　$p<.01$。平均値（増加 3.68、やや増加 3.49、横ばい 3.42、やや減少 3.29、減少 3.30）　F ($df = 4, 1,239$) = 9.96　$p<.01$。
Q23（技術者の活性化のために重視する項目、ダミー化）、「大きな技術変化」有無に、Q23-1「経営理念、技術戦略の方向性の共有化」の次に、Q23-5「営業体験・展示会参加などによる顧客意識の徹底」が影響（Q7 × Q23-5）。
Q7「大きな技術変化」有無：χ_y^2 ($df = 1$, $N = 1,262$) = 17.04　$p<.01$。平均値（有 .29、無 .19）　$t = 4.17$　$p<.01$

④ Q26-5「開発・製造・販売間の社員の濃密なコミュニケーション」
Q7「大きな技術変化」の有無：χ^2 ($df = 4$, $N = 1,211$) = 30.73　$p<.01$。平均値（有 3.05、無 2.81）　$t = 5.11$　$p<.01$。Q2-2「バブル崩壊時～現在の売上高増減」：χ^2 ($df = 16$, $N = 1,232$) = 36.09　$p<.01$。平均値（増加 3.03、やや増加 2.93、横ばい 2.97、

やや減少 2.74、減少 2.81) $F\ (df = 4、1,227) = 4.62\quad p<.01$

⑤ Q26-11「新技術・新製品に関する情報収集力」
Q7「大きな技術変化」の有無：$\chi^2\ (df = 4、N = 1,213) = 76.66\quad p<.01$。平均値（有 3.05、無 2.64) $t = 7.86\quad p<.01$。Q2-2「バブル崩壊時〜現在の売上高増減」：$\chi^2\ (df = 16、N = 1,234) = 28.07\quad p<.05$。平均値（増加 2.96、やや増加 2.84、横ばい 2.88、やや減少 2.72、減少 2.67) $F\ (df = 4、1,229) = 4.53\quad p<.01$

⑥ Q26-7「取引先や大学などとの連携の中での技術者の学習」
Q7「大きな技術変化」の有無：$\chi^2\ (df = 4、N = 1,207) = 26.16\quad p<.01$。平均値（有 2.34、無 2.08) $t = 4.37\quad p<.01$。Q2-2「バブル崩壊時〜現在の売上高増減」：$\chi^2\ (df = 16、N = 1,228) = 29.26\quad p<.05$。平均値（増加 2.31、やや増加 2.26、横ばい 2.28、やや減少 2.10、減少 2.01) $F\ (df = 4、1,223) = 4.34\quad p<.01$

(14) 藤本隆宏（2012）56 ページ。
(15) 延岡健太郎（2011）236 ページ。
(16) 延岡健太郎（2011）46 ページ。
(17) 延岡健太郎（2011）278 ページ。
(18) 藤本隆宏（2007）『ものづくり経営学』27 〜 28 ページ。

第6章

モジュラー（組み合わせ）型産業における中小製造業のあり方

第1節　産業のアーキテクチャ（設計思想）の観点から見た競争要因の変化

　序章で中小製造業の競争要因の変化について述べてきたところである。
①高度成長期まで：下請・系列化に入るために量産体制をいち早く構築し、低価格を実現することが、この時期の競争力の源泉。大量生産・大量消費時代。
②安定成長期：コストダウン・高品質への対応力が中小製造業の競争力の源泉。多品種少量生産時代。ピオリ＆セーブル（1984）の「第二の産業分水嶺」。
③バブル崩壊以後：下請・系列企業再編や取引構造のメッシュ化の進展等で、品質独創性など差別化が競争要因。ラングロア（2007）が企業家復権主張。
④現在の中小製造業の競争要因：取引先からの評価は、「精度・品質の保証力」、「コア技術力の高さ」、「即応力」、技術を核とした対応力が競争力の源泉に。
⑤今後（進行中）：エコシステムの覇権者が頻繁に交代、技術が引き続き差別化の要因でも、市場に繋げるのが困難な時代（巧みな技術経営が必須な時代）。

　この競争要因に対応し中小製造業がコア技術を市場に繋げるためには、3C各側面にバランス良く、「人と技術への投資を持続する」ことが重要である。

　延岡健太郎（2006）は、現代の技術経営の難しさを①技術の不確実性、②顧客ニーズの不確実性、③競争環境の不確実性に起因すると指摘するが[1]、これらの不確実性はますます増大してきている。それが故に、中小製造業がコア技術を市場に繋げていくための難易度は年々上昇してきていると理解す

る。

　上記3C側面のうちで、最も重視すべき要因は何であろうか。もちろん、市場側面の①参入市場の選択、②顧客価値の提供や、自社側面の①技術経営で中小企業の陥り易いジレンマ、②資源の集中・外部資源の活用も重要ではあるが、競合・市場側面の産業分野での適切なポジショニングが最も重要である。なぜならば、製品や産業のアーキテクチャで、ICTやグローバル化の急速な進展、製品ライフサイクルの急速な短縮化とともにモジュール化が急速に進展し、サプライチェーンの中で覇権者も目まぐるしく交代し、中小製造業はその変化の激しい中での適切な対応の重要性が増大しているからである。

  モジュラー型産業の特徴と覇権者（プラットフォーム・リーダーシップ、キーストーン戦略、エコシステム、ダイナミック・ケイパビリティ）

　イアンシティ＆レビーン（Iansiti, M. and R. Levien, 2004）やティース（2007）は、アメリカが得意とするモジュラー型産業を強く意識し、現在の企業の競争関係が、個別企業間の競争からエコシステム（ビジネス生態系）間の競争に変化してきていると主張する。戦略論の流れも、1980年代に登場した外部環境におけるポジショニング重視のポーターの戦略論から、1990年代に有力となった資源ベースのバーニー（Barney, J.）をはじめとする戦略論（RBV）へ、さらに2000年代に勢力を増しつつあるのがエコシステムを意識した戦略論[2]であると考える。この主張の中心は、従来の資源ベースの戦略論が静態的であると批判し、進化経済学の概念を取り入れ、内部資源を変化の激しい外部環境への働きかけ、特にエコシステム内でのコーディネートなどを重視する動態的な戦略論であることに特徴がある。

　モジュラー型産業の特徴の1つは、最終製品の変化の速さとともに、エコシステム内の覇権者も目まぐるしく変化していることである。携帯電話のノキア、パソコンのマイクロソフトやインテルは覇権者であったが、スマートホンでは、アップル、サムスン、グーグル勢の前に影が薄くなっている。1980年代に自動車産業とともに世界を席巻した日本の電機産業も、今日、最終製品分野では国際競争力を激減させている。特に製品アーキテクチャが

モジュラー型であるスマートホンをはじめとしたデジタル家電では、総倒れ状態である。モジュラー型産業では、日本が当初、革新的技術を創出しても、標準化した量産段階の多額投資を伴う価格競争で韓国や中国企業に敗退することが多い。

競争要因の経済性では、規模の経済性、範囲の経済性、スピードの経済性、分業の利益（IT関係ではさらにネットワークの外部性）[3] がある。一方で、1980年代以降、多品種少量生産時代で消費者ニーズの多様化に対応する市場環境になっているので、グローバルベースのマスカスタマイゼーションが、モジュール化の急速に進展する中でも前述の並存が困難な経済性を両立するのに有効とされる。日本の電機産業が、モジュラー型製品でアメリカや中国や韓国の企業に劣勢なのは、垂直統合のしすぎや技術の自前主義の過大さがよく指摘される、また、日本の自動車産業が、インテグラル型製品で1980年代にアメリカのビッグ3を凌駕したのは、アメリカの垂直統合型に比べサプライヤー・システムがその競争力を支えていると言われてきた。そこで、現在では、擦り合わせ度合は別とすると、モジュラー型とインテグラル型のいずれの産業でも、アダム・スミス的な分業の利益が重要となってきている。

前述のとおり、現在の日本の製造業で国際的に強みを発揮している製造業は、自動車、建設機械、産業機械、機能性化学、デジカメ、空調設備、白物家電、ロボット、モーター・センサーなどの機能部品などの産業である。モジュラー型製品の中の部品・部材として競争力を発揮しているものもあるが、基本的には従来と同様にインテグラルな産業・製品に依然として日本は国際競争力を有する。ただし、モノ作りのモジュール化が一層進展する中で、モジュラー型モノ作りの最大の強みである分業の利益に、インテグラルなサプライヤー・システムを中心とする日本が得意な分野でのモノ作りで対抗するためには、形は全く異なるが分業の利益で対抗する必要がある。これが、技術と市場の不確実性が急増する現在における競争要因である。モジュラー型とインテグラル型の分業は、外注比率が高いという面では共通しているが、その中身は異なる。モジュラー型の分業の利益は、①柔軟な生産、②低コストの実現、③イノベーションの急速な進展である。これに対して、サプ

ライヤー・システムの分業の利益は、①柔軟な生産、②低コストの実現、③高い開発能力（VE・VA）の実現である。ただし、インテグラル型製品のモジュール化が進展する中では、中小製造業は従来のサプライヤー・システムの中の強みだけに安住しているわけにはいかない。これが、産業アーキテクチャを考慮した対応が中小製造業のコア技術による市場開拓のために必要とする理由である。

特にモジュラー型産業は、インテグラル型産業に比し①製品アーキテクチャの変化が激しい、②最終製品の代替製品の出現度が高い、③エコシステムの覇権者の入替りも激しいことから、中小製造業の産業アーキテクチャにおけるポジショニングのあり方も難しい。たとえば、携帯電話の振動バイブレーションのモータで圧倒的に競争力を発揮していた中小製造業も、スマートホンに乗り遅れ急速に競争力を失った。近い将来ですら安閑としていられない。

最後に、イアンシティとティースのニッチ・プレイヤーへの戦略論の示唆に触れてみる。イアンシティ＆レビーン（2004）は、キーストーン戦略の中におけるニッチ・プレイヤーにとって必要な能力を、「自律的なイノベーションを起こす能力というよりも、外部のテクノロジーを統合するアーキテクトの能力である。ニッチ・プレイヤーはこれを活用して、個々の技術変化を効果的に管理できるだけでなく、現在の企業が直面している複数の多様な技術変化に対応できるようになる」[4]と指摘する。また、ティース（2007）は、企業家的経営者資本主義の重要性を主張し、「大きな企業においても小さな企業においても、企業が財務的な成功を持続するためには、企業家的経営者資本主義が力を持たなければならない」、「企業家精神は、機会のセンシングや理解、物事の開始、物事を一緒に扱うための新しくより良い方法の発見に関わる。またそれは、異質でたいていは共特化的な要素の創造的なコーディネーション、非ルーティン的な活動の『承認』の獲得、ビジネスの機会のセンシングに関わる」[5]とする。このように両者は、前述のとおり中小企業においても、エコシステムにおける技術の統合力やコーディネーション力を重視しているように捉える。本研究でも、2000年代以降のモジュール化の急速な進展の中で、企業間連携の連携体構築力やコーディネート力が重要に

なっていると前述のヒアリング資料の二次分析で明らかにしたが、両者の指摘はこれに通ずる。

以上から、中小製造業がサプライチェーンの中で自社が属する産業のアーキテクチャに適合した対応が必要であると考える。次節では、イノベーションの主体の変化を考察する。

第3節　顧客発の技術革新の増大

本論の前に、顧客発イノベーションの主な論者のヒッペルの考え方を見る。ヒッペル（2005）は、ユーザー中心のイノベーション・プロセスは、何百年も経済活動の中心だったメーカー主体のイノベーション・システムに対して、大きな優位性を持っていると指摘する[6]。また、情報の粘着性の概念を用いて、情報の粘着性が高い場合、イノベーターは、自分がすでに蓄積している情報に大きく依存する傾向を持つ。ユーザーとメーカーの間に存在する情報の非対称性の1つの結果として、ユーザーは、機能面での新しさを持ったイノベーションを起こす傾向がある。というのも、こうした開発にはユーザー側のニーズと利用状況に関する情報を大量に必要とするからであると主張する[7]。さらに、ソフトウェアとハードウェアの着実な進歩、イノベーション用の簡便なツールや部品が入手しやすくなっているという環境、そしてイノベーション・コモンズへのアクセスが着実に大きな広がりを見せている結果として、ユーザー自らイノベーションを起こす能力は急激かつ急速に進歩しているとする[8]。最後に、ユーザー・イノベーション、「無料公開」、そしてユーザー・イノベーション・コミュニティは多くの状況下で盛んになるが、あらゆる状況においてそうなるわけではない。メーカー中心のイノベーションは、依然として有効である。しかし、リード・ユーザー中心のイノベーション・パタンの重要性はますます高まっていると指摘した[9]。

ヒッペルの上記指摘について、当初はフリーソフトウェアや特定ユーザーのスポーツ用品には該当するだけと捉えられたが、モジュール化や付加製造技術やICTの急速な普及とともに適合する範囲が増大している。具体的には、3Dプリンタとレーザ加工機の低価格品の普及で、従来、金型や高価

工作機械と製造技術がないと生産できなかった精密で複雑な形状の造作物も、少量の試作品レベルであれば、樹脂素材から始まり金属に至るまで一般消費者でも製造が可能となった。また、インターネットやSNSなどICTの発展も、顧客によるイノベーションの可能性を高めている。さらに、クラウドファンディングなどの小規模な資金調達を手軽にできる環境が、ネット社会の進展により可能となったことも、さらにその可能性を現実のものとしてきている。

　上記顧客発の技術革新の進展は、中小製造業の世界でも見られる。部品加工メーカーと工作機械メーカーの関係はこれに近く、部品加工メーカーが工作機械メーカーに改善提案を活発に行っている。また、消費財メーカーでも、ラジコンヘリメーカーがマニアを引き付け、開発要員として入社させている。

　しかし、顧客がイノベーションの主体となるのは、顧客間に競争関係が生じないので情報をオープンにできる、パソコンやスマートホンのOSやアプリのようにネットワーク外部性が働くなどの条件に最も適合する。また、3Dプリンタの機能が技術的に従来の加工技術に接近し、試作品を超えてどの数量が損益分岐点になるかも今後の顧客発の技術革新の増大の度合を決める。

　モジュラー型産業の中で、特に顧客発の技術革新は加速し易いので、この産業アーキテクチャのサプライチェーンに入っている中小製造業は、特にこの動向には留意しなくてはならない。さらに、中小製造業が顧客になる工作機械、設備、材料関係でも、自社内で改良・改造、内製化し、その場合には対外秘でブラックボックス化を図り他社との差別化で競争優位を構築している例も多いので、ノウハウに関する技術情報の管理と顧客ニーズへのアクセスルートの拡大や感知度を高める取り組みが従来よりも重要となってきている。

第4節　モジュラー型産業における中小製造業のあり方（電機産業などの事例の二次分析）

　前節まで見てきたモジュラー型産業における特徴や動向を踏まえた上で、中小製造業がコア技術を市場に繋げていく方策について、いくつかの産業に

おけるヒアリング資料の二次分析により、中小製造業のあり方を考察していく。

1. 競合：産業分野における適切なポジショニング[10]

コア技術をベースに市場開拓に結びつけるために、技術側面と市場側面からの検討が必要である。ただし、自社のコア技術がどんなに高い水準で市場でも顧客価値が高い評価を受けたとしても、競争している業界の競合関係が激しければ、中小製造業は高い付加価値を獲得することは困難になる。

競合関係を考える上で、ポーター（1980）によれば、①新規参入の脅威、②売り手の交渉力、③買い手の交渉力、④業者間の敵対関係[11]、⑤代替製品・サービスの脅威の5つの要因を考慮し、業界内でいかなる位置取り（ポジショニング）をとるかの競争戦略が重要となる[12]。本章では、戦略が定まった上で、コア技術と市場をいかにマッチングするかを考察するので、これらすべての要因を検討することはしない。コア技術を市場開拓に繋げる上で大きな影響を与える、中小製造業がいかなる主要顧客の産業に属し、その業界内でいかなる位置取り（ポジショニング）を採るべきかに絞って考察を行う。

中小製造業は、いかなる産業（単独または複数）に属し、その中でいかなる位置取りをするかが、競争力や成長に大きな影響を与える。中小製造業が属する産業が、成長分野か、いかなるアーキテクチャの形態か、分業関係は固定されているか、中小製造業の市場は国内にある程度の需要があるか、海外に大半が移転しつつあるかなど、産業の状況が中小製造業の競争力や成長を規定する。また、中小製造業が属する産業の競合関係の状態、すなわち、中小企業同士か、大企業も交えたものか、または代替品を含めて考えると複数の産業間に跨るものかなどが中小製造業の競争力に影響を与える。さらに、コア技術をベースとして市場開拓を図る際に、その属する産業におけるポジショニング・競合関係を踏まえて、提供する顧客価値がその産業で差別化され優位性があるかを検討することも重要である。特に、産業ごとに付加価値に繋がる顧客の評価基準が異なるので、この点を十分に把握することが肝要である。

そこで、モジュラー型産業における中小製造業について、①産業のアーキ

テクチャの特徴、②産業の国内市場の大きさ、③取引先から見た評価基準の視点から、3産業における適切なポジショニングのあり方について分析する。中小製造業の属する産業は幅広く全部を網羅することは到底できないので、ヒアリング資料の事例企業が属していた①電機・光学（情報通信機器を含む）、②ミシン（成熟産業）、③工作機械（業種横断的産業）の3産業を取り上げる。

2. モジュラー型の産業別のヒアリング資料の二次分析

(1) **電機・光学（情報通信機器含む）**：①アーキテクチャが組み合わせ型、②国内市場が大企業の生産拠点の2000年以降加速により国内市場は急速に縮小、③中小企業への評価基準は、海外における大量生産を低コスト＆小型・高精度で実現することに移行。⇒海外へ生産拠点を移転し、超大量生産を高精度で行う管理能力を取得できるかが重要。国内需要への依存のためには、多品種小ロットの短納期対応力や試作品スピード対応力強化が重要。

電機・光学産業（情報通信機器を含む、以下同じ）は、全体的にはアーキテクチャ（設計思想）は、組み合わせ型であると言われる。当然、中に組み込まれる機能部品の中には擦り合わせ型のものもあるが、部品間のインターフェイスは標準化されていることが多く、製品機構を各モジュール・機能部品に分割しやすい。このため、グローバル企業は、開発・設計や重要部品のみ国内で対応し、各種モジュール・機能部品を全世界から最適調達し、最終的な組立は人件費の安い中国[13]などで行うものも多い。当然、市場ニーズや物流コストの関係から、より市場・需要地の近くで組立を行うものもある。また、各種モジュール・機能部品についても、製造工程のみを行いグローバルレベルの規模の経済性を発揮する台湾のファンドリ企業もある。さらに、世界標準となっている信頼性・品質の高い機能部品・機構部品や、そこまでの水準に達しなくても内部が擦り合わせ型で高い技術水準を要求される機能部品・機構部品で、世界シェアの半分以上を占めるグローバル企業も存在する。

そこで、電機・光学産業は全体としては組み合わせ型のアーキテクチャで、サプライチェーンやバリューチェーンを分割して、グローバルな分業体制を

展開しやすく、これにより各モジュール・機能部品のグローバルレベルの規模の経済性が可能になるとともに、技術進化の速度も著しく速いものとなった。

こうした中で、1980年代までは日本が最終製品において大変強みを発揮していた電機・光学産業でも、マイコンやファームウェア・組み込みソフトの急速な進展に伴い、従来アーキテクチャが擦り合わせ型で日本が強みとする形態であったものが、新製品の開発・販売から瞬く間にモジュール化が進み、安いコストの組み合わせ型を得意とする中国やサムスンをはじめとする超大型設備投資に特徴を有する韓国などに立ちどころに技術的にキャッチアップされ価格競争に巻き込まれ世界シェアを喪失するというパターンが繰り返された。その結果、総合電機メーカーは、世界での競争において大変苦戦を強いられている。CD-ROM装置やDVDプレイヤーやAV家電など、いずれも同じパターンで、いち早く開発した日本メーカーが研究開発費の固定費の高さが足枷となり、普及段階ではモジュール化の急速な進展によって価格競争で敗れ、世界シェアを急減させた[14]。しかし、最終製品は組み合わせ型でも、製品を構成する各モジュールや機能部品は擦り合わせ型であるものも多く、日本企業が依然として強みを発揮してきた分野もある。たとえば光ディスクドライブの光ピックアップやデジカメ[15]のCCDやハードディスク部品などである。

電機・光学産業は、海外の安い人件費を活用して低コストの製品を生産するために、1980年代後半の円高局面以降は、急速に海外への生産拠点の移転を進めてきたが、1990年代後半以降、その速度を速めた。大手企業の生産拠点の海外への移転により、国内に量産向けの市場の急減した分野も多く、電機・光学分野では、1980年代後半の比較的早い時期から中小製造業の中でも大手企業に追随し海外に生産拠点を移転した企業もある。中小製造業において、電機・光学で国内に残る市場は、多品種小ロットで短納期のものか、新製品・新技術の試作品へのスピード対応のものか、高付加価値製品の部品や依然として擦り合わせ型の製品・部品などに限定される。そこで、この産業に属する中小製造業にとっては、他の業界以上に、グローバル化への対応が急務で、しかもすでに多国籍に展開していて、グローバルなマネジ

メント（国内と海外拠点間の生産・販売・価格調整、グローバルな人材育成、海外拠点での顧客要求のQCDの日本並みレベルへの向上等）も必要となっている企業もある。

電機・光学業界大手企業の中小製造業への評価基準は、海外における大量生産（国内にない年間何億個という超大ロットの生産もある）を低コストかつ小型・高精度で実現することに移行しつつある。そこで、海外へ生産拠点を移転し、超大量生産を高精度で行える管理能力・生産技術を取得できるかが重要である。一方で、国内需要に依存するためには、多品種小ロットの短納期対応力、試作品へのスピード対応力、新加工法・新素材への対応力、顧客への開発改善提案力、ユニット受注への対応力等の技術強化が重要である[16]。

次ページ以降の事例（J社：2009年調査、以下同じ）では、モジュラー型の電機関係の駆動部品やハードディスク分野の部品であり、大手取引先の海外展開に対応していち早く海外拠点を設置して、技術の専門化型で設計能力はそれほど持ち合わせていないが、現地の取引先との擦り合わせで国内ではありえない超大ロットの取引を海外有名メーカーとも行っていた。中国企業などとは超大量生産における生産技術と管理技術の差で競争力を発揮していた。一方で、国内は少量・小ロット、短納期、試作などの精密な加工技術で国内シェアを高めていた。さらに、製造における巧みな国際分業体制のノウハウも強みとなっている。

第2章ですでに記述した他の2つの事例（A社、K社）のうち、前者はバブル崩壊以降に下請体制が崩壊しそれに対してコア技術を武器に取引先を拡大し、国際分業まで至った事例、後者はバブル崩壊後に主要取引先の海外移転に対して、①自社製品開発と②従来の部品加工のユニット化受注で対応した事例である。

〔事例企業：2009年調査〕　**海外は超大ロット対応の管理技術、国内は試作品・短納期対応が重要**

J社：第2章で取り上げた事例である。1980年代後半以前までに、国内でカメラメーカー向けにカメラ駆動用ユニット、自動車メーカーへ燃料供給用組

立品、バルブなどの小型部品を供給するようになった。1987年に、顧客のカメラメーカーがコンパクトカメラを台湾で生産することになり、基幹部品製造の当社に部品供給依頼があり、海外工場を持つ契機となった。その後も、1992年マレーシア、97年香港（広東省工場、現在は国内分も含めてアッセンブリを担当）、2002年中国江蘇省蘇州、03年マレーシアに新工場（主にデジカメのズームの駆動部品）、07年タイ（主にHDDの軸受関連部品）と、日系企業の海外生産に呼応して海外展開を図った。海外工場設立の契機となった日系企業が撤退しても、他の日系企業から注文を受けることができ工場は存続できた。また、ハードディスク用の流体軸受や関係部品、半導体検査工程部品など大量生産で高い加工精度を要求される精密加工部品を、日系企業だけでなく欧米グローバル企業からも注文を受けるようになった。

　大量生産での機械の温度管理、切削技術やその関連技術や洗浄技術、さらには、海外での大量生産における管理技術などが必要となる。その点で、中国企業をはじめとした競合他社と差別化を図っていた。調査時点では、海外では、国内拠点では経験できない規模の超大量の生産技術・管理技術による大量生産とアッセンブリを行い、OA機器用精密金属歯車世界シェア35%を占めていた。一方国内では、少量・小ロット、短納期、試作などコストや効率面で有利なものを製造し、特殊精密ギヤードモーターでは国内シェア30%を占め、海外で磨きをかけたコア技術を核に国際分業体制を構築していた[17]。

　主要取引先の光学機器産業は、モジュラー型産業の典型の1つである。1980年代後半以降、大手光学機器メーカーは生産拠点を海外に移していき、国内には小ロットや試作品や短納期の需要以外はほとんど残らなかったので、新規に国内で有力な取引先を開拓しない限り、海外にいち早く拠点を展開したことは賢明な判断であった。同じくモジュラー型産業であるパソコンのハードディスク用の流体軸受などの部品にも海外で取引先を拡大させた。しかも、取引先はグローバル企業で、生産ロットも国内では経験することのない超大ロットであった。人件費の安い中国企業に競争優位に立てたのは、上記のとおり、産業自体はモジュラー型産業でも提供する超大ロットの精密小型部品は高い生産技術と管理技術を必要とする擦り合わせ部品であったか

図6-1 「大きな技術変化」と「市場の変化」の変遷（事例：J社）

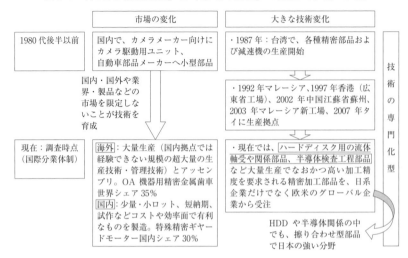

出所：中小企業基盤整備機構（2010）の資料を基に筆者が加工

表6-1 コア技術と市場のマッチング方法（事例：J社）

社名	技術戦略の類型・特徴	コア技術	自社製品割合	主要製品・加工（一部のみ）	市場規模・ライフサイクル	産業・競合	製品形態	受注ロット
J社	「技術の専門化型」いち早く、台湾、マレーシア、中国、タイで国際分業を展開し、最先端のハイテク機器で高精度・大量加工の技術を極め、日本品質を海外に展開	小型部品を高精度で大量生産する技術	30%	HDD用流体軸受部品・半導体検査工程部品等	中小規模成長	電機・光学（一部製品世界シェア35%）	受注品	超大ロット
				自動車小型部品、デジカメ・デジカム駆動用ユニット等	中小規模成熟	自動車等（一部製品国内シェア3割）	受注品	小ロット、試作、短納期

市場場所	ニーズ	コア技術と市場のマッチング方法	市場（主な顧客）
海外（海外生産） 国内中心	顕在	・顧客を選ばないことが技術を育成　当社は精密加工技術を活かして、国内・国外や業界・製品などの市場を限定することなく、その時代に求められる成長分野のメカニズム部品を製造 ・顧客の高い評価が最大の営業手段　当社では、営業専門の部署が無く、専任の営業マンはいない。これまでの実績が評価されて依頼が来るものを社長が判断をして受注。だが、技術営業的な人材育成の必要性を感じている。	光学機器メーカー（国内拠点）、光学機器メーカー（海外拠点）、大手軸受メーカー、情報機器（ハードディスク）メーカー（海外拠点）、大手半導体メーカー（エンドユーザー：海外拠点）自動車関連企業、制御機器メーカー等

出所：中小企業基盤整備機構（2010）の資料を基に筆者が加工

らである。
　最後に、コア技術と市場のマッチング方法の特徴は次のとおりである。
・顧客を選ばないことが技術を育成：精密加工技術を活かして、国内・国外や業界・製品などの市場を限定することなく、その時代に求められる成長分野のメカニズム部品を製造。
・顧客の高い評価が最大の営業手段：営業専門の部署が無く専任の営業マンはいない。実績が評価されて依頼が来るものを社長が判断して受注。だが、技術営業的な人材育成の必要性を感じていた。

(2) ミシン（成熟産業）：①アーキテクチャが、汎用品は組み合わせ型、ニッチ分野は擦り合わせ型、②国内市場は、汎用品は大幅に縮小傾向で趣味用などニッチ分野は国内・海外ともにニッチ市場は残り、③趣味用のニッチ分野は中小企業でも参入が可能⇒市場が小さいので差別化で圧倒的シェアを確保するための継続的開発力が必要。このように、成熟産業でもニッチ分野でコア技術を極めて国内外市場を確保できれば中小製造業の成長も可能。
　ミシン産業は、超成熟産業で工業用・家庭用合計で昭和44年の475万台をピークにその後低迷を続け、2007年には、60万台を割り込むまでに減少している。家庭用ミシン需要は、国内全体の減少と生産の海外移転により年々減少の一途をたどっている。また、工業用ミシンでは早くから輸出に力を入れてきたことから一貫して輸出が生産の大半を占めてきたため、長年高い生産水準を維持してきて、平成2年には171万台に達したが、2002年から07年はほぼ40万台で推移している。アーキテクチャは、汎用品は組み合わせ型で家庭用ミシンでは輸入品のほうが輸出品より多い。家庭用ミシンの高付加価値品や工業用ミシンは擦り合わせ型で輸出も多く、国際競争力も高い。
　国内市場は、特に家庭用ミシンの需要は減少傾向で、汎用品・低級品は価格競争に陥り輸入品の占める割合が大きくなっている。家庭用ミシンで国内・国外ともに価格競争を回避するためには、ニッチな高付加価値分野に特化し新製品・新技術開発力を強化する必要がある。汎用品の需要が減少した家庭用ミシンの国内市場でも、家庭用の主婦が趣味用に高付加価値のミシン

を使用するニーズに応える市場はニッチで大企業も参入してこない上、中小企業も大半は淘汰されているので、競合先もあまりない状況にある。

ミシン産業のような超成熟産業で、国内需要がピーク時より激減し国内市場が小さい場合には、差別化で圧倒的なシェアを確保するための継続的な開発力と海外市場開拓が必要である。超成熟産業でもニッチな分野でコア技術を極めて国内外市場を確保すれば、中小製造業の長期的な存続も可能となる[18]。

〔事例企業：2009年調査〕 成熟産業でもニッチな分野でコア技術を極めて国内外市場確保で成長可能

B社：1953年に設立、家庭用直進ミシンの普及期で独自販売を行ったが、普及後は厳しい時期を経験した。65年に、家庭用直線ミシンとは異なるテーラー用小型縁かがりミシンの開発・試作に成功した。ほつれ止めミシンは大きい縫製工場向けしかなく東京のミシン店から高く評価され、商品化に予想以上の反響があった。67年には家庭用小型縁かがりミシンを製品化し、成長への起点となった。売上拡大に伴い全国的販路確保のために、同年にミシン専門商社と国内と輸出の販売契約を締結した。「○○○○」（専門商社の有する商標）ブランドで68年から本格的に全国に1本針2本糸の縁かがりミシンを展開し、売上が大幅に伸びて経営が安定した。その後、国内外に市場が拡大したが、大手ミシンメーカー参入で競争も激化した。市場や用途も、テーラー用から家庭主婦趣味用ミシンへ変化した。小型オーバーロックミシン（縁かがりミシン）で常に技術的に革新的製品開発し続け、トップを走ってきた。

1977年に包装機業界に進出した。包装機は、小型オーバーロックミシンの機構に関するノウハウやミシンの加工技術のノウハウを応用して開発できた。

国内ミシン市場は、昭和40年代をピークに年々縮小してきている。国内が右肩下がりで推移している中、欧米では逆に右肩上がりで推移してきている。しかし、円高の影響でミシン業界全体が不況業種になった。縮小する市場であっても生き残っていくために、画期的な新製品を開発する必要があった。

第6章 モジュラー（組み合わせ）型産業における中小製造業のあり方

図6-2 「大きな技術変化」と「市場の変化」の変遷（事例：B社）

	市場の変化		大きな技術変化	
家庭用ミシン普及前（1965年以前頃）	1953年から家庭用直線ミシンを独自販売（ミシン普及後に競争激化）		・1965年：テーラー用小型縁かがりミシン開発。 ・1967年：家庭用縁かがりミシン「○○○○」製品化、販売委託 ・1977年：包装機業界に進出、「高速全自動○○包装機」製造開始	自社製品開発型
	顧客・用途が家庭用（直線ミシン）⇒テーラー用（小型縁かがりミシン）⇒家庭主婦趣味用（小型縁かがりミシン）に変化	家庭用小型縁かがりミシン「○○○○」開発と、「エアスルーシステム」開発が飛躍台	・1993年：世界初「エアスルーシステム」を搭載したミシンの商品化	
現在：調査時点	・ミシンの超成熟産業で、大手が参入したくても採算ベースに合わないすきま商品を狙って、開発・製品化を継続 ・販売は委託して製造に資源を集中		・1997年、1999年、2003年、2005年、2009年と立て続けに、世界初機構の新製品ミシン発売	

出所：中小企業基盤整備機構（2010）の資料を基に筆者が加工

表6-2 コア技術と市場のマッチング方法（事例：B社）

社名	技術戦略の類型・特徴	コア技術	自社製品割合	主要製品・加工（一部のみ）	市場規模・ライフサイクル	産業・競合	製品形態	受注ロット
B社	「自社製品開発型」 （多角化型） ミシンの成熟産業で、大手が参入したくても採算ベースに合わないすきま商品を狙って、開発・製品化を継続。販売は委託して製造に資源を集中	顧客課題解決に対応可能なミシン機構技術	75%	家庭用小型縁かがりミシン（オーバーロックミシン「○○○○」）	中小規模 超成熟	ミシン （家庭用高級ロックミシンの国内シェア90％）	汎用品 消費財	小ロット
				「高速全自動○○包装機」等	中小規模 成熟	包装機 中小参入多	汎用品 生産財	小ロット

市場場所	ニーズ	コア技術と市場のマッチング方法	市場（主な顧客）
国内 輸出（30%）	潜在 （既存顧客）	・（ミシン）顧客の困りごとに迅速・的確に対応 国内専門商社や海外メインバイヤーとの密接なコミュニケーションにより、エンドユーザーの主婦の困りごとを迅速・的確に把握、解消するための開発に注力	家庭主婦（趣味用）、ロックミシン輸出
国内	潜在 （新規顧客）	・（包装機）後発分野で顧客と機能を絞込み参入 参入は、コア技術の応用が可能な分野で顧客を中小企業に絞り込み、機能やデザインも顧客に合わせ使い易さと低価格を最優先し実現 ・ミシンも包装機も、直接顧客に開発者を営業に同行⇒開発者の営業同行は、ニーズ把握と動機付け	菓子・豆腐屋の中小企業（包装機）、農家（野菜包装機）

出所：中小企業基盤整備機構（2010）の資料を基に筆者が加工

1993年に、空気の力で糸を通す世界初の「エアスルーシステム」を開発し、その大ヒットで息を吹き返した。この機構を開発したことで業界のリーダー的な立場になれ、価格競争に巻き込まれないメリットも生じた。これは特許

も取得し、他社が真似できないようにした。その後も、03年複合小型飾り縫いオーバーロックミシンなど、世界初の機構を次々開発した（97年、99年、05年にも販売）。09年9月に6年もの期間を要したが、キルト新市場にミシン縫いでも縫い目が手縫いに見える世界初刺し子専用ミシンを開発した[19]。

　ミシンは超成熟産業であり、テーラー用などの汎用品はモジュラー型産業であるが、当社が参入した家庭主婦用小型縁がかかりミシンは擦り合わせが必要となり、単なる価格競争ではなく差別化が可能となった。そのため、国内需要でも、輸入品と顧客価値による差別化が可能であるとともに、国外需要を取り込み輸出することが可能となった。ただし、そのためには大手が参入したくても採算ベースに合わないすきま商品を狙って、世界初の機構を絶えず開発し製品化し続ける技術や人への投資とともに、販売は専門商社に委託して当社は製造・開発に経営資源を集中することが必要となっていた。

　最後に、コア技術と市場のマッチング方法の特徴は次のとおりである。
・（ミシン）顧客の困りごとに迅速・的確に対応：国内専門商社や海外メインバイヤーとの密接なコミュニケーションで、エンドユーザーの主婦の困りごとを迅速・的確に把握、解消のための開発注力。
・（包装機）後発分野で顧客と機能を絞込み参入：参入は、コア技術の応用が可能な分野で顧客を中小企業に絞り込み、機能やデザインも顧客に合わせ、使い易さと低価格を最優先し実現。
・ミシンも包装機も、直接顧客に開発者を営業に同行⇒開発者の営業同行は、ニーズ把握と動機付け。

(3) 工作機械（業種横断的産業）：①アーキテクチャが、汎用品は組み合わせ型で顧客要望に合わせカスタマイズし、専用機は顧客との擦り合わせ型、②国内市場（受注額）は、景気動向による顧客企業の設備投資動向に伴う変動が大変激しい業界で、③中小企業から大企業まで多数の企業が参入している業界で、カスタマイズやアフターサービスの良さが中小製造業への顧客の評価基準⇒大企業も参入して競合する業界なので、中小製造業にとっては、サービスの良さでの差別化や専用機・特定製品・特定用途への集中が必要。

　工作機械産業は、汎用機はアーキテクチャが組み合わせ型であると言われ

る。しかし、マザーマシンと呼ばれるように機械製品・部品や金型・工具を製造するための設備であることから、高度な品質・加工精度を要求される機械であり、工作機械メーカーでは、長年の熟練や技術ノウハウの蓄積が必要とされる。そこで、アーキテクチャは組み合わせ型でも、必ず顧客ニーズに適応したカスタマイズのための高度な技術が要求される。また、専用機は顧客との擦り合わせの基に開発・設計を進行していくので、擦り合わせ型と言える。

　国内市場は、景気動向による顧客企業の設備投資動向に伴う変動が大変激しい。また、工作機械は輸出も多く、国内の顧客が実際に海外で使用する場合も多いので、海外での設置時のサービスやアフターサービスが重要となる。このように、工作機械産業では、年により受注金額の振れ幅は大変大きいが、国内に相当な規模の市場も存在する。また、日本が強い分野とはいえ、ドイツやスイスなど欧州勢も高い技術で競争力を発揮しアジア市場への参入も進み、低級・中級機分野では中国・韓国・台湾の躍進も目覚ましく、海外メーカーとの競争も激化している。また、多数の企業が参入している業界であるので、カスタマイズやアフターサービスの良さが顧客の評価基準となっている。

　大企業も参入して競合する業界なので、中小製造業では、サービスの良さでの差別化を図るか、大手が参入しにくい手間のかかる専用機に特化するか、特定の製品や特定の用途へ集中することでその製品や用途の分野の熟練や技術ノウハウを蓄積するかなどが、大手企業との市場での棲み分けを可能とする方策である。淘汰が進んできているとはいえ中小製造業間の競争も激しく、さらに海外メーカーとの競争も激しい業界なので、高付加価値の製品開発を目指した開発力を重視することは必須となる。このように、工作機械のような顧客が業種横断的な業界では、中小製造業は、顧客との密接なコミュニケーションでニーズを完全に満足させる対応力や、さらには一歩進んだ顧客提案のための新製品・新技術の開発力や、製品機能だけではなくサービスでの差別化を図ることで、広範囲な顧客や用途を開拓することが必要となる[20][21]。

〔事例企業：2009 年調査〕　大企業も競合するためサービスの差別化や専用機・特定製品へ集中必要

S 社：1911 年、地場産業であった綿織物の事業者向けの織機提供から開始した。52 年に工作機械事業への参入を決断し、織機とは異なり手をかけるほど良い製品となる万能兼工具研削盤の開発に着手した。円筒研削の将来的需要が大きいと判断し、58 年に円筒研削盤の開発に着手、翌年に第 1 号機が完成した。他社が外国メーカーとの提携や外国の技術を模倣する中で、独自に様々なメーカーの良いところを研究し、開発を進めた。

　昭和 40 年代に、自動車業界が主要ユーザーとなった。自動車部品の大量生産に対応するため、油圧の自動送り装置やオートローダーを開発、71 年にこれら機能を組み込んだ製品を発売、自動車業界への導入が進んだ。自動車部品の複雑な凹凸がある円筒面の研削需要に対応するため、砥石の研削面を山型にし回転軸をワークと平行ではなく斜めのアンギュラ円筒研削盤を 78 年に発売し、自動車産業でも広く採用されるようになった。

　1980 年には、NC 制御装置メーカーの協力を得て、高い位置精度を実現した CNC 円筒研削盤を完成させた。91 年には、当社では最も大型の最大心間が 6m もある新シリーズを手がけた。国内では当社しか製造していない、コア技術の 1 つとなった。96 年にマスタレスカム研削盤や 2002 年に偏芯ピン・ポリゴン研削盤等を開発した。新世代の NC 制御装置を搭載した製品は、他社にできない高精度を実現した。08 年に超精密門型平面研削盤を導入し、超精密マザーマシンの開発環境を整備した[22]。

　工作機械産業のアーキテクチャは、汎用品はモジュラー型、専用品は擦り合わせ型である。競合関係も大企業も参入する産業なので、当社も事業領域の絞り込みとカイタマイズやアフターサービスの良さで、大手との差別化を図っている。円筒研削盤に事業領域を絞り込んだ結果、専業メーカーは当社と 1 社だけとなっていた。また、販売網では大手に勝てないので、標準品だけではなくプラスアルファのソリューションで勝負をしていた。工作機械の国内需要は景気状況により変動が激しいため、旺盛な海外需要を取り入れることが必須である。そこで、1990 年に米国に子会社、2005 年に上海事務所を設け、サービスと営業拠点にしていた。

図6-3 「大きな技術変化」と「市場の変化」の変遷（事例：S社）

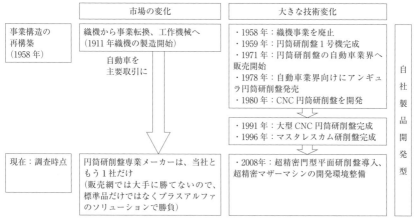

出所：中小企業基盤整備機構（2010）の資料を基に筆者が加工

表6-3 コア技術と市場のマッチング方法（事例：S社）

社名	技術戦略の類型・特徴	コア技術	自社製品割合	主要製品・加工（一部のみ）	市場規模・ライフサイクル	産業・競合	製品形態	受注ロット
S社	「自社製品開発型」（製品改良型）円筒研削盤専業メーカーとして、技術提案営業で顧客課題解決とアフターサービスのきめ細やかさの差別化とともに、将来に向け要素技術を開発	顧客課題解決のための開発力とサービス	100%	CNC円筒研削盤（大型含む）・マスタレスカム研削盤等	大規模（大手競合・専業2社）	工作機械	汎用品（カスタマイズ）	小ロット

市場場所	ニーズ	コア技術と市場のマッチング方法	市場（主な顧客）
国内海外（米・中にサービス営業拠点）	顕在 潜在 （開発品既存・新規顧客）	・ソリューション営業で差別化　販売網では大手に勝てないので、標準品だけではなくプラスアルファのソリューションで勝負。顧客ニーズに沿ったものをより安くより速く製造するのが重要 ・製販合同で成長産業を予測し新技術開発　開発会議を定期的に月1回開催し、顧客ニーズを踏まえつつも成長産業を予想しマーケティングを行い、開発機種を選択する。開発会議のメンバーは、各部門長、営業担当者、営業技術、営業部長、設計部門の課長等	自動車・自動車部品メーカー、金型業者、工具メーカー、工作機械メーカー、研磨・研削加工業者、輸出（米国・中国拠点）

出所：中小企業基盤整備機構（2010）の資料を基に筆者が加工

　最後に、コア技術と市場のマッチング方法の特徴は次のとおりである。
・ソリューション営業で差別化：販売網では大手に勝てないので、標準品だけではなくプラスアルファのソリューションで勝負。顧客ニーズに沿ったも

のをより安くより速く製造するのが重要。

・製販合同で成長産業を予測し新技術開発：開発会議を定期的に月1回開催し、顧客ニーズを踏まえつつも成長産業を予想しマーケティングしながら、開発機種を選択する。開発会議のメンバーは、各部門長、営業担当者、営業技術、営業部長、設計部門の課長等。

(注)
(1) 延岡健太郎（2006）24ページ。
(2) チェスブロウ（Chesbrough, H., 2003）のオープンイノベーションや、ガワー＆クスマノ（Gawer, A. and M. Cusumano, 2002）のプラットフォーム・リーダーシップも同じ流れにあると考える。
(3) 「連結の経済性」も考えられる。ただし、「分業の利益」は、同時に外部との関係では「連結の経済性」を生み出す元であるとともに、産業アーキテクチのモジュラー型とインテグラル型のいずれでも、「分業の利益」が成果を出すためには「連結の経済性」のあり方が異なっても不可欠。
(4) イアンシティ＆レビーン（2004）281ページ。
(5) ティース（2007）60ページ。
(6) ヒッペル（2005）14ページ。
(7) ヒッペル（2005）23ページ。
(8) ヒッペル（2005）29～30ページ。
(9) ヒッペル（2005）35ページ。
(10) 中小企業基盤整備機構（2010）122～123ページを参照し、本研究に関連する内容のみに再編・加工している。
(11) モノ作り300社のライバル企業数は3～4社が33.3％で最頻値、中小一般製造業は10社以上が28.1％で最頻値。両者の差は10％水準でカイ二乗検定は有意。ニッチ市場でコア技術を核に圧倒的なシェアを占めるのも市場開拓に繋げるための有力な方策であるが、項を設けて論じない。
(12) 5つの競争要因や業界の構造分析法については、ポーター（1980）17～54ページ、179～214ページを主に参照。
(13) 調査時点より中国の人件費は急騰しているので、より人件費の安い東南アジアにシフトしてきている。
(14) 小川紘一（2007）217～239ページを参照。
(15) 現在も国際競争力は維持しているが、スマートホンの写真機能が格段に向上した結果、デジカメそのものの市場が縮小している。これは、モジュラー型製品や産業に関わる企業のあり方の難しさを端的に示している。ハードディスクもパソコンがスマートホンや携帯端末に市場を侵食された結果、需要が縮小しているのも同様の現

第 6 章　モジュラー（組み合わせ）型産業における中小製造業のあり方　311

　　　象と捉える。
(16)　(1)電機・光学の冒頭よりここまで、中小企業基盤整備機構（2010）126～127ページを引用の上、一部加工。ここでは、下記 3 事例のうち、J 社のみを記述する。
(17)　J 社の冒頭からの事例および後述の最後尾のマッチング方法の特徴は、中小企業基盤整備機構（2010）を参照・再編・加工している。
(18)　(2)ミシンの冒頭からここまで、中小企業基盤整備機構（2010）132ページを引用している。
(19)　B 社の冒頭からの事例および後述の最後尾のマッチング方法の特徴は、中小企業基盤整備機構（2010）を参照・再編・加工。
(20)　(3)工作機械の冒頭からここまで、中小企業基盤整備機構（2010）133ページを引用、一部加工している。
(21)　工作機械業界は、最近ではIoTやAIや3Dプリンタなど新たなモノ作りのあり方の影響を大きく受けている。
(22)　S 社の冒頭からの事例および後述の最後尾のマッチング方法の特徴は、中小企業基盤整備機構（2010）を参照・再編・加工。

第7章
インテグラル(擦り合わせ)型産業における中小製造業のあり方

第1節 インテグラル型産業の特徴と覇権者（藤本理論を中心として）

　藤本隆宏（2007）は、本研究における中小製造業のアーキテクチャを意識したポジショニング戦略と類似概念を提示している。「アーキテクチャの両面戦略」は、「得意なアーキテクチャでは従来の組織能力をさらに拡充し、苦手なアーキテクチャでは提携や自主学習によって組織能力を転換する」、さらに、「基本的には、アーキテクチャを所与として、組織能力の拡充や組み替えを図るという、『アーキテクチャに応じた組織能力構築戦略』であった」とする。その上で、逆の発想としての、「自社の組織能力と市場環境の構造を前提として、最適のアーキテクチャ的位置取り（ポジショニング）を工夫する」、これを「アーキテクチャの位置取り戦略」と呼び、その有用性も主張している[1]。

　この後者が本研究の産業アーキテクチャのポジショニング戦略に類似する。藤本は、「アーキテクチャの位置取り戦略」について4つの基本ポジションを提示する。第一に「当該製品の内部構造はインテグラル型かモジュラー型か」の区別、第二に「その製品が利用される川下産業の製品、あるいは消費システムのアーキテクチャはインテグラル型かモジュラー型か」の区分とする[2]。

　この2つの区分の組み合わせで4つの基本的なポジションを提示する。日本企業が得意とする「インテグラル型アーキテクチャ」で、(1)「中インテグラル・外インテグラル」[3]、(2)「中インテグラル・外モジュラー」[4]の2つを、苦手とする「モジュラー型アーキテクチャ」で、(3)「中モジュラー・外インテグラル」[5]、(4)「中モジュラー・外モジュラー」[6]の2つを挙げる。

藤本は、以上のアーキテクチャの基本ポジションを提示した後、「自社にとってより良い成果を得ることこそが、『アーキテクチャのポジショニング戦略』の目的である」、「技術体系（とりわけアーキテクチャ）、あるいは市場構造そのものを改編し、自社に有利なアーキテクチャ的状況を創出するという、能動的な『アーキテクチャの位置取り戦略』も長期的にはあり得る」とする[7]。

　モジュラー型産業を想定の戦略論のイアンシティやティースと対照を成す。藤本は競争力の源泉を、自動車産業など技術革新が基本的には漸進的分野で、もの造りの組織能力と製品アーキテクチャとそれの適合性と捉えているのに対し、イアンシティやティースは技術や市場の変化の激しいモジュラー型製品分野を意識し、内部資源を活用して外部環境に働きかけるコーディネーションの重要性を強調する。藤本の能動的な「アーキテクチャの位置取り戦略」がイアンシティやティースの考え方に近づく。これは、藤本の言葉にしたがえば、藤本は裏の競争力、もの造りの組織能力の構築競争に主眼があるのに対し、イアンシティやティースは表の競争力を強く意識しているということになる。

　藤本が部品として意識するのは大手企業の部品産業であり、中小製造業までは意識していない。藤本の中小製造業に対する考え方は第3節で言及する。

　延岡（2006）が技術、顧客ニーズ、競争環境の不確実性の増大を指摘し[8]、新宅純二郎（2007）が製品・時代・場所で変わるアーキテクチャに対応したアーキテクチャのポジショニングの移動戦略を主張するように[9]、インテグラル型の産業や製品・部品を得意とする日本の製造業でも、アーキテクチャの位置取りの中での能動的な対応がより求められている。中小製造業もまさしく同様であり、産業や製品のアーキテクチャの変化の激しさや、サプライチェーンでの覇権者の入れ替わりの激しさ、技術や顧客ニーズの不確実性の増大に対し、長期的技術戦略に基づく能動的な産業アーキテクチャのポジショニング戦略の必要性があると考え、そのあり方を論ずる点に本研究の意義を見出す。

第2節 日本の産業におけるインテグラル型の適合性と国際競争力

　藤本（2007）は、「アーキテクチャの比較優位説」として、「相対的に、世界の主要地域ごとに、企業の組織能力が偏在しているように見える。そしてそうした『地域に偏在する組織能力』と当該製品のアーキテクチャの『相性』が、地域ごとの競争力にすくなからぬ影響を与える」と指摘する(10)。その上で、主要地域ごとに偏在する組織能力と、その相性の良い製品アーキテクチャについて、印象論的な予想を次のように素描した。
（1）「統合力の日本：オペレーション重視の擦り合わせ製品」(11)：
（2）「表現力の欧州：ブランド重視の擦り合わせ製品」(12)：
（3）「構想力のアメリカ：知識集約的なモジュラー製品」(13)：
（4）「集中力の韓国：資本集約的なモジュラー製品」(14)：
（5）「動員力の中国：労働集約的なモジュラー製品」(15)。

　以上の予想に対して、藤本（2012）は、「『統合型ものづくり能力』が偏在する国（つまり統合型組織能力の高い現場や企業が他国よりも多く集積する国）は、相対的に『インテグラル型（擦り合わせ型）』アーキテクチャに近い製品において、設計費用に関する比較優位を持つ傾向がある」と仮説を提示する。実証で「設計の比較優位説」と整合的な結果が得られた、ただし韓国のプロフィールが予想以上に日本に近いのが新しい事実発見であるとする(16)。

　ここまで、長く、藤本の「アーキテクチャの比較優位説」について引用してきたが、中小製造業との関係では、産業アーキテクチャのポジショニング戦略において、産業アーキテクチャ要因と国内市場の大きさの要因に深く関係している。本研究では、長期的技術戦略を論じる際にも立地については基本的には外部要因として言及しない。ただし、中小製造業の属する産業アーキテクチャのポジショニングを検討する上で、特に取引先との関係を考慮に入れてコア技術を市場開拓に繋げるためには、自社の属する産業アーキテクチャがインテグラル型産業かモジュラー型産業か、取引先との関係がインテグラルかモジュラー型か、国内市場の大きさがコア技術を十分に活かすだけ

大きいかを検討する必要がある。その上で、前章のモジュラー型産業の事例で、国内では見られない超大量ロットの部品をグローバル企業に納品するポジショニング戦略も有効であったように、国内と海外のいずれに立地するのが産業アーキテクチャのポジショニング戦略上、自社にとって競争力を持続的に発揮できるかが、中小製造業が立地を決定する上で重要な要因となる。

　藤本の比較優位説は、中小製造業が自社の属する産業アーキテクチャまたは新たな産業アーキテクチャに進出する上で参考になる。しかし、前節で述べたとおり、藤本のもの造りの組織能力論が現場重視のやや受動的な戦略論にとどまるために、経営資源が乏しいにもかかわらず技術や顧客ニーズや競争環境の不確実性の増大する激変期を生き残らなければならない中小製造業には、示唆が十分ではない。藤本のもの造りの組織能力ベースの戦略論が基本的に日常の技術マネジメントレベルに留まり、現在の変化の激しい時代に重要性が増大している長期的技術戦略の視点が不足していることが問題となる。

第3節　藤本理論における中小企業政策論について

　藤本（2012）は、中小企業技術政策を批判する。「中小ものづくり高度化法」も取り上げて、「中小企業に対する従来の技術支援政策は、固有技術への支援に偏りすぎていた。つまり、『良い付加価値の流れ（つまり良い設計の良い流れ）があるのが良い現場である』という『広義のものづくり』の視点がやや希薄であった」、「国の中小企業政策が呼び水になって、たしかに中小企業への先端的な生産技術や生産設備の導入は進むが、それらを顧客までつなぐ『流れ』が弱く、言ってみれば全国に『先端技術の離れ小島』としての中小企業がたくさんできてしまった感がある」と指摘する[17]。その上で、「今後の中小企業に対する国の技術支援策は、『①固有技術』と『②流れ技術』の両方に対してバランス良く配慮したものでなければならない。そして『良い流れづくり』の最も効果的な方法の一つは、『流れを作る人材づくり』、すなわち『ものづくりインストラクター』の育成である」と主張している[18]。

　藤本の上記の「良い流れ」の判定基準として、①品質、②リードタイム、

③生産性、④フレキシビリティを挙げているので、本研究の日常の技術マネジメントと近い。これは逆に、本研究が藤本の情報価値説的なもの造りの組織能力論をベースにしているので当然の帰結である。しかし、藤本の指摘では、本研究の長期的技術戦略や本章で論じる産業アーキテクチャのポジショニング論は言及されていない。極論すると、中小製造業は固有技術は優れているが、現場のもの造りの組織能力の構築は十分ではないので、現場改善から鍛えよとの指摘に聞こえる。事例で見た中小製造業は、すでに大手企業により現場を鍛えられて勝ち残ってきている強者集団と言ってもよい。もちろん、日常の技術マネジメントが土台として中小製造業の競争力の最大の源泉であることは、本研究で繰り返し論じてきたことである。しかし、中小製造業を取り巻く環境は技術も市場も激変を続けているので、従来の対応だけでは十分ではなく、五歩も十歩も先を見た長期的視点の重要性も繰り返し論じてきた。

　藤本も指摘するトヨタの強みでも、様々な要因で獲得されたもので、事前予測されたものから創発や事後的な進化のものまである。長期的技術戦略に立って、「人と技術への投資」を続けて、絶えず「大きな技術変化」を試行錯誤で繰り返すことが、遠回りのようで最短の中小製造業の生き残り策である。

第4節　インテグラル型産業における中小製造業のあり方（事例の二次分析）

1．競合：産業分野における適切なポジショニング

　前述のとおり、中小製造業は、いかなる産業（単独または複数）に属し、その中でいかなる位置取りをするかが、競争力や成長に大きな影響を与える。
　前章においては、同じ観点からモジュラー産業における中小製造業のあり方について、3産業の事例研究を通じて明らかにしたところである。
　そこで、本章では、前節までの藤本理論との関わりの考察を踏まえた上で、インテグラル型産業における中小製造業について、①産業のアーキテクチャの特徴、②産業の国内市場の大きさ、③取引先から見た評価基準の視点から、

7産業における適切なポジショニングのあり方について分析する[19]。

2．インテグラル型の産業別のヒアリング資料の二次分析

(1) 業種横断的産業：受託加工（事例：塩浴炉熱処理、電子ビーム・レーザ加工、へら絞り）

> ①アーキテクチャ（設計思想）が擦り合わせ型、②国内市場が依然として相当程度あるが、少量生産・試作品・高技能のものが多く、市場としては成熟期の残存者利益の場合も多い、③中小企業への最終メーカーやT1の評価基準は、QCDは当たり前で開発提案能力・コーディネート力・一括受注力やスピード対応＆高精度を重視。⇒大手メーカーやT1企業（一次サプライヤー）が内製化できないレベルの製造技術・生産技術・開発提案力の習得が重要。コーディネート力や連携体構築力も含めたサービス機能が大きな差別化の源泉に。

　業種横断的受託加工の場合、部品・加工の開発・設計能力で勝負しないので、自社製品割合は基本的にはゼロである。ただ、開発・設計能力に代わり、業界の中で圧倒的に優位な製造技術・生産技術・開発提案力を有する場合が多い。技術戦略は、「技術の専門化型」、「技術範囲の拡大型」のいずれかとなる。

　業種横断的な受託加工では、高い技術や技能を活かして、顧客の産業のアーキテクチャは擦り合わせ型が多い。事例でC社（2010年調査、以下同じ）は、ソルトバスによる熱処理は、「難しい熱処理はC社に頼め」という口コミが全国的に広まり、週に1,000件に至る注文が全国から集まっていた。最新鋭の電子ビームやレーザ加工機を何十台も揃え、提案型ジョブショップのビジネスモデルをいち早く展開してきたE社は、2001年2月時点の約2,000社から調査時点の顧客数は3,200社と、毎年約100社が技術力を評価して増加していた。へら絞りをコア技術に鍋からNASAまでカバーする金属加工の複合技術を有するF社は、当初は技能の塊であり少量生産の典型であるへら絞りの熟練技術で勝負をして、営業を特にしなくても技術への信頼で取

第7章　インテグラル（擦り合わせ）型産業における中小製造業のあり方　319

引を拡大してきた。しかし、1980年代以降には現社長がへら絞り加工から板金・仕上・組立までの一貫受注体制を構築して営業活動を活発化し、1981年頃の取引先数が100社未満であったものが、調査時点では産業分野や地域も大幅に拡大させ450社まで増加してきていた。ただ、受注ロットは、加工技術の性質上、小ロットで1回の試作品や頻度の少ない小ロット量産品となっていた。

　受託加工分野では、高い技術・技能を武器に、国内の市場をターゲットにその業界の中で生き残ってきた強者たちである。特に、首都圏近郊の受託加工型中小製造業の特徴は、①1品生産や試作品や小ロットの量産品、②航空・宇宙産業、半導体産業の先端産業や自動車などの基幹産業まで幅広い業種を取引先に、③単なる加工技術・生産技術のみから一括受注・ユニット受注に対応できるコーディネート力・企業連携体構築力が必要となり、高い技術に付随したサービスが付加価値獲得に貢献、④バブル崩壊以降の中でも、2005年前後から技術開発専門部署の設置や、大手企業技術者の採用で、新連携支援制度などの施策を積極的に活用、⑤2009年に航空機産業参加企業10社でコンソーシアムを結成し、成長産業への参入を技術強者連合として共同で行うなどしていたことである。しかし、これらの受託加工産業は、装置産業でもありながらも人の熟練・ノウハウがコア技術となっていることから、国内に相当程度市場がある限り、海外進出は基本的に馴染まない業種である。

　取引先の評価基準も、量産物ではなく試作品・小ロットであるために、基本的にはコスト重視ではなく、開発提案能力・コーディネート力・一括受注力や高い品質とそれを成しうるスピードである。このため、競合相手は国内企業と取引先自身の内製化である。Ｃ社のコア技術は、現代の名工3名を抱えたソルトバスによる熱処理であり、高い技能による圧倒的な品質の高さを評価されていた。Ｅ社は、高価な電子ビーム・レーザ加工機を武器に、顧客大手製造業に対しては、試作・小ロット対応でＲ＆Ｄ・量産支援、装置メーカーには営業情報を提供していた。バブル崩壊以降は、コーディネート役を担う一括受注、広域連携による共同受注、さらにはエンジニアリング業も開始し、加工技術に付加したサービス機能での差別化を拡大していた。Ｆ社も、へら絞り技術が10年以上の現場経験を積まないと一人前とはならないもの

なので、これが最大のコア技術ではあるが、1980年代以降、産業機器、真空機器、半導体製造装置、航空宇宙など、取引先を飛躍的に増加させることが可能となったのは、へら絞りから板金・仕上・組立までの一貫受注体制を構築して、営業活動を活発化してきたからである。

そこで、業種横断的な受託加工における中小製造業の競争優位の要因は、大手メーカーやT1企業（一次サプライヤー）が内製化できないレベルの製造技術・生産技術・開発提案力の習得が重要であるとともに、コーディネート力や連携体構築力も含めたサービス機能が大きな差別化の源泉になる[20]。

〔事例企業：2010年調査〕
E社：賃加工から提案型ジョブショップモデルへ、さらに企業間連携・コーディネート形態を確立

中古電子ビーム溶接機を購入し貸工場で受託加工開始。創業から3年間休みなく社長自ら奔走、ニッチな分野に技術を特化し取引先を拡大。1983年にCO_2レーザ装置の高額国内1号機導入、86年に自社工場移転やYAGレーザ装置導入など最新鋭機器導入、電子ビーム溶接技術と並ぶ基幹技術に育てた。

1980年代後半に電子ビーム受託加工で売上の約3割依存の主要顧客の内製化で、発注が突然止まった。これへの反省から、従来の賃加工型のジョブショップから、提案型ジョブショップへビジネスモデルを大転換した。顧客大手製造業へは、試作・小ロット対応で研究開発および量産化を支援する。一方、装置メーカーへは、営業情報提供、高額な1号機装置の積極導入で改善提案を行う。電子ビーム、レーザ装置は数億円と高額で、当社の最新鋭機の試作活用で、顧客大手製造業は高額な設備導入リスクを回避、装置メーカーは価格競争を回避できる。"三方一両得"の斬新なジョブショップのビジネスモデルを構築した。

バブル崩壊での大幅売上減少と多額設備投資や人員増の経費増で厳しい局面でも、幸い優秀な社員は残り加工技術の進歩を続けた。発注側ニーズの変化に対応し、90年代前半には、材料→加工→プレス→処理→仕上→組立の工程を一括で受注の「コーディネート事業」を全国でいち早く構築した。また、顧客ニーズの高度な複雑化や対応速度重視に対し、2002年に各技術分

野の全国トップレベルの中小企業で"広域強者連合「○○○○ネット」"を構築、各社の強みを活かした共同提案・共同受注を可能とした。その後も、「コーディネート企業」型企業間連携モデルを活用し、成長分野への参入を試みていた。

航空機分野では、2009年に溶接・EDM、塑性加工、熱処理、切削加工、表面処理の10社が共同受注体のコンソーシアムを結成した。各専門分野の高度な技術を相互に提供し、航空宇宙部品の一貫生産体制を顧客に提供するものであった。医療・福祉関連分野では、地方のテクニカルセンターを中心し、6県の広域連携で医療機器OEM供給を目指していた。

2005年前後を境に、脱下請のための自社製品開発（第三創業）という大きな挑戦に着手した。そのためには製品設計や技術開発の能力の充実が不可欠なので、05年頃に技術開発専任部署を新設し、立て続けに公的支援策を活用した装置開発に取り組んだ。05年度に新連携支援制度を活用した「レーザによる表面洗浄装置」の装置開発、06年～08年度に戦略的基盤技術高度化支援事業を活用した超臨界流体技術の開発等に取り組んだ。また、08年には、量産加工ニーズを持つ顧客に対し、蓄積されたノウハウを活かし商社的にレーザ加工装置の販売やオペレーター育成、加工指導などレーザ・電子ビーム機器の最適な生産プロセスを提供・支援のエンジニアリング事業を開始した[21]。

業種横断的な受託加工という擦り合わせ型産業の中で、賃加工型ジョブショップという従来の大手企業の内製化と競合するビジネスモデルから、試作・小ロットに徹し、かつ高額な最新鋭の電子ビームやレーザ加工機の絶え間ない導入で、顧客大手製造業と装置メーカーの間で三方一両得になる画期的なビジネスモデルを構築した。また、バブル崩壊以降の大手製造業の高度で迅速なユニット化発注のニーズにいち早く対応し、中小製造業が企業間連携して共同受注・共同提案するコーディネート力や、そのために必要な企業間連携体構築力に磨きをかけ、2000年代以降、異業種で強みを補完する広域連携や航空機など成長分野への参入が可能となった。これを成しえた要因は、経営者が創業以来続けている技術の先を見据えた10年ごとの計画経営にある。

取引先を2001年2月時点で約2,000社、調査時点で3,200社まで拡大、毎年約100社新規開拓していた。大企業の試作・少量生産が約8割であった。リーマンショックで自動車関係の売上減少も、中国需要の建設機械の好調で

図7-1 「大きな技術変化」と「市場の変化」の変遷（事例：E社）

E社（資本金8,500万円、従業員数66名、売上高7.6億円）

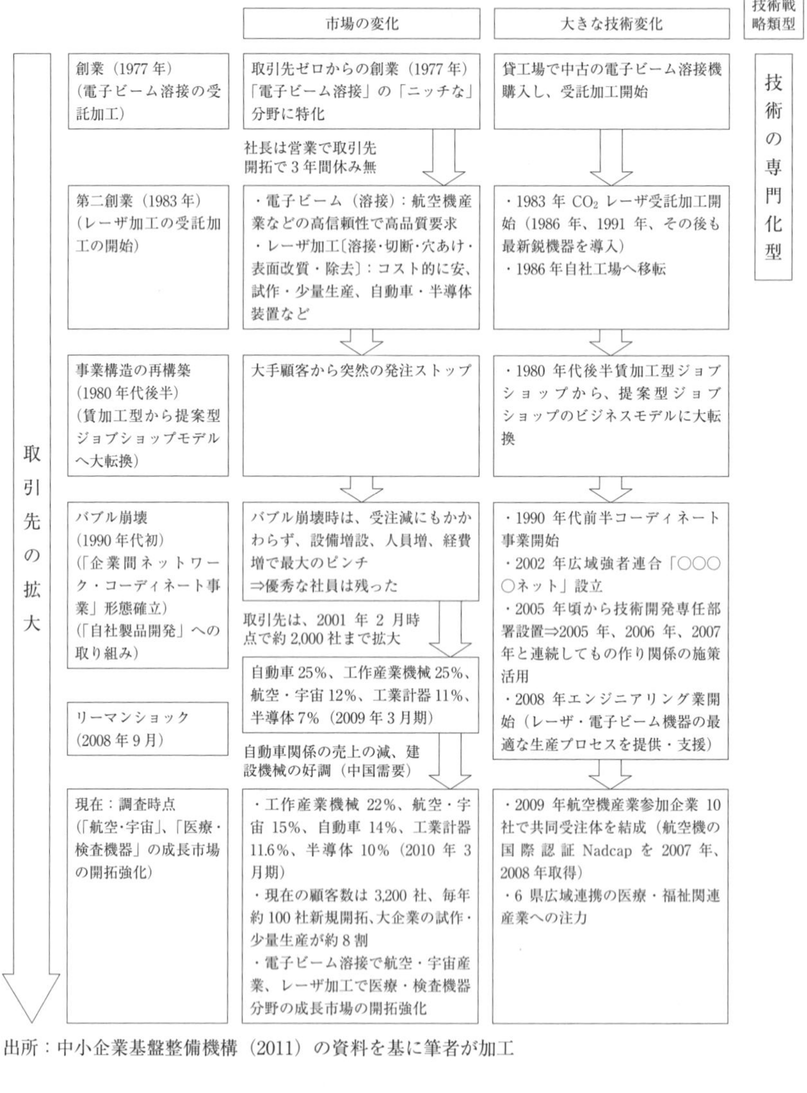

		市場の変化	大きな技術変化	技術戦略類型
取引先の拡大	創業（1977年）（電子ビーム溶接の受託加工）	取引先ゼロからの創業（1977年）「電子ビーム溶接」の「ニッチな」分野に特化 社長は営業で取引先開拓で3年間休み無	貸工場で中古の電子ビーム溶接機購入し、受託加工開始	技術の専門化型
	第二創業（1983年）（レーザ加工の受託加工の開始）	・電子ビーム（溶接）：航空機産業などの高信頼性で高品質要求 ・レーザ加工（溶接・切断・穴あけ・表面改質・除去）：コスト的に安、試作・少量生産、自動車・半導体装置など	・1983年 CO_2 レーザ受託加工開始（1986年、1991年、その後も最新鋭機器を導入） ・1986年自社工場へ移転	
	事業構造の再構築（1980年代後半）（賃加工型から提案型ジョブショップモデルへ大転換）	大手顧客から突然の発注ストップ	・1980年代後半賃加工型ジョブショップから、提案型ジョブショップのビジネスモデルに大転換	
	バブル崩壊（1990年代初）（「企業間ネットワーク・コーディネート事業」形態確立）（「自社製品開発」への取り組み）	バブル崩壊時は、受注減にもかかわらず、設備増設、人員増、経費増で最大のピンチ ⇒優秀な社員は残った 取引先は、2001年2月時点で約2,000社まで拡大 自動車25%、工作産業機械25%、航空・宇宙12%、工業計器11%、半導体7%（2009年3月期）	・1990年代前半コーディネート事業開始 ・2002年広域強者連合「○○○○ネット」設立 ・2005年頃から技術開発専任部署設置⇒2005年、2006年、2007年と連続してもの作り関係の施策活用 ・2008年エンジニアリング業開始（レーザ・電子ビーム機器の最適な生産プロセスを提供・支援）	
	リーマンショック（2008年9月）	自動車関係の売上の減、建設機械の好調（中国需要）		
	現在：調査時点（「航空・宇宙」、「医療・検査機器」の成長市場の開拓強化）	・工作産業機械22%、航空・宇宙15%、自動車14%、工業計器11.6%、半導体10%（2010年3月期） ・現在の顧客数は3,200社、毎年約100社新規開拓、大企業の試作・少量生産が約8割 ・電子ビーム溶接で航空・宇宙産業、レーザ加工で医療・検査機器分野の成長市場の開拓強化	・2009年航空機産業参加企業10社で共同受注体を結成（航空機の国際認証Nadcapを2007年、2008年取得） ・6県広域連携の医療・福祉関連産業への注力	

出所：中小企業基盤整備機構（2011）の資料を基に筆者が加工

補えた。自動車25％、工作産業機械25％、航空・宇宙12％、工業計器11％、半導体7％（09年3月期）が工作産業機械22％、航空・宇宙15％、自動車14％、工業計器11.6％、半導体10％（10年3月期）と、取引先変化で厳しい環境にも柔軟に対応できたのは、コア技術と企業間連携で高付加価値を提供可能な技術力の高さ故である。電子ビーム溶接で航空・宇宙産業、レーザ加工で医療・検査機器分野の開拓強化と、成長市場への目配りも怠りない。

(2) 業種横断的産業：金型

①アーキテクチャ（設計思想）が擦り合わせ型であるが、低技術のものはモジュール化が進んでいる、②国内市場が依然として相当程度あるが、プラスチック用金型は中国・韓国からの輸入品の増加により競争環境が激化し、金属用プレス金型はアメリカの自動車産業なども主要顧客としていたことからリーマンショックの影響を大きく受け、リーディングカンパニーですら海外企業による買収や合併・集約化の必要が生じた、③中小企業への最終メーカーやT1の評価基準は、コストよりも新興国では未だ対応が困難なレベルのナノレベルの超精密金型や先端材料用の金型の研究開発力が重要となっている。⇒大手メーカーやT1企業（一次サプライヤー）が内製化できないレベルの製造技術・生産技術・開発提案力の習得が重要。金型と成形の一括受注による付加価値増大も1つの方向。グローバル化対応も今後は不可避。3Dプリンタ対応も重要に。

金型産業は、①製品の材料、②製品のデザイン・形状、③工程の割り方が、ものによって異なり、基本的に受注による一品（少数）物なので、仮に自動化や機械化が進んでも、人による熟練・ノウハウが必ず残る。従来は、擦り合わせを中心とした産業であったが、徐々に低技術のものは、機械である程度の精度を出すことが可能となり、モジュール化も進んでいる。金型は業種横断的産業であるが、金属用プレス金型・プラスチック用金型の製品種類や

技術の専門や得意分野により、ある程度主要顧客産業が決まる。金属プレス用は、自動車ボディ、家電、雑貨など、プラスチック用は、家電、自動車部品、雑貨などが多い。ただ、両者の国内における競合状況は、著しく異なる。プラスチック用金型は、平成16年以降、数量ベースでは輸入が輸出を逆転しているが、単価では輸出が輸入を大きく上回っていることから、汎用品では技術的なキャッチアップを受けながらも日本製品の高付加価値性が窺える。一方、金属用プレス金型は、リーマンショック前までは、数量・金額ベースともに、圧倒的に輸出が輸入を超過している状況、すなわち、金属用プレス金型は、プラスチック用金型に比して技術面の優位を維持してきたにもかかわらず、リーマンショック後の海外自動車メーカーの需要縮小、国内同業者同士の価格競争激化、国内自動車メーカーやT1企業の金型の内製化進展などにより経営悪化が進み、金型産業のリーディングカンパニーの買収・統合が進んだ。

　金型は基本的に、技術ノウハウの流出の防止、価格下落の防止の観点から、国内の市場を中心としている。当然、国内の顧客が海外現地に持ち込むことは多いので、金型メーカーは生産拠点は国内にとどめるケースが多い。仮に海外に生産拠点を展開した場合においては、国際分業を行っている。技術レベルが低く、比較的に生産ロットの大きいものは海外拠点で、技術レベルが高く付加価値が高く一品生産に近く短納期のものは国内拠点でということになる。自動車、デジタルカメラ・携帯電話[22]などのエレクトロニクス関係などを中心として、国内には、金属用プレス金型もプラスチック用金型の市場も、依然として相当程度存在する。ただし、プラスチック用金型は新興国の技術的キャッチアップが著しく、増加する輸入品との競争が激化している。一方、金属用プレス金型は、技術レベルは新興国を引き離しているが、経営状況は、自動車産業の需要動向に左右される。なぜならば、熟練を要する産業ではあるものの自動化・機械化が進んでいるので、装置産業の側面もあり、一定の稼働率や価格を維持できないと経営が圧迫される可能性があるからである。

　国内金型産業への最終メーカーやT1企業の評価基準は、コストよりも新興国では未だ対応が困難なレベルのナノレベルの超精密金型や先端材料用の

表7-1 金型製造業の事業所の推移（工業統計）

	事業所数(所)	従業員数(人)	10名以下の事業所比%	20名以下の事業所比%
60年	11,923	103,195	80.2	91.5
61年	12,200	106,881	79.1	91.2
62年	11,656	103,144	79.3	91.1
63年	12,885	106,488	81.2	91.9
平成元年	12,148	106,146	79.2	91.1
2年	13,115	115,412	80.4	91.5
3年	12,815	118,213	79.2	90.7
4年	12,254	114,383	78.6	90.6
5年	12,912	112,233	81.4	91.7
＊6年	6,448	92,687	64.6	84.3
7年	12,455	105,906	81.3	91.5
8年	12,038	108,485	80.4	91.0
9年	11,965	108,876	79.5	90.4
10年	12,953	115,820	80.2	90.7
11年	11,994	111,997	79.7	90.3
12年	12,125	113,206	80.4	90.6
13年	11,330	107,612	78.6	90.0
14年	11,352	103,563	79.6	90.5
15年	10,686	103,812	78.2	89.7
16年	10,483	103,203	77.4	89.2
17年	9,984	103,892	77.0	88.4
18年	10,360	107,691	76.6	88.6
19年	10,234	102,597	76.3	88.6
20年	9,741	101,785	75.4	88.3
21年	9,680	92,181	77.9	89.3

(注) ＊印の平成6年は、従業員1～3人の統計が省かれたため従業員4人以上の集計となっております。資料：工業統計（産業編）（工3）
出所：(社)日本金型工業会

金型の研究開発力が重要となっている。事例のG社も、2003年以降、公的支援施策を積極的に活用し、ナノ加工超精密金型やシリコン等の先端材料の研究開発で取得した技術も活かし成長分野市場を開拓していた。また、2000年以降急速に海外展開を図っている大手自動車産業やエレクトロニクス産業では、現地でのメンテナンス面のサポートや低技術のものはコスト重視の現地調達や内製化と外部調達との比較考量などが、金型産業の中小製造業の評

価基準になってきている。金型のみしか業務を行っていない中小製造業の海外進出の判断は難しい。メンテナンス拠点は必要となるが、ノウハウ流出のリスクや海外価格に連動した国内価格下落懸念などのマイナス材料に対して、現地日系企業の取引先確保、内製化へ対抗できる高い技術水準を核とした競争優位確保も海外進出の1つの条件となる。できれば、金型の後工程のプレスや成形まで技術範囲を拡大して、部品の一括受注、ユニット受注で部品量産化体制の確立も1つの方策である。G社でも、国内は金型、海外は成形の国際分業を2000年から継続している。さらに、金型のメンテナンス工場は、1994年香港にいち早く展開し、今後、多くのアジア地域で日系企業向けメンテナンス拠点を設立することを検討していた。

　このように、金型産業における競争優位の要因は、大手メーカーやT1が内製化できないレベルの製造技術・生産技術・開発提案力の習得が重要である。また、金型と成形の一括受注による付加価値増大も1つの方向である。さらに、特に金型製作のみならず後工程の成形を伴う場合や、価格競争が不可避である金型や、国内大手企業の海外移転の急速な進展で需要急減が見込まれる場合には、従来、海外に生産拠点などのグローバル化対応を図っていなかった中小金型メーカーも、対応を迫られることになる。このため、国内需要を中心に成長してきた金型産業でも、中国など新興国の急速に拡大する市場でのグローバル化対応の準備・検討は避けられない。また、新たな脅威としては3Dプリンタでの金型製作技術向上がある。3Dプリンタなど新加工技術への対応の巧拙も、今後の中小製造業の競争力に大きな影響を与える[23]。

〔事例企業：2010年調査〕

G社：新興国と競争激化のプラスチック金型で、技術開発力と国際分業を武器に成長持続

　1950年にプラスチック用精密金型製造で創業、大手電機メーカー向けの主に電子部品用であった。コネクタ用、二色成形など難しい金型に移行した。59年に第二、68年に第三と約10年ごとに工場を増設した。第三工場を増設した頃、大手カメラメーカーからの受注が増加した。68年当時は主にフィルムカメラの内装および外装部品用で、大手カメラメーカーの厳しい品質、

納期要求に応え、精密金型の製造能力、加工能力を蓄積した。

　1991年に工場を新設した頃より、順調に売上を伸ばしていたフィルムカメラ用金型の受注（全体の6割弱、その他はオーディオ基板等）が停滞した。従来の蓄積した製造能力、加工能力に加え、取引先が提供する三次元のソリッドモデルに対応する能力も身につけ、90年代前半には取引先からの要求の精度、品質、納期を実現する総合力を得た。94年には香港に有限公司を設立した。香港事務所は、取引先のフィルムカメラの生産がグローバル化しても金型受注確保の目的で、金型のメンテナンスを行っていた。96年前後にはコンパクトカメラの外装関係の金型受注がほとんどなくなったが、代わりにヘリコイド（ズーム）用の金型受注が増えたことで、フィルムカメラ用の金型受注は確保できた。2000年代に入るとデジタルカメラの普及が本格化し、携帯電話も当社の新たな収益の柱となった。取引先のグローバル化に合わせて海外展開し、2000年に中国広東省深圳工場で生産を開始した。深圳工場は、金型の生産のみ行っていた当社の初の成形専門工場である。さらに、06年には、現地の供給ニーズに対応して深圳工場に自動塗装ラインも新設した。

　国際分業体制は、たとえばコンパクトデジカメは、当社が窓口となりカバー類はパートナー企業（香港系企業）が、ヘリコイド（ズーム）は当社が各々金型を製作し、深圳工場で成形し部品を生産する形態である。中国での成形は量産加工技術の習得と顧客開拓に繋がるとともに、国内で製造の金型に対する中国工場の厳しい評価が、金型の品質向上にも結びついた。なお、量産成形のほか、メンテナンスが中心であるが海外初金型製造部門を香港系会社と合弁で、06年に無錫工場が生産を開始した。調査時点では、国内は金型、海外は成形という国際分業を継続していたが、国内雇用と国内販売価格の維持のためであった。ただし、顧客の海外展開の加速に対応し、タイ・ベトナム・インドネシア・インド等の日系企業向けにメンテナンス拠点拡大も検討していた。

　プラスチック用金型は、国内においても中国や韓国などとの競争が激化した。国内には中国製の価格の安い金型も多く輸入されているので、精度や加工難度の高さなどの高付加価値による差別化が必須となった。そこで、公的

図 7-2 「大きな技術変化」と「市場の変化」の変遷（事例：G社）

G社（資本金 3,000 万円、従業員数 125 名、年商 18 億円）

	市場の変化	大きな技術変化	技術戦略類型
創業（1950 年） （電子部品のプラスチック用精密金型製造） （1968 年頃） （カメラ関係の部品用金型の受注開始）	・創業時に製造の金型は、主に電子部品。コネクタ用金型、二色成形金型など難しい金型に移行 ・1968 年頃から、カメラ関係の外装・内装部品用金型製造開始。その後、カメラ内装部品中心から外装部品へ展開	・プラスチック用精密金型の製造開始 ・1959 年、1968 年工場増設 ・1980 年に本社工場を統合	技術の専門化型
バブル崩壊 （1990 年代初） （三次元 CAD の金型設計技術を取得） 1994 年） （顧客の海外展開に対応、海外進出） （2000 年～） （海外拠点で成形技術獲得、国際分業）	大手に鍛えられ、品質・納期を向上 ・1991 年頃は、フィルムカメラが 6 割弱、残りはオーディオの基板等 ・1994 年前頃からカメラの顧客のグローバル展開開始（当社も香港拠点） ・1996 年頃からカメラのズームのヘリコイド（ズーム）用金型に注力 ・1990 年代末～ 2000 年頃携帯電話関係が急増 ・海外の成形技術で新規顧客開拓。国内製造の金型への中国工場の厳しい評価が、金型の品質向上に貢献	・1990 年代前半、三次元 CAD 金型設計技術を取得 ・1994 年香港に会社設立（メンテナンス工場、香港系企業に外注、以降合弁先） ・2000 年深圳工場が生産開始（自社の金型を使用する工場を海外に設立。成形のみ。香港系の会社との合弁）深圳工場で 2006 年から塗装も開始 ・2006 年無錫工場が生産開始〔量産成形の他、海外初金型製造部門設置（メンテナンス中心）。香港系会社と合弁〕	
現在：調査時点 （高付加価値製造を目指して、立て続けに技術開発）	・デジカメ 45%、携帯 40%、その他は医療機器・自動車部品関係など ・プラスチック金型でトップレベル ・国内は金型、海外は成形という国際分業は継続。雇用と価格維持のため ・ナノ超精密金型やシリコーン等先端材料の研究開発で取得した技術も生かして、成長分野の市場を開拓	・2003 年～ 09 年公的支援施策を活用しながら、コンソーシアム（産学官連携・企業間連携など）を構築し次々技術開発 例：2006 年ナノ加工超精密金型開発 ・海外は、タイ・ベトナム・インドネシア・インド等の日系企業向けにメンテナンス拠点を検討 ・新規分野では、医療や燃料電池・太陽電池などを視野。そのために、ソフト技術強化と、測定機器導入による合理化が必要	

出所：中小企業基盤整備機構（2011）の資料を基に筆者が加工

支援施策を活用し、立て続けの技術開発に挑戦した。2003 年度～ 05 年度、06 年度～ 08 年度と連続、09 年度から新たな技術開発事業を開始した。ここでは、コンソーシアムによる産学官連携や企業間連携を積極的に活用した[24]。

当社は、業種横断的産業の金型、しかも輸入品との競争も激化しているプ

ラスチック用金型で、アーキテクチャは擦り合わせ型である。このように、国内需要ですら中国や韓国の金型メーカーとの競争が激化しているのに加え、主要顧客であるカメラメーカーなどは2000年代以降海外生産を加速化させて、顧客ニーズに対応する形でメンテナンス工場や成形工場をいち早く海外に設置した。しかし、プラスチック用金型が金属用プレス金型に比し技術レベルが低いために、海外競合金型メーカーとの競争に打ち勝つには、国内で超精密金型や先端材料の研究開発で付加価値を高め成長市場に参入することが不可欠となっているので、金型製造は研究開発拠点も兼ね国内にとどめていた。

調査時点では、金型の製品用途が、デジカメ45％、携帯40％、その他は医療機器・自動車部品関係などとなっていた[25]。プラスチック用金型ではトップレベルではあるが、プラスチック金型が使用される製品の入れ替わりが激しいために、前述のとおりナノ加工超精密金型やシリコン等先端材料の研究開発で習得した技術も活かして、医療や燃料電池・太陽電池など成長分野の市場開拓が今後の成長のためには不可欠である。そのためには、技術面ではソフト技術の強化と、測定機器導入による合理化が必要となっていた。

(3) 業種横断的産業：機械工具（特に超硬工具）

> ①アーキテクチャ（設計思想）が擦り合わせ型、②顧客は、自動車メーカー、工作機械メーカーほか、鉄鋼、非鉄金属、エレクトロニクス、化学・機械関係と幅が広いので、国内市場も相当程度あるが、自動車産業を始めとした顧客の海外生産比率の上昇とともに、海外展開の重要性が増大、③顧客の評価基準は、多品種少量生産で特注品の比率も高く技術革新のテンポも速いので、技術開発力を重視。⇒消耗品ではあるが、最終製品の品質・精度に大きな影響を与えるので、信頼性が高く、寿命の長い工具の技術開発力が重要。

機械工具業界は、特殊鋼工具、超硬工具、ダイヤモンド工具などが含まれる。このうち、超硬工具とは、高融点（3,400℃）の炭化タングステンや炭

化チタンなどの靭性の高いコバルト粉末を混ぜてつくった焼結超硬合金と、この合金を用いた切削工具、耐摩耐食工具、鉱山土木用工具である。超硬工具は自動車、工作機械、電子工業等の機械工業のほか、鉄鋼業、金属製品、環境機器、土木建設業、石油採掘業等、多くの産業に使用される[26]。超硬工具のうち切削工具が約7割を占め、次に耐摩工具が多い。基本的には多品種少量生産で特注品比率が高いので、アーキテクチャは擦り合わせ型である。特に素材の粉末冶金から一貫加工のメーカーは、擦り合わせ型がより強くなる。

　顧客産業は、自動車、工作機械を中心として大変幅が広いので、国内市場も相当程度ある。しかし、自動車、エレクトロニクスなどの産業で海外へ生産拠点移転が急激に進み、海外生産比率が2000年以降急激に増加してきたので、機械工具メーカーも海外展開の必要性が増大している。事例のH社も超硬耐摩耗工具を中心に成長を続けてきたが、顧客は①鉄鋼関係、②非鉄金属関係、③電気電子機器関係、④化学・機械関係に跨り、顧客数は調査時点で2,500社～3,000社にまで及び、量産物は少ない。海外対応は輸出を中心としていたが、2000年以降は顧客の急速な海外展開に対応して、ペナンと上海に駐在事務所、タイとインドネシアに生産拠点を設置していた。

　超硬工具やダイヤモンド工具は、技術革新のテンポが速い[27]。超高硬度・高強度のナノレベルの超精密度など、特に超硬工具の顧客要求水準が劇的に上昇している。これに対し、中小製造業も素材・材料開発や新加工技術開発などの技術開発に重点を置くことが差別化の源泉となる。事例のH社は従来も材料調製条件を研究開発し超硬合金の新素材開発能力を蓄積していたが、2000年代後半以降、成長分野の超高硬度、高強度のナノ微粒子超硬合

表7-2　機械工具の生産金額

(単位：億円)

	平成18年	平成22年
超硬工具	2,689	2,202
特殊鋼切削工具	1,067	713
ダイヤモンド工具	806	678

出所：機械統計年報

金工具開発などの材料開発を中心とした技術開発を強化し成長を続けてきた。

そこで、業種横断的産業の機械工具（特に超硬工具）産業での競争優位要因は、製品が消耗品であるが最終製品の品質・精度に大きな影響を与えるので、信頼性が高く寿命の長い工具の技術開発力が極めて重要となっている[28]。

〔事例企業：2010 年調査〕
H 社：人間尊重の経営で、超硬耐摩耗工具の熟練と新技術の複合により取引先拡大、新分野進出

　1949 年に線引ダイス再研磨等の修理開始、53 年に冶金工場建設、翌年に超硬合金の焼結開始、耐摩耗工具用合金の自社ブランド誕生、57 年に本社移転した。

　1975 年に HIP（熱間静水圧プレス）を導入した。日本で 2 台目の最新鋭機で、月商の 1.5 ケ月分に相当する大型設備投資であった。顧客の要求工具精度は 1,000 分の 1 〜 2 mm と従来より一段上の精度で、これに応えられたことで製造技術は飛躍的な進歩を遂げた。自社で材料の調製（原料検査・調整・粉砕・混合）が可能となった。また、様々な材料調製条件を研究開発し、徐々に超硬合金の新素材開発能力を習得した。中でも、82 年にバインダ（結合剤）を含まない超硬合金の焼結体を作り出すことができた。この技術は現在も活用していた。ニーズに応じた素材開発が、他社との差別化の源泉となった。

　1980 年前半頃に創業者が今後、半導体など精密分野での需要が伸びると判断し、高精度の加工機や測定器を購入するとともに、工場内の設備や環境を整備して開始した。4 〜 5 年にわたる試行錯誤の後に、超精密加工技術が着実に蓄積された。88 年に超精密事業部を開設し、サブミクロンの加工精度への挑戦が始まった。一方で、他社への差別化を可能としているのは、マイスター（「神の手」）と称する人間の熟練の技である。特に、研削・切削加工や最後の仕上げは、最新機器に熟練工の技が加わり、超精密な精度を可能としている。

　超精密加工技術は、1990 年頃半導体関連部品ならびにガラスレンズの成形用金型の製造技術として実用化された。2001 年には製造所に新製造棟を完成させ、原料から大型製品までの本格的一貫工場を建設し、原料粉末調整

図7-3 「大きな技術変化」と「市場の変化」の変遷（事例：H社）

H社（資本金9,600万円、従業員数900名、年商140億円）

		市場の変化	大きな技術変化	技術戦略類型
取引先の拡大	創業（1949年）(創業後5年で超硬合金の焼結開始)	・当初は、地方で創業、1957年に本社を移転	・線引ダイスの再研磨などの修理で開始 ・1954年超硬合金焼結開始、耐摩耗工具用合金の自社ブランド誕生	用途開発型
	技術範囲の拡大（1975年頃）（ビール缶製造用工具参入で、製造技術向上）（1982年頃）（差別化の源泉として、素材開発重視）（1980年代前半～）（最新鋭加工機導入、超精密加工へ挑戦）	・1975年頃ビール缶製造用工具開発で、高い顧客要求精度に対応 ・1982年頃顧客ニーズに応じて素材開発を差別化の源泉に ・1980年代前半頃に創業者が、半導体など精密分野の需要拡大を予測して、超精密加工に参入（ニーズよりも、将来を睨んで技術を蓄積）	・1975年 HIP・造粒機等、新鋭機導入、ビール缶の製造用工具開発で技術向上 ・様々な材料の調製条件を研究開発、徐々に超硬合金の新素材開発能力取得 ・1982年バインダレス超硬合金を開発 ・1980年前半頃から高精度の加工機・測定器を購入、工場内の設備や環境整備 ・1988年超精密事業部開設サブミクロン挑戦	
	バブル崩壊（1990年代初）（超精密加工技術の更なる進化）（2000年以降）（顧客の海外展開に対応して国際分業）	・1990年頃超精密加工技術は、半導体関連部品ならびにガラスレンズ成形用金型の製造技術として実用化 ・サブミクロン超精密耐摩耗工具開発⇒電子・電機用精密金型製造可能へ ・2000年以降、顧客の海外展開に対し、駐在員事務所・生産拠点開設 ・タイは超硬素材を日本から輸入し仕上加工、顧客は現地日系企業中心	・2001年製造所に新製造棟完成、原料から大型製品まで本格的一貫工場 ・2005年サブナノメートルの分解能測定装置導入・同水準の超精密加工へ挑戦 ・2000年ペナンに01年上海に駐在員事務所開設、03年タイに10年にインドネシアに海外生産拠点設立	
	現在：調査時点（材料を中心とした絶え間ない研究開発で、新技術・新製品を次々と開発）	・主要製品は、ダイス・プラグ、製缶工具、光学用金型、素材 ※超硬耐摩耗工具は国内トップシェア（約3割） ・成長分野で、超高硬度・高強度のナノ微粒超硬合金工具開発に挑戦 ・顧客先数は、2,500社～3,000社量産物は少ない。①鉄鋼関係、②非鉄金属関係、③電気電子機器関係、④化学・機械関係） ・輸出10～12%（アジア中心） ・現在は、材料開発、技術営業の強化を重視（「人間尊重」の経営）	・2007年ナノ微粒超硬合金、08年レンズ成形用周辺材（自社ブランド・耐熱合金）、09年環境にやさしい超硬用CuW電極、塑性加工に適した摺動特性の優れるF-DLCコーティング工具の開発 ・海外拠点はアセアンを中心として展開、顧客へ柔軟対応可能な体制志向 ・「生命工具」と称し、自分の命を吹き込むほどの思い入れを持って工具製造 ・作業者の約7割が何らかの技能資格 ・マイスター（「神の手」）と称する技能の継承を、事業計画に計画的に組込み	

出所：中小企業基盤整備機構（2011）の資料を基に筆者が加工

から焼結、仕上加工と一貫生産可能な超硬耐摩耗工具メーカーの体制を強化した。その後、サブミクロンの高精度を持つ世界最高レベルの超精密耐摩耗工具の開発は、カメラ用非球面レンズ、ミラー盤など、電子・電機分野などの精密金型製造を可能とし、05 年にはサブナノメートルの分解能測定装置を導入して、サブナノメートルという一層超精密な加工への挑戦を続けていた。

一方で、2000 年以降、海外展開への対応が必要となった。00 年にペナンに駐在員事務所、01 年に上海に駐在員事務所開設、03 年にタイに海外生産拠点、10 年にインドネシアに海外生産拠点設立、顧客の海外展開の加速化への対応を順次進めた。調査時点の国際分業体制は、タイで超硬素材を日本から輸入し仕上加工をし、顧客は現地日系企業中心となった。

当社の強みは、長年にわたる素材開発の技術蓄積にある。超硬耐摩耗工具の国内トップシェア（約 3 割）を有し、高付加価値を提供するために絶え間ない研究開発を推進した。2007 年にはナノ微粒超硬合金開発、08 年にレンズ成形用周辺材（自社ブランド・耐熱合金）開発、09 年に環境にやさしい超硬用 CuW 電極開発、塑性加工に適した摺動特性の優れる F-DLC コーティング工具開発、さらには新素材・超精密加工などの研究開発を、公的支援施策なども上手に活用し積極的に行ってきた。成長分野を視野に入れた新しい工具領域用超高硬度・高強度のナノ微粒超硬合金を用いた工具開発に挑戦していた[29]。

当社の製造する業種横断型産業の超硬工具の産業のアーキテクチャは、擦り合わせ型である。工具自体は消耗品に過ぎないが、その精度や耐久性が顧客の製品の精度や加工生産性に大きな影響を与える。顧客ニーズの少量生産や超精密加工への的確な対応のためには、材料の絶え間ない研究開発や最新鋭の設備の導入とともに、昔ながらの熟練技術も不可欠となっていた。自社製造の工具を「生命工具」と称し、自分の命を吹き込むほどの思い入れを持って工具製造を行うことを企業理念の 1 つとしている。このため、作業者の約 7 割が何らかの技能資格を有しており、マイスター（「神の手」）と称する技能の継承を、事業計画に計画的に組み込んでいた。調査時点では、材料開発と技術営業強化、言葉を換えて「人間尊重」経営を重点的な経営方針としていた。

調査時点では、高レベルの原料や超精密加工の研究開発力と、それに基づく最新鋭設備による高難度な超精密加工技術と蓄積してきた熟練技術の複合による顧客ニーズへの高い対応力を武器に、超硬耐摩耗工具では、国内トップシェア（約3割）を占めていた。主要製品は、ダイス・プラグ、製缶工具、光学用金型、素材であるが、様々な用途への高い対応力により顧客産業は鉄鋼、非鉄金属、電気電子機器、化学・機械と幅広く、日本の基幹産業全般に跨っていた。この結果、受注生産による一品物で量産物は少ない中で取引先数も拡大を続け、調査時点で2,500社〜3,000社までに至っていた。一方で、顧客のモノ作りにおいて、モジュール化の進展に伴う部品点数の減少や、電子化の進展などキーテクノロジーの変化による機械部品の減少に伴い、国内需要減少も予想されるため、超高硬度・高強度の超精密超硬合金工具などの成長分野への進出に努めていた。営業面の最大の武器は、直販であるために、営業や技術サービス担当が工具の用途や顧客ニーズを的確に把握でき、顧客満足が得られる提案が可能となることである。この利点を活かし、調査時点では輸出がアジアを中心に売上の10〜12％を占め、取引先は現地日系企業が多く現地ローカル企業も増えていた。今後も、顧客の多くの産業の海外展開の加速に伴い、海外生産拠点や営業拠点の充実が持続的な成長のために必須となる。

(4) 自動車

①アーキテクチャが擦り合わせ型、②国内市場が依然として大きく、③中小企業への最終メーカーやT1の評価基準は、QCDは当たり前で開発提案能力やスピード対応＆高精度を重視。⇒自動車メーカーやT1企業（一次サプライヤー）が内製化できないレベルの製造技術・生産技術・開発提案力の習得が重要。さらに、東日本大震災後のサプライチェーン崩壊に対する自動車メーカーや一次サプライヤーの生産拠点の分散化、共通部品化・モジュール化や環境対応車や自動運転支援技術の進展への対応も重要。

自動車産業は、アーキテクチャが擦り合わせ型と言われる。この産業に属する中小製造業は、二次サプライヤー（規模が大きく開発力の高い中小製造業は一次サプライヤーもあり）が多く、取引先との間で取引内容の設計や製造方法に関し頻繁で詳細な擦り合わせが行われる。バブル崩壊以前は、下請構造が深く長期継続取引を中心とした下請比率の高い産業で、二次サプライヤー（または一次サプライヤー）の中小製造業の中には1社取引依存率が9割を超える企業も多くあった。また、長期継続取引の中で、少数企業による競争関係が維持されていた。しかし、バブル崩壊以降、中小製造業は、取引依存率の高い一次サプライヤー（または自動車メーカー）から取引先多様化による技術力向上を勧められ、その向上した技術のフィードバックを求められた。これに対し中小製造業は、顧客多様化を図るために開発・設計能力を取得・強化することにより、新製品や新技術の開発品で市場開拓をすることになった。

また、バブル崩壊以降、以上の下請企業再編とともに、自動車メーカーが従来のアーキテクチャを見直し、日本の弱みであった過剰品質軽減や共通部品化による収益性の向上を図るようになった。また同時に、部品のユニット化・アッセンブリ化を進め、自動車メーカー、一次サプライヤーともに、購買・外注先にユニットとしてまとめて発注するようになった。さらに、1990年代後半以降の円高の更なる進展により、大手自動車メーカーは世界最適調達の方針も打ち出した。中国やインドをはじめとした新興国の市場の急激な拡大とともに、海外生産比率が比較的平衡状態であった自動車産業も、2000年代以降海外生産比率を急激に高めていった。それでも、リーマンショック以前までは、国内で1,000万台近くの自動車が生産され、その半分近くが輸出されるような産業の状況であったので、国内の拠点を中心とする二次サプライヤー（または一次サプライヤー）の中小製造業にも、成長するのに十分な需要が存在した。もちろん、下請比率は低下を続け取引構造のメッシュ化も進み、ユニット化発注・最適調達の方針が強まったので、技術的についていけない中小製造業は淘汰されていった。その後も、国内自動車販売台数は、リーマンショック以前には戻らず、自動車メーカーも2000年代前半の生産拠点の国内回帰から、輸出中心の為替変動のリスクを軽減するのと、現地

ニーズをより反映しやすくするため、需要地に近いところで生産を行うよう方針を変更した。

さらに、2011年3月に発生した東日本大震災に伴うサプライチェーン崩壊からの回復が、思いのほか時間を要することが明らかになった。その主な要因は、自動車メーカーから見て一次サプライヤー、二次サプライヤーぐらいまでは、代替の効く少数者間の競合関係の状況を把握していたが、三次以下、さらには川上の半導体など中間部素材、素材に至ると、その業界内の競合関係を全く把握できていなかった。その結果、自動車メーカーや一次サプライヤーにおいては、海外を含めた部品調達の分散化、部品共通化など、サプライチェーンのリスク軽減の動きが生じた。このため、二次サプライヤーを中心とする中小製造業は、従来は国内に生産拠点を限定してきた企業も川下企業の動向に柔軟に対応する必要がある。中小製造業は、単に国内市場でNo.1のシェアを維持するだけでは十分な受注確保が困難になった。そこで、自社の供給体制もリスクに備えた分散化・海外展開も検討をせざるをえなくなった。

こうした中で、一次サプライヤーや自動車メーカーの中小製造業への評価基準は、高いQCDの水準は当然で、それに加えて上流への開発改善提案能力や新技術の企画開発提案能力や新素材・新技術への対応力や試作品などの超短納期スピード対応などに移行してきた。そこで、中小製造業は、自動車産業の中で、この顧客の評価基準にいかに応えられるかが競争優位の源泉となっている。また、自動車メーカーの海外生産比率の急増による国内の一次サプライヤーや自動車メーカーの需要減少に対応した、中小製造業のグローバル化への対応も課題となっている。さらには、HV、EC、燃料電池車など環境対応車の普及、組み込みソフトなどのエレクトロニクス化の進展、モジュール化の進展、自動運転支援技術の進展など従来のアーキテクチャの抜本的な革新による部品点数や機械部品の減少に対し、中小製造業は、開発・設計能力の強化による提案力・企画力の向上とともに、新製品・新技術の他用途への展開や、顧客多様化などの取り組みも強化しなければならなくなっている。

事例では、D社（2010年調査）は、1979年に単なる機械加工から、冷間

鍛造素材から切削・研削仕上加工までの一貫体制を確立し、最大顧客の自動車関連製品メーカーの世界規模の急成長とともに成長を遂げてきた。素材に近い部品加工で、国内市場をメインとしているが、海外展開を世界規模で図る最大顧客への依存度は依然高い。バブル崩壊以降、2004年三次元加工のためにテクニカルセンターを建築、競合のどこも行っていない新鍛造技術開発に挑戦を続けていた。これが最大顧客の高い評価の維持に繋がっていた。また、海外展開が評価基準の1つになる可能性のために、顧客メーカーの将来動向を注視していた。後の2事例のT社とR社（両社とも2009年調査）は、技術範囲拡大によりバブル崩壊時の1社依存体制から脱出が可能となった。

そこで、自動車産業を主な顧客とする中小製造業の競争優位の要因は、自動車メーカーやT1企業（一次サプライヤー）が内製化できないレベルの製造技術・生産技術・開発提案力の習得が重要である。また、中小製造業は、東日本大震災後のサプライチェーン崩壊に対する自動車メーカーや1次サプライヤーの生産拠点の分散化や共通部品化の推進などの環境変化に加え、モジュール化や環境対応車や自動運転支援技術の進展など新たな経営課題にも適切に対応を図らなくてはこの業界では生き残っていくのは困難である[30]。

〔事例企業：2009年調査〕

T社：1937年、金属成形加工の請負で創業。89年頃までは、大手自動車メーカーの1社偏重の系列下請企業。89年に現社長が就任、受身型企業から自立型企業へ変革を目指し第二創業を開始。第一次変革は、90年前頃から95年頃まで「未来型企業への変身」をテーマに、独自技術・独自商品を併せ持ち提案型営業のできる会社への変革に努めた。第一に開発指針を設定し、コア技術を「成形技術」と定め経営資源を集中。これが、以後の技術成長軌道を規定した。第二に、「開発グループ」を設置、VAやVEの提案、一歩先の提案型企業を目指した。第三に、航空機分野等の最先端成形加工技術要求の成長分野参入を目的とし88年開発工場を開設。航空機関連の「開発・提案」の余地がない「究極の賃加工」に気付き、早々に撤退。同年、樹脂射出成形機1台導入、冷間鍛造と樹脂成形の金型内製化で成形技術の幅を拡大した。

1990年代半ば頃から2000年頃の第二次変革では、「複合型未来企業への

変革」をテーマに、提案型受注形態に加え企画型見込形態を併せ持つための変革に努めた。第一に、商品開発室を94年頃設置、VAやVEなどの提案型受注形態から進めて自社製品開発に挑戦した。試行錯誤の末に、現在のセキュリティ事業の原型のセキュリティ製品開発に成功し94年販売を開始した。従来の成形技術とは全く異なる電子・電波の技術の必要から、中小企業で最もリスクの高い事業多角化であった。結果、大変な苦労はしたが、見事に事業化までのプロセスを乗り越えたことが技術者全員の士気を向上させ企業としても自信を深めた。第二に、以前航空機分野を目指し設置したK工場を、96年樹脂射出成形や冷間鍛造などの精密成形用金型工場に転用し、96年自動車用ATの温度センサーの樹脂化に成功、特許出願、量産化に繋げた。

2000年頃の第三次変革は「創造型未来企業への挑戦」。第一に、01年K工場に樹脂成形事業部移転、金属代替、金属と樹脂複合化に取り組んだ。第二に、部品事業の多くの目視選別要員の解決のために既存技術応用の「レーザ傷検査装置」開発に02年頃から着手、06年「新連携制度」活用し事業化[31]。

擦り合わせ型の自動車産業に位置する。現社長が就任するバブル崩壊以前までは、1社依存の系列下請企業にすぎなかった。バブル崩壊後の下請系列体制再編で、主要取引先大手自動車会社からも取引先多様化を求められた。現社長は、バブル崩壊以前からこれを見越し、90年代から5年ごとの計画経営を進めた。第一段階でコア技術を成形技術に資源を集中し提案型企業を目指した。第二段階では複合化された技術と新規の技術を融合し自社製品開発に挑戦した。第三段階では各種成形技術の組み合わせによる技術提案やシステム製品開発で取引先を拡大した。結果、大手自動車会社依存度は、50％未満となった。2000年代以降、グローバル化が加速する自動車産業に対応、07年中国江蘇省に初の生産拠点を設置。装置型産業で海外へ拠点設置はリスクが高いが、成形技術を核に計画経営で更なる技術進化を目指すので有望であった。

当社のコア技術と市場のマッチング方法は、次のとおりである。
・受注品でも開発品は技術提案営業：下請としては特異かもしれないが、展示会などに積極的に出展し、主要顧客以外にも当社の技術や製品を紹介し、

第7章　インテグラル（擦り合わせ）型産業における中小製造業のあり方　339

図7-4　「大きな技術変化」と「市場の変化」の変遷（事例：T社）

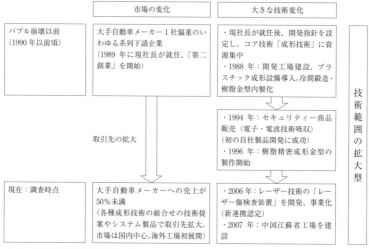

出所：中小企業基盤整備機構（2010）の資料を基に筆者が加工

表7-3　コア技術と市場のマッチング方法（事例：T社）

社名	技術戦略の類型・特徴	コア技術	自社製品割合	主要製品・加工（一部のみ）	市場規模・ライフサイクル	産業・競合	製品形態
T社	「技術範囲の拡大型」 5年ごとの中期計画で目標を明確にし、賃加工から提案型部品加工へ、さらに企画型見込形事業を併せ持つ会社へ、精密成形技術の複合化で成長	成形技術ベースの複合化技術での提案力	10%	ワイパーシャフト、インペラーの成形技術複合化等自動車部品 レーザー傷検査装置（自社開発） セキュリティー事業（自社開発製品）	中小規模成熟 中小導入 大規模成長	自動車（開発関与有） 自動車 防犯器　参入多	受注品 汎用カスタマイズ 汎用品

受注ロット	市場場所	ニーズ	コア技術と市場のマッチング方法	市場（主な顧客）
大ロット	国内 海外（中国）	顕在	・受注品でも開発品は技術提案営業　下請としては特異かもしれないが、展示会などに積極的に出展し、主要客以外にも当社の技術や製品を紹介し、取引先の幅は広がってきている。	自動車メーカー（1990年前1社依存⇒売上比率50%未満へ）、各自動車部品メーカー、
小ロット	国内	潜在 （開発品新規顧客）	・リスクの高い多角化成功で社員士気向上：セキュリティー事業の原型となるセキュリティー開発製品を1994年に販売。従来の成形技術とは異なる電子・電波技術が必要、中小企業として最もリスクの高い多角化。経営者と技術陣の執念により見事に事業化、技術者全員の士気を向上、企業としても自信	一般店舗（書店、CDショップ等）、事務所・工場等⇒セキュリティー商品販売先
小ロット	国内			

出所：中小企業基盤整備機構（2010）の資料を基に筆者が加工

取引先の幅は広がってきている。

・リスクの高い多角化成功で社員士気向上：事業の原型のセキュリティ開発

製品を 1994 年に販売。従来の成形技術とは異なる電子・電波技術が必要、中小企業として最もリスクの高い多角化。経営者と技術陣の執念により見事に事業化、技術者全員の士気向上、企業としても自信。

(5) 航空機

①アーキテクチャは擦り合わせ型、スペックが厳格に指定されたボーイングなどによる国際分業体制、②国内市場で新規参入には国際認証や高額の先行設備投資が必要で参入障壁が極めて高く、③中小企業への評価基準は、国際認証が必要で、厳格に指定されたハイスペックへの対応力と最新鋭設備の導入が重要。⇒ハイスペックな精度要求に対応できる高い技術力を継続的に向上させる開発力とともに、高額の先行設備投資に耐えられるだけの資金余力が重要。

航空機は、民間機の 100 席以上の中大型機市場では、ボーイングとエアバスの寡占状況であり、大手企業の三菱重工、川崎重工、富士重工でも、単なるボーイングの T1 企業にすぎない。また、航空機はアーキテクチャは全体としては擦り合わせ型である。なぜならば、航空機は自動車と同様に、いや、それ以上に高い水準で、製品全体の統一感や安定性や安全性が要求されるからである。さらに、両者の相違は、この全体の製品機能を生み出す技術水準の高さと関連して、部品点数も航空機は 300 万点、自動車は 3 万～5 万点と 100 倍近い差がある。桁違いの安全性要求水準故の開発設計の困難さと、製品開発期間が 10 年～20 年と自動車の 4 年程度と比較にならない開発期間の長さのために、モノ作りの組織能力では製品開発・設計能力が最も重要となる。この能力で YS11 以降国産民間航空機を製造してこなかったため、日本の大手企業の T1 メーカーですら、最終製品メーカーにはなれずにいるのである[32]。

しかし、この擦り合わせ型の産業アーキテクチャも、開発・設計段階に擦り合わせを集中して、製造段階になるとコストやリスクや効率性を勘案し、組み合わせ型となる。しかも各モジュールや機能部品を大規模に国際的分業

表 7-4　世界の開発・生産分担方式による共同事業の概要（ボーイング 787 の例）

	構造チーム		
B787	ボーイング　フレデリクソン	（米）	垂直安定板
	ボーイング　タルサ	（米）	主翼固定前縁、主翼可動前縁
	ボーイング　ウィチタ	（米）	フライトデッキ、前方胴体部位
	Hawker de Haviland	（豪）	動翼、翼胴フェアリング
	Vought/Alenia	（米/伊）	水平安定板、中央胴体、後部胴体
	三菱重工業	（日）	主翼ボックス構造
	川崎重工業	（日）	前胴、主脚格納部、主翼固定後縁
	富士重工業	（日）	中央翼、中央・主脚格納部統合
	その他		

出所：(財)日本航空機開発協会「航空機産業の現状」(2010 年 3 月版)

図 7-5　787 日本メーカー分担図

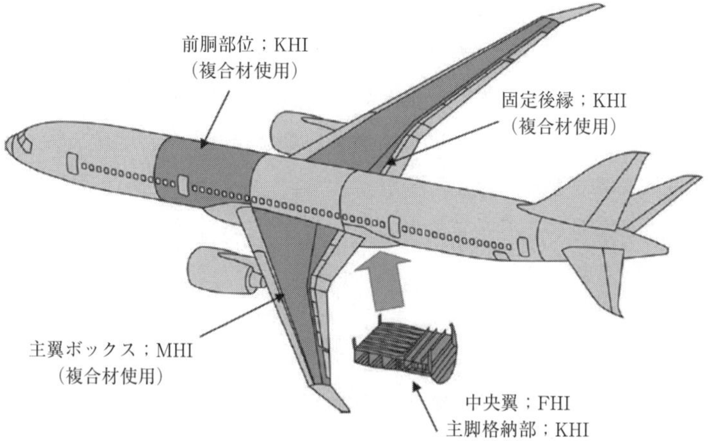

前胴部位；KHI（複合材使用）
固定後縁；KHI（複合材使用）
主翼ボックス；MHI（複合材使用）
中央翼；FHI
主脚格納部；KHI（複合材使用）

出所：(財)日本航空機開発協会「航空機産業の現状」(2010 年 3 月版)

（例：ボーイングの最新鋭機の場合には、アメリカ、日本、カナダ、イギリス、フランス、スウェーデン、イタリア、オーストラリア、韓国、中国）を行い、最終組立は両社が行う点に大きな特徴がある。日本の大手メーカーも、ボーイング社との取引では開発設計段階まで参加する重要な役割を有し、主翼、胴体部分など重要なモジュール製造の受注を獲得している（表 7-4、図 7-5

参照)。

　航空機産業の特徴は先行設備投資額が膨大であり、かつ全部品の開発・設計・製造も極めて高い技術水準を要求され、完成機メーカー 1 社での負担では困難なので、中大型機分野では欧米の完成機メーカー 2 社を中心とした国際共同開発体制が構築されている。また、航空機の軽量化に伴い重要な役割を果たす炭素繊維複合材料関連技術は、日本が世界でもトップレベルにある。

　航空機（民需＋防需）の国内市場は全部で 1 兆 2 千億円、世界では 50 兆円の市場規模があると言われる。航空機は今後 20 年間で民間機市場の年平均 15 兆円規模の拡大が予想される成長産業である（数値はいずれも調査時点)。

　航空機産業に参入するための特徴としては、従来は、航空機会社ごとに技術水準で工程ごとに認証が必要であったが、2004 年に Nadcap という国際認証機関が設立され、この認証を受けないと中小製造業も航空機分野に参入できないこととなった。さらに、中小製造業の参加することの多い、二次サプライヤーレベルでは、スペック・設計図面は厳密に確定している。また、中小製造業でも、航空機産業は市場規模もかなり大きく、国産旅客機の開発の可能性もあり将来性の豊かな分野である。しかし、中小製造業であっても、数十億単位の多額の先行投資額が必要となり、これに耐えうるだけの資金余力・借入信用力を有するかどうかが、航空機産業への参入の第一条件となる。

　また、中小製造業の取引先は、ボーイングなどの完成機メーカーではなく、国内の三菱重工、川崎重工、富士重工などの T1 メーカーとなる。これらの国内 T1 メーカーの中小製造業への評価基準は、まずは工程で Nadcap などの認証を受けていることであり、次に厳密に指定されたスペック・設計図面に対して、QCD のレベルでいかに高い水準の要求に応えられるかになる。

　航空機産業の中小製造業の競争優位の要因は、ハイスペックな精度要求に対応できる高い技術力を継続的に向上させる開発力とともに、高額の先行設備投資に耐えられる資金余力になる[33]。品質などの要求水準の高さと資金需要の大きさから中小製造業 1 社での受注は困難なので、都内の AMATERAS のような技術水準の高い企業グループによる一括受注の方策も有効である。

〔事例企業：2009年調査〕継続的な開発力と高額な先行投資に耐えられるだけの資金余力が必要

O社：1948年電気めっき業を開始。精密理化学機械メーカーの表面処理関連の仕事を受注、機械加工や組立へと拡大。76年このメーカーより航空機器用硬質クロムめっきの認証を得、航空宇宙機器部門へ進出。他のT1から、77年大手航空機メーカーより特殊工程承認と続いた。

1983年の研究開発室設置は、成長に貢献した。契機は、工業試験場指導員の言葉である。「これからの表面処理業者は、研究部門を持たなければ一人前の技術集団とはいえない。それも2～3年は投資するつもりで採算は考えず、自由に研究させるぐらいでなければ」。ハイテク第一号のテクノマイトをはじめ、次々とハイテク商品を生み出す原動力となった。85年に自社製品開発部門を独立させ、小袋自動投入機器メーカーで全国・世界的な営業展開を開始した。86年～90年にショットピーニング装置、複合装置、5軸マシニングセンター、浸透探傷検査設備導入、加工から表面処理、塗装の工程結合体制を構築した。92年に航空機部品の表面処理・機械加工O社、他の産業機器部品の表面処理・機械加工OP社、自社製品製造OK社の3社グループ体制確立した。

90年～00年代は、航空宇宙機器部品の機械加工を基礎に、投資額が20億円～30億円の大型工場を次々と建設した発展拡張の最盛期である。この高額な機械と人への先行投資により、航空機産業でのハイスペックな仕様への高度な対応力が可能となり、大手航空機会社や国内T1メーカーなどから次々に特殊工程の認証を受けた。98年に〇〇第二工場を竣工、加速器関連向け銅電鋳設備導入および機械加工設備、浸透探傷検査設備導入した。02年に一貫加工生産工場の〇〇300年工場を竣工した。5軸高速マシニングセンター、浸透探傷検査ライン、自動アノダイズライン、自動塗装ライン導入した。04年にNadcap国際認証機関が設立され、同年に日本で最初に認証を取得した（非破壊検査、ショットピーニング）。06年にB787向け一貫生産ライン（MG3→浸透探傷検査設備→ショットピーニング設備→表面処理設備→塗装設備→モノレール式組立設備）完成、加工からサブ組立までの生産開始した[34]。

図7-6 「大きな技術変化」と「市場の変化」の変遷（事例：O社）

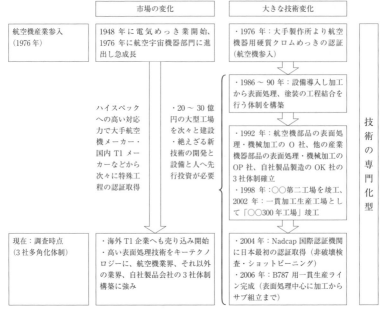

出所：中小企業基盤整備機構（2010）の資料を基に筆者が加工

表7-5 コア技術と市場のマッチング方法（事例：O社）

社名	技術戦略の類型・特徴	コア技術	自社製品割合	主要製品・加工（一部のみ）	市場規模・ライフサイクル	産業・競合	製品形態
O社	「技術の専門化型」高い表面処理技術をキーテクノロジーに、航空機業界、それ以外の業界、自社製品会社という3社体制の構築の巧みさにより、高い競争力を発揮	Nadcap国際認証の表面処理中心の一貫加工	0.1%（OK社のみ）	国際認証の航空機部品の表面処理中心の一貫生産（O社）他産業部品の表面処理中心の一貫生産（OP社）「小袋自動投入機器」等（OK社）	中小規模成熟 中小成熟 中小成熟	航空機（中小で唯一の一貫生産）各種製造業包装機械等	受注品受注品専用品

受注ロット	市場場所	ニーズ	コア技術と市場のマッチング方法	市場（主な顧客）
小ロット	国内（民需のエンドユーザ海外）	顕在	・（航空機部門）エンドユーザーのニーズをいち早く把握した研究開発技術的に確立していないが最新の設備（環境対応の溶射設備）も導入し、次世代を見つめて研究することも始めた。 ・表面処理を共通の武器に分社化 航空機部門は、既存の取引先のスペックに的確に答えることが一番。他の産業機器部門は、機械要素展などへの展示会に出展して技術をPR、顧客の要求に合ったオンリーワンの表面処理を行う。自社製品部門は、専用機なので、メカトロのわかるセールスエンジニアが営業	・航空機器メーカー（ボーイング社及びT1メーカーの特殊工程認証、Nadcap国際認証）〔O社〕 ・航空機以外の産業機器メーカー（表面処理中心の一貫生産）〔OP社〕 ・食品業界・医療業界等（自社製品）〔OK社〕
中小ロット	国内	潜在（開発品）		
小ロット	国内	既存顧客		

出所：中小企業基盤整備機構（2010）の資料を基に筆者が加工

調査時点では、海外 T1 企業へも売り込みを開始していた。高い表面処理技術をキーテクノロジーに、航空機業界、その他業界、自社製品会社の 3 社体制構築に強みを有していた。表面処理で主要取引先の航空機産業は、主にグローバル企業 2 社による国際分業体制が構築される擦り合わせ型産業である。しかし、組み合わせ型産業の電機産業に見られるように、サプライチェーンの覇権者が、OS や半導体などの中間工程や部品メーカーに移動はせず、最終組立メーカーがサプライチェーンの覇権者であり続ける。これは、高難度の開発・設計技術を要し、それを有する最終組立メーカーの厳格な仕様や設計がサプライチェーン全体を制御しているからである。三菱重工、川崎重工、富士重工ですら T1 である。国際分業の結果、国内 T1 メーカーからいかに受注確保できるかが持続成長のために肝要である。そのためには、コア技術の表面処理技術を核とした 20 ～ 30 億円の中小製造業では高額な設備と人への先行投資の持続が必要となり、その困難さが競争優位を確たるものとしていた。

最後に、コア技術と市場のマッチング方法は、次のとおりである。
・(航空機部門) エンドユーザーのニーズをいち早く把握した研究開発：技術的に確立していないが、最新の設備（環境対応の溶射設備）も導入し、次世代を見つめて研究することも始めた。
・表面処理を共通の武器に分社化：航空機部門は、取引先スペックに的確に応えることが一番。他産業機器部門は、機械要素展等への展示会に出展し技術を PR、要求に合ったオンリーワンの表面処理を行う。自社製品部門は専用機なので、メカトロの分かるセールスエンジニアが営業。

(6) 半導体素材関係

①アーキテクチャが擦り合わせ型、②国内市場は最終製品の半導体市場ではサムスンなど海外メーカーに押されるが、素材・材料分野では日本の世界シェアは依然高く、③本来、中小企業では参入の困難な多額の設備投資の必要な市場で、リサイクルやサービスでの大手と差別化必要。
⇒半導体関係は技術革新速度が極めて速い業界であるので、国際競争力

> の強い川上・川下企業と連携し多額で継続的研究開発投資が重要。

　日本の半導体産業は、1980年代はDRAMメモリを中心に高いシェアを維持していたが、90年代から韓国企業による追い上げ等により、DRAM等のメモリ分野はサムスンをはじめとする韓国勢に、MPU等の先端ロジックICはインテルをはじめとするアメリカ勢に、製造工程は台湾勢の水平分業型ファンドリに押され、世界シェアを大きく後退させている。しかし、半導体分野においても日本が依然として世界で大きなシェアを獲得している分野がある。『2009年版ものづくり白書』によれば、07年における半導体用主要材料のシェアは市場規模3.9兆円のうち、日本企業が67％ものシェアを獲得している。機能性化学品分野は、装置産業型や労働集約型の他の化学汎用品分野に比べ、工程アーキテクチャが擦り合わせ型で、日本が強みを発揮できる分野であると言われる[35]。前述の半導体用主要材料やIC（集積回路）製造工程のうち前工程は、技術的に高度な擦り合わせ型で日本が世界で強みを維持している分野である。

　中小製造業は、半導体産業のような成長産業で市場規模が巨大な分野に参入する場合には、多額の設備投資と高度な技術の外部導入が必須であるとともに、参入する工程のみならず前後の工程で日本企業が高いシェアを有する分野を選択することが重要である。そして、参入後には川上・川下の大手企業と連携し、新技術開発に注力をして競争力の維持に努めなければならない。中小製造業は、装置産業型や労働集約型で新興国の技術的キャッチアップが容易な分野で競争をすると、価格競争の消耗戦に陥るだけなので、半導体産業でも擦り合わせが重視される工程での位置取りを重視すべきである[36]。

　しかし、調査時点から現在までに半導体素材、特に下記事例で取り上げるフォトマスクの業界にも変化が生じ、資本集約性の増大とともに韓国や台湾企業におけるフォトマスクの内製化が進み、結果的に日本の大手印刷メーカーのフォトマスク企業の世界シェアは調査時点で約7割近かったものが、2012年時点ですでに1割以上シェアが縮小しているようである[37]。このように、アーキテクチャが擦り合わせ型で、前後の工程を日本企業が高い世界シェアを占める産業でも、資本集約型のモジュラー型に近いアーキテクチャ

第7章 インテグラル（擦り合わせ）型産業における中小製造業のあり方　347

への変化が生ずると、日本が不得意な分野となり、韓国や台湾の半導体メーカーの投資力に圧倒されることになるので、中小製造業は動向に留意する必要がある。

　前章のモジュラー型の産業では、最終製品の変化に伴いサプライチェーンでの覇権者も変化が生じ易いので、中小製造業は特にサプライチェーンでの位置取りに注意が必要であると述べた。同様なことは、半導体素材のような技術革新の速度の激しい擦り合わせ型のアーキテクチャの産業にも言える。

〔事例企業：2009年調査〕

D社・DE社：技術革新の極めて速い業界で、研磨と洗浄をコア技術に大企業と競合し成長

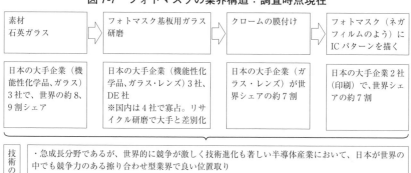

図7-7　フォトマスクの業界構造：調査時点現在

出所：中小企業基盤整備機構（2010）の資料を基に筆者が加工

D社・DE社：第2章で取り上げた事例である。1967年に前身の絹織物業から大胆な業種転換を行い、シリコン整流素子製造会社で創業した。

　第1次石油危機時の売上減少を教訓に、様々な半導体関連事業に進出し取引先拡大を狙った。77年にフォトマスク[38]用ガラスの研磨加工を開始した。その後、「研磨技術」を軸に、85年頃からシリコンウェハー裏面研磨加工[39]、86年化合物半導体用GaPウェハー研磨加工、91年GaAsウェハーの研磨加工を開始した。IC・LSIなどの半導体は、シリコンをはじめとするウェハー

上に回路が作られる。さらに08年には、省エネ・省資源という点から注目を浴びているSiC・サファイアウェハーの研磨加工を開始した。約3億円と非常に高価なため購入に時間が掛かったが05年に検査装置を購入、ハイグレード品フォトマスク用ガラスの研磨加工技術が完成した。近年ではリサイクル研磨加工[40]の売上がフォトマスク用研磨の売上の多くを占めている。96年にエピタキシャル成長加工[41]を開始した。コア技術の「研磨技術」との関連は希薄である。高度な技術を必要とし当社で大きな技術変化となった。調査時点で、エピタキシャル成長加工は売上の25％を占める事業に成長していた[42]。

　当社は、半導体本体は国際的に競争力が弱体化してきている中で、依然として日本が世界の中で飛び抜けた競争力を維持しているシリコンウェハーのプロセスで、研磨と洗浄のコア技術を武器に大企業とも競合し成長を続けていた。高度な技術に設備投資が欠かせず、川上、川下の企業との連携や産学官連携で技術を磨き、リスクの少ない多角化で新事業を次々に模索していた。

　調査時点では、当社は半導体素材というアーキテクチャが擦り合わせ型の産業で、川上・川下が国際競争力を有する分野で良い位置取りを得ていた。一方で、前述のとおり、フォトマスク用ガラス研磨の後工程の国内需要は、韓国や台湾の半導体メーカーの内製化でシェアを少し奪われていたので、当社への影響も懸念される。

　しかし、経営姿勢は、その懸念を払拭できるほど明確で適切なものだった。半導体・シリコンウェハープロセスの業界は、現在の仕事が10年間続く保証がないほど、技術革新スピードが速い業界であるので、常に新事業なり新顧客を開発・開拓するか、既存顧客なら新製品開発する等、常に新しいことに挑戦することを生き残りの条件と考えていた。

　コア技術を活かす市場開拓にも余念がなかった。新事業は大取引先の情報から始めることが多く、経営に活かせる情報を営業部門が収集しレベルの高い目標にも挑戦する。Sic研磨など新素材の3〜5年先市場に期待していた。

　当社のコア技術と市場のマッチング方法は、次のとおりである。
・営業情報に基づく計画経営：市場開発戦略委員会を立ち上げ、3年先までの経営計画を立案する。設備投資の方向性は、基本的に営業部門が取引先か

表7-6 コア技術と市場のマッチング方法（事例：D社）

社名	技術戦略の類型・特徴	コア技術	自社製品割合	主要製品・加工（一部のみ）	市場規模・ライフサイクル	産業・競合	製品形態
D社	「技術の専門化型」日本が世界で飛びぬけた競争力を維持しているシリコンウェハーのプロセスで、研磨と洗浄のコア技術を武器に大企業とも競合しながら多角化	半導体産業を支える匠の「研磨技術」	0%	半導体フォトマスク基板用ガラス研磨（他シリコンエピタキシャル成長等：DE社）化合物半導体ウェハー研磨（他シリコンウェハー裏面研磨加工等：D社）	大規模成長（リサイクルは中小規模）中小規模成長	半導体素材4社寡占 2社寡占	受注品

受注ロット	市場場所	ニーズ	コア技術と市場のマッチング方法	市場（主な顧客）
大ロット 大ロット	国内 輸出（10%）	顕在 潜在（開発品）既存・新規顧客	・営業情報に基づく計画経営　市場開発戦略委員会立ち上げ3年先までの経営計画を立案する。設備投資の方向性は基本的に営業部門が取引先から収集する情報に基づき計画 ・営業にはニーズ・シーズへの高い意識が重要　営業には、人が知らなくて自分だけ知っているものが情報だと言い聞かせて、真の顧客ニーズや最新の技術シーズの情報収集への高い意識を徹底	ガラスメーカー、シリコンウェハー製造メーカー、化合物半導体メーカー、IC製造メーカー、成膜メーカー、印刷会社、電子デバイスメーカー、台湾、韓国からウェハー輸入、欧米ガラスメーカー

出所：中小企業基盤整備機構（2010）の資料を基に筆者が加工

ら収集する情報に基づき計画。

・営業にはニーズ・シーズへの高い意識が重要：営業には、人が知らなくて自分だけ知っているものが情報だと言い聞かせて、真の顧客ニーズや最新の技術シーズの情報収集への高い意識を徹底。

(7) 半導体製造装置・関連装置（プリント基板実装装置を含む）

①アーキテクチャ（設計思想）が擦り合わせ型、②国内市場はシリコンサイクルや設備投資動向に伴い変動が激しい一方で、新興国の市場は拡大傾向、③中小企業への顧客の半導体メーカーや電子機器活用メーカーの評価基準は、受注生産であるので大企業の製造装置メーカーに負けないカスタマイズの良さや性能の高さを重視⇒大手企業への差別化のために、受注生産におけるカスタマイズの良さとともに、開発力強化が重要。新興国など海外販路開拓が重要。

半導体製造装置・関連装置産業は、日本が依然として強みを発揮している産業分野である。しかし、半導体本体では、1980年代に民生用機器の旺盛な需要に支えられてDRAMを中心に世界市場を席巻した日本も、メモリ事

業では韓国のサムスンの大型設備投資攻勢に、システムLSI事業ではインテルなどの米国中心のファブレスと台湾中心のファンドリ企業の分業体制に圧倒され競争優位を失っている分野も多い[43]。このため、世界市場でトップシェアを発揮しているケースが少なくない一方、メモリからロジックへの投資が増加傾向の中、この検査装置等での日本メーカーのシェアは低い傾向にある[44]。

　半導体製造装置メーカーは、川上・川下の厚い産業集積のもとに、アーキテクチャは擦り合わせ型で、技術進歩が著しく早い業界なので、絶えざる製品・技術開発は必須となる。プリント基板実装装置などの半導体関連装置は、顧客の電機・光学メーカーや自動車関連メーカーの需要が国内でも依然として大きいが、新興国におけるエレクトロニクス製品や自動車への半導体搭載の需要が激増していることから、海外市場開拓も重要となっている。

　半導体製造・関連装置産業の顧客の半導体製造メーカーおよび半導体搭載のエレクトロニクス産業や自動車産業の技術進歩は著しい。半導体デバイスの急速な微細化・高集積化、ウェハーの大口径化、銅配線・低誘電率絶縁膜などの新材料利用への対応のために、研究開発投資が重要となっている[45]。事例B社（2010年調査）は、半導体関連装置でIC&FPD（フラットパネルディスプレイ）モジュール実装装置の多様なラインアップを武器に、世界初のフルオートFOBラインをチャンピオン・ユーザーへ十数台輸出した実績を有する。バブル崩壊前は板金加工がメインであったが、90年代と00年代の大手企業との共同開発を通じ市場を意識したモノ作りやプロセス技術、製品開発の進め方と問題解決手法などを学習し、自社製品への大手顧客からの高い信頼を獲得した。また、競合は大手企業が多く顧客の技術面の要求水準も飛躍的に高まってきているので、製品開発・技術開発投資は手を抜けない。そこで、環境問題対応の新市場製品開発と新事業に挑戦中で、成長分野向け事業開発と最新鋭製品開発に挑戦していた。自社にない専門分野を持つ企業や素材メーカーなどとの連携を強化し、販社との連携で販売力を総合的に強化していた。

　半導体製造・関連装置産業は、エンドユーザーの製品のライフサイクルが短縮化し、顧客製品のエレクトロニクス化・デジタル化の急速な進展により、

第 7 章　インテグラル（擦り合わせ）型産業における中小製造業のあり方　351

実用分野が急速に拡大するとともに、顧客の技術進化への高い要求が加速している。そこで、中小製造業は、大企業と競争する上では、カスタマイズの良さと絶えざる技術開発による差別化が必須である。また、新興国を中心に大きな市場は国内から海外へ移転が進んでいるので、この業界に属する中小製造業は、巨大化する海外需要の取り込みに資源を投入する必要がある[46]。

〔事例企業：2010 年調査〕

B 社：脱下請のため、経営者の長期的視点の計画経営実践と執念で 30 年がかりの自社製品開発

　創業者の「ゼロからの創造」気風が原点。急逝後、第二創業者は 60 年代に苦難に直面、開拓した大手時計メーカー関連の板金等の仕事受注で乗り越えた。

　現経営者が、入社した翌年 70 年に経営計画立案を始めた。良い顧客と良いモノ作りには良い従業員が必要と考え、技術知識の勉強会や、取引先開拓の営業と、課題解決のための技術会議も定期に開催した。石油危機の影響で、大企業中堅技術者・技能者も採用できた。70 年代以降、顧客大手精密機器メーカーが電子機器分野で世界に進出していく中で、明確な目標の下で成長の基盤を築いた。大手メーカーとの取引や交流を通じて、加工技術、組立技術、自動化装置の開発・設計技術等を習得するとともに、幅広い人脈を構築した。

　78 年第二次経営計画に着手し「自社製品を開発する」方針を定め、翌年自社製品開発に着手。80 年板金機械大手の新製品の NC 付タレットパンチプレスは精密板金機械のヒット商品で、その金型は初の自社開発製品となった。

　自社製品開発の契機は、80 年代前半電子工学の高度な知識と応用能力を有する技術者の入社。経営者が開発のネタを探しこの者が開発する分担が上手に機能、電子シャッター用生産機のコントローラー等を開発、熱圧着技術を蓄積、84 年受託で現在のコア技術の源流機に該当する「熱圧着実装装置」開発。

　91 年自社製品開発目標を明確化するために、「2001 年ビジョン」（10 年計画）策定。自社製品を本格的に製造するために、92 年に完成品工場竣工。

90年代前半は製品戦略が定まらず産学連携成果などで製品開発（生ごみ処理機、アーケードゲーム機、アイデア製品等）の試行錯誤、実用化には至らず。

94年頃に大企業と装置を共同開発し、市場を意識したモノ作りやプロセス技術の深化が、自社製品の事業化に不可欠であることを学んだ。市場性や将来性から経営資源を集中したのが、熱圧着装置の製品開発である。90年代初頭に、新素材の販社がユーザーにこの実装装置を一緒に販売してくれた。99年に卓上型COG実装装置が日経新聞年度優秀賞を受賞し知名度が向上し、アジアの携帯電話等の生産工場にも導入された。97年頃に、自社製品の開発の実用化に不可欠の全プロセスに精通した大企業出身技術者を確保できた。

2000年頃から約4年間、大手企業と装置の共同開発を通じて、製品開発の進め方と問題解決手法などについて貴重な学習ができた。05年頃から、製品ラインを戦略商品15品目に絞り技術開発・製品開発を集中し、開発・製造等の生産性が飛躍的に向上し、販社の営業活動も販促が容易となった。すでに、06年に世界初のフルオートFOBラインが、チャンピオン・ユーザーへ十数台輸出されていた。販社との絶妙な連係プレーで顧客ニーズに的確に対応し、絶えず新製品を開発しサービス体制も強化、業績を着実に上げていた。

フレキシブルプリント基板（FPC）の基板実装装置（FOB）分野で、世界のトップレベルに位置していた。成長分野の新実装機開発にも余念がない[47]。

主力製品のFPD中小型実装装置も、半導体装置と同様にアーキテクチャは擦り合わせ型である。しかし、国内需要も半導体と同様に縮小し、新興国を始めとした海外需要に大きく依存してきていた。また、サプライチェーンの最終製品の需要変化も著しく、調査時点では主要顧客としてきた携帯電話のチャンピオン・ユーザーも、スマートホンでは覇権者ではなくなっている。大手企業との競合で差別化をし、変化の激しい最終製品の覇権者に対応するためには、絶えず成長分野を意識した製品開発の継続は不可欠となっていた。

当社が今までに大手企業との共同開発の中から学習して画期的な自社製品

第7章 インテグラル（擦り合わせ）型産業における中小製造業のあり方

図7-8 「大きな技術変化」と「市場の変化」の変遷（事例：B社）

B社（資本金9,600万円、従業員数95名、年商25億円）

		市場の変化	大きな技術変化	技術戦略類型
取引先の拡大	第二創業（1959年、創業は1916年）	・第二創業者が開拓した大手時計メーカー関連の板金関係の仕事受注	・精密板金加工の下請加工中心	自社製品開発型
	治工具開発（1980年頃）（明確な目標で板金加工技術を蓄積、特殊金型の自社開発）	・1970年経営計画の下、取引先開拓の営業、課題解決の技術会議開催 ・1970年代顧客大手精密機器メーカーの電子機器分野参入で、成長の基盤 ・1980年板金機械大手のヒット商品タレットパンチプレス用金型の需要拡大	・1970年経営計画開始（1973年第一次） ・石油危機で、中堅技術者・技能者確保 ・1970年代大手製造業と取引で、加工、組立、自動化装置開発・設計等技術習得 ・1979年自社製品開発着手、1980年初の自社製品「タレットパンチプレス用金型」開発	
	受託開発（1980年代前半）（現在の主力製品の源流機の自社開発）	・1980年代前半経営者が開発のネタ探し、中途入社の電気技術者が開発 ・1984年受託により、源流機の熱圧着装置を開発	・1980年代前半電子工学の高度な知識と応用能力を有した技術者が入社 ・1984年現在のコア技術の源流機に該当する「熱圧着実装装置」を開発	
	バブル崩壊（1990年代初）（1991年〜1994年）（試行錯誤の受託開発、OEM製品開発の時代）（1994年〜1999年）（大手との共同開発経験から、熱圧着装置に経営資源集中）（2000年〜2007年）（大手との共同開発で学習、製品ライン集中、世界市場へ）	・1990年代前半様々な製品開発で試行錯誤、実用化には至らず ・1994年頃市場性や将来性から熱圧着技術開発に経営資源を集中 ・1990年代初頭〜新素材販売会社が、ユーザーに実装装置を同時販売 ・1999年受賞で知名度UP、アジアの携帯電話など生産工場にも導入	・1991年「2001年ビジョン」（10年計画）策定（自社製品開発の目標を明確化） ・1992年完成品拠点工場竣工 ・1994年頃大手と共同開発で、市場を意識したモノ作りやプロセス技術学習 ・1997年頃自社製品開発実用化に必要な全プロセスに精通の大手技術者確保 ・1999年卓上型COG実装機が日経新聞年度優秀賞受賞	
		・2005年頃製品ライン戦略商品15品目へ、技術開発・製品開発集中 ・2006年〜世界初フルオートFOBラインをチャンピオン・ユーザーへ十数台輸出	・2000年から約4年大手と共同開発、製品開発進め方と問題解決手法学習、製品ライン集中で開発・製造等生産性向上 ・2006年世界初フルオートFOBライン開発	
	現在：調査時点	・IC&FPD（フラットパネルディスプレイ）モジュール実装装置の多様ラインアップ ・環境問題に対応する新市場製品開発と新事業に挑戦中、装置売上7割	・成長分野向けの事業開発と最新鋭の製品開発に挑戦（自社にない専門分野を持つ企業や素材メーカー等と連携強化。販社との連携により販売力を総合的強化）	

出所：中小企業基盤整備機構（2011）の資料を基に筆者が加工

を生み出したように、これからも自社の資源は得意分野に集中して、他の専門分野や素材や販社などとの巧みな連携により、高い付加価値の製品開発に挑戦することが従来以上に重要となることは間違いない。そのことにより、調査時点における装置売上の割合（約7割）の拡大も可能となっていた。

第5節　産業のアーキテクチャの観点から見た中小製造業のあり方（まとめ）

1．前章と本章の前節までの内容の小括

　前章と本章で、産業のアーキテクチャに着目して、①産業のアーキテクチャの特徴、②産業の国内市場の大きさ、③取引先から見た評価基準の3つの観点から、モジュラー型とインテグラル型の典型的な産業をいくつか取り上げ、事例研究を通じ、それぞれの産業における中小製造業のあり方を考察してきた。

　その目的は、中小製造業が属する産業のサプライチェーンの中でいかなる位置取り（ポジショニング）を取るかが、競争力や成長に大きな影響を与えると考えたからである。中小製造業では、藤本隆宏の製品アーキテクチャ論だけでは不十分であると考えるが、なぜ産業アーキテクチャを本研究で考察する必要があるのであろうか。それは藤本が、最終製品メーカーかせいぜいサプライチェーンにおいて機能部品を有する一次部品メーカーしか想定していないからである。しかし、中小製造業はサプライチェーンの中でも二次部品メーカー以下であることが多く、仮に一次部品メーカーであっても単なる機構部品の取扱いにとどまり、それ自身で機能を有する機能部品を扱っていないことも多い。このような中小製造業のサプライチェーンにおける位置取りにおいては、単に自社と取引先との関係の製品アーキテクチャのみならず、その産業全体のアーキテクチャの特性に配慮する必要があるからである。

　たとえば、モジュラー型の典型の情報通信機器の場合には、携帯電話からスマートホンに需要が完全に置き換わった。同様にインターネットの視聴もパソコンからスマートホンや携帯端末に置き換わりつつある。最終製品メーカーの覇権者と同様にサプライチェーンの中の覇権者も同様に入れ替わった

が、部品メーカーでもスマートホンのサプライチェーンに入り込めたかが、その競争力に大きな影響を与えた。実際に、携帯電話の振動モータで大きなシェアを有していた中小製造業が、スマートホンに需要が置き換わった段階でシェアを失い民事再生法申請に至った。一方、本研究事例で携帯電話の部材からスマートホンの部材に巧みに用途開発ができ成長を続けている企業もあった。

　他方で、インテグラル型産業のサプライチェーンで良い位置取りをしていれば、安泰というわけでもない。なぜならば、インテグラル型産業のサプライチェーンの覇権者は自動車のように最終製品メーカーが安泰であり、最終製品やサプライチェーンの覇権者の変動はモジュラー型産業に比し少ない。インテグラル型では、部品メーカーの手の内を川下大手企業も熟知し易いので、中小製造業は大手企業の内製化との競争に勝たなければならないからである。

　本節では、モジュラー型産業、インテグラル型産業での中小製造業のあり方の要諦を取りまとめる。詳細は表7-7のとおりであるが、検討項目の多さや産業のごとの多様性により全体像が把握しにくいので、モジュラー型の典型的産業として電機・光学を、インテグラル型の典型的産業として自動車を取り上げ、それぞれの産業におけるポジショニング戦略の比較分析を行う。

　電機・光学産業は、産業のアーキテクチャがモジュラー型で、国内需要は年々縮小してきている。大手企業の生産拠点の海外移転が、1980年代後半から本格化し2000年代以降加速したことで、中小製造業の選択肢は、取引先に追随して海外に生産拠点を設置するか国内にとどまるかのいずれかであった。事例でも、海外に投資するだけの資金余力と海外でも評価されうる技術力を有した企業はいち早く海外展開を行い、調査時点でも複数の海外拠点を有していた。一方で、国内にとどまる選択をした企業もあった。減少する光学関係の取引先需要減少に対し、長年の試行錯誤の上、従来の製造技術・生産技術に加え、新技術人材の獲得で設計技術を取得し自社製品開発を成し遂げていた。

　これに対して、自動車産業における中小製造業の対応は異なっていた。それは、産業のアーキテクチャがインテグラル型で、国内需要が相当程度残っ

ていたためである。自動車産業においても2000年代以降は、消費地に近いところで生産する地産地消が志向され、生産拠点の海外移転が進んだ。この動きはリーマンショック、続いて東日本大震災以降に加速した。しかし、自動車産業におけるサプライチェーンにおいてT2（事例のように一部はT1）に位置することの多い中小製造業は、海外移転によるリスクを冒すよりも国内において新規取引先開拓による需要発掘を選択する企業のほうが多かった。

　電機・光学産業の特徴は、産業のアーキテクチャがモジュラー型ということだけではない。1980年代に隆盛を極めた産業であるが、バブル崩壊以降は、中国や韓国をはじめとした国の技術的キャッチアップや、米国のベンチャー企業を中心としたモジュール化での国際分業や革新的製品導入で、日本の最終製品メーカーはことごとく勢いを失ってきた。一方で、同じサプライチェーンの中でも、スマートホンの部品に採用されている京セラ、TDK、村田製作所、アルプス電気などの電子部品メーカーは引き続き国際競争力を維持している。

　こうした中で、事例に見られるようにこの産業に属する中小製造業は、海外で日系企業や外国のグローバル企業からの国内では見られない超大ロット部品生産を行っていた。人件費の安い現地の外国部品メーカーに勝つのには、製造技術はもとより大量部品を高精度で安定して生産できる管理能力に理由があった。ただ、こうした海外で生産を行う中小製造業も、国内に製造拠点を残し多品種小ロット・超精密・短納期の部品の生産も続けていた。電機・光学のモジュラー型のアーキテクチャ産業では、大手企業の海外展開に的確に対応した巧みな国際分業体制構築が、競争優位の源泉となっていた。

　これに対して、自動車産業においてもインテグラル型産業とはいえ、部品の共通化、ユニット化、エレクトロニクス化・ソフト化などによる部品点数減少により、部品や部材を供給する企業間の競争は激化している。このため、顧客の大手企業の評価基準が年々厳しさを増している。これは、最終製品メーカーの国内で生産した半分近くの車は、海外に輸出されることも重要な要因となっている。為替変動、高い人件費をはじめ、自動車メーカーが国内に立地することによる様々な制約から、国内で生産する場合には海外で生産するよりも高い生産性と付加価値が要求される。これに、下請系列体制の再

第 7 章　インテグラル（擦り合わせ）型産業における中小製造業のあり方　357

編・崩壊が加わり、大手企業の中小製造業に対する要求水準は品質・コスト・納期いずれも大変高いものとなってきている。

　事例の中でも、この産業の中小製造業は、バブル崩壊以降、取引先の開拓・多様化に努めてきていた。その際の鍵となる組織能力は、開発・設計能力や開発提案力であった。バブル崩壊前までは、1社への取引先依存度も高く、製造技術や生産技術を中心に顧客の要求条件に完全に対応できるかが、この産業における中小製造業の競争要因であった。しかし、バブル崩壊以降は、依然として下請的取引が多い中においても、従来は有していなかった開発・設計力を吸収・融合し、技術シーズを基にした開発品の技術営業をしている事例も見られた。

　新規分野の開拓や技術開発が1社では困難な場合には、企業間連携や産学連携も必要となっていた。また、大手企業の高まるユニット化・アッセンブリ化発注に対しても、広域や異分野などの新たな企業間連携の形を構築していた。このように、中小製造業において、自らが企業間連携のコア企業としてコーディネート力や連携体構築力を発揮することが2000年代の新たな競争要因となっていた。

　モジュラー型産業とインテグラル型産業で大きな相違点は、競争上の脅威にも見られた。モジュラー型の電機・光学産業では、①製品アーキテクチャの変化が激しい（インテグラル型からモジュラー型へ、モジュラー型からインテグラル型へ）、②技術革新の速度が極めて速く、革新程度も非常に大きいので、最終製品の代替製品の出現度が高い、③サプライチェーンやエコシステムにおける覇権者の入れ替わりも激しいという特性があるので、サプライチェーンの中に位置取りをする中小製造業は、最終製品や覇権者の動向に常に目配りをしなければならない。特に海外に生産拠点を設置する中小製造業も多いので、海外において常に成長分野の取引先開拓に注力をしなければならないという留意点を有していた。そのためには、国内の生産拠点は必ず維持して、マザー工場として製造技術や生産技術の技術進化を図らなければならなかった。

　一方で、インテグラル型の自動車産業においては、中小製造業の競争上の最大の脅威は、大手企業の内製化である。どんなに取引先との擦り合わせに

よって技術力を向上させたとしても、大手企業の内製化を上回る製造技術・生産技術・開発提案力を有することが、その脅威への最大の防御策でもあった。

　以上、モジュラー型産業の典型例の電機・光学産業とインテグラル型産業の典型例の自動車産業で比較分析を行った。しかし、産業のアーキテクチャがモジュラー型でも、自社製品が汎用品か専用品・カスタマイズ品かで製品アーキテクチャが異なる。前述のミシンや工作機械のような大手企業と競合関係にある事業分野では、製品のカスタマイズやソリューション提案や専用品化や、納品後のアフターサービスのように、顧客に対し単なる機能提供に加えてサービスによる差別化で、大手との競合を乗り越えていた。

　同じような提供価値の多様化はインテグラル型産業の事例でも言える。受託加工や金型や機械工具などの業種横断的産業に位置する中小製造業は、取引先の業種が多様で数も多いので、企業自ら企業間連携や産学連携での新分野開拓・技術開発やソリューション営業に取り組み、差別化による付加価値獲得に努めていた。そのために、最新鋭設備導入と熟練技術の融合とともに、企業間連携のためのコーディネート力や連携体構築力が競争要因で重要となってきていた。

　藤本隆宏の情報価値説的モノ作りの考え方に基づき、再度、産業のアーキテクチャごとに中小製造業のあり方を提示する意味を考える。藤本の主張のモノ作りで製品開発を製品設計情報の創造、製造を製品設計情報の媒体への転写と捉えると、自動車のような製品アーキテクチャがインテグラルで比較的に安定した産業では、サプライチェーンの覇権者は最終組立製品メーカーであり続ける。一方、機能と構造（部品）の対応関係が1対1のように単純化されたモジュラー型製品アーキテクチャのパソコン、スマートホンなどのデジタル化製品では、サプライチェーンの覇権者の変動が激しい。覇権を獲得する度合いは、サプライチェーンのモジュール間で製品設計情報（顧客が消費する時には顧客価値）の希少性（顧客価値の相対的大きさ）・専有可能性・補完資産の影響度・ドミナントデザインの進捗度・支配度などが影響する。

　現在、中小製造業を含む製造業企業の外部環境では、モジュール化、

第7章 インテグラル（擦り合わせ）型産業における中小製造業のあり方

表7-7 モジュラー型産業とインテグラル型産業における中小製造業のあり方

産業のアーキテクチャ	モジュラー型（電機・光学産業が典型例）	インテグラル型（自動車産業が典型例）
産業例	電機・光学（情報通信機器含む。T2)、ミシン（自社製品）、工作機械（自社製品）⇒モジュラー型産業のほうが、インテグラル型産業に比して、中小製造業の産業ごとのあり方の多様性が大きい。顧客の海外への生産拠点移転に伴い、インテグラル型産業移行や自社製品開発が進展。自社製品で大企業と競合の場合は、カスタマイズで製品をインテグラル化	受託加工（業種横断的産業） 金型（業種横断的産業） 機械工具（業種横断的産業） 自動車（T2多いがT1も)、 航空機（T2)、 半導体素材（部材)、 半導体製造装置・関連装置（自社製品）
中小製造業の製品アーキテクチャ	中インテグラル（海外生産では国内生産よりモジュラー寄り。汎用品は中モジュラー)・外インテグラル	中インテグラル・外インテグラル
国内需要の大きさ	海外需要が国内需要を上回る（特に汎用品) 国内需要に対応の場合には、専用品・受注品・ニッチ	サプライチェーンの中で相当程度の国内需要 部品でも技術が世界標準化されると海外需要も大
受注ロット	海外生産：超大ロット（国内では存在しない） 国内生産：多品種小ロット、試作品	多品種小ロット、試作品（自動車産業でT1レベルの企業は大ロット）
品質	海外生産：生産技術と管理技術で現地企業より優位 国内生産：超精密（＋カスタマイズ＋アフターフォロー）	最新鋭設備と熟練技術の融合による超精密（＋カスタマイズ＋アフターフォロー）
納期	国内生産は海外生産より短納期	多品種小ロットや試作品でも短納期が加速
価格	海外生産は国内生産より低コスト	低コストより提供する顧客価値をより重視
ニーズへの対応	海外生産：顕在化されたニーズへの完全対応 国内生産：右記のとおり	顕在化ニーズ：完全対応、開発提案力 潜在化ニーズ：技術シーズからの開発品が多い
最大の脅威	最終製品やサプライチェーンの覇権者の変動の激しさ	川下の大手企業の内製化
バブル崩壊以後、特に2000年代以降に顕著に必要となった組織能力	①グローバル化対応・国際分業の一層の進展 ②国内最終品メーカーの弱体化（電機・光学）も、強い日系電子部品メーカーとの取引や外資系企業の開拓 ③海外生産拠点の技術人材（日本人・現地人）の育成	①ユニット発注対応のため企業間関係を強化（コーディネート力、連携体構築力が競争力） ②開発力・設計力を強化（施策活用） ③自社製品開発（施策活用）・自社専用機内製化
自社製品の市場への対応	①ニッチな市場に事業分野の絞込み、②経営資源の集中、③カスタマイズ・アフターサービスの良さで差別化	同左
海外展開の状況	電機・光学は、国内との国際分業体制が多い 自社製品は、海外需要は国内生産で輸出	海外展開の進捗は遅い（特に装置型産業） リーマンショック以降は、海外展開が進展 T1やT1に必須な技術を有するT2は海外展開
取引先の開拓	海外生産の場合は、成長分野の大きな市場を開拓	技術を核に取引先の多様化を積極的に推進
営業方法	ニーズへの完全対応、営業は受け身（自社製品は営業）	トップセールスによる技術営業（特に開発品）
技術の習得方法	受け身の取引先ニーズに応える中で技術進化	意図した企業間連携、産学連携の中で技術進化 開発シーズの情報収集は、トップ自ら率先
アーキテクチャの変化のし易さ	アーキテクチャ（モジュラー⇔インテグラル）の変化が激しいので、サプライチェーン内の位置取りの難しさ	アーキテクチャは、インテグラルな形で比較的安定
サプライチェーンの覇権者	キーテクノロジーを基にプラットフォームを構築する部品メーカーが覇権者になり影響力を行使し易い	最終組立品メーカーが依然として覇権者
技術革新の速度・革新程度	速度が速い、技術革新の程度も劇的 革新的・製品イノベーションが多い	速度が遅い、技術革新の程度も小ぶり（半導体は別） 漸進的・プロセスイノベーションが多い
付加価値を高める手段	最新鋭の設備への投資力が重要	人と技術への投資による開発・設計力の向上
競争要因	顧客ニーズへの完全対応できる生産技術・管理技術 自社製品は、右記の①、③、④	①大手企業の内製化を上回る製造技術・生産技術 ②コーディネート力・連携体構築力 ③サービスの良さ、④開発力・設計力
留意事項	最終製品やサプライチェーンの覇権者の変化が激しいので、成長分野を見据えた取引先の開拓・多様化が必要	少子高齢化による国内需要の減少や、ICT、IoT、3Dプリンタの進展によるモノ作りの構造変化への対応が必要

出所：筆者作成

ICT、IoT、ロボット・AI、3Dプリンタ導入などによりモノの作り方が構造的に革新されることは、この情報価値説的な考え方にしたがうと、いかなることを意味するのであろうか。1つは、技術シーズ始点にしろ、顧客ニーズ始点にしろ、製品設計情報の可視化や共有化や移転速度の加速化が進展することであろう。ヒッペルの言う情報の粘着性の概念では、技術情報の粘着性が低まり、顧客情報の粘着性は依然として高いので、顧客発の技術革新がより多く生まれることになると考える。ただし、ビッグデータなどのICTやネットとモノ作りの融合のIoTの進展は、顧客情報の粘着性を低めることになり、顧客情報の分析力の高い企業が技術革新を生み出す傾向になると考える。

このような外部環境の大きな変化で、中小製造業では、機構部品がソフトや電子の技術で代替される脅威にさらされ、その脅威は加速している。一方で、大手企業が支配してきた製品設計情報の代替や入れ替えが従来よりも容易な世界になり、中小製造業に技術革新の機会をもたらしているとも言える。また、サプライチェーンの中で、決して画期的な技術ではなくても代替困難な熟練技術により製品設計情報に付加価値を加える方策も可能である。いずれにしても、自社の属するサプライチェーンの中で、技術進化により製品設計情報でいかに付加価値を創造できるかが中小製造業の生き残り策である。

では、コア技術を市場開拓に繋げる方策を一言で言うと何であろうか。リーマンショック後も、ヒアリング先中小製造業の経営者が異口同音に語っていた「経営環境が厳しい時でも、人と技術への投資を続ける」ことに尽きるが、その意味することは上記のとおり深遠である。自社がどの産業のアーキテクチャのサプライチェーンの中に位置取りをしているかを意識して、そのアーキテクチャの特徴に応じて、特に顧客の評価基準、覇権者、アーキテクチャの変化の激しさに注意しながら、サプライチェーンにおける位置取り戦略を巧みに講じなければ生き残っていけない時代となっている。

2. 産業のアーキテクチャと情報の粘着性の概念の融合化によるまとめ

　コア技術を市場開拓に繋げる産業アーキテクチャにおける位置取り戦略のあり方をより実践的な方法論に昇華させるために、ヒッペルの情報の粘着性の概念と融合する概念化を試みる。図7-9と表7-8が、考察の検討材料の1

図7-9　産業のアーキテクチャと情報の粘着性の関連図

```
                       技術情報の粘着性高
Ⅱ. ①オープン                    │  Ⅰ. 最終製品メーカー発の技術革新
   部品メーカー発の技術革新       │     (例：自動車、航空機)
   (例：電機・光学、汎用ミシン、  │
    自転車、AIロボット)          │
   ②クローズ (顧客と一部擦り合わせ)│
   製品メーカー発の技術革新       │
   (例：汎用工作機械、産業用ミシン、│
    産業用ロボット)              │
モジュラー型 ──────────────────┼────────────────── インテグラル型
Ⅲ. 顧客発の技術革新              │  Ⅳ. 顧客発の技術革新
   (例：マニア向けのパソコン・    │     (例：専用やカスタマイズの工作機械・
    自転車・デジタル家電・       │      産業用ロボット、アナログ型の医療機器)
    オーディオ・ミシン、デジタル型の医療機器)│
                       顧客情報の粘着性高
```

出所：筆者作成

表7-8　産業のアーキテクチャと情報の粘着性による類型ごとの特徴

第Ⅱ象限	第Ⅰ象限
・最適性拘らない、利益率・技術革新度高い ・量産型。オープン型とクローズ型 ・オープン型は国際分業がいち早く進展 ・キーテクノロジーの変化が急激 ・サプライチェーンの覇権者の変化が激しい ・IoTが顧客情報の粘着性を低下 ・中小製造業は機能部品の開発能力を習得するか、1次部品メーカーとの擦り合わせ重要	・最適性追求、儲からない ・量産型。米国の航空機は国際分業のモジュラー型 ・キーテクノロジーの変化が漸進的 ・サプライチェーンの覇権者は最終製品メーカー ・国内の需要もある程度残る ・中小製造業はサプライチェーンの中でコア技術を核に取引先を多様化することが重要 ・同じ象限同士の産業分野への進出の親和性
第Ⅲ象限	第Ⅳ象限
・多品種少量生産 ・消費財が多い。ネット・SNSによる集合知 ・マニアやこだわり消費が技術革新を創出 ・ネットの世界が顧客発の技術革新を加速 ・3Dプリンタが技術情報粘着性を低下 ・顧客ニーズ対応で中小製造業も自社製品を ・擦り合わせ要素があると顧客と隣接が必要	・多品種少量生産 ・産業財、生産財が多い ・顧客との擦り合わせから技術革新を創出 ・顧客産業の成長に伴い、機械産業の技術革新が増大 ・中小製造業は顧客ニーズの深い理解が重要 ・インテグラル型産業同士の移動の親和性 ・マスカスタマイゼーションで付加価値増大

出所：筆者作成

つである。

(1) 第Ⅰ象限
①自動車産業

　図7-9で、横軸は産業のアーキテクチャ、縦軸は技術と顧客の情報粘着性の相対的高さを示す。まず、第Ⅰ象限の自動車産業の例を見る。自動車産業のアーキテクチャは、インテグラル型である。最終製品メーカーと一次部品メーカー、一次部品メーカーと二次部品メーカーと、各段階で擦り合わせが行われるので、顧客の消費者から見て技術情報の粘着性は大変高くなる。さらに、自動車は趣味用のマウンテンバイクとは異なり移動手段としての日用品であるので、顧客情報の粘着性も相対的に高くない量産品が多い。また、100年近く、技術革新は基幹技術のガソリン車中心である。環境対応のハイブリッド車、電気自動車、燃料電池車、交通事故軽減のための自動運転車、IoTのハブとしての車など、次々と革新的技術が生じてきている。さらに、グーグルが自動運転車を開発したり、電気自動車にベンチャー企業のテスラモーターズが参入したりしているが、自動車産業では依然として技術革新の覇権者は最終製品メーカーであるトヨタなど既存メーカーである。

　情報の粘着性の観点から見ると、最終製品メーカーは、消費者に対してはメーカーであると同時に、サプライチェーンの中の部品メーカーに対しては調達面から顧客の性質を有する。この関係を図示すると次のとおりになる。自動車最終製品メーカーと消費者との間の関係は、自動車メーカーの技術情報の粘着性が消費者の顧客情報の粘着性より相対的に高く、部品メーカーとの関係では、自動車メーカーの顧客情報の粘着性が部品メーカーの技術情報

図7-10　サプライチェーンにおける情報の粘着性の関連性（自動車産業）

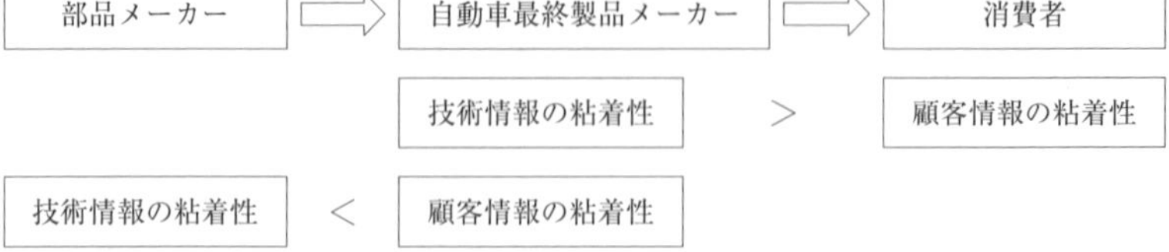

部品メーカー	⇒	自動車最終製品メーカー	⇒	消費者
		技術情報の粘着性	＞	顧客情報の粘着性
技術情報の粘着性	＜	顧客情報の粘着性		

出所：筆者作成

の粘着性よりも高くなる。結果として、自動車産業における技術革新の主な担い手は自動車メーカーとなる。このことを、図7-9の第Ⅰ象限は示している。

　自動車メーカーと部品メーカーとの擦り合わせが進み、サプライチェーン全体として効率的な生産システムが構築されるようになると、T1から始まりT2以降に進展してきたように、最終製品メーカーやT1メーカーのユニット化、アッセンブリ化発注が進むとともに、部品レベルで技術情報の粘着性と顧客情報の粘着性の逆転が生じる。そうした場合での技術革新は、部品メーカー発が多くなる。部品メーカーの技術情報の粘着性が高まる1つの流れが、浅沼が指摘した賃加工⇒貸与図部品メーカー⇒承認図部品メーカーで、さらに部品の開発設計機能を有すると部品レベルでの自社製品メーカーになる。

　部品メーカーでの技術情報の粘着性の高まる流れはこれだけにとどまらない。前述の技術戦略の類型で、「技術範囲の拡大型」、「自社製品開発型」の他に「技術の専門化型」があったように、たとえ機能部品まで行かずに機構部品または加工レベルでも、特定分野での圧倒的な技術水準で世界標準や高い希少性・模倣困難性での差別化を成しえたならば、製品メーカーと部品メーカー間の技術情報の粘着性と顧客情報の粘着性の関係の逆転が生ずる。結果、第Ⅰ象限に位置する産業でも部品メーカー発の技術革新が生ずることとなる。

　ただし、ここでも留意しなければならないのは、あくまで現在では、第Ⅰ象限に属する技術革新の主導者は、サプライチェーン全体の覇権者の最終製品メーカーであることである。電気自動車、燃料電池車、自動運転車、IoTのような革新的技術が出現していても同様である。ただし、上記のユニット化、アッセンブリ化発注が進み、かつ産業全体もアーキテクチャのモジュール化が進み、下請制が再編・崩壊するにつれて、部品メーカー発の技術革新が数多く生ずることとなる。後述の第Ⅱ象限の産業との相違は、インテグラル型産業のアーキテクチャに基づく擦り合わせで技術革新が行われることである。

　第Ⅰ象限の中小製造業のあり方は、T1、T2以下であれ、サプライチェーンの覇権者で技術革新の主導者でもある最終製品メーカーの技術動向を注視

し、最終製品メーカーやT1メーカーとの擦り合わせで、顧客ニーズを予測し長期的技術戦略を構築し人や技術への投資を継続し、取引先の内製化レベルを上回る技術水準を維持し続けなければならない。一方、日常の技術マネジメントも、日頃の取引先との擦り合わせで進化し続けなければならない。

②航空機産業

次に同じ第Ⅰ象限に属する典型例として航空機産業について考察する。部品数が100万～300万とも言われる航空機は部品数が3万と言われる自動車以上に全体としての安全性、一体感、安定性でより高度な技術水準が要求されるので、産業のアーキテクチャはインテグラル型である。また、情報の粘着性は、技術情報の粘着性が顧客情報の粘着性より相対的に高い産業に位置する。航空機産業のエンドユーザーは航空会社で、最終の消費者はわれわれ乗客である。しかし、産業のアーキテクチャの観点から考えると、大型機の航空機産業はボーイングとエアバスの2社の複占体制である。また、三菱重工や川崎重工も航空機分野ではT1にすぎないことから、ボーイングなどの航空機メーカーは著しく高い技術情報を有することが分かる。そこで、航空機メーカーと航空会社の間の技術情報の粘着性と顧客情報の粘着性の相対的な関係は、著しく不均衡となっているので、航空会社は、航空機メーカーの仕様をほぼそのまま受け入れざるをえない、選べても狭い選択肢しか有しない。このような中で、情報の粘着性の概念を基に技術革新の源泉を考察すると、航空機メーカーとそのサプライチェーンに位置する部品メーカーの関係のみを分析すればよいことになる。また、第Ⅰ象限内でも現在の航空機産業は自動車産業に比し、量産品ではなく小ロット品の点にも特徴がある。

航空機は、国際分業体制を構築している点ではモジュール化が進展しているが、あくまで航空機メーカーの基本設計に基づくので、第Ⅱ象限のパソコンやスマホよりインテグラルよりのアーキテクチャであると言える。言い換えると、本来の産業アーキテクチャはインテグラル型であるが、米国ボーイング社の大型航空機は、米国が得意なモノ作りのモジュラー型にコスト面やリスク面から近づけているのである。逆に日本が最終製品の航空機産業に参入しようとしている三菱重工のMRJやホンダのホンダジェットは日本の得意なより擦り合わせ型の小型機になっている。これは、自動車産業で米国が

得意な大型車と日本が得意な小型車とのモノ作りのあり様の対比に整合する。

航空機産業と自動車産業との共通性は、最終製品メーカーと部品メーカーとの関係で、最終製品メーカーが調達顧客としての顧客情報の粘着性が相対的に高いことである。ただし、最終製品での設計能力と情報は、航空機のほうが自動車よりも圧倒的に最終製品メーカーに集約している。航空機は最終製品メーカーの機能設計に合わせた高い技術水準要求をクリアした部品メーカーのみが国際分業に参加でき、航空機メーカーと部品メーカーとの擦り合わせは、自動車産業に比し開発や設計や製造のそれぞれの段階で弱くなっている。ただし、日本のT1メーカーの技術力の向上とともに、開発や設計段階への参加度合いや関与度も増大している。しかし、自動車産業のT1メーカーが機能部品の一部においては、自動車メーカーの顧客情報の粘着性を上回る技術情報の粘着性を相対的に高く蓄積しているのに対し、航空機産業のT1メーカーは技術面でより下請的立場を脱し切れていない。また、航空機産業と自動車産業は開発期間には大きな差があり、航空機が10年近く要するのに対して、自動車は従来4～5年をモデルチェンジ期間としてさらに短縮がなされている。さらに、擦り合わせのあり様も、航空機が開発・設計段階での事前の擦り合わせに集中し、製造段階ではコスト面等から国際分業を行うのに対して、自動車産業のように開発・設計の事前のみならず事後の製造段階においても、部品メーカーが最終製品メーカーにより地理的に密着しながら擦り合わせすることによりVA・VEなどの開発設計提案の改善活動を行うことは少ない。

図7-11　サプライチェーンにおける情報の粘着性の関連性（航空機産業）

出所：筆者作成

前述のとおり、航空機産業の中小製造業は、Nadcapの国際規格などの大

変高い技術水準の要求スペックに応え、技術と人に多額の先行投資を継続する必要がある。自動車に比し、航空機は開発設計能力が航空機メーカーに偏在するので、製造段階での国際分業の観点からは自動車よりもモジュール化が進展しているのにもかかわらず、部品メーカー発の技術革新は少なくなる。ただし、炭素繊維などの新素材や新機能部品の提案は、自動車同様に有効である。

このように、航空機産業のように最終製品メーカーの技術情報の粘着性と顧客情報の粘着性が、サプライチェーン内の他の部品メーカーよりも相対的に高い産業では、中小製造業は、航空機メーカーの要求するハイスペックの技術要求に応え、技術と人に先行投資をし続ける資金余力を有するか、1社では受注能力が弱いことから、部品・加工の強みを持ち寄って共同受注体制を構築するかなどの対応が肝要となる。航空機メーカーに偏在する技術情報や顧客情報に対抗するため、技術の専門化や共同受注体制の構築を図りながらの技術開発などにより技術情報の相対的な粘着性を高め、部品メーカー発の技術革新を成し遂げることが可能にすることが必要となる。また、同じ第Ⅰ象限に属する自動車部品メーカーは、航空機産業との技術上の親和性が高いので、航空機という成長分野への参入を検討する価値がある。

(2) 第Ⅱ象限
①オープン型
次に、第Ⅱ象限に属する産業である。これらの産業は藤本隆宏が指摘するように、モジュール化された部品を基本的に社外から調達するか自社内で製造完結するかでオープン型とクローズ型に区分される。オープン型の典型例は、電機・光学産業である。産業アーキテクチャはモジュラー型である一方で、技術革新の速度の速い産業なので、技術情報の粘着性は顧客情報の粘着性よりも相対的に高い。第Ⅰ象限の産業との相違は、産業のアーキテクチャにもあるが、サプライチェーンにおける覇権者が最終製品メーカーではなく、キーテクノロジーを有している部品メーカーであることが多いことである。また、部品レベルはもとより、最終製品での技術革新が著しいのもこの象限に属する産業の特徴である。日本の電機産業の最終製品メーカーが

2000年代半ば以降、次々と国際競争力を失っていったのもこの分野である。その一方、TDK、村田製作所、日本電産、アルプス電気などスマホに搭載される部品を中心に高い競争力を発揮しているのも、この産業に属する電子部品メーカーである。第Ⅰ象限に属する産業以上に技術革新が激しいものの、小ロットではなく大ロットの量産品が多い。また、第Ⅲ象限とは異なりマニア向けの小ロットでないことが、顧客情報の粘着性を相対的に弱めることになっている。

　電機・光学産業では、図7-12の消費者との関係においては、消費者の有する顧客情報の粘着性よりも最終製品メーカーが有する技術情報の粘着性のほうが高いので、技術革新は最終製品メーカー発が多くなる。ただし、モジュール化の進展と相まって3Dプリンタなどを活用し顧客のDIY的なモノ作りが可能になってくると、顧客情報の粘着性が相対的に高まり顧客発の技術革新が多くなる。一方、最終製品メーカーは部品メーカーとの関係では、部品を調達する顧客の立場になるが、自動車産業とは関係性が異なる。モジュラー型の産業アーキテクチャであるので、部品メーカーは標準化されたインターフェイスの範囲内で、各々機能が完結した部品の技術革新を劇的に進化させる。結果、部品メーカーの有する技術情報の粘着性が最終製品メーカーが有する顧客情報の粘着性よりも相対的に高くなるので、技術革新は部品メーカー発が多くなる。特に部品メーカーの中でも、サプライチェーンの中での覇権者の部品メーカー発の技術革新に対し、産業の中の他の部品メーカーや最終製品メーカーは、その覇権者の技術革新に適合させた技術革新を行うようになる。

図7-12　サプライチェーンにおける情報の粘着性の関連性（電機・光学産業）

出所：筆者作成

上記のように、電機・光学産業では、最終製品の技術革新が速いとともに、サプライチェーンでの覇権者の変化も激しいので、サプライチェーンの中の中小製造業の対応の仕方も困難である。中小製造業は、顧客ニーズを最も把握可能な最終製品メーカーとそのサプライチェーンの覇権者の両者の動向をしっかりと把握しなければならない。電機・光学産業でも、最終製品で革新的技術が導入されると一時的に産業アーキテクチャはインテグラルになるとともに、部品メーカーとの関係でも最終製品メーカーの顧客情報の粘着性が相対的に高まる。しかし、ドミナントデザインが確立され、インターフェイスも標準化され、モジュール化が急速に進展すると、元のモジュラー型の産業アーキテクチャに戻る。中小製造業の対応の困難さは、この技術や市場の変化の速い動きにいかに自社のコア技術を進化させ対応していくかに掛かっている。携帯電話からスマホへの劇的な市場ニーズの変化があった中で、携帯電話のみに過度に依存していたがために窮地に陥った中小製造業も存在した。

　このように、電機・光学産業での中小製造業のあり方は、コア技術を核としてサプライチェーンの覇権者や有力な機能部品メーカーとの取引を開拓することにある。当然、最終製品メーカーとの直接の取引もありうる。この場合に、中小製造業は機能が完結した機能部品をモジュラー型製品として提供する技術水準を有する企業は少ないので、自社のコア技術を最大限に活かしながらも、機能部品メーカーや最終製品メーカーと擦り合わせを行う必要が出てくる。かつ、グローバルに分散した生産体制が構築される産業であるので、中小製造業のグローバル化も必須となりグローバルレベルの超大量生産に対応しなければならなくなる。このことは、事例を通じて詳述したとおりである。国内には存在しない超大ロットの受注に対応することで、技術情報の粘着性を高めていくことがこの産業での中小製造業のあり方となる。

　ここでは、第Ⅱ象限のモジュラー型でかつオープン型の産業例として、電機・光学産業を取り上げたが、産業としては、他に汎用ミシンや自転車やAIロボットなどの例も挙げられる。国の成長戦略で重点分野として取り上げられるロボットも日本が強い分野は後述のモジュラー型でもクローズ型の産業用ロボットである。AIロボットは、シリコンバレーを中心とした優秀

な技術者がより集積した米国が、得意なアーキテクチャのモジュラー型のモノ作りの組織能力をいかんなく発揮し国際的に競争優位を築き易い。電機・光学産業と同様に自転車部品で圧倒的な国際的シェアを占めるシマノのように、このオープン・モジュラー型の産業アーキテクチャ分野では、AIロボットにおいても、深層学習の高度な人口知能技術やセンサーやモータなど重要な機能部品や機構部品において圧倒的なシェアを占めて、部品メーカーは最終製品メーカーに対して技術情報の粘着性を相対的に高めることが重要となる。中小製造業も技術を核にそうしたT1メーカーに食い込むか、T1メーカーと擦り合わせを行うT2メーカーになるかが中小製造業の方向性となる。

②**クローズド型**

　産業のアーキテクチャは、上記①のオープン型と同様に基本的にはモジュラー型である。しかし、藤本隆宏の指摘のとおり、モジュール化された部品を社外で標準化せず基本的には社内で共通部品化する意味でクローズド型となる[48]。産業の典型例では、汎用工作機械があるが、産業用ロボットや産業用ミシンも同様なアーキテクチャである。オープン型の電機・光学産業と、デジタル製品や電子制御製品では、基本構造が機構部品（メカニクス）＋電子部品（ハード）＋ソフトウェア〔メカニクス＋電子制御（ソフトウェアを含む）の二区分も可能〕から成り立っていることは共通している。

　しかし、クローズド型ではオープン型のようにモジュール部品を標準品として外部から調達せずに、自社の熟練技術を内製部品として機械に置き換えているので、擦り合わせを核としたモノ作りの現場における技術水準の高い日本が引き続き国際競争力を発揮している分野であることは藤本の指摘のとおりである[49]。さらに、オープン型との相違は、消費財よりも産業財・生産財が多いこととともに、製品の一部機能を顧客との擦り合わせの基にカスタマイズをすることにもある。結果、サプライチェーンの中の覇権者は、同じモジュラー型の産業アーキテクチャにあっても、オープン型とは異なり最終製品メーカーとなる。

　工作機械は、ドイツと日本などが国際競争力を有する。NC工作機械で米国が競争力を失った理由を、NCを内製化した垂直統合にあるとの指摘がなされている[50]。これは、日本がNCメーカーと工作機械メーカーが分業し

て強みを発揮したのと対照を成す。日本の工作機械メーカーは中小企業も多いので資源も限られるが、強みを有するメカニクスを中心とした擦り合わせ技術を基にした工作機械にクローズド型アーキテクチャで資源を集中し、一方、NC制御機器では、インターフェイスを標準化したオープン型アーキテクチャで分業を図ることが、垂直統合の米国型モノ作りより優位性を有していた。

　クローズド・モジュラー型産業では、図7-13の顧客メーカーとの関係においては、顧客メーカーの有する顧客情報の粘着性よりも最終製品メーカーが有する技術情報の粘着性のほうが高いので、技術革新は最終製品メーカー発が多くなる。ただし、モジュール化の進展と相まって、3Dプリンタなどを活用し顧客がDIY的なモノ作りが可能になってくると、顧客情報の粘着性が相対的に高まり顧客発の技術革新が多くなる。一方、最終製品メーカーは部品メーカーとの関係では、部品を調達する顧客という立場になるが、オープン型アーキテクチャとは相違する。モジュラー型アーキテクチャであってもオープン型とは異なり、クローズド型の社内で標準化されたインターフェイスの範囲内での社外への外注であるので、部品メーカーによる各々機能が完結した部品の技術革新はオープン型ほど生じない。結果、最終製品メーカーが有する調達者としての顧客情報の粘着性が、部品メーカーの有する技術情報の粘着性よりも相対的に高くなるので、技術革新は最終製品メーカー発が多くなる。

図7-13　サプライチェーンにおける情報の粘着性の関連性
（汎用工作機械産業ほかクローズド型）

出所：筆者作成

　上記の第Ⅱ象限のクローズド・モジュラー型の産業アーキテクチャでの中小製造業のあり方は、第Ⅰ象限の自動車産業などのインテグラル型産業のよ

第7章　インテグラル（擦り合わせ）型産業における中小製造業のあり方　371

うに、サプライチェーンの中で開発・設計能力を高めるよう技術範囲の拡大を図ること、技術分野を極めて熟練やノウハウを武器に技術の専門化を図ることが考えられる。しかし、自動車産業がインテグラル型のアーキテクチャでも、部品サプライヤーとの擦り合わせによる分業を重視するのに対し、汎用工作機械や産業用ロボットでは、モジュラー型のアーキテクチャにもかかわらずオープン型と異なり社内に重要機能部品を抱え込み競争力を維持する傾向があるため、中小製造業は部品メーカーにとどまる限り成長の余地はあまりない。同時に、クローズド・モジュラー型産業の技術革新の主導者は最終製品メーカー自身であるため、擦り合わせでの部品メーカーとの分業の裾野も広くない。

　そこで、この象限の中小製造業のあり方は、工作機械やロボットの最終製品メーカーに自身がなることが方向性では重要である。同時に、切削工具や砥石や軸受けや歯車やネジのようにモジュール化した汎用品分野で技術の専門化に磨きをかけるのも、中小製造業としては現実的な重要な方向性である。

(3) 第Ⅲ象限
①マニア向け・こだわり消費向け製品
　第Ⅲ象限は、産業のアーキテクチャはモジュラー型、情報の粘着性は顧客情報の粘着性が技術情報の粘着性より相対的に高い産業が位置する。第Ⅱ象限と同様にモジュラー型製品ではあるが、マニア向け、またはこだわり消費向けの製品が該当する。たとえば、パソコン、自転車（たとえばマウンテンバイク）、デジタル家電、オーディオ、汎用ミシンなど、いずれも量産品は第Ⅱ象限に属するように、モジュラー型の産業アーキテクチャの中で技術情報の粘着性が顧客情報の粘着性より相対的に高くなっているが、これがマニア向けやこだわり消費向けの多品種少量生産やさらに極端な各人各様の一品物製品になると、顧客情報の粘着性が著しく高まり技術情報の粘着性の高さとの相対的な関係の逆転が生ずる。産業の特徴は、消費財が多く、インターネットやSNSの急速な普及により、消費者の顧客自身がネットを通じて顧客ニーズをはじめとした顧客情報に関する集合知を基に製品開発に直接関与することが可能になってきたことが挙げられる。一方で、モノ作りの観点か

ら眺めると、3D プリンタやレーザー加工機の消費者の身近な場への急速な普及が、技術情報の粘着性を相対的に低下させることに繋がっている。また、第Ⅱ象限と第Ⅲ象限との相違は、量産品ではなく、小ロット品であることにも特徴がある。

　マニア向けやこだわり消費は、技術情報の粘着性に対し顧客情報の粘着性を高める。また、消費者でも容易に入手可能な標準化された部品が、技術情報の粘着性を低下させるとともに、前述の 3D プリンタなどの簡易な造型機の急速な普及が消費者自身がメーカーになることを容易ならしめ、技術情報の粘着性を低下させる。たとえば、自転車は最終製品メーカーよりもモジュール化した機能部品メーカーの技術革新の寄与度が大きく、シマノのように部品メーカーが国際競争力を発揮する。しかし、最終製品レベルの技術革新は成熟化し、かつモジュール化は大きく進んでいるので、マウンテンバイクのようなマニア向け製品の情報の粘着性は技術情報より顧客情報のほうが高くなる。

　そこで、第Ⅲ象限の産業では、図7-9 の第Ⅱ象限と同様に産業のアーキテクチャはモジュラー型ではあるが、マニアやこだわり消費により、最終製品メーカーと消費者の関係では顧客情報の粘着性が技術情報の粘着性より高くなる。なお、最終製品メーカーと部品メーカーの関係は、第Ⅱ象限と同様に部品メーカーが最終製品メーカーより技術情報の粘着性が高くなる。結果、第Ⅲ象限での技術革新は、顧客発の技術革新が多くなる。実際に、リードユーザーを製品開発に活用する試みや、ネットや SNS を通じて顧客自身を製品開発に参加させる試みも広がっている。さらに、顧客のニッチな市場を巧み

図7-14　サプライチェーンにおける情報の粘着性の関連性
（マニア向け・こだわり消費向け製品）

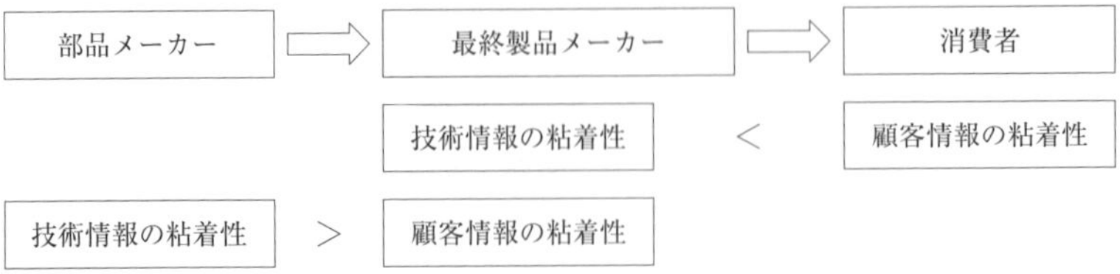

部品メーカー	→	最終製品メーカー	→	消費者
		技術情報の粘着性	<	顧客情報の粘着性
技術情報の粘着性	>	顧客情報の粘着性		

出所：筆者作成

に捉えて、開発設計特化のファブレス型ベンチャー企業も多く生まれている。

②デジタル型医療機器

　第Ⅲ象限の成長分野のデジタル型の医療機器を挙げる。医療機器は他の消費財や生産財と異なる性質を有する。顧客が医師という極めて限定されていること、医師が医療機器を使用する決定権を有していること、医師と医療機器メーカーの擦り合わせにより製品開発が行わることである。また、一旦、医療機器が導入されある程度信頼度を高め、かつ医療での習熟度を高めると、他の医療機器への代替が困難で参入障壁が極めて高まることである。情報の粘着性の観点から見ると、技術革新は顧客の医師と医療機器メーカーの密接な擦り合わせから生ずる。医療現場のニーズを体現することが技術革新に通ずる。医療機器メーカーと顧客である医師との関係では、顧客情報の粘着性が技術情報の粘着性より相対的に高いので顧客発の技術革新が多くなる。

　医療機器は、人口心臓や人口関節など体内に埋め込むものから、MRIやCTなどの高額な検査機器、カテーテルやそれに伴うガイドワイヤーや内視鏡などのアナログ製品、歯科医の用いるインプラント製品や、血圧計・体温計などの簡易な検査機器など、1つの括りで論ずることが困難なほど広範囲に及ぶ。これを、医師が現場で使用する医療機器として限定して、デジタル型医療機器とアナログ型医療機器に区分する。

　MRIやCTなどの高額な検査機器は、基本構造がメカニクス＋電気（ハードウェア）＋ソフトウェアで、メカニクスを電子・ソフトで制御することは、電機・光学のデジタル家電と同様である。産業アーキテクチャは、オープン・モジュラー型となる。情報の粘着性の観点から見ると、医師の顧客情報がメーカー側には見えにくく把握が困難なので、顧客情報の粘着性が技術情報の粘着性よりも相対的に高くなる。一方、このように顧客の医療現場での医師との擦り合わせが多い製品であるので、部品メーカーとの関係では、オープン・モジュラー型の産業アーキテクチャであるにもかかわらず調達者である最終製品メーカーの顧客情報の粘着性が部品メーカーの技術情報の粘着性より相対的に高くなる。結果、医療現場の医師の顧客発の技術革新がデジタル機器においては主役となる。

　上記のように医療機器が他製品と異なる最大の点は、医療機器と現場の医

図7-15 サプライチェーンにおける情報の粘着性の関連性（デジタル型医療機器）

出所：筆者作成

師との擦り合わせであった。これは、体内に埋め込むなど医療クラスにもよるが、臨床試験での認可等で開発に長期間を要するとともに、その間にもメーカーと現場の医師との擦り合わせが継続される特徴を有する。結果、医療機器は、高い医療技術や豊富な臨床事例を有する現場に近い場所で、技術革新がより容易に生ずる。デジタル型の医療機器や人口心臓・人口弁・人口関節など体内に埋め込む製品は、この分野の医療先進国の米国に医療機器開発の優位性が生じる。逆に、第Ⅳ象限の日本が得意なアナログ型医療機器、たとえばカテーテルやそのガイドワイヤーや内視鏡等は、日本の医療レベルが高い分野である。このように、医療機器では、現場の医師との擦り合わせの重要性という特徴が、技術革新の生まれやすさを規定する。デジタル型医療機器は、海外ではGE、シーメンス、国内では東芝のように大手電機メーカーが担い手となっていることは、電機製品と医療機器の親和性を示している。

③第Ⅲ象限における中小製造業のあり方

そこで、第Ⅲ象限での中小製造業のあり方は、技術革新の主体は顧客で、生産形態も第Ⅱ象限に比しマニアやこだわり消費向けで多品種少量生産または一品物である。さらに、モジュラー型の標準品を組み合わせれば、中小製造業でも自社製品の開発は容易である。そこで、この象限の中小製造業は、ニッチな市場を捉えて、デザインや斬新なビジネスモデルを構築し自社製品開発する方向性が適当である。なぜならば、第Ⅱ象限のように大企業の得意な規模の経済性や範囲の経済性が発揮しにくい分野であるからである。基本は、顧客ニーズをいかに的確に捉え、スピーディに製品化するかに勝負が掛かる。

(4) 第Ⅳ象限
①専用品・カスタマイズ品の工作機械・産業用ロボット等

　第Ⅳ象限は、産業のアーキテクチャはインテグラル型であり、日本が強みを発揮する分野である。代表例では、専用品やカスタマイズ品としての工作機械や産業用ロボットが挙げられる。これらは、第Ⅱ象限におけるクローズド・モジュラー型の汎用工作機械や産業用ロボットの対極を成す形になる。第Ⅱ象限が量産型や汎用品であるのに対して、第Ⅳ象限は多品種少量生産である。そこで、第Ⅳ象限の製品は第Ⅱ象限の同種製品でも、規模の経済性や範囲の経済性が効かない。かつ、手間暇が掛かって利益率も低くなるので、大企業の参入が少なく、中小製造業が差別化での競争優位を発揮できる分野となる。

　また、第Ⅲ象限との相違は、産業財や生産財が多いことである。顧客はメーカーであり、その擦り合わせの中から技術革新が創出される。たとえば、工作機械を例に取ると、事例の中小製造業でも工作機械メーカーに対して積極的に改善提案を行っていた。特に、あえて1号機を導入し使い勝手や機能面の不具合に対して意見を積極的に出すことで、中小製造業は1号機を格安で導入できたり、工作機械メーカーは改善提案を2号機以降の汎用品や量産品に活かしたりできる。また、中小工作機械メーカーは、顧客メーカーとの擦り合わせにより専用品やカスタマイズをすることで、産業アーキテクチャを第Ⅱ象限のクローズド・モジュラー型からインテグラル型へと変化させる。

　情報の粘着性の概念から見ると、図7-16のとおりとなる。専用品やカスタマイズ品になると第Ⅱ象限と同じ工作機械でも、第Ⅳ象限の工作機械は、顧客情報の粘着性が技術情報の粘着性より相対的に高くなる。また、最終製品メーカーと部品メーカーの関係は、第Ⅱ象限の工作機械と同様に基本的には自社内でクローズされた中で開発・設計を行うので、調達者での工作機械メーカーの顧客情報の粘着性が部品メーカーの技術情報の粘着性よりも相対的に高くなる。結果、この象限における技術革新は、顧客のメーカー発が多くなる。この象限に属する、専用品やカスタマイズ品の工作機械メーカーは圧倒的に中小製造業が多い。利益率が低い分、大手企業の参入の脅威も少ないが、中小企業者間の競争が激しく、さらに注意が必要なのは、顧客メーカー

発の技術革新が多いので、顧客メーカー自身が工作機械を内製化してしまう脅威である。また、あまりにも専用品やカスタマイズ品、さらには差別化のためにアフターフォローのサービスに注力しすぎると、売上がいくら増大しても利益が低迷したままとなってしまう。この場合に有効なのは、マスカスタマイゼーションで、専用品やカスタマイズ品で蓄積した技術やノウハウを用途開発した他の顧客への横展開や、汎用品化に努めて利益を増大させることである。

図 7-16 サプライチェーンにおける情報の粘着性の関連性
（専用品・カスタマイズ品）

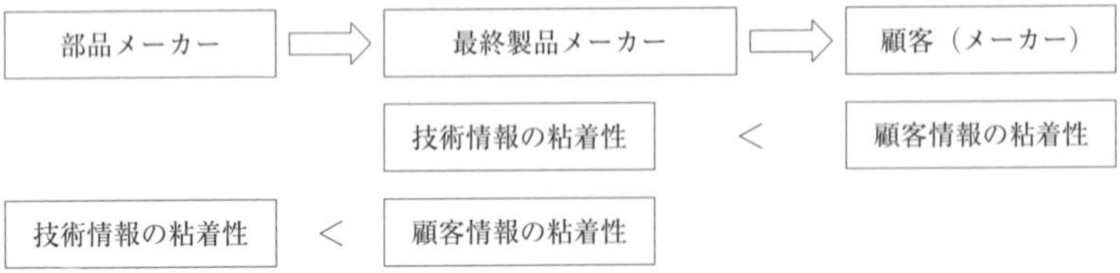

部品メーカー	⇒	最終製品メーカー	⇒	顧客（メーカー）
		技術情報の粘着性	＜	顧客情報の粘着性
技術情報の粘着性	＜	顧客情報の粘着性		

出所：筆者作成

②アナログ型医療機器

第Ⅲ象限で述べたように、医療機器でもアナログ型の医療機器はこの象限に属する。産業アーキテクチャはインテグラル型で、日本が強みとする現場での技術や技能で勝負できる分野である。たとえば、痛くない注射針、カテーテル、カテーテル用のガイドワイヤー、歯科のインプラント用の部品、人口関節などが挙げられる。第Ⅰ象限と異なり、基本的に多品種少量生産である。第Ⅲ象限のデジタル型医療機器と同様に顧客の医師と医療機器メーカーの擦り合わせで、製品開発が行われることに特徴がある。顧客発の技術革新が主体となる。

また、第Ⅲ象限のデジタル型機器の基本構造が、メカニクスとそれを制御する電気（ハードウェア）とソフトウェアから成り立っていたのに対し、この象限のアナログ型医療機器は、基本的にメカニクスを中心とした単純な構造部品から成っている。このため、現場で培われた技能や技術ノウハウをいかんなく発揮でき、中小製造業が競争力を発揮できる分野である。技術を極めた技術の専門化型やコア技術を医療分野へ転用する用途開発型の技術戦略

が有効となる。インテグラル型の産業アーキテクチャという意味では、自動車部品製造中小製造業のアナログ型医療機器への参入は親和性が高い。

さらに、第Ⅲ象限で述べたように、医療機器は国内で高い医療技術を有する分野の市場は大きいが、米国が高い医療技術を有する分野の医療機器市場の成長は難しい。これは、医療機器がメーカーと医師と擦り合わせでの製品開発が主であり、顧客発の技術革新が主である特徴故である。身近な大きな市場が医療機器の製品開発能力を鍛える。そこで、日本での医療機器メーカーやその部品メーカーも、日本での高い医療水準の分野に注力する必要がある。または、その将来動向を長期にわたって見据えた製品開発を行う必要がある。

図 7-17　サプライチェーンにおける情報の粘着性の関連性（アナログ型医療機器）

出所：筆者作成

③第Ⅳ象限のおける中小製造業のあり方

以上のことから、第Ⅳ象限での中小製造業のあり方は、第Ⅰ象限での部品メーカーと同様に、インテグラル型産業の中で中小製造業が競争力を発揮し易い分野である。専用品やカスタマイズ品の工作機械メーカーは、中小製造業に多いが、メカニクスだけではなく電気やソフトウェアの開発・設計能力を磨けば、産業用ロボットに参入することも可能である。あるいは、メカニクス部分にある程度特化して、制御部分は他企業と連携することも有効である。自社製品開発型や技術範囲の拡大型の技術戦略が有効であり、開発・設計能力の強化が重要であることは間違いない。また、アナログ型の医療機器は、インテグラル型の産業アーキテクチャの中でも、構造の単純な部品が多いので、技術の専門化型や用途開発型の技術戦略が有効となる。第Ⅳ象限は、顧客発の技術革新が中心となるので、いずれの製品においても、顧客との密

接な擦り合わせによる顧客ニーズの深い理解がより有効な技術革新に繋がる。

(5) まとめ

上記では、横軸に産業のアーキテクチャを、縦軸に技術情報の粘着性と顧客情報の粘着性の相対的な高さを取り、4つの象限に分けて、各象限ごとに技術革新の主導者が最終製品メーカーか、部品メーカーか、顧客（財の種類により消費者またはメーカー）かを考察してきた。また、それらの主導者を踏まえた技術革新の発生プロセスも、産業のアーキテクチャと、最終製品メーカーと顧客との情報の粘着性の関係、さらには調達者としての最終製品メーカーと部品メーカーの情報の粘着性の関係から考察を行った。

結果、第Ⅰ象限（技術情報の粘着性が高・インテグラル型）には、自動車や航空機の産業が該当し、技術革新の主体は最終製品メーカーであった。第Ⅱ象限（技術情報の粘着性が高・モジュラー型）は、大きく①オープン型と②クローズド型に分かれ、①オープン型には電機・光学、自転車、AIロボットなどの産業が属し、専ら部品メーカー発の技術革新が多くなっていた。一方で、②クローズド型には汎用工作機械、産業用ロボットなどの産業が属し、製品メーカー発の技術革新が主体であった。次に、第Ⅲ象限（顧客情報の粘着性が高・モジュラー型）にはマニア向けやこだわり消費者向けのパソコン、自転車、デジタル家電などの消費財産業が属し、顧客の消費者発の技術革新が主であった。また、この象限にはデジタル型医療機器も属し、技術革新の主体は顧客の医師であった。

最後に、第Ⅳ象限（顧客情報の粘着性高・インテグラル型）は、専用品やカスタマイズ品の工作機械や産業用ロボットなどの産業財・生産財の産業が属し、顧客のメーカーが技術革新の主体であった。また、この象限にはアナログ型医療機器が属し、顧客の医師が技術革新の主体であったが、同時にデジタル型医療機器と異なり日本の医療が世界的に水準の高い分野なので、医療機器メーカーも国際競争力を有していた。

上記の象限内の技術革新の在り様の考察以外にも、同じ象限内に属する産業の業種参入の親和性や、象限が異なっても産業アーキテクチャが同じであると用途開発が容易との考察もなされた。このように、情報の粘着性と産業

第7章　インテグラル（擦り合わせ）型産業における中小製造業のあり方　379

アーキテクチャに着目し両方の概念を融合させた産業分析で、近しい位置にあることが業種参入や用途開発の親和性や容易さに繋がるとの考察も行った。

このことを裏付ける1つの材料としては、2013年6月に国が策定した成長戦略「日本再興戦略」に基づき、図7-18のとおり、地方版の成長戦略、地方競争力戦略が2014年3月から4月にかけて経済産業局ごとに策定された、その地域ごとの戦略の方向性が挙げられる。たとえば、トヨタをはじめとした自動車産業の産業基盤技術が集積する東海地域の成長戦略の方向性を見ると、従来の自動車産業の国際競争力を支えるサプライヤー・システムを土台に、バブル崩壊以降の下請体制の再編・崩壊、取引構造のメッシュ化を受け、自動車産業の中で次世代自動車など成長分野への展開を目指すと同時

図7-18　各地域の成長戦略

出所：内閣府「地方産業競争力協議会のとりまとめ概要」平成26年5月19日甘利経済再生担当大臣提出資料

に、自動車産業から航空機産業や医療機器を中心としたヘルスケア産業の成長分野への展開を政策で推進している。

　これは、前述の産業のアーキテクチャと情報の粘着性から見た、産業への参入の容易性や用途開発の親和性から説明が可能である。前述の第Ⅰ象限同士の自動車産業と航空機産業はもとより、ここでの医療機器を中小製造業が得意とする基盤技術をフルに活用した第Ⅳ象限のアナログ型医療機器と捉えれば、自動車産業と産業アーキテクチャがインテグラル同士で業種参入や用途開発の親和性が高いので、戦略の方向性と既存の中小製造業の有する組織能力との整合性も高い。同様のことは、自動車産業の基盤技術が蓄積されている東北地域と中国地域が、自動車産業と医療機器、自動車産業を基盤に医療・航空機関連産業への展開を戦略とすることにも該当する。

　一方で、自動車産業のみならず、エレクトロニクス産業の集積が厚かった、関東地域や近畿地域でヘルスケア産業や、ライフ、エレクトロニクス産業が、戦略の方向性としオープン・モジュラー型の産業から、同じモジュラー型でも量産品ではなく高付加価値の多品種少量生産品のデジタル型医療機器や、マニアやこだわり消費者向けのデジタル家電の業種参入や用途開発を目指している。このことも、産業のアーキテクチャと情報の粘着性の観点から見ると親和性が高く、基盤技術を活かし技術開発での技術の専門化や用途開発を図るか、中小製造業自らが既存のコア技術を活用し、不足する自社の資源を企業間連携や産学連携などで補完し自社製品を目指す技術戦略に整合する。

　最後に、以上までの考察を受けて、中小製造業のあり方を取りまとめる。前述のとおり、産業のアーキテクチャと情報の粘着性を融合した概念から捉えると、サプライチェーン内の技術革新の先導者や覇権者、端的に言うと技術革新が最終製品メーカー発か部品メーカー発か、また、技術革新の先導者がメーカーか顧客の消費者やメーカーかなどにより、技術革新の程度や範囲や頻度などのあり様やプロセスが異なる。前述のとおり、中小製造業の競争要因は、高度成長期前後で大きく変化した。

　大量生産・大量消費時代から多品種少量生産時代に移行し、また、バブル崩壊以降に下請制の再編や崩壊、取引構造のメッシュ化が生じ、2000年代以降グローバル化の急激な進展による新興国の台頭、インターネットを中心

第7章 インテグラル（擦り合わせ）型産業における中小製造業のあり方

としたIT社会の急速な進展などで、中小製造業も技術を核とした自律的な経営が重要となった。本研究の前半で明らかにしたように、兎角、技術の日常のマネジメントのように短期的技術進化にのみ傾注していた中小製造業も、技術や市場の変化と不確実性が増大している中で、長期的な視点に基づく技術戦略の実践が重要になった。いわば、中小製造業版の技術経営の実行が生き残りのために必須の時代となった。

しかし、本研究の後半で考察してきたように、技術に傾斜しすぎて中小製造業が強みを有するコア技術が出口である市場へ繋がらないと、折角の高度な技術や技能も独りよがりの製品開発や技術開発に留まり、企業の利益や競争力の向上に寄与しなくなる。そこで、コア技術を市場開拓に繋げるための鍵となる概念として、産業のアーキテクチャに着目した位置取り戦略を指摘した。産業アーキテクチャには、日本が得意とし国際競争力を現在でも発揮しているインテグラル型のアーキテクチャと、日本の最終製品メーカーが総倒れになってしまった電機、光学関係のモジュラー型のアーキテクチャがある。

本研究では、産業アーキテクチャの概念にさらに情報の粘着性の概念を融合させて、技術革新のあり様を4象限に分けて考察を行った。すでに述べたこの4象限の中で、中小製造業のあり方をまとめてみる。第Ⅰ象限（技術情報の粘着性高・インテグラル型産業）では、日本が国際競争力を発揮する自動車産業の分野であるので、中小製造業は従来どおり技術範囲の拡大型や技術の専門化型の技術戦略が有効である。ただし、下請制の再編・崩壊とともに大手からも自律的経営が求められているので、人や技術への投資を続けて、次世代自動車などの成長分野でも、部品や部材の提供可能なように対応すべきである。さらには、同じ第Ⅰ象限の中で、自動車産業の中で鍛えられてきた基盤技術を活用し、より成長分野の航空機産業への参入の検討も必要である。しかし、航空機産業の技術の要求水準は自動車産業より遥かに高く、人と技術への多額な先行投資が必要なことから、資金余力に注意し仮に資源や資金が不足する場合には連携体を構築し共同受注を目指すことが有効となる。

第Ⅱ象限（技術情報の粘着性高・モジュラー型）は、オープン型では特に

第Ⅰ象限と世界が異なる。電機、光学産業を中心として、グローバル化の進展が激しいので、中小製造業でも国際分業体制の構築は必須である。海外ではスマホやHDD部品のように国内では見られないような超大ロットの大量生産体制のための管理技術が重要となる。一方で、国内の工場でも試作品や開発品の技術や技能を維持していかないと、新興国に足元をすくわれることになりかねない。技術戦略の類型では、技術の専門化により技術革新の先導者である部品メーカーと擦り合わせをして強みを発揮することが1つの方向性である。さらには、開発・設計能力を向上させて、機能部品メーカーとして、モジュラー型の産業アーキテクチャの中で競争力を発揮するのも別の方向性である。

同じ象限でもクローズド型では、汎用工作機械のように最終製品メーカーが技術革新の主導者となるのとともに、重要な機能部品は内製化してしまうので、外注する機構部品のコア技術の専門化を極める漸進的な方向と、開発・設計能力を習得し自ら自社製品開発を行う革新的方向が考えられる。

第Ⅲ象限（顧客情報の粘着性高・モジュラー型）も、違う世界が見られる。モジュラー型製品のマニア向けやこだわり消費向けの製品が主体なので、規模の経済性や範囲の経済性の発揮できないニッチな市場となる。中小製造業でも顧客の潜在ニーズを発見したり、顧客との擦り合わせで顧客ニーズそのものを創造したりすることにより、顧客発の技術革新に大きく寄与することが可能である。この場合、自社製品開発型の技術戦略が有効である。顧客のニーズを製品やビジネスモデルに昇華させる開発設計能力、さらにはその前段階のアイデアやデザインの創出力が中小製造業の競争要因となる。資源の不足する中小製造業は、企業や大学や官とも連携を組み、強みを有する資源に集中してスピード勝負で顧客ニーズを製品に具現化することが重要である。

最後の第Ⅳ象限（顧客情報の粘着性高・インテグラル型）は、第Ⅰ象限のインテグラル型と産業アーキテクチャを同じくするので、日本のモノ作りの基盤技術を支えている中小製造業では親和性の高い分野である。第Ⅰ象限の中小製造業はサプライチェーン内の大手企業との擦り合わせが依然として重要であるのに対し、第Ⅳ象限では産業財や生産財が多いが、より顧客との自律的なコミュニケーションが重要である。この象限では、技術革新の主導者

第 7 章　インテグラル（擦り合わせ）型産業における中小製造業のあり方　383

が顧客であるので、顧客との擦り合わせは必須である。その代わりに、擦り合わせのあまり収益性が下がるので、部品や製品の汎用品化、技術の横展開、新用途開発など、所謂マスカスタマイゼーションが収益向上のために肝要となる。成長分野では医療機器があるが、クリーンルームなど安全性や衛生面に配慮した一段階上の製造技術や生産技術や開発設計能力の習得が必要となる。

　以上のように、中小製造業は、コア技術を核に長期的視点の技術進化と日常の技術マネジメントの両立の技術経営がまず重要となる。しかし、これだけでは市場という出口に繋がらない可能性がある。そこで、重要となるのは、これらの技術戦略や日常の技術マネジメントを意識しつつ、いかに市場開拓に繋げるかの、産業アーキテクチャでの位置取り戦略である。特に、産業アーキテクチャと情報の粘着性を融合すると、技術革新のあり様の異なる 4 つの類型化がなされるので、その類型の中で中小製造業が蓄積してきた組織能力と親和性の高い成長分野への進出のために、人と技術への投資を継続することが、技術や顧客ニーズや競争環境の変化や不確実性が急激に増大する今日的課題における中小製造業の技術経営としての重要な処方箋となる。

（注）
(1)　藤本隆宏（2007）『ものづくり経営学』27 〜 28 ページ。
(2)　前掲藤本（2007）28 〜 29 ページ。
(3)　「自動車部品を筆頭に、日本でよく見られるパターンであり、得意なインテグラル製品であればこそ、競争力は強い傾向にあるが、反面、儲かっていないケースが多い。上位システムの特殊部品であるため、量産効果が上がらず、価格決定権にも限界があることが、その要因と考えられる」前掲藤本（2007）30 ページ。
(4)　「同じ擦り合わせ製品でも、『中インテグラル・外モジュラー』ポジションには、高い収益率を上げている企業が目立つ。標準品として売れるため、量産効果が上がり、価格決定権も大きいことが、その要因と考えられる」とする。これの上記(1)との違いを、「同じ擦りあわせ製品でも、どんな顧客に売って利益を確保するか、すなわち『ビジネスモデル』の違いで 2 類型に分かれる」前掲藤本（2007）30 〜 31 ページ。
(5)　「例えば、社内共通部品や業界標準部品を子部品として活用し、それらをうまく組み合わせてカスタム部品・カスタム製品を作ることで、ライバルに勝つコスト構造を実現し、顧客の特殊なニーズに応えている、というケースがこれに当たる」と

して，GE のジェットエンジン，キーエンスの計測機器，部品ではないがデルのパソコン・ビジネスモデルの例を挙げる。前掲藤本（2007）31 ページ。

(6) 「一方で設計合理化によって共通部品・標準部品を活用しながら，他方で完成品を川下のモジュラー・システム向けの標準品として，販売し，二重に量産効果を得る。このタイプでは，コスト競争力がポイントとなる」とし，小型モーターのマブチの製品の例を挙げる。前掲藤本（2007）32 ページ。

(7) 前掲藤本（2007）32 ページ。

(8) 延岡健太郎（2006）24 ページ。

(9) 新宅純二郎（2007）45 ～ 49 ページ。

(10) 藤本（2007）『ものづくり経営学』423 ページ。

(11) 「戦後日本企業の国内拠点に多く見られる組織能力は，『統合力』，とりわけ開発・生産現場の統合的組織能力であり，そうした能力が活きるのは，オペレーションの一貫性で勝負するタイプの『擦り合わせ型製品』である」前掲藤本（2007）425 ページ。

(12) 「欧州には多様性があって一概には言えないが，強い欧州企業がしばしば競争の武器とするのは，ブランド力やデザイン力など，すなわち市場における『表現力』である。この時，高いブランド性（マーケティングミックスの一貫性）を要求するタイプの擦り合わせ型製品が活きる」前掲藤本（2007）426 ページ。

(13) 「経営者や技術者の構想力，つまり，事前にビジネス・システムを設計する力に優れるアメリカ企業の組織能力が活きるのは，諸要素の自在な組み合わせが可能で，弱点である擦り合わせの不備が出にくい製品，すなわち，オープン・モジュラー型の製品である。中でも，アイデアが利益に直結する知識集約的なオープン製品で，アメリカ的な能力が十二分に活きる。フォードの互換性部品から近くはインターネット産業に至るまで，このパターンは米国産業史に散見した」前掲藤本（2007）426 ページ。

(14) 「韓国では，特に財閥系出身の大企業において，思い切った設備投資で勝てると確信したときのトップの意思決定の集中力，および資金の集中力に，目を見張るものがある。失敗も大きいが，当たった時の飛躍は目覚ましい。こうした組織能力は，まずもって，迅速かつ大量の設備投資が競争力に直結する製品，汎用鋼や DRAM のような，モジュラー的な工程を持つ装置産業で活きるだろう」前掲藤本（2007）427 ページ。

(15) 「中国製造業は，…現段階では外国製品のコピーと寄せ集め的改造ベースとする『疑似オープン・アーキテクチャ』製品を得意とする傾向がある。現在，華南地域で展開されている『優秀で安価な単能工の無制限供給モデル』を見るにつけ，中国の特徴は，圧倒的な量の労働力およびその予備軍の力であり，しかも大量の労働力を短期間に動かす動員力であるとの印象が強い。すると，既に指摘したとおり，価格的にはローエンドの労働集約的な大ロット・モジュラー製品，とりわけオープン・アーキテクチャ製品が活きることになるだろう」前掲藤本（2007）427 ページ。

(16) 藤本隆宏（2012）114 ページ。後述の実証分析についての言及は 120 ページ。

第7章　インテグラル（擦り合わせ）型産業における中小製造業のあり方　385

(17) 藤本（2012）339ページ。
(18) 藤本（2012）349ページ。
(19) 上記1.の見出し以降ここまで、中小企業基盤整備機構（2011）42ページを引用、一部加筆・加工している。
(20) 上記2.(1)の見出し以降ここまで、中小企業基盤整備機構（2011）43～44ページを引用、一部加工。3社の事例は、2章で一部記述しているので、ここでは、E社の事例にみを詳細に記述。
(21) 前ページからの事例および後述の計画経営や市場開拓の記載は、中小企業基盤整備機構（2011）を参照・再編・加工。
(22) 調査時点とは異なり現在では、デジタルカメラも携帯電話もスマホの急速な普及により需要が縮小している。
(23) 上記2.(2)の見出し以降ここまで、中小企業基盤整備機構（2011）48～49ページを引用、一部加工している。
(24) 前々ページからの事例及び後述の国際分業や成長市場開拓の記載は、中小企業基盤整備機構（2011）を参照・再編・加工。
(25) 調査時点から現在では、デジカメや携帯からスマホへの需要の大きな変化が生じており、当社の金型の製品用途や需要も現在では大きく変化していることが推測される。同様に3Dプリンタの金型製造技術の向上の技術側面の急激な環境変化も、対応の必要性の増大が推測される。
(26) 金融財政事情研究会編（2008）『第11次　業種別審査事典　第5巻』、92～96ページ参照。
(27) 同上　92ページ参照。
(28) 上記2.(3)の見出し以降ここまで、中小企業基盤整備機構（2011）51ページを引用、一部加工している。
(29) 前々ページからの事例および後述の経営方針や市場開拓や海外展開の記載は、中小企業基盤整備機構（2011）を参照・再編・加工。
(30) 上記2.(4)の見出し以降ここまで、中小企業基盤整備機構（2011）53～54ページを引用、一部加筆・加工。事例は、2章で一部記述済みなので、3社のうち、2009年調査のT社のみをここでは記述。
(31) 事例および後述のコア技術と市場のマッチング方法の記載は、中小企業基盤整備機構（2010）を参照・再編・加工。
(32) 事実、三菱重工の民間航空機のMRJの実用化に苦戦しているのは、このモノ作りの組織能力の喪失が最大の理由であり、他の航空機関連メーカーも、ボーイングやエアバスのT1にとどまっているのも、いかに航空機の製品開発・設計能力の取得が困難であるかを物語っている。航空機と自動車産業の相違は、前述した事項だけにとどまらない。顧客が航空会社か消費者中心かということや、生産台数の大きな違い（中大型機でボーイングとエアバスで1,000機程度の生産とすると、自動車は、世界で9,000万台程度）となっている。さらに、航空機部品の認証の厳しさや後述

のとおり技術や人への多額の先行投資の必要性も航空機産業を特色付けている。
(33) 上記2.(5)の見出し以降ここまで、中小企業基盤整備機構 (2010) 129 ページを一部引用、再編・加工している。
(34) 事例及び後述のコア技術と市場のマッチング方法の記載は、中小企業基盤整備機構 (2010) を参照・再編・加工。
(35) 平成25年7月の経済産業省「機能性化学産業の競争力強化に向けた研究会」報告書によると、半導体素材産業も含まれる機能性化学産業を「すり合わせにおいて、顧客ですら気づいていない潜在的な課題に対し、独自技術により材料に特殊な機能を持たせることで解決策を提案し、顧客の製品の付加価値向上を実現する化学産業」（4ページ）と定義づけられていることからも、機能性化学産業が調査時点以後も日本が強みを有する擦り合わせ型産業の重要な1分野であり続けていることが分かる。
(36) 上記2.(6)の見出し以降ここまで、中小企業基盤整備機構 (2010) 131 ページを引用、一部再編・加工している。
(37) 2013年7月23日発行「SEMI News」Vol.29, No.3 の lala Chamness の原稿　24ページ参照。
(38) フォトマスクとは、IC・LSI の回路パターンをシリコンウェハーに転写する際の原版である。
(39) ウェハー裏面研磨とは、半導体パッケージにウェハーが収納できるように薄く加工する工程である。
(40) 一度使用したフォトマスクの回路パターンを薬品で消去し、再度研磨を行うことでフォトマスク用ガラスを再利用する。
(41) エピタキシャル成長とは、シリコンウェハー上に結晶方位が揃った単結晶の薄膜を成長させるものである。
(42) 前ページからの事例および後述のコア技術と市場のマッチング方法の記載は、中小企業基盤整備機構 (2010) を参照・再編・加工。
(43) 金融財政事情研究会編 (2008)『第11次　業種別審査事典　第5巻』、655～656ページ参照。
(44) 『2010年版ものづくり白書』、260ページ参照。
(45) 同上　260ページ参照。
(46) 上記2.(7)の見出し以降ここまで、中小企業基盤整備機構 (2011) 57 ページを引用、一部加工している。
(47) 前ページからの事例の記載は、中小企業基盤整備機構 (2011) を参照・再編・加工。
(48) 藤本隆宏 (2003) 89 ページ。藤本隆宏 (2004) 131 ページ。
(49) 藤本隆宏 (2003) で、クローズ・モジュラー型アーキテクチャ製品の例として、標準型の工作機械を挙げている（89～90ページ）。また同時に、工作機械に日本が強みを有することについては、工作機械に日本企業が得意とするものが見られる理由として、モジュラー設計情報を転写しにくい媒体に作り込むことにあると指摘し

ている（96 ページ）。工作機械のように転写しにくい媒体への作り込みにおいては、擦り合わせの組織能力が力を発揮すると捉えている。

(50) 中馬宏之（2001）11 ページ。中馬は、高度にモジュール化された CNC 工作機械の日本の国際競争力の源泉として、イノベーションを迅速に生み出していくために、工作機械メーカーと CNC メーカーとの R&D コラボレーションとともに、企業内においてコンカレントに情報共有を行うための効果的な仕組みが不可欠であるとの示唆を指摘している（13 ページ）。前述の藤本と同様に、アーキテクチャはモジュラー型であるが、社内の擦り合わせ能力の必要性も指摘する。

おわりに

1. 本研究から導き出される示唆

　バブル崩壊以降、中小製造業が激減している中でも、モノ作り300社のように高い技術水準を核に長期間安定して経営を営んでいる企業も存在していた。バブル崩壊以後の90年代の荒波を乗り越えた中小製造業の成功要因は、技術を核とする経営、技術経営に鍵があったのではないか、もしそうであれば、その内容や背景と可能となった組織能力を明らかにすることには研究上の意義があると考える。これが、本研究の最大の仮説・問題意識であった。

　中小製造業の競争要因は、高度成長期前と後で大きく変化していた。ちょうど、ピオリ＆セーブルが「第二の産業分水嶺」のように、大量生産、大量消費時代から多品種少量生産時代に移行し、それ以後中小製造業でも技術による差別化が競争要因となってきたことを確認した。高度成長期までの中小製造業が下請制下で、親企業との取引の中で規模の経済を追求し技術水準を向上させることが最大の競争要因であったことからの大きな転換点となった。

　競争要因の変化に対応し、中小製造業の技術に関する先行研究も高度成長期までと、高度成長期後では大きく異なっていた。高度成長期までは大企業との格差を強調する二重構造論の基に、中小製造業の自律性や成長性を論ずる研究者は少なかった。数少ない論者が、戦前においては小宮山琢二、戦後においては田杉競、末松玄六、林信太郎、中村秀一郎、清成忠男などであった。

　高度成長期後に、特にバブル崩壊以降、下請制の再編・崩壊、技術や市場ニーズの不確実性の増大、グローバル化の加速、モジュール化の進展、インターネットやデジタル化の急速な普及などとともに、競争要因として技術の重要性が増大した。一方で、いくら高い水準のコア技術を有していても市場に繋げないと高い付加価値を獲得することはできない。そこで、いかに巧みな技術経営をするかが、今日的な中小製造業の競争要因となってきた。

　しかし、このような競争要因の急激な変化にもかかわらず、高度成長期後の中小企業の技術に関する先行研究においても、大企業サイドが中心の企業

間関係論やサプライヤー・システム論、研究開発型企業を礼賛しがちな産業クラスター・地域イノベーション論、1990年代後半から脱下請論として登場した現在のプロダクトイノベーション論や熟練・スキル論などの技術の一部機能に限定した研究などが多く、いかにコア技術を市場開拓に繋げるかという包括的な技術経営論を論じる論者がほとんどいなかった。こうした中で、小川英次、山田基成、弘中史子が数少ない論者ではあるが、製造技術から生産技術機能の範囲を拡大していく技術発展段階説を採るか、長期的な技術進化に偏るか、いずれも包括的な中小企業向けの技術経営論は未成熟な段階であった。

　そこで、本研究では、中小企業基盤整備機構で筆者が企画・執筆して実施した調査資料の二次分析を通じ、中小製造業の技術経営のあり方を提示しようとしたものである。コア技術を市場開拓に繋げるための包括的な技術経営論では、コア技術側面と市場側面とに分け、それぞれの側面における中小製造業の競争力の源泉を明らかにする必要がある。そこで、本研究の研究手法は、まずコア技術側面においては、アンケート調査で想定していた3つの仮説を基に、本研究での中小企業の技術に関する先行研究や中小製造業の競争要因での技術の重要性の変遷の考察を踏まえて、仮説の妥当性を確認した後、改めて本研究におけるコア技術側面の研究仮説を設定し直し、アンケート資料とヒアリング資料の二次分析で、その仮説を検証するという形式を採った。

　次に、市場側面では、アンケート資料の二次分析における長期的視点の技術戦略と短期的視点の日常の技術マネジメントと市場開拓要因との関連性を確認した上で、ヒアリング資料の二次分析を通じて、産業のアーキテクチャにおける位置取り戦略という研究仮説を提示した。この市場側面の研究仮説について、産業別のヒアリング資料の二次分析・事例研究により、その検証を行う形式を採った。最後に、産業のアーキテクチャと情報の粘着性の概念の融合により、今後の中小製造業の技術経営のあり方の考察を行った。

　本研究における主な結論と主張は、次のとおりである。

　中小製造業は、「日常の技術マネジメント」を強化することには熱心である一方で、外部環境の厳しさや経営資源の不足から、長期的視点の「技術戦

略」はなおざりにしがちである。しかし、「大きな技術変化」を起こすためには相当な期間を要する。環境激変期である今ほど、「技術戦略」と「日常の技術マネジメント」の両立が求められる時代はない。また同時に、技術や顧客ニーズや競争環境の不確実性の増大から、コア技術を市場開拓に繋げないと中小製造業は技術水準がいかに高くても付加価値を獲得することができないため、コア技術を市場開拓に繋げるための方策が必須となっている。このように、中小製造業が、現在において競争力を発揮するためには、コア技術側面と市場側面を包含した包括的な技術経営を巧みに実践することが必須となっている。

中小製造業は大企業に比し資源も不足するので、大きなリスクを取ることは困難である。一方、環境激変期を生き抜くためには、長期的「技術戦略」に基づき新製品・新技術開発に挑戦していかなければならない。このジレンマを克服するためには、中小製造業の技術戦略は、コア技術をベースとして長期的視点に立脚し一定の方向性の中で頻繁な製品開発・技術開発などの技術進化を目指す「コア技術戦略」が適している。また、技術戦略は、「自社製品開発型」、「技術範囲の拡大型」、「技術の専門化型」、「用途開発型」、「事業構造の再構築型」に類型化が可能であり、類型別に「コア技術」、「市場」、「製品・加工」、「組織能力」の要素で重視すべき事項が異なるので、どの類型を重視するか明確にし、重点を置くべき要素に資源を集中的に投入する必要がある。

中小製造業は、長期的視点の「技術戦略」以上に重要なことは、「日常の技術マネジメント」を巧みに実践することにより、日々技術を蓄積・進化させていくことである。技術は、「人的資源」と「設備・情報システム」と「組織ルーチン」から成る。①「人的資源」では、形式知の多い技術知識や暗黙知の多い熟練に関して、技術者の学習・育成が必要なことは元より、「組織ルーチン」の技術者の動機付けによる活性化が重要である。②「設備・情報システム」では、「最新鋭設備導入」⇒「設備の有効活用・ノウハウ蓄積」⇒「設備にノウハウの体化」の流れを回しながら技術を進化させることが重要で、③「組織ルーチン」では、「経営者力」⇒「組織対応力」⇒「組織進化力」と進化させていくことが重要である。

しかし、コア技術をベースにした技術進化で技術面の視点に偏りすぎると、市場や顧客ニーズを見失うことになりやすい。そこで、中小製造業が技術経営を実践していく上では、マーケティング戦略で重視される3Cの観点から、コア技術を土台に市場開拓に上手に繋げていく必要がある。様々な観点が考えられる市場側面の中でも、部品加工や生産財製造のように産業のサプライチェーンの中間に位置することの多い中小製造業に関しては、産業のアーキテクチャの観点からの産業における位置取り戦略が特に重要である。

電機・光学などのモジュラー型産業では、需要も海外に多くが移り、最終製品の技術革新の変化とサプライチェーンでの覇権者の入れ替わりが激しい。一方、自動車などのインテグラル型産業では、国内に需要が引き続き残り、最終製品の基幹技術の変化やサプライチェーンでの覇権者の入れ替わりが少ない。この産業アーキテクチャの特徴から、中小製造業は、モジュラー型産業では最終製品の技術革新やサプライチェーンの覇権者に常に目配りし、コア技術をベースにした海外を含めた取引先開拓や、機能部品（自社製品含む）の開発設計能力取得が重要となる。一方、技術革新の程度が比較的漸進的なインテグラル型産業では、T1企業や最終製品メーカーへの開発提案力取得などの技術範囲の拡大や、コア技術の深化などの技術の専門化が重要となる。

また、モジュール化の進展、顧客発の技術革新の増大、IoT・AI・3Dプリンタ・ロボットなど第四次産業革命とも呼ばれる技術革新の急激な進展の今日においては、中小製造業は、産業アーキテクチャと情報の粘着性を融合化したマトリックスの中で、コア技術を核に産業における技術革新の主体を意識して付加価値を増大させたり、コア技術と親和性の高い成長分野への進出を試みたりすることが、今後の生き残りに重要であることが分かった。

本研究においては、長期的な技術戦略の観点から、バブル崩壊から現在（平成20年10月調査時点）までの20年弱にわたる長期間の中小製造業の「大きな技術変化」に着目し、その変化と成長性との関連、「大きな技術変化」の市場と技術側面からの類型化という、従来着目されなかった新たな視点による実証分析を行った。アンケート資料の二次分析により、バブル崩壊以降の「大きな技術変化」が中小製造業の成長に寄与していたことを明らかにし

た。また、「大きな技術変化」を技術と市場側面からの4類型化を実証するとともに、ヒアリング資料の二次分析から「事業構造の再構築型」の類型を新たに抽出できた。また同様にヒアリング資料の二次分析により、技術水準の高い社歴の長い中小製造業は、成長に寄与する「大きな技術変化」を、バブル崩壊以降のみならず、それ以前の創業以来、絶えず繰り返し成長してきていたことが判明した。また、「大きな技術変化」は、長期的視点の技術戦略と大きな関連性を有していて、技術戦略の基に生じさせていることを明らかにした。さらに、技術戦略の具体的方法論として、「コア技術戦略」のあり方を提示した。

また、日常の技術マネジメントの観点からは、既存研究の技術の構成要素の概念と組織能力の概念を融合し、技術の構成要素に「組織ルーチン」の要素を追加し、アンケート調査の二次分析により「組織ルーチン」の要素の類型化を図った。また、アンケート資料とヒアリング資料の二次分析から、技術の構成要素ごとのあり方を提示した。特に、技術者の動機付け、設備・情報システムのノウハウのブラックボックス化、組織ルーチンとしての学習能力が日常の技術マネジメントとしての要であることを明らかにした。

さらに、コア技術を市場開拓に繋げるための方策として、従来、中小製造業の分野では着目されていなかった産業アーキテクチャに着目した中小製造業のポジショニング戦略を提示した。モジュラー型とインテグラル型の産業に区分し、中小製造業が関わる産業は多様性を有するので、できる限り数多くの産業を捉え、①産業アーキテクチャ、②国内市場の大きさ、③顧客の評価基準という3点を視点の基にそれぞれの産業でのポジションニング戦略を提示した。モジュラー型のアメリカ型企業の強みを研究する経営論としてイアンシティやティースの論がアメリカでは有力になりつつある。一方で日本においてインテグラル型のもの造りの組織能力の強みを主張するのは藤本隆宏である。しかし、モジュラー型もインテグラル型の有力な経営論のいずれも、分業の利益や進化論やコーディネートを重視するところに共通点がある。本研究でも、産業や製品アーキテクチャは異なるのに、同様な競争力の源泉の視点が結果的に収束していることに関心を有したところである。さらに本研究では、新たな視点として産業アーキテクチャと情報の粘着性の概念

を融合化することにより、中小製造業の産業アーキテクチャでの位置取り戦略において、コア技術を市場開拓に繋げるための具体的な方法論を提示した。

以上の過去の行動・成果の分析は、企業を取り巻く外部環境に大きく左右されるので、必ずしも現在または将来の企業の戦略やマネジメントに有効である訳ではない。しかし、バブル崩壊の激変期の環境変化を乗り越えた中小製造業の技術経営のあり方の考察は、リーマンショックや東日本大震災後の我が国経済の低迷、さらに第四次産業革命とも言われる時代の到来などの更なる環境激変期での中小製造業の競争力の源泉に関して大きな示唆を与える。

2. 既存研究との比較から見た本研究の意義・含意

本研究の既存研究との比較から見た意義では、前述のとおり中小製造業分野では本格的な技術経営論がなかったところにある程度方向性が示せた。

1点目は、従来の研究は、長期的技術進化に偏るか、短期的技術進化に偏るかいずれかの傾向があったが、その両立の必要性を中小製造業の成長や技術水準の規定因に関する実証分析により提示できたことである。

2点目に、大規模なアンケート資料とともに50近い豊富な事例分析を、社歴が20年以上の機械金属業種に焦点を絞り分析したことにより、より深い知見が得られたことである。

3点目は、従来、中小企業の技術革新やイノベーションの分野では着目されていなかった、長期間の時系列の技術変化に着目したことである。アンケート資料ではバブル崩壊以降20年弱の間の「大きな技術変化」と企業成長、ヒアリング資料では創業以来の「大きな技術変化」の変遷と企業成長という、他の研究では見られない手法を導入した。

4点目は、従来の技術の構成要素の概念にもの造りの組織能力論を融合し、特に「組織ルーチン」が3つの要素に区分できることを実証した。

5点目は、従来、自社製品開発論重視か、現場のスキル重視の技術進化論が多く、中小製造業の技術戦略の類型化の視点が不足していたところに、類型化することの重要性とあり方を提示できたことである。

最後に、コア技術を市場開拓に繋げるための方法論として、中小企業分野では見られなかった産業アーキテクチャに着目した位置取り戦略を提示し、

藤本隆宏の指摘する製品アーキテクチャの位置取り戦略との相違も提示したところにある。さらに新たな視点として、産業アーキテクチャと技術や顧客の情報の粘着性の概念の融合化を図ることにより、中小製造業がコア技術を市場開拓に繋げて競争力を発揮するための具体的な方法論を提示した。

3. 今後の研究課題

　モジュール化、デジタル化、グローバル化、AI・3Dプリンタ・ロボット、IoT、顧客発の技術革新などの急速な進展で、モノ作りのあり様は急激に変化している。また、産業のサプライチェーンにおける覇権者の交代も、モジュラー型産業では目まぐるしい。延岡の指摘する技術や市場や競争環境の不確実性の増大とともに、技術経営のあり方も難易度が劇的に増加している。

　本研究は、中小製造業での「大きな技術変化」の変遷という長期的な時系列の視点を有しているが、上記の中小製造業を取り巻く経営環境の激変期に先を見通すことは大変難しい。しかし、中小製造業の事例の経営者は常に長期的視点を有し「人と技術への投資」を続けて成長や持続を図っている。今後、このような先進的中小製造業がいかなる技術進化を遂げていくか事例を常に注視し、その動向と技術経営のあり方に関する考察を続けたい。何が長期間競争力を発揮する中小製造業の競争力の源泉になっているか、環境激変期の中でいかに変化が見られるかということに、関心を有していきたい。

　本研究も膨大な資料を十分に分析尽くしたとは言えない。未だ、理論化や一般化できていない側面も多い。また、それ以上に調査時点から現在までの時間が経過し過ぎているので、アップデートされた資料の分析の必要がある。

　今後も、技術戦略、「大きな技術変化」、日常の技術マネジメント、産業アーキテクチャでの位置取り戦略をキーワードに、大企業を問わず関連する領域の最新の研究も学習し続けたい。そして、筆者における最大の経営論の教師の中小製造業の現場の経営者の方々との双方向の議論の中から、地に足の着いた実践的な技術経営論を提示することを今後の研究課題とし続けたい。

【参考文献】

Abernathy, W. (1978), *The Productivity Dilemma*, Johns Hopkins University Press.

Abernathy, W. and J. Utterback (1978), "Patterns of Industrial Innovation," *Technology Review*, Vol. 80, No. 7, pp. 40-47.

Allen, T. (1977), *Managing the Flow of Technology*, MIT Press.（中村信夫訳（1984）『技術の流れ管理法』開発社）

Anderson, C. (2012), *Makers: The New Industrial Revolution*, Crown Business.（関美和訳（2012）『MAKERS：21世紀の産業革命が始まる』NHK出版）

Baldwin, C. and K. Clark (2000), *Design Rules: The Power of Modularity*, MIT Press.（安藤晴彦訳（2004）『デザイン・ルール－モジュール化パワー』東洋経済新報社）

Barnard, C. (1938), *The Functions of the Executive*, Harvard University Press.（山本安次郎・田杉競・飯野春樹訳（1968）『新訳 経営者の役割』ダイヤモンド社）

Barney, J. (2002), *Gaining and Sustaining Competitive Advantage. Second Edition*, Prentice Hall.（岡田正大訳（2003）『企業戦略論 競争優位の構築と持続』ダイヤモンド社）

Chandler, A. (1962), *Strategy and Structure*, MIT Press.（有賀裕子訳（2004）『組織は戦略に従う』ダイヤモンド社）

Chesbrough, H. (2003), *Open Innovation*, Harvard Business School Press.（大前恵一朗訳（2004）『OPEN INNOVATION』産業能率大学出版部）

Christensen, C. (1997, 2000), *The Innovator's Dilemma*, Harvard Business School Press.（玉田俊平太監修・伊豆原弓訳（2001）『イノベーションのジレンマ 増補改訂版』翔泳社）

Christensen, C. and M. Raynor (2003), *The Innovator's Solution*, Harvard Business School Press.（玉田俊平太監修・櫻井祐子訳（2003）『イノベーションの解』翔泳社）

Christensen, C., S. Anthony and E. Roth (2004), *Seeing What's Next*, Harvard Business School Press.（宮本喜一訳（2005）『明日は誰のものか』ランダムハウス講談社）

Clark, K. and T. Fujimoto (1991), *Product Development Performance*, Harvard Business School Press.（田村明比古訳（2009）『増補版 製品開発力』ダイヤモンド社）

Cohen, W. and D. Levinthal (1990), "Absorptive Capacity: A New Perspective on Learning and Innovation," *Administrative Science Quarterly*, 35, pp. 128-152.

Collis, D. and C. Montgomery (1998), *Corporate Strategy: A Resource-Based Approach*, McGraw-Hill Companies, Inc.（根来龍之・蛭田啓・久保亮一訳（2004）『資源ベースの経営戦略論』東洋経済新報社）

Dierickx, I. and K. Cool (1989), "Asset Stock Accumulation and Sustainability of Competitive Advantage," *Management Science*, 35 (12), pp. 1504-1511.

Dosi, G. (1982), "Technological Paradigms and Technological Trajectories," *Research Policy*, 11, pp. 147-162.

Dosi, G., R. Nelson and S. Winter (2000), *The Nature and Dynamics of Organizational Capabilities*, Oxford University Press.

Drucker, P. F. (1985), *Innovation and Entrepreneurship*, HarperCollins Publishers.（上田惇生訳（2007）『イノベーションと企業家精神』ダイヤモンド社）

Florida, R. (2005), *The Flight of the Creative Class*, HaperCollins Publishers, Inc.（井口典夫訳（2007）『クリエイティブ・クラスの世紀』ダイヤモンド社）

Gawer, A. and M. Cusumano (2002), *Platform Leadership*, Harvard Business School Press.（小林敏男監訳（2005）『プラットフォーム・リーダーシップ』有斐閣）

Hamel, G. and C. Prahalad (1994), *Competing for the Future*, Harvard Business School Press.（一條和生訳（2001）『コア・コンピタンス経営』日本経済新聞社）

Helfat, C. E., S. Finkelstein, W. Mitchell, M. Peteraf, H. Singh, D. Teece and S. G. Winter (2007), *Dynamic Capabilities*, Blackwell Publishers.（谷口和弘、蜂巣旭、川西章弘訳（2010）『ダイナミック・ケイパビリティ』勁草書房）

Helper, S. and M. Sako (1995), "Supplier Relations in Japan and the United Satetes: Are They Converging?," *MIT Sloan Management Review*, Spring, 36, pp. 77-84.

Henderson, R. and K. Clark (1990), "Architectural Innovation: The Reconfiguration of Existing Product Technologies and the Failure of Established Firms," *Adoministrative Science Quarterly*, 35, pp. 9-30.

Iansiti, M. and R. Levien (2004), *The Keystone Advantage*, Harvard Business School Press.（杉本幸太郎訳（2007）『キーストーン戦略』翔泳社）

Kotha, S. (1995), "Mass Customization," *Strategic Management Journal*, Summer Special Issue, 16, pp. 21-42.

Kotler, P. (2000), *Marketing Management: Millennium Edition*, Prentice-Hall, Inc.（恩藏直人監修・月谷真紀訳（2001）『コトラーのマーケティング・マネジメント　ミレニアム版』ピアソン・エデュケーション）

Langlois, R. (2007), *The Dynamics of Industrial Capitalism*, Routledge.（谷口和弘訳（2011）『消えゆく手』慶應義塾大学出版会）

Leonard-Barton, D. (1992), "Core Capabilities and Core Rigidities," *Strategic Management Journal*, 13, pp. 111-125.

Leonard-Barton, D. (1995), *Wellsprings of knowledge*, Harvard Business School Press.（阿部孝太郎・田畑暁生訳（2001）『知識の源泉』ダイヤモンド社）

Levit, B. and J. March (1988), "Organizational Learning," *Annual Review of Sociology*, 14, pp. 319-340.

Lieberman, M. and D. Montgomery (1988), "First-Mover Advantages," *Strategic Management Journal*, 9, Summer, pp. 41-58.

Meyer, M. and J. M. Utterback (1993), "The Product Family and the Dynamics of Core Capability," *Sloan Management Review*, Spring, pp. 29-47.

Mintzberg, H. (1975, 1976, 1981, 1987, 1994, 1996, 1998, 1999, 2003), *Henry Mintzberg on management*, Harvard Business School Press.（DIAMOND ハーバード・ビジネス・レビュー編集部編訳（2007）『H. ミンツバーグ経営論』ダイヤモンド社）

Mintzberg, H. (2009), "Rebuilding Companies as Communities," *Harvard Business Review*, July-August.（有賀裕子訳（2009）「『コミュニティシップ』経営論」『DIAMOND ハーバード・ビジネス・レビュー』2009 年 11 月号、pp. 58-70.）

Moore, G. (1991, 1999), *Crossing the Chasm*, James Levine Communications, Inc.（川又政治訳（2002）『キャズム』翔泳社）

Moore, G. (2005), *Dealing with Darwin*, Penguin Group.（栗原潔訳（2006）『ライフサイクルイノベーション』翔泳社）

Nelson, R. and S. Winter (1982), *An Evolutionary Theory of Economic Change*, Harvard University Press.（後藤晃・角南篤・田中辰雄訳（2007）『経済変動の進化理論』慶應義塾大学出版会）

Ouchi, W. (1980), "Market, Bureaucracies, and Clans," *Adoministrative Science Quarterly*, 25, pp129-141.

Penrose, E. (1995), *The Theory of the Growth of the Firm, Third Edition*, Oxford University Press.（日景千景訳（2010）『会社成長の理論』ダイヤモンド社）

Piore, M. and C. Sabel (1984), *The Second Industrial Divide*, Basic Books Inc.（山之内靖・永易浩一・石田あつみ訳（1993）『第二の産業分水嶺』筑摩書房.）

Pisano, G. and W. Shih (2012), "Does America Really Need Manufacturing?," *Harvard Business Review*, March.（有賀裕子訳（2012）「アメリカ製造業復権のシナリオ」『DIAMOND ハーバード・ビジネス・レビュー』2012 年 6 月号、pp. 62-74.）

Porter, M. (1980), *Competitive Strategy*, Free Press.（土岐坤・中辻萬治・服部照夫訳（1982、1995）『新訂　競争の戦略』ダイヤモンド社）

Porter, M. (1985), *Competitive Advantage*, Free Press.（土岐坤・中辻萬治・小野寺武夫訳（1985）『競争優位の戦略』ダイヤモンド社）

Porter, M. (1990), *The Competitive Advantage of Nations*, Free Press.（土岐坤・中辻萬治・小野寺武夫・戸成富美子訳（1992）『国の競争優位（上）、（下）』ダイヤモンド社）

Robbins, S. (1997, 1984), *Essentials of Organizatinal Behavior*, Prentice-Hall, Inc.（高木晴夫監訳（1997）『組織行動のマネジメント』ダイヤモンド社）

Schein, E. H. (1985), *Organizational Culture and Leadership*, Joseey-Bass.（清水紀彦・浜田幸雄訳（1989）『組織文化とリーダーシップ』ダイヤモンド社）

Schumpeter, J. (1926), *Theorie der Wirtschaftlichen Entwicklung, 2nd ed.*（塩野谷祐一・中山伊知郎・東畑精一訳（1977）『経済発展の理論（上・下）』岩波書店）

Senge, P. (1990), *The Fifth Discipline*, Spieler Agency.（守部信之他訳（1995）『最強の組織の法則』徳間書店）

Simon, Hermann (2009), *Hidden Champions of the 21st Century: Success Strategies of Unknown World Market Leaders*.（上田隆穂監訳・渡部典子訳（2012）『グローバルビジネスの隠れたチャンピオン企業－あの中堅企業はなぜ成功しているのか』中央経済社）

Storey, D. (1994), *Understanding the Small Business Sector*, Thomson Leaning Europe.（忽那憲治・安田武彦・高橋徳行訳（2004）『アントレプレナーシップ入門』有斐閣）

Szulanski, G. (1996), "Exploring Intenal Stickiness: Impediments to the Transfer of Best Practice within the Firm," *Strategic Management Journal*, 17 (Winter Special Issue), pp. 27-43.

Teece, D. (1980), "Economies of Scope and the Scope of the Enterprise," *Journal of Economic Behavior and Organization*, 1, pp. 223-247.

Teece, D. (1986), "Profiting from Technological Innovation," *Resarch Policy*, 15 (6), pp. 285-305.

Teece, D. and G. Pisano (1994), "The Dynamic Capabilities of Firms: an Introduction," *Industrial and Corporate Change*, 3 (3), pp. 537-556.

Teece, D., G. Pisano and A. Shuen (1997), "Dynamic Capabilities and Strategic Management," *Strategic Management Journal*, 18 (7), pp. 509-533.

Teece, D. (1998), "Capturing Value from Knowledge Assets," *California Management Review*, 40 (3), pp. 55-79.

Teece, D. (2007), "Explicating Dynamic Capabilities," *Strategic Management Journal*, 28 (13), pp. 1319-1350.（渡部直樹編著者（2010）『ケイパビリティの組織論・戦略論：第1章』中央経済社）

Teece, D. (2009), *Dynamic Capabilities & Strategic Management*, Oxford University Press.（谷口和弘・蜂巣旭・川西章弘・ステラ. S. チェン訳（2013）『ダイナミック・ケイパビリティ戦略』ダイヤモンド社）

Ulrich, K. (1995), "The Role of Product Architecture in the Manufacuturing Firm," *Research Policy*, 24, pp. 419-440.

Utterback, J. (1994), *Mastering the Dynamics of Innovation*, Harvard Business School Press.（大津正和・小川進監訳（1998）『イノベーション・ダイナミクス』有斐閣）

Von Hippel, E. (1988), *The Sources of Innvation*, Oxford University Press.（榊原清則訳（1991）『イノベーションの源泉』ダイヤモンド社）

Von Hippel, E. (1994), ""Sticky Information" and the Locus of Problem Solving: Implications for Innovation," *Management Science*, 40 (4), pp. 429-439.

Von Hippel, E. (2005), *Democratizing Innovation*, MIT Press.（サイコム・インターナショナル監訳（2006）『民主化するイノベーションの時代』ファーストプレス）

Williamson, O. (1975), *Markets and Hierarchies: Analysis and Antitrust Implications*, Free Press.（浅沼萬里・岩崎晃訳（1980）『市場と企業組織』日本評論社）

Williamson, O. (1979), "Transaction-Cost Economics: The Governance of Contractual Relations," *Journal of Law and Economics*, 22 (2), pp. 233-261.

Womack, J., D. Jones and D. Roos (1990), *The Machine that Changed the World*, Macmillan Pubulishing Company.（沢田博訳（1990）『リーン生産方式が、世界の自動車産業をこう変える』経済界）

青木昌彦（2008）『比較制度分析序説』講談社.

青木昌彦・安藤晴彦編著（2002）『モジュール化』東洋経済新報社.

青島矢一・武石彰・クスマノ，マイケル・A.編著（2010）『メイド・イン・ジャパンは終わるのか 「奇跡」と「終焉」の先にあるもの』東洋経済新報社.

浅井敬一朗（2008）「金型産業における技術革新とスキルの変容―3次元ソリッドCADの導入を中心に―」『日本中小企業学会論集』27、同友館、86-99ページ.

浅井紀子（2000）「転換期における中小企業の優位性」『日本中小企業学会論集』19、同友館、102-112ページ.

浅沼萬里（1984）「自動車産業における部品取引の構造」『季刊 現代経済』58、38-48ページ.

浅沼萬里（1997）『日本の企業組織 革新的適応のメカニズム』東洋経済新報社.

石井淳蔵（2010）「市場で創発する価値のマネジメント」『一橋ビジネスレビュー』57(4)、東洋経済新報社、20-32ページ.

石黒憲彦「経済産業政策局長石黒憲彦氏の『志本主義のススメ』 第40回 クラスター・アプローチとニーズ・アプローチ」大学発ベンチャー起業支援サイ

ト「Digital New Deal」http://dndi.jp//00-ishiguro/ishiguro_40.php 2010年8月18日閲覧.「第41回 産業政策に対する評価」http://dndi.jp/00-ishiguro_41.php 2010年8月18日閲覧.

泉田成美・柳川隆（2008）『産業組織論』有斐閣アルマ.

伊丹敬之（1998）「産業集積の意義と論理」『産業集積の本質 柔軟な分業・集積の条件』有斐閣、1-23ページ.

伊丹敬之（2003）『経済戦略の論理（第3版）』、日本経済新聞社.

伊丹敬之・藤本隆宏・岡崎哲二・伊藤秀史・沼上幹編（2006）『日本の企業システム 第Ⅱ期第4巻 組織能力・知識・人材』有斐閣.

伊丹敬之・藤本隆宏・岡崎哲二・伊藤秀史・沼上幹編（2006）『日本の企業システム 第Ⅱ期第3巻 戦略とイノベーション』有斐閣.

伊丹敬之・森健一編（2006）『技術者のためのマネジメント入門』日本経済新聞社.

伊丹敬之（2009）『イノベーションを興す』日本経済新聞社出版社.

伊藤公一（2007）「4つの産業集積の生成・展開・問題」『日本と東アジアの産業集積研究』同友館、3-21ページ.

猪木武徳（1993）「経済と暗黙知」『日本の企業システム 第3巻 人的資源』有斐閣、104-125ページ.

植田浩史（2004）『現代日本の中小企業』岩波書店.

鵜飼信一（1991）「中小機械工業におけるコア技術の進化とその跛行性」『商工金融』41(1)、商工総合研究所、6-20ページ.

鵜飼信一（2007）「地域社会の小規模企業がものづくりを支える」『一橋ビジネスレビュー』55(1)、東洋経済新報社、62-76ページ.

梅屋義実（2000）「機械産業中小メーカーにおける新製品開発について」、『日本中小企業学会論集』19、同友館、92-101ページ.

遠藤功（2007）「根源的組織能力としての現場力」『一橋ビジネスレビュー』55(1)、東洋経済新報社、6-21ページ.

太田三郎（2004）『企業の倒産と再生』同文館出版.

大月博司（2004）「組織ルーティンのロジック」『北海学園大学経営論集』第1巻第4号、79-91ページ.

大野耐一（1978）『トヨタ生産方式』ダイヤモンド社.

岡室博之（2004）「デフレ経済下における中小製造業の研究開発活動の決定要因」『商工金融』54(5)、商工総合研究所、5-19ページ.

小川英次（1983）「技術変化のマネジメント」『経済科学』30(4)、12-35ページ.

小川英次（1988）「技術情報生産の経営管理」『経済学研究』第54巻第1、2号、1-16ページ.

小川英次（1991）『現代の中小企業経営』日本経済新聞社.

小川英次（1996）『新起業マネジメント　技術と組織の経営学』中央経済社.
小川紘一（2007）「第2部第5章　光ディスク産業－日本企業の新たな勝ちパターン構築に向けて」『ものづくり経営学』、光文社、217-239ページ.
小川紘一（2009）『国際標準化と事業戦略　日本型イノベーションとしての標準化ビジネスモデル』白桃書房.
小川進（2000、2007）『新装版　イノベーションの発生論理』千倉書房.
小川正博（2007）「事業の仕組みによる独自事業の創出」『商工金融』57(9)、商工総合研究所、4-20ページ.
小倉信次（1994）『機械工業と下請制』泉文堂.
影山僖一（1987）『経済発展論』税務経理協会.
影山僖一（1992）「中小企業の生産性並びに研究開発」『千葉商大論叢』30(1)、141-176ページ.
影山僖一（2005）『経営組織論研究』白桃書房.
加護野忠男（1999）『〈競争優位〉のシステム』PHP研究所.
加藤俊彦（2011）『技術システムの構造と革新』白桃書房.
加藤秀雄（1992）「マイクロ・エレクトロニクス時代の試作加工と熟練形成」『調査季報』第22号、国民金融公庫総合研究所、16-34ページ.
金井壽宏（2005）『リーダーシップ入門』日本経済新聞社.
金網基志（2009）『暗黙知の移転と多国籍企業』立教大学出版会.
川上智子（2005）『顧客志向の新製品開発』有斐閣.
川北眞史（2006）「活発化する研究活動と中小企業に求められる技術経営（MOT）」『信用保険月報』49(11)、中小企業金融公庫、2-7ページ.
河崎亜州夫（1991）「ME化と中小企業の技術進歩」『四日市大学論集』3(2)、109-135ページ.
菊澤研宗（2006）『組織の経済学入門』有斐閣.
清成忠男（1970）「アメリカにおける新型中小企業の展開」『国民金融公庫　調査月報』(114)、58-65ページ.
清成忠男・中村秀一郎・平尾光司（1971、1973新版）『ベンチャー・ビジネス』日本経済新聞社.
清成忠男（1988）「組立産業における産業組織の変化」『国民金融公庫　調査季報』(5)、1-13ページ.
清成忠男・田中利見・港徹雄（1996）『中小企業論』有斐閣.
清成忠男（2009）『日本中小企業政策史』有斐閣.
金融財政事情研究会編（2008）『第11次　業種別審査事典　第5巻』金融財政事情研究会.
楠木建（2010a）「イノベーションの『見え過ぎ化』」『一橋ビジネスレビュー』57(4)、

東洋経済新報社、34-51 ページ.

楠木建（2010b）『ストーリーとしての競争戦略　優れた戦略の条件』東洋経済新報社.

久保田典男（2009）「主力販売先との取引様式の変化と生産技術の構築」『日本政策金融公庫論集』(3)、25-49 ページ.

黒瀬直宏（1999）「成長中小企業の技術開発」『中小企業研究センター年報』、中小企業センター、21-33 ページ.

黒瀬直宏（2006）『中小企業政策』日本経済評論社.

桑田耕太郎・田尾雅夫（1998）『組織論』有斐閣.

経済産業省・厚生労働省・文部科学省編『2007 年版ものづくり白書』ぎょうせい、『2008 年版ものづくり白書』日経印刷、『2009 年版ものづくり白書』佐伯印刷、『2010 年版ものづくり白書』、『2011 年版ものづくり白書』、『2012 年版ものづくり白書』、『2013 年版ものづくり白書』、『2014 年版ものづくり白書』経済産業調査会（2010 年版〜 2014 年版は経済産業調査会）.
本文中の『ものづくり白書』からの図表の引用は、下記 URL から
http://www.meti.go.jp/report/whitepaper/index_mono.htm
2014 年 11 月 14 日閲覧.

経済産業省・厚生労働省・文部科学省「平成 25 年度ものづくり白書（概要）」平成 26 年 6 月
http://www.meti.go.jp/report/whitepaper/mono/2014/pdf/gaiyou.pdf
2014 年 11 月 14 日閲覧.

経済産業省製造産業局ものづくり政策審議室「2013 年版ものづくり白書（概要）」2013 年 7 月 RIETI　BBL セミナー資料.
http://www.rieti.go.jp/jp/events/bbl/13071701.pdf　2014 年 11 月 14 日閲覧.

経済産業省編『2012 年版通商白書』勝美印刷.

経済産業省「新ものづくり研究会（第 1 回配布資料、資料 3-2）」2013 年 10 月 15 日.
http://www.meti.go.jp/committee/kenkyukai/seisan/new_mono/pdf/001_03_02.pdf　2014 年 11 月 14 日閲覧.

経済産業省『新ものづくり研究会報告書　3D プリンタが生み出す付加価値と 2 つのものづくり』平成 26 年 2 月.
http://www.meti.go.jp/committee/kenkyukai/seisan/new_mono/pdf/report01_02.pdf　2014 年 11 月 14 日閲覧.

経済産業省『機能性化学産業の競争力強化に向けた研究会報告書』平成 25 年 7 月
http://www.meti.go.jp/committee/kenkyukai/seisan/kagaku_sangyo/pdf
2015 年 2 月 10 日閲覧

経済産業省商務情報政策局資料「IT 融合新産業の創出に向けて」平成 24 年 6 月.

http://www.meti.go.jp/committee/kenkyukai/shoujo/it_yugo_forum/pdf/001_04_00.pdf　2014年11月14日閲覧.

小池和男（1997）『日本企業の人材育成』中央公論社.

國領二郎（1999）『オープン・アーキテクチャ戦略』ダイヤモンド社.

児玉俊洋（2006）「産業クラスター形成における製品開発型中小企業の役割」『日本のイノベーション・システム』（後藤晃／児玉俊洋編）東京大学出版会、79-136ページ.

小宮山琢二（1941）『日本中小工業研究』中央公論社.

坂口光一（2008）「感性共振がひらく本質価値と中小企業」『商工金融』58(10)、商工総合研究所、5-21ページ.

佐藤郁哉・山田真茂留（2004）『制度と文化　組織を動かす見えない力』日本経済新聞出版社.

商工中金調査部（1989）「第4回中小下請機械工業実態調査の概要」『商工金融』39(5)、商工総合研究所、38-62ページ.

新宅純二郎（2007）「第1部第2章　アーキテクチャのポジショニング戦略」『ものづくり経営学』、光文社、35-50ページ.

末松玄六（1961）『中小企業成長論』ダイヤモンド社.

鈴木直志（2011）「中小製造業の競争力の源泉について―技術経営の観点からの一考察―」『日本中小企業学会論集』30、同友館、143-156ページ.

鈴木直志（2012）「中小製造業の競争力の源泉に関する事例研究〜技術経営の観点からの一考察〜」『CUC Policy Studies Review』No. 31・32、63-78ページ.

鈴木直志（2017）「中小製造業の持続的競争力の源泉としての技術経営に関する研究―社歴20年以上の機械金属中小企業を中心にして―」千葉商科大学大学院政策研究科博士論文.

鈴木竜太（2007）『自立する組織人』生産性出版.

須永努（2003）「機械金属製造業における技能伝承問題に関する一考察―業態別分析を通じて―」『産開研論集』(15)、大阪府立産業開発研究所、7-20ページ.

清晌一郎（1996）「中小企業における製品・技術開発の現実」『商工金融』46(4)、商工総合研究所、3-19ページ.

清晌一郎（2005）「日本自動車部品メーカーにおける継続的技術革新―日本における空洞化へのインプリケーション―」『経済経営研究所年報』27、関東学院大学、20-34ページ.

関満博（2007）「ものづくりと中小企業の未来」『一橋ビジネスレビュー』55(1)、東洋経済新報社、50-61ページ.

妹尾堅一郎（2009）『技術力で勝る日本が、なぜ事業で負けるのか　画期的な新製品が惨敗する理由』ダイヤモンド社.

(一般財団法人）素形材センター『素形材産業の3次元を中心とするITの現状と課題―ものづくりの国際競争における3次元CADの戦略的活用―報告書（要約）』平成19年3月.
https://sokeizai.or.jp/japanese/publish/images/report/H1903_3Dcad.pdf 2014年11月14日閲覧.

高橋伸夫（2004）『虚妄の成果主義』日経BP社.

高橋徳行（2005）『起業学の基礎』勁草書房.

高橋美樹（1996）「中小企業の新技術・新製品開発と戦略的企業間関係構築」『商工金融』46(12)、商工総合研究所、7-18ページ.

高橋美樹（2003）「クラスター、中小企業の地域学習とイノベーション」『商工金融』53(8)、商工総合研究所、5-20ページ.

高橋美樹（2012）「イノベーション、中小企業の事業継続力と存立条件」『日本中小企業学会論集』31、同友館、3-15ページ.

田口直樹（2001）「金型産業の歴史的形成過程―金型メーカーの技術高度化過程―」『経済学部論集』21(2)、金沢大学、81-109ページ.

武石彰（2003）『分業と競争　競争優位のアウトソーシング・マネジメント』有斐閣.

田杉競（1941、1987復刻増補版）『下請制工業論』有斐閣.

中小企業基盤整備機構（2007）「中小部品サプライヤーの開発提案能力とその促進要因」『中小機構調査研究報告書』.

中小企業基盤整備機構（2009）「中小製造業の技術経営に関する調査研究」『中小機構調査研究報告書』第1巻第1号.

中小企業基盤整備機構（2010）「環境激変期における中小製造業の技術経営に関する調査研究」『中小機構調査研究報告書』第2巻第3号.

中小企業基盤整備機構（2011）「産業構造の変革期における中小製造業の技術経営」『中小機構調査研究報告書』第3巻第7号.

中小企業金融公庫総合研究所（2006）「中小企業の技術経営（MOTと人材育成）」『中小公庫レポート』No.2005-6.

中小企業事業団中小企業研究所編（1992）『日本の中小企業研究（1980－1989）第1巻　成果と課題』企業共済協会.

中小企業総合研究機構編（2003）『日本の中小企業研究（1990－1999）第1巻　成果と課題』同友館.

中小企業総合研究機構編（2013）『日本の中小企業研究（2000－2009）第1巻　成果と課題』同友館.

中小企業庁編（1969、1977、1980、1981、1985、1986、1987、1989、1990、1991、1993、1995、1996、1997、2000、2002、2003、2007、2008、2009、2011、2012、2014）『中小企業白書（各年版）』(2000年版までは大蔵省印刷局、

2002 年版～2008 年版はぎょうせい、2009 年版は経済産業調査会、2011 年版は同友館、2012 年版と 2014 年版は日経印刷）．
　本文中の『中小企業白書』からの図表の引用は、下記 URL から
　http://www.chusho.meti.go.jp/pamflet/hakusyo　2014 年 11 月 14 日閲覧．
中小企業庁編（1999）『中小企業政策の新たな展開』同友館．
中小企業庁取引課「下請中小企業の現状と今後の政策展開について」(2013 年 8 月)．
　http://www.kmt-ti.or.jp/wp-content/uploads/2014/11/130906183039_S20613210.pdf　2014 年 11 月 14 日閲覧．
中馬宏之（2001）「資本財産業における国際競争力要因としてのモジュール化：半導体露光装置 vs 工作機械産業」一橋大学機関リポジトリ
　https://hermes-ir.lib.hit-u.ac.jp/rs/bitstream/10086/15989/1/070iirWP01-09.pdf．2015 年 2 月 10 日閲覧．
張又心バーバラ（2009）「自動車サプライヤー・システムと中小サプライヤーの開発補完機能―重層的分業構造と部品開発効率性との関係について―」『日本中小企業学会論集』28、同友館、94-107 ページ．
土井教之（2008）「進歩的企業の革新システム～機械系企業の事例」『中小企業金融公庫　中小企業総合研究』(9)、1-15 ページ．
遠山恭司（2001）「自動車産業の成長とともに拡大発展した日本の冷間鍛造金型製造業―「工法転換・コストダウンのロジック」志向の量産技術―」『経済学論纂』41(5)、中央大学、61-84 ページ．
内閣府編（2011、2013、2014）『平成 23 年版経済財政白書』佐伯印刷、『平成 25 年版、平成 26 年版経済財政白書』日経印刷．
　本文中の『経済財政白書』からの図表の引用は、下記 URL から
　http://www5.cao.go.jp/keizai3/keizaiwp/index.html#zaiseihakucho
　2014 年 11 月 14 日閲覧．
内閣府「安倍内閣の経済財政政策のこれまでの成果」平成 25 年 6 月 13 日
　http://www5.cao.go.jp/keizai-shimon/kaigi/minutes/2013/0613/shiryo_02.pdf
　2014 年 11 月 14 日閲覧．
内閣府「地方産業競争力協議会のとりまとめ概要」平成 26 年 5 月 19 日甘利経済再生担当大臣提出資料．
　http://www5.cao.go.jp/keizai-shimon/kaigi/minutes/2014/0519/shiryo_02.pdf
　2015 年 2 月 10 日閲覧．
内藤英憲・廣江彰・大森暢之・太田一郎（1989）『中小企業と ME 革命』中小企業リサーチセンター．
中沢孝夫（2006）『技術立国日本の中小企業』角川書店．
中沢孝夫（2007）「中小企業の現場力」『一橋ビジネスレビュー』55(1)、東洋経済

新報社、38-49 ページ.
中谷昌弘（2007）「新市場の開拓者たち〜小さな企業の「技の革新」を追う〜」『国民生活金融公庫　調査月報』(557)、4-15 ページ.
中村秀一郎（1961）『日本の中小企業問題』合同出版社.
中村秀一郎（1964、1976 増補第三版）『中堅企業論』東洋経済新報社.
中村秀一郎（1971）「都市型新規開業に関する政策的提言」『国民金融公庫　調査月報』(123)、85-88 ページ.
中村秀一郎（1981）「下請企業の再評価」『国民金融公庫　調査月報』(243)、11-23 ページ.
中村秀一郎（1981）「変貌する下請制—中小零細企業の近代化の展開—」『現代中小企業史』日本経済新聞社、214-226 ページ.
中村秀一郎（1985）『挑戦する中小企業』岩波書店.
西口敏宏（2000）『戦略的アウトソーシングの進化』東京大学出版会.
日刊工業新聞社編（2001）「工作機械　技術開発史年表」『工作機械 50 年〔進化と未来〕』日刊工業新聞社.
野村郁次郎・竹内弘高著、梅本勝博訳（1996）『知識創造企業』東洋経済新報社.
野中郁次郎（2000）「知識創造企業」『ハーバード・ビジネスレビュー・ブックス　ナレッジマネジメント』ダイヤモンド社、38-68 ページ.
延岡健太郎（2002）『製品開発の知識』日本経済新聞出版社.
延岡健太郎（2006）『MOT［技術経営］入門』日本経済新聞出版社.
延岡健太郎（2007）「組織能力の積み重ね」『組織科学』40(4)、白桃書房、4-14 ページ.
延岡健太郎（2010）「価値づくりの技術経営」『一橋ビジネスレビュー』57(4)、東洋経済新報社、6-19 ページ.
延岡健太郎・高杉康成（2010）「生産財における意味的価値の創出」『一橋ビジネスレビュー』57(4)、東洋経済新報社、52-64 ページ.
延岡健太郎（2011）『価値づくり経営の論理』日本経済新聞出版社.
林信太郎（1961）『日本機械輸出論』東洋経済新報社.
林信太郎・柴田章平（2008）『産業政策立案者の体験記録』国際商業出版.
原田勉（2001）「中小製造業企業の技術吸収能力仮説」『商工金融』51(6)、商工総合研究所、5-14 ページ.
一橋大学イノベーション研究センター（2001）『イノベーション・マネジメント入門』日本経済新聞出版社.
弘中史子（2000）「中小製造業における技術開発力の向上」『商工金融』50(5)、商工総合研究所、5-14 ページ.
弘中史子（2001）「これからの中小製造業」『商工金融』51(10)、商工総合研究所、

5-20 ページ.

弘中史子（2002）「金属・機械産業における中小企業の技術力向上」『日本中小企業学会論集』21、112-124 ページ.

弘中史子（2007）『中小企業の技術マネジメント』中央経済社.

藤末健三（2004）『技術経営入門』日経 BP 社.

藤田敬三編（1943）『下請制工業（第 1 章、第 3 章、第 4 章第 1 〜第 2 節、第 5 章第 1 節）』有斐閣、1-30 ページ、139-250 ページ、275-327 ページ.

藤田敬三（1957）「日本産業における企業系列」『経営研究』第 29 号、1-43 ページ.

藤田敬三（1965）『日本産業構造と中小企業』岩波書店.

藤田泰正（2006）「中小製造業における技術革新の導入過程と経営戦略」『日本中小企業学会論集』25、同友館、130-143 ページ.

藤本隆宏・清晌一郎・武石彰（1994）「日本自動車産業のサプライヤーシステムの全体像とその多面性」『機械経済研究』No. 24、11-36 ページ.

藤本隆宏（1997）『生産システムの進化論』有斐閣.

藤本隆宏・西口敏宏・伊藤秀史（1998）『サプライヤー・システム』有斐閣.

藤本隆宏（2001）『生産マネジメント入門 [I]』日本経済新聞社.

藤本隆宏・武石彰・青島矢一編（2001）『ビジネス・アーキテクチャ』有斐閣.

藤本隆宏（2002）「新製品開発組織と競争力―我田引水的文献サーベイを中心に」『赤門マネジメント・レビュー』1 巻 1 号、1-32 ページ.

藤本隆宏（2003）『能力構築競争』中央公論新社.

藤本隆宏（2004）『日本のもの造り哲学』日本経済新聞社.

藤本隆宏（2005）「アーキテクチャの比較優位に関する一考察」、『赤門マネジメント・レビュー』4 巻 11 号、523-548 ページ.

藤本隆宏・東京大学 21 世紀 COE ものづくり経営研究センター（2007）『ものづくり経営学』光文社.

藤本隆宏（2007）「設計立地の比較優位」『一橋ビジネスレビュー』55(1)、東洋経済新報社、22-37 ページ.

藤本隆宏（2012）『ものづくりからの復活』日本経済新聞出版社.

藤本隆宏（2013）『現場主義の競争戦略』新潮社.

本庄裕司（2007 年）「イノベーティブな中小企業とは」『中小企業総合研究』第 8 号 1-26 ページ.

松島茂（2005）「企業間関係：多層的サプライヤー・システムの構造―自動車産業における金属プレス部品の 2 次サプライヤーを中心に―」工藤章、橘川武郎、グレン・D. フック編『現代日本企業 1　企業体制（上）：内部構造と組織間関係』有斐閣、265-296 ページ.

三浦敏（2003 ／ 2004）「中小企業における技術・技能の継承について（上）（下）

─如何にしたら熟練技能の継承は可能なのか─」『商工金融』53(12)／54(1)、商工総合研究所、35-61／51-72 ページ．
港徹雄（1984）「日本型生産システムの編成機構」『青山国際政経論集』(2)、青山学院大学、71-93 ページ．
港徹雄（1999）「技術開発提携とその企業間統御」『商工金融』49(4)、5-19 ページ．
港徹雄（2011）『日本のものづくり競争力基盤の変遷』日本経済出版社．
森武麿・浅井良夫・西成田豊・春日豊・伊藤正直（2002）『現代日本経済史〔新版〕』有斐閣．
安田武彦・高橋徳行・忽那憲治・本庄祐司（2007）『ライフサイクルから見た中小企業論』同友館．
山倉健嗣（1993）『組織間関係』有斐閣．
山﨑朗（2002）「地域戦略としての産業クラスター」」『クラスター戦略』有斐閣選書、2-30 ページ．
山田基成（2000）「技術の蓄積と創造のマネジメント」『商工金融』50(4)、商工総合研究所、5-23 ページ．
山田基成（2003）「成長中小企業にみる技術のマネジメント」『大阪経済大学中小企業季報』2003(3)、1-8 ページ．
山田基成（2007）「中小企業の事業開発と技術経営」『国民生活金融公庫　調査月報』(557)、36-39 ページ．
山田基成（2010）『モノづくり企業の技術経営』中央経済社．
山田基成（2012）「イノベーションと中小企業の新事業創出」『日本中小企業学会論集』31、同友館、16-29 ページ．
吉島史子（1996）「中小工作機械メーカーの技術戦略」『経済科学（名古屋大学）』44(3)、21-35 ページ．
Lara Chamness（2013）「半導体フォトマスク市場は 2014 年に 35 億ドルの予測」『SEMI News』Vol. 29、No. 3、2013 年 7 月 23 日発行、SEMI ジャパン、23-24 ページ．
　　http://prod.semi.org/jp/sites/semi.org/files/docs/SEMI_vol29_no3_Web.pdf
　　2015 年 2 月 5 日閲覧．
渡部直樹編著（2010）『ケイパビリティの組織論・戦略論』中央経済社．
渡辺幸男（1997）『日本機械工業の社会的分業構造』有斐閣．
渡辺幸男（2007）「誘致工場と機械金属産業集積の新たな形成、誘致工場と産業集積の形成　その可能性と限定性」『日本と東アジアの産業集積研究』同友館、65-144 ページ．

事 項 索 引

あ

アーキテクチャの比較優位説 …………………………………………………………… 315
IoT ………………………………………… 121, 166, 174, 175, 282, 311, 360, 361, 362, 363
アナログ型医療機器（インテグラル型産業、第Ⅳ象限）……………… 361, 376, 378, 380
アンケート資料（二次分析の資料の説明）…………………………………………… 39

い

インテグラル型産業 ……………………… 313, 315, 317, 354, 359, 361, 363, 370, 377, 381
位置取り戦略 ……………………… 15, 273, 282, 283, 284, 313, 360, 361, 381, 383
イノベーション論 ……………………………………………………………………… 4, 9, 40
意味的価値（感性価値、可視化困難な価値）……………………… 14, 170, 186, 283
因子分析 ……………………………………………………………………………… 209, 212
インターネット ……………………………………………… 121, 296, 354, 371, 380

え

AI（AIロボットを含む）……………………………………… 282, 311, 360, 361, 368, 378
AIロボット（モジュラー型産業、第Ⅱ象限オープン型）…………………… 361, 368, 378
エコシステム（ビジネス生態系）………………………………… 3, 291, 292, 294, 357
ME機器の導入状況、技術上の課題の変遷と競争要因の変化 ………………… 23, 24

お

「大きな技術変化」…………………………………… 7, 36, 41, 49, 53, 65, 74, 130, 223, 275
「大きな技術変化」と企業成長（仮説1）………………………………… 40, 41, 48, 72, 76
「大きな技術変化」の有無と企業の成長性（仮説1–1）………………………………… 43
「大きな技術変化」と技術戦略の関連性（仮説2前半部分）……………… 49, 52, 72, 89
「大きな技術変化」の類型化（仮説2後半部分）…… 41, 53, 56, 63, 73, 97, 134, 138, 223, 276
「大きな技術変化」と「市場の変化」の変遷（事例）………………………………………
　　　　　　　　　　　　　　　　　　　302, 305, 309, 322, 328, 332, 339, 344, 353
「大きな技術変化」があった年（本格稼働年）………………………………………… 59
「大きな技術変化」とコア技術との距離・関連性 ………………………… 53, 63, 72, 135
「大きな技術変化」における技術側面と市場側面の重視度合 ……………… 62, 72, 136, 277
「大きな技術変化」に伴い必要となった人材 ………………………………… 62, 132
「大きな技術変化」に伴う市場の変化 …………………………… 55, 63, 70, 73, 136, 276
「大きな技術変化」に伴う新技術の吸収・融合 ………………………… 59, 67, 132, 278, 279
「大きな技術変化」に伴う新市場開拓と企業成長 …………………………………… 275, 276

「大きな技術変化」に要した年数 ……………………………………………… 57, 67, 73, 132
「大きな技術変化」の背景 ……………………………………………… 59, 68, 132, 277, 278
「大きな技術変化」を生じさせた「技術戦略」の二次分析（事例研究）………… 140
オープンイノベーション ……………………………………………………………… 20, 310
親企業の外注理由、下請企業の受注理由の変化 ………………………………… 28, 30

か

回帰分析 ……………………………………………………………………… 49, 53, 257
改善能力（藤本：もの造りの組織能力の1要素）……………………… 12, 13, 247, 254
開発・製造・販売間の社員の濃密なコミュニケーション（Q26-5）………………
　　　　　　　　　　　　　　　　　　　　　　206, 212, 214, 246, 254, 255, 280, 281
学習能力 ……………………………………………… 9, 13, 20, 172, 213, 246, 247, 248, 279
隠れたチャンピオン（企業）………………………………………………… 122, 197, 198
仮説1（バブル崩壊以後の「大きな技術変化」の有無と企業成長）……………………
　　　　　　　　　　　　　　　　　　　　　　　　17, 36, 43, 48, 49, 72, 76, 89, 108, 257
仮説1拡大（創業以来の「大きな技術変化」と企業の成長性）…………… 76, 77, 89, 108
仮説2（バブル崩壊以後の「大きな技術変化」の類型化、「大きな技術変化」と技術戦
　　　略の関連性）………………………………………… 36, 49, 52, 63, 72, 89, 96, 97, 103, 257
仮説3（日常の技術マネジメントの強さと競争優位の獲得）………………………
　　　　　　　　　　　　　　　　　　　　　　　　　　　17, 36, 205, 225, 236, 245, 257
仮説2前半部分（「大きな技術変化」と技術戦略の関連性）……… 49, 52, 72, 89, 96, 108, 257
仮説2後半部分（バブル崩壊以降の「大きな技術変化」の類型化）………………
　　　　　　　　　　　　　　　　　　　　　　　　　　　　　　53, 63, 73, 97, 103, 108
仮説3①（技術の構成要素の「人的資源」における技術者の活性化の重要性）………… 225
仮説3②（技術の構成要素の「設備・情報システム」における技術進化過程の重要性）……
　　　　　　　　　　　　　　　　　　　　　　　　　　　　　　　　　　　　　　236
仮説3③（技術の構成要素の「組織ルーチン」の3類型化と進化過程の重要性）…………
　　　　　　　　　　　　　　　　　　　　　　　　　　　　　　　　　208, 213, 245
価値づくり・付加価値の獲得 ……………………………………… 282, 283, 319, 358
金型（業種横断的産業、インテグラル型産業）……………………………… 323, 358, 359
枯れた技術 ……………………………………………………………………… 165, 166

き

キーストーン戦略 ………………………………………………………………… 292, 294
消えゆく手仮説 ……………………………………………………… 3, 19, 20, 21, 34, 40
機械金属業種 ……………………………………………………………… 3, 39, 65, 109, 274
機械工業振興臨時措置法（機振法）……………………………………… 4, 5, 34, 35, 36
機械工具（業種横断的産業、インテグラル型産業）……………………… 329, 358, 359
企業家復権 …………………………………………………………… 3, 10, 19, 40, 291
企業間関係論 …………………………………………………………………………… 5, 6

事項索引 413

企業成長論 ………………………………………………………………… 4, 6
技術(定義) ………………………………………………………… 19, 204
技術・熟練や挑戦を重視する経営理念の徹底(Q26-2) ……… 206, 212, 214, 246, 253
技術革新 ……………………………………… 9, 20, 295, 314, 329, 345, 357, 360, 361, 378
技術革新論 ………………………………………………………………………… 9
技術活用戦略論 …………………………………………………………… 5, 6, 7
技術軌道 ……………………………………………………………………… 5, 6
技術経営 ………………………………… 2, 8, 20, 36, 122, 273, 281, 291, 381, 383
技術経営論 ……………………………………………… 5, 6, 7, 15, 36, 122, 283
技術者の育成(事例) …………………………………………………………… 228
技術者の学習・育成 ………………………………………………… 226, 228, 231
「技術者の技術知識」(「人的資源」の構成2要素) ……………… 226, 227, 231
「技術者の熟練(スキル・経験知・暗黙知)」(「人的資源」の構成2要素) …… 226, 227, 233
(技術者の)熟練の継承(事例) ……………………………………………… 229
「(組織ルーチンとしての)技術者の活性化」(「人的資源」の構成2要素に関連) …………
226, 227, 229, 235, 251, 253, 280
技術者の動機付け ……………………………………………… 225, 228, 231, 243
技術者へ顧客意識・品質意識の徹底(Q26-4) ……………… 206, 212, 214, 245, 253, 281
技術情報の粘着性 ……………… 361, 362, 364, 366, 369, 371, 373, 375, 376, 378
技術進化(長期的と短期的を除く) …………… 4, 20, 49, 59, 70, 102, 105, 134, 165, 241
技術人材の特性に配慮した人事評価制度(Q26-9) ……… 206, 212, 214, 246, 254, 255
技術水準の高低の規定因 ………………………………………… 124, 126, 213, 258
技術戦略 ………………………………… 8, 20, 49, 89, 121, 124, 137, 140, 160, 257
技術戦略に適合した資金計画の作成(コア技術戦略第5ステップ⑥) ……………… 162, 189
技術戦略の実効性を確保するために、最新鋭の設備の導入(コア技術戦略第5ステップ
⑤) ……………………………………………………………………… 162, 189
技術戦略有無2群間の差異分析 ………………………………………………… 129
技術戦略の方向性の共有化(コア技術戦略第5ステップ③) ……………… 162, 189
技術戦略の4要素 ……………………………………… 14, 124, 141, 157, 168, 187
技術戦略の類型(5類型) ……………………………… 8, 140, 141, 156, 161, 166, 167
技術戦略の類型別の「コア技術」「市場」「製品・加工」「組織能力」のマネジメント ……
167
技術と市場のマトリックス(仮説2後半部分) …………… 17, 36, 56, 57, 64, 97, 166
技術の吸収能力 ………………………………………………………………… 264
(技術の)ゲートキーパー …………………………………………………… 198
技術の構成要素 ……………………………… 8, 11, 12, 14, 140, 203, 204, 230, 241, 252
「技術の専門化型」(「大きな技術変化」と技術戦略の類型) …………………………
41, 53, 103, 108, 138, 141, 149, 177, 224, 276
技術の発展段階モデル …………………………………………………… 6, 113, 122

「技術範囲の拡大型」(「大きな技術変化」と技術戦略の類型) ···
　　　　　　　　　　　　　　　　　　　　　　　41, 53, 103, 108, 138, 141, 146, 173, 224, 276
技術変化(「大きな技術変化」を除く) ························· 7, 8, 9, 10, 20, 40, 41, 122, 294
技術マネジメント ··· 15, 122, 205, 246
技術や顧客ニーズや競争環境の不確実性 ································ 17, 202, 291, 314, 316
技術を支える人材の現状の把握(コア技術戦略第1ステップ②) ································ 162, 163
機能的価値 ·· 14, 170, 186, 283
規模の経済性 ··· 2, 19, 82, 197, 293, 298, 299, 374, 375, 382
QC活動・提案制度などによる改善能力(Q26-10) ················· 206, 212, 214, 246, 254, 255
業界における自社の技術水準の把握(コア技術戦略第1ステップ①) ································ 162
共特化(ティース) ··· 197, 294

　　　　　　　　　　　　　　　　　く

クラスター分析 ·· 208, 211, 212

　　　　　　　　　　　　　　　　　け

経営者の技術向上に向けたリーダーシップ(Q26-1) ·······························
　　　　　　　　　　　　　　　　　　　　　　　　206, 212, 217, 218, 245, 253, 259, 260
経営者の強力なリーダーシップ(コア技術戦略第5ステップ①) ··························· 162, 189
「経営者力」(「組織ルーチン」の3要素、Q26-1, 2, 4) ···· 13, 207, 212, 218, 245, 248, 252, 256
計画→実行→点検→見直しのサイクルの実行(コア技術戦略第6ステップ①) ····· 162, 191

　　　　　　　　　　　　　　　　　こ

「コア技術」(技術戦略の4要素) ················· 141, 157, 164, 167, 171, 173, 177, 182, 185, 187
コア技術戦略 ·· 16, 122, 160, 273
「コア技術戦略構築のためのステップ」(図) ·· 162
「要素技術の洗い出し」(「コア技術戦略」第1ステップ) ································· 161, 162
「コア技術の選定」(「コア技術戦略」第2ステップ) ···································· 162, 164
「コア技術戦略の策定」(「コア技術戦略」第3ステップ) ······························· 162, 166
「コア技術戦略実行チームの編成」(「コア技術戦略」第4ステップ) ···················· 162, 187
「コア技術戦略実行計画の策定・実行」(「コア技術戦略」第5ステップ) ············· 162, 189
「コア技術戦略実行計画の見直し」(「コア技術戦略」第6ステップ) ···················· 162, 191
コア技術と市場開拓 ··· 273, 275
コア技術と市場のマッチング方法(事例) ······················· 302, 305, 309, 339, 344, 349
コア技術を市場開拓に繋げる ··························· 8, 15, 16, 273, 291, 297, 315, 360, 361, 381
コア技術を市場開拓に繋げるための鳥瞰図 ··· 273, 274
航空機産業(インテグラル型産業、第Ⅰ象限) ······················ 340, 361, 364, 378, 380, 381

事項索引　415

工作機械産業（業種横断的産業、モジュラー型産業）··
　　　　　　　　　　　　　　　　　　　　　306, 358, 359, 361, 369, 375, 378, 382
　　汎用工作機械（第Ⅱ象限クローズド型）··························· 361, 369, 378, 382
　　専用やカスタマイズの工作機械（インテグラル型産業、第Ⅳ象限）·········· 361, 375, 378
コーディネート（能）力··································· 159, 179, 186, 294, 318, 357, 358, 359
顧客価値··· 14, 25, 165, 170, 186, 274, 282, 283, 297, 358
顧客情報の粘着性······························· 361, 362, 364, 366, 370, 371, 373, 375, 376, 378
顧客発の技術革新····················· 295, 360, 361, 367, 370, 372, 373, 376, 377, 382
顧客発の技術革新（第Ⅲ象限：顧客情報の粘着性高＆モジュラー型）··············· 361
顧客発の技術革新（第Ⅳ象限：顧客情報の粘着性高＆インテグラル型）············· 361
固有技術、流れ技術（藤本）··· 35, 316, 317

さ

最新鋭設備導入で技術を高度化（「設備・情報システム」技術進化第1段階）···············
　　　　　　　　　　　　　　　　　　　　　　　　　236, 237, 238, 239, 241, 243, 267
最適規模（論）··· 4, 6
サプライヤー・システム····························· 1, 5, 15, 19, 146, 293, 294, 379
産業クラスター・地域イノベーション論·· 5, 6
産業のアーキテクチャ··················· 15, 282, 294, 297, 313, 317, 354, 360, 361, 378
産業のアーキテクチャと情報の粘着性による類型ごとの特徴（4象限の表）············· 361
産業のアーキテクチャと情報の粘着性の関連図（4象限化）··························· 361
産業分野のポジショニングの分析視点（①産業のアーキテクチャの特徴、②産業の国内
　　市場の大きさ、③顧客の評価基準）·· 297, 317
産業用ロボット（モジュラー型産業、第Ⅱ象限クローズド型）··············· 361, 369, 378
　　専用やカスタマイズの産業用ロボット（インテグラル型産業、第Ⅳ象限）···········
　　　　　　　　　　　　　　　　　　　　　　　　　　　　　　　　　361, 375, 378

し

シージング（機会の活用、ティース）·· 196, 197
「事業構造の再構築型」（「大きな技術変化」と技術戦略の類型）·····························
　　　　　　　　　　　　　　　　　　　97, 103, 108, 109, 123, 141, 155, 167, 183, 187
「自社製品開発型」（「大きな技術変化」と技術戦略の類型）····················
　　　　　　　　　　　　　　　　　　　　41, 53, 103, 108, 138, 141, 142, 168, 223, 276
「市場」（技術戦略の4要素）··························· 141, 157, 164, 167, 168, 176, 179, 181, 185, 187
（市場ニーズや顧客ニーズを技術や製品・加工へ）翻訳························ 170, 242, 243, 254
市場ニーズを吸い上げ製品化する仕組み（Q26-3）··································
　　　　　　　　　　　　　　　　　　　206, 212, 217, 218, 254, 255, 259, 260, 280, 281
市場ライフサイクルの変化と企業の成長性（仮説1－5）······················· 47

市場ライフサイクルの変化類型（Q6-3）............... 47, 48, 53, 66, 73, 112, 114, 163, 195, 201
「市場ライフサイクル若返り型企業」（Q6-3 市場ライフサイクルの変化類型）...............
47, 112, 113, 195, 268
「市場ライフサイクル維持型企業」（Q6-3 市場ライフサイクルの変化類型）......... 47, 112
「市場ライフサイクル後退型企業」（Q6-3 市場ライフサイクルの変化類型）...............
47, 53, 112, 271
下請企業比率の変化 27, 30
下請構造 27, 99, 101, 103, 108, 166, 174, 177, 279, 335
下請制 4, 15, 84, 89, 96, 160, 163, 176, 363, 380
下請制再編 5, 84, 89, 96, 160, 163, 176, 363, 380, 381
下請存立形態論 6
自転車産業（モジュラー型産業、第Ⅱ象限オープン型）...................... 361, 368, 378
　マニアやこだわり消費者向けの自転車（モジュラー型産業、第Ⅲ象限）..... 361, 371, 378
自動車産業（インテグラル型産業、第Ⅰ象限）..
334, 355, 356, 357, 359, 361, 362, 378, 379, 381
社会的分業（論）... 4, 5, 6, 34
社内の全てのプロセスを理解した管理者の育成・採用（コア技術戦略第4ステップ②）....
162, 188
重回帰分析 126, 216, 257, 258
受信効率 226, 237, 247
主成分分析 210, 212
受託加工（業種横断的産業、インテグラル型産業）......................... 318, 358, 359
情報価値説的もの造りの組織能力論（藤本）............... 10, 205, 226, 283, 317, 358, 360
情報の粘着性 15, 226, 238, 295, 361, 362, 366, 371, 375, 378
将来の技術動向の把握（コア技術戦略第1ステップ③）......................... 162, 163
進化経済学（論）... 9, 13, 21, 40, 122, 292
進化能力（藤本：もの造りの組織能力の1要素）............................... 12, 13, 247
新技術・新製品に関する情報収集力（Q26-11）............... 206, 212, 214, 254, 255, 280, 281
新事業創出促進法 35
「人的資源」（技術の構成3要素）.................. 11, 140, 204, 225, 227, 230, 243, 245, 250, 251
「人的資源」の構成要素（仮説3①）..................................... 225, 226, 227
信頼性分析 212
新連携支援制度 35, 159, 163, 179

す

スピードの経済性 293
擦り合わせ能力 12, 261, 387
3Dプリンタ 3, 25, 121, 282, 295, 326, 361, 367, 370, 372

せ

成功体験の積み重ねによる技術者の意識の向上（コア技術戦略第6ステップ②）……………
　　　　　　　　　　　　　　　　　　　　　　　　　　　　　　　　　　　　　　162, 191
生産技術機能の範囲の変化と企業の成長性（仮説1-2）……………………………………… 44
生産技術機能の範囲の変化類型（Q6-1）……………………………… 44, 48, 49, 111, 195
　「技術範囲の拡大型企業」（Q6-1 生産技術機能の範囲の変化類型）……… 44, 111, 194, 271
　「技術範囲の維持型企業」（Q6-1 生産技術機能の範囲の変化類型）………………… 44, 111
　「技術範囲の集中型企業」（Q6-1 生産技術機能の範囲の変化類型）………………… 44, 111
生産技術機能の進化と企業の成長性（仮説1-3）………………………………………………… 45
生産技術機能の進化類型（Q6-1）…………………………………………… 45, 48, 49, 111, 112
　「技術の進化型企業」（Q6-1 生産技術機能の進化類型）………………………… 45, 111, 112
　「技術進化の維持型企業」（Q6-1 生産技術機能の進化類型）…………………… 45, 111, 112
　「技術進化の停滞型企業」（Q6-1 生産技術機能の進化類型）…………………… 45, 111, 112
生産工程の範囲の変化と企業の成長性（仮説1-4）……………………………………………… 46
生産工程の範囲の変化類型（Q6-2）………………………………………… 46, 48, 49, 112, 195
　「技術範囲の拡大型企業」（Q6-2 生産工程の範囲の変化類型）………………… 46, 112, 195
　「技術範囲の維持型企業」（Q6-2 生産工程の範囲の変化類型）……………………… 46, 112
　「技術範囲の集中型企業」（Q6-2 生産工程の範囲の変化類型）………………… 46, 112, 271
生産性のジレンマ ………………………………………………………………………… 9, 20, 40
製造能力（藤本：もの造りの組織能力の1要素）……………………………………… 12, 13, 247
成長性指標に係る二次分析 …………………………… 48, 49, 52, 66, 72, 93, 212, 255, 257
「製品・加工（製品）」（技術戦略の4要素）…… 141, 157, 164, 167, 170, 174, 178, 181, 186, 187
製品・技術開発を頻繁に行うことによる学習（Q26-8）……………………………………………
　　　　　　　　　　　　　　　　　　　　206, 212, 217, 218, 246, 256, 259, 260, 280, 281
製品アーキテクチャ ……………………………… 15, 282, 283, 284, 292, 294, 314, 315, 354, 358
製品イノベーション ……………………………………………………………………………… 9, 40
製品設計情報 …………………………………………………………… 11, 12, 226, 237, 247, 358, 360
製品メーカー発の技術革新（技術情報の粘着性高＆第Ⅰ象限インテグラル型、第2象限
　クローズド・モジュラー型）………………………………………………………………… 361
「設備・情報システム」（技術の構成3要素）………………………………………………………
　　　　　　　　　　　　　　　　　　11, 140, 204, 220, 223, 236, 238, 241, 245, 252
設備・情報システムにノウハウ・熟練の体化（「設備・情報システム」技術進化第3段
　階）………………………………………………………………………… 237, 240, 244, 267
「設備・情報システム」技術進化過程（仮説3②）………………………… 236, 237, 241, 267
設備・情報システムの有効活用・ノウハウ蓄積（「設備・情報システム」技術進化第2
　段階）………………………………………………………………… 237, 239, 241, 243, 267
潜在ニーズ ……………………………………………… 14, 31, 169, 182, 187, 226, 283, 382
センシング（市場や技術的機会の感知、ティース）……………… 196, 197, 198, 200, 264, 294
専有可能性 …………………………………………………………………… 165, 185, 197, 358

そ

相関分析 …………………………………………………………… 206, 208, 212, 216
「組織進化力」(「組織ルーチン」の3要素、Q26-7, 8) ………………………………
　　　　　　　　　　　　　　　　　　13, 207, 212, 218, 245, 248, 250, 252, 255, 256
「組織対応力」(「組織ルーチン」の3要素、Q26-3, 5, 6, 9, 10, 11) ………………………
　　　　　　　　　　　　　　　　　　13, 207, 212, 218, 245, 248, 249, 252, 253, 256
「組織能力」(技術戦略の4要素) ……………… 141, 157, 164, 167, 172, 176, 179, 182, 184, 187
組織能力（上記以外）…………………………… 8, 10, 11, 140, 204, 254, 283, 313, 357, 383
組織能力の積み重ね（延岡）………………………………………………… 12, 261, 283
「組織ルーチン」(技術の構成3要素) ………… 11, 140, 204, 213, 227, 235, 245, 247, 252, 279
「組織ルーチン」の技術進化の過程（仮説3③）………………………… 213, 245, 246, 252
組織ルーティーン ………………………………………………………………… 9, 10, 20
組織ルーティン …………………………………………………………………… 13, 21

た

大学や他企業との連携による不足する技術資源の補完（コア技術戦略第4ステップ③）……
　　　　　　　　　　　　　　　　　　　　　　　　　　　　　　　　　　　　162, 188
ダイナミック・ケイパビリティ（論）………………………… 10, 13, 21, 196, 197, 292
第Ⅰ象限（技術情報の粘着性が高・インテグラル型）……………… 361, 362, 378, 380, 381
　第Ⅰ象限①自動車産業 ………………………………………………………………… 362
　第Ⅰ象限②航空機産業 …………………………………………………………… 364, 365
第Ⅱ象限（技術情報の粘着性が高・モジュラー型）……………………… 361, 366, 378
　第Ⅱ象限①オープン型（電機・光学産業）………………… 361, 366, 367, 378, 381
　第Ⅱ象限②クローズド型 ……………………………………… 361, 369, 370, 378, 382
第Ⅲ象限（顧客情報の粘着性が高・モジュラー型）………………… 361, 371, 378, 382
　第Ⅲ象限①マニア向け・こだわり消費向け製品 ………………………… 371, 372, 374
　第Ⅲ象限②デジタル医療機器 …………………………………………………… 373, 374
第Ⅳ象限（顧客情報の粘着性高・インテグラル型）………… 361, 375, 378, 380, 382
　第Ⅳ象限①専用品・カスタマイズ品の工作機械・産業用ロボット等 ……… 375, 376, 377
　第Ⅳ象限②アナログ型医療機器 …………………………………………………… 376, 377
第二の産業分水嶺 …………………………………………………………… 3, 34, 82, 291
第四次産業革命 ……………………………………………………………………… 392, 394
脱下請 ………………………………………… 29, 31, 85, 99, 101, 104, 106, 145, 149, 170
短期的技術進化 ……………………………… 14, 16, 36, 121, 203, 257, 273, 279, 281, 381
短期的技術進化と市場開拓の関連性 ……………………………………………………… 279
短期的視点 ……………………………………………… 8, 16, 17, 37, 40, 203, 205, 275

ち

地方版の成長戦略 …………………………………………………………………………… 379

事項索引　419

中堅企業論 …………………………………………………………………………… 5, 6
中小一般製造業（定義）……………………………………………………… 39, 109
中小一般製造業とモノ作り300社のサンプルの平均像の共通点と相違点 ………… 65
中小一般製造業とモノ作り300社の比較分析 ………………………… 65, 125, 220
中小企業基本法 ………………………………………………………………………… 35
中小企業近代化促進法 ………………………………………………………………… 34
中小企業新事業活動促進法 …………………………………………………… 35, 159
中小企業創造活動促進法 ……………………………………………………………… 35
中小製造業の技術に関する先行研究 ………………………………………………… 3, 6
中小製造業の競争要因の変化（現代における中小製造業の競争力）……………
　　　　　　　　　　　　　　　　　　　　　　　　 1, 2, 24, 31, 81, 82, 291
中小ものづくり高度化法 ………………………………………………… 3, 4, 35, 316
長期的技術進化 ………………………… 14, 40, 53, 89, 96, 121, 203, 257, 275, 281
長期的技術進化と短期的技術進化の両立の重要性 …………………………… 121, 257
長期的技術進化における市場開拓要因と企業成長や「大きな技術変化」との関連性 …… 275
長期的視点 ………………………… 2, 53, 122, 123, 133, 137, 166, 191, 232, 317
長期的視点の技術戦略 …………………… 8, 53, 89, 121, 129, 140, 203, 258, 273, 381

て

デジタル化 …………………………………………………………… 24, 25, 350, 358
デジタル型医療機器（モジュラー型産業、第Ⅲ象限）………………… 361, 373, 378, 380
電機・光学産業（モジュラー型産業、第Ⅱ象限オープン型）………………………
　　　　　　　　　　　　 298, 355, 356, 357, 359, 361, 366, 367, 378, 382
　マニアやこだわり消費者向けのパソコン・デジタル家電・オーディオ等（第Ⅲ象限）……
　　　　　　　　　　　　　　　　　　　　　　　　　 361, 371, 374, 378, 380
転写効率 ………………………………………………………………………… 226, 237

と

ドミナントデザイン ……………………………………………………………… 358, 368
取引構造のメッシュ化 …………………………………………… 1, 3, 31, 291, 335, 379, 380
取引コスト ……………………………………………………………… 226, 238, 247
取引先や大学などとの連携の中での技術者の学習（Q26-7）………………………
　　　　　　　　　　　　　　　　　　 206, 212, 218, 246, 256, 280, 281

に

日常の技術マネジメント ………………… 10, 20, 121, 203, 204, 225, 236, 245, 257, 279
日常の技術マネジメントにおける市場開拓要因と「大きな技術変化」・企業成長 …………
　　　　　　　　　　　　　　　　　　　　　　　　　　　　　　　 280, 281
日常の技術マネジメントにおける市場開拓要因に関する技術水準の規定因 ……… 279, 280
ニッチトップ企業論 …………………………………………………………… 4, 7, 123, 160

ね

ネットワークの外部性 ……………………………………………………… 293

の

能力構築競争 ……………………………………………………………… 12

は

(破壊的) イノベーションのジレンマ ………………………………… 20, 197
発信効率 …………………………………………………………… 226, 247
範囲の経済性 ………………………………… 19, 197, 293, 374, 375, 382
半導体製造装置・関連装置産業 (インテグラル型産業) …………… 349, 359
半導体素材関係産業 (インテグラル型産業) ………………………… 345, 359
判別分析 ……………………………………… 127, 209, 212, 215, 259

ひ

ヒアリング資料 (二次分析の資料の説明) ……………………………… 39
ヒアリング調査資料の事例企業の概要 ………………………………… 74
人と技術への投資 (の継続) ………… 87, 89, 108, 157, 158, 163, 291, 317, 360, 383

ふ

部材産業育成論 …………………………………………………………… 6
不足する技術の外部学習 (コア技術戦略第1ステップ④) …………… 162, 163
部品メーカー発の技術革新 (第Ⅱ象限：技術情報の粘着性高＆オープン・モジュラー型) ……………………………………………………………… 361
部門横断的チームによる技術戦略の実行 (コア技術戦略第4ステップ①) ………… 162, 188
プラットフォーム・リーダーシップ …………………………………… 292, 310
プロダクトイノベーション (論) ………………………………… 1, 7, 122, 123
プロセスイノベーション ………………………………………… 9, 40, 122, 123
分業の利益 ………………………………………… 4, 5, 6, 19, 293, 294, 310

へ

ベンチャー企業論 ………………………………………………………… 5, 6

ほ

補完(的)資産 …………………………………………………………… 197, 358
(産業分野における適切な) ポジショニング (戦略) …………………………
　　　　　　　　　　　　　274, 292, 294, 297, 313, 314, 315, 316, 317, 354
補助金・助成金など国等の施策の活用 (コア技術戦略第5ステップ④) ………… 162, 189

事項索引　421

み

ミシン産業（成熟産業、モジュラー型産業）…………… 303, 358, 359, 361, 368, 369, 371
　汎用ミシン（第Ⅱ象限オープン型）……………………………………………… 361, 368
　産業用ミシン（第Ⅱ象限クローズド型）………………………………………… 361, 369
　マニアやこだわり消費者向けミシン（第Ⅲ象限）……………………………… 361, 371

め

目に見えないノウハウ・熟練を共有化する仕組み（Q26-6）………… 206, 212, 214, 254, 255

も

モジュラー型産業 ………………………… 291, 292, 296, 301, 306, 314, 354, 359, 370, 371
モノ作り300社（定義）……………………………………………………………… 39, 109
もの造りの組織能力 ……………………… 11, 122, 197, 205, 226, 247, 261, 283, 314, 316
ものづくり補助金 ………………………………………………………………………… 163

よ

要素技術 ………………………………………………………………… 161, 163, 164, 165, 196
「用途開発型」（「大きな技術変化」と技術戦略の類型）………………………………
　　　　　　　　　　　　　　　　　　　　 41, 53, 103, 108, 138, 141, 152, 180, 224, 276

り

リコンフィギュレーション（再構成、ティース）………………… 196, 197, 200, 201

れ

連携体構築（能）力 ……………………………… 159, 179, 186, 294, 318, 357, 358, 359
連結の経済性 …………………………………………………………………………… 310

ろ

ロジスティック回帰分析 ……………………………………………………… 128, 215, 260

わ

若い技術者への権限移譲と責任付与（コア技術戦略第5ステップ②）………… 162, 189

人 名 索 引

あ行

浅井紀子 ·· 6, 7
浅沼萬里 ·· 5, 6
アバナシー（Abernathy, W.）··················
　　　　　　　　　　　　　　　 9, 20, 40, 122
アレン（Allen, T.）······························· 198
イアンシティ（＆レビーン）〔Iansiti, M,
　　（and R. Levien）〕········· 292, 294, 314
石黒憲彦 ··· 35
伊丹敬之 ··· 20
ウィリアムソン（Williamson, O.）············
　　　　　　　　　　　　　　　 226, 238, 247
鵜飼信一 ··· 7
大月博司 ··· 21
小川英次 ········· 6, 7, 11, 19, 40, 113, 122, 204

か行

加藤秀雄 ·· 6, 7
ガワー＆クスマノ（Gawer, A. and
　　M. Cusumano）······························ 310
河崎亜州夫 ·· 23
清成忠男 ··· 5, 6, 38
楠木建 ·· 198
クリステンセン（Christensen, C.）··········
　　　　　　　　　　　　　　　　　 9, 20, 197
コーエン＆レビンサル（Cohen, W. and
　　D. Levinthal）·································· 263
児玉俊洋 ·· 5, 6
小宮山琢二 ·· 4, 6

さ行

新宅純二郎 ··· 314

末松玄六 ·· 4, 6
ストーリー（Storey, D.）························· 35
清晌一郎 ·· 6, 7

た行

高橋美樹 ·· 6, 7
田杉競 ·· 4, 6
チェスブロウ（Chesbrough, H.）········ 310
チャンドラー（Chandler, A.）···················
　　　　　　　　　　　　　　　　 10, 19, 20, 40
中馬宏之 ·· 387
ティース（Teece, D.）····· 13, 122, 196, 197,
　　　　　　　　　　 200, 201, 264, 292, 294, 314

な行

中村秀一郎 ·· 5, 6
ネルソン＆ウィンター（Nelson, R. and S.
　　Winter）······························· 9, 13, 20, 40, 122
延岡健太郎 ········· 11, 12, 14, 122, 161, 204,
　　　　　　　　　　　　　　 261, 283, 291, 314

は行

バーニー（Barney, J.）························ 292
ハーマン・サイモン（Simon,
　　Hermann）······················ 122, 197, 198
林信太郎 ··· 4, 6, 34
ピオリ＆セーブル（Piore, M. and
　　C. Sabel）···························· 3, 34, 82, 291
弘中史子 ················· 6, 7, 15, 113, 122, 196
（フォン・）ヒッペル（Von Hippel, E.）····
　　　　　　　 15, 226, 238, 247, 284, 295, 360, 361
藤本隆宏 ········ 10, 27, 35, 205, 226, 283, 313,
　　　　　　　　　　　　　　　　 315, 316, 354

ヘルファット（Helfat, C. E.）............... 21
ペンローズ（Penrose, E.）.................... 4
ポーター（Porter, M.）............ 35, 292, 297

や行

山田基成 6, 7, 11, 40, 113, 122, 193, 204

ら行

ラングロア（Langlois, R.）......................
　　　　　　　　3, 9, 10, 19, 20, 34, 40, 291

わ行

渡部直樹 21

●著者紹介

鈴木　直志（すずき　なおし）

学歴
1983 年　早稲田大学政治経済学部卒業
2008 年　立教大学大学院ビジネスデザイン研究科修士課程卒業、修士（経営学）
2012 年　千葉商科大学大学院政策研究科博士課程単位取得満期退学
2017 年　千葉商科大学大学院政策研究科政策専攻博士課程学位取得、博士（政策研究）

職歴　1983 年 4 月～ 2015 年 3 月中小企業基盤整備機構（旧中小企業事業団）を経て、
現在　千葉商科大学商経学部准教授（2015 年 4 月～）
　　　千葉商科大学経済研究所副所長（2016 年 4 月～）
　　　千葉商科大学大学院商学研究科准教授（2018 年 4 月～）

資格　中小企業診断士（休止中、1996 年 4 月初回登録）、税理士試験合格（2002 年 12 月）、社会保険労務士試験合格（2003 年 11 月）

主要著作　「中小製造業の技術経営に関する調査研究」（企画・調査・分析・執筆を主で担当、2009 年）『中小機構調査研究報告書』第 1 巻第 1 号、「環境激変期における中小製造業の技術経営に関する調査研究」（企画・調査・分析・執筆を主で担当、2010 年）『中小機構調査研究報告書』第 2 巻第 3 号、「産業構造の変革期における中小製造業の技術経営」（企画・調査・分析・執筆を主で担当、2011 年）『中小機構調査研究報告書』第 3 巻第 7 号、「中小製造業の競争力の源泉について―技術経営の観点からの一考察―」（単著、査読受理論文、2011 年）『日本中小企業学会論集』（30）同友館、「中小製造業の競争力の源泉に関する事例研究―技術経営の観点からの一考察―」（単著、レフリー付き論文、2012 年）『CUC Policy Studies Review』No.31・32、「中小製造業の持続的競争力の源泉としての技術経営に関する研究―社歴 20 年以上の機械金属中小企業を中心にして―」（単著、2017 年）千葉商科大学大学院政策研究科博士論文

2019年4月30日　第1刷発行

中小製造業の技術経営
――持続的競争力の源泉を確保するには何をなすべきか

　　　　　Ⓒ著　者　鈴　木　直　志
　　　　　発行者　脇　坂　康　弘

発行所　株式会社　同友館

〒113-0033 東京都文京区本郷3-38-1
TEL. 03(3813)3966
FAX. 03(3818)2774
https://www.doyukan.co.jp/

落丁・乱丁はお取り替えいたします。
ISBN 978-4-496-05409-9

三美印刷／東京美術紙工
Printed in Japan

本書の内容を無断で複写・複製（コピー）、引用することは、特定の場合を除き、著作者・出版者の権利侵害となります。また、代行業者等の第三者に依頼してスキャンやデジタル化することは、いかなる場合も認められておりません。